Der Tschaikowsky-Gesellschaft e.V. (Tübingen)
anläßlich ihrer Gründung
am 25. Oktober 1993 gewidmet.

Tschaikowsky aus der Nähe

Kritische Würdigungen und Erinnerungen von Zeitgenossen

Unter anderem mit Beiträgen von
Mili Balakirew, César Cui, Nikolai Rimsky-Korsakow,
Wladimir Stassow, Alexander Glasunow, Sergej Rachmaninow,
den Verwandten des Komponisten sowie
einigen Presseinterviews Peter Tschaikowskys

Ausgewählt, übersetzt und herausgegeben von Ernst Kuhn

Verlag Ernst Kuhn - Berlin

Die Deutsche Bibliothek - CIP-Einheitsaufnahme

Tschaikowsky aus der Nähe : kritische Würdigungen und Erinnerungen von Zeitgenossen / u.a. mit Beitr. von Mili Balakirew ... sowie einigen Presseinterviews Peter Tschaikowskys. Ausgew., übers. und hrsg. von Ernst Kuhn. - 1. Aufl. - Berlin : Kuhn, 1994
(Musik konkret ; 7)
ISBN 3-928864-09-2
NE: Čajkovskij, Petr I. ; Balakirev, Milij A. ; Kuhn, Ernst [Hrsg.] ; GT

Erste Auflage 1994

Druck: WB-Druck, D-87669 Rieden am Forggensee
Printed in Germany
ISBN 3-928864-09-2

Inhaltsverzeichnis ---------- V

Editorische Notiz ---------- X

Vorbemerkung des Herausgebers ---------- XI

ERSTER TEIL:
DIE VERWANDTEN
Juri Dawydow:
Verwandte und Bekannte Peter Tschaikowskys in Moskau und St. Petersburg ---------- 1

Modest Tschaikowsky:
Frühe Erinnerungen an meinen Bruder Petja ---------- 19

Anna von Meck-Dawydowa:
Mein Onkel Peter Tschaikowsky und das Ende seines Briefwechsels mit Nadeshda von Meck ---------- 21

Ippolit Tschaikowsky:
Erinnerungen an die Aufenthalte meines Bruders in Taganrog und Odessa ---------- 25

Antonina Tschaikowskaja:
»Sich selbst nannte er "eine Mischung aus Kind und Greis"«
(Die Erinnerungen der Witwe Tschaikowskys aus dem Jahre 1893) ---------- 31

ZWEITER TEIL:
DIE MITSCHÜLER IN DER RECHTSSCHULE
Wladimir Gerard:
Peter Tschaikowsky als Schüler der Rechtsschule ---------- 42

Fjodor Maslow:
Erinnerungen an meinen Schulfreund Tschaikowsky ---------- 44

DRITTER TEIL:
EINIGE DER ENGEREN FREUNDE
Iwan Klimenko:
»Er überließ Laroche das eigene Zimmer und hauste selbst auf dem Korridor« ---------- 47

(Zwei Briefe von Modest Tschaikowsky an Iwan Klimenko als notwendige Ergänzung zu dessen Erinnerungen) ---------- 53

Konstantin Warlamow:
»Das einzig Merkwürdige an ihm war seine panische Furcht vor Geistern...« ---------------57

VIERTER TEIL:
EIN SCHÜLER TSCHAIKOWSKYS
Rostislaw Genika:
Meine Studienjahre bei Peter Tschaikowsky ---59

FÜNFTER TEIL:
DAS MÄCHTIGE HÄUFLEIN UND WLADIMIR STASSOW
Mili Balakirew:
Drei Briefe zur *»Manfred-Sinfonie«* an Peter Tschaikowsky ------------------------------------65

Alexander Borodin:
Aus einem Brief an seine Frau Jekaterina Borodina --72

César Cui:
Drei Stellungnahmen zu Peter Tschaikowsky ---73

Modest Mussorgsky:
»Tschaikowsky - ein Anhänger der Religion bedingungsloser Schönheit«
(Aus Briefen an Wladimir Stassow)--76

Nikolai Rimsky-Korsakow:
»Wo Streicher am Platze wären, verwendet er Bläser...«--80

Wladimir Stassow:
Peter Iljitsch Tschaikowsky - ein Fazit (1901)--84

SECHSTER TEIL:
ANDERE KOMPONISTEN-KOLLEGEN
Sergej Tanejew:
»Ich zähle offen alles auf, was mir an Ihrer *Vierten Sinfonie* nicht gefällt«
(Ein kritischer Brief an Peter Tschaikowsky und dessen Reaktion) ---------------------------92

Alexander Glasunow:
Meine Bekanntschaft mit Peter Tschaikowsky -- 101

Anatoli Ljadow:
Peter Tschaikowsky - ein Mann von ungewöhnlicher Bescheidenheit------------------------ 107

Nikolai Solowjow:
»Obwohl typisch russisch, wird seine Musik auf der ganzen Welt verstanden«------------ 109

Sergej Rachmaninow:
Tschaikowsky und meine Oper »Aleko« ---- 111

SIEBENTER TEIL:
TSCHAIKOWSKY UND SEINE VERLEGER
Wassili Bessel:
»Die Moskauer Verlagsfirma war stärker als wir«
(Erinnerungen eines Musikverlegers) ---- 113

Wladimir Pogoshew:
Eine Episode in meinen Beziehungen zu Tschaikowsky und seinem Verleger Jürgenson ---- 121

Igor Glebow (= Boris Assafjew):
Notwendige Ergänzung zu Pogoshews Schilderung »Eine Episode in meinen Beziehungen zu Tschaikowsky und seinem Verleger Jürgenson« ---- 127

ACHTER TEIL:
DIRIGENTEN UND ORCHESTERMUSIKER
Eduard Naprawnik:
Peter Tschaikowsky und seine Oper »Eugen Onegin« ---- 134

Hans von Bülow:
»Er ist beinahe schon weißhaarig, aber voll geistiger Jugend«
(Aus Briefen an Hermann Wolff und Richard Strauss) ---- 135

Donat Danielson:
Die Rettung der *Fünften Sinfonie* Tschaikowskys durch Arthur Nikisch ---- 136

Iwan Lipajew:
Tschaikowsky in der Erinnerung eines Orchestermusikers ---- 137

NEUNTER TEIL:
OPERNREGISSEURE, OPERNUNTERNEHMER UND EIN BEAMTER AUS DER VERWALTUNG DER KAISERLICHEN THEATER
Josef Paleček:
Tschaikowsky und die Opernregie ---- 146

Ippolit Prjanischnikow:
Peter Tschaikowsky als Dirigent
(Ein Brief an den Herausgeber der *Russkaja Muzykal'naja Gazeta*) ---- 148

Pawel Ptschelnikow:
Meine Erinnerungen an Tschaikowsky ---- 153

ZEHNTER TEIL:
BALLETTCHOREOGRAPHEN UND BÜHNENBILDNER
Marius Petipa:
Aus meiner Zusammenarbeit mit Peter Tschaikowsky und Alexander Glasunow --------- 159

Michail Fokin:
Tschaikowsky und das Ballett ---------- 162

Alexander Benois:
Meine Eindrücke von der Premiere der Oper »Pique Dame« ---------- 163

Leon Bakst:
Tschaikowskys Ballett »Dornröschen« ---------- 173

ELFTER TEIL:
MUSIKSCHRIFTSTELLER UND JOURNALISTEN
Wassili Jastrebzew:
Aus meinen Erinnerungen an Tschaikowsky ---------- 175

Hermann Klein:
Eine Begegnung mit Tschaikowsky in England ---------- 180

Abram Kaufmann:
Meine Begegnungen mit Peter Tschaikowsky (1913) ---------- 184

ZWÖLFTER TEIL:
DIE RESONANZ AUF TSCHAIKOWSKY BEI PROMINENTEN DES MUSIKLEBENS IN DEUTSCHLAND UND ÖSTERREICH

Hans von Bülow:
Wir kennen zur Zeit nur einen, der gleich Glinka unermüdlich »strebend sich bemüht« - 189

Joseph Sittard:
Peter Tschaikowsky als Orchesterkomponist (1888) ---------- 190

Eduard Hanslick:
Die Tschaikowsky-Rezensionen (1876-1900) ---------- 196

Hugo Riemann:
Einleitung zu einer Einführung in Tschaikowskys VI. Symphonie h-Moll (1911) --------- 214

DREIZEHNTER TEIL:
TSCHAIKOWSKY STELLT SICH DEN FRAGEN DER PRESSE
Peter Tschaikowsky:
Drei Interviews aus dem Jahre 1892 ---------- 216

VIERZEHNTER TEIL:
SCHILDERUNGEN DER LETZTEN TAGE IM LEBEN TSCHAIKOWSKYS UND DER UMSTÄNDE SEINES ABLEBENS
Julian Poplawski:
Tschaikowskys letzter Tag in Klin ---------- 232

Juri Dawydow:
Die letzten Tage im Leben Tschaikowskys nach seiner Ankunft in Petersburg ---------- 242

Wassili Bertenson:
Aus meinen Erinnerungen ---------- 257

Lew Bertenson:
Eine Verlautbarung für die Zeitung »Novoe Vremja« zum Verlauf der Krankheit von Peter Tschaikowsky ---------- 264

Modest Tschaikowsky:
Die Erkrankung Peter Tschaikowskys ---------- 266

Pjotr Jürgenson:
Ein Interview aus Anlaß des Ablebens von Peter Tschaikowsky für den Korrespondenten der »Peterburgskaja Gazeta« ---------- 273

Hermann Laroche:
Rede am Grabe Tschaikowskys ---------- 276

Wladimir Pogoshew:
Tschaikowskys Begräbnis ---------- 280

EPILOG:
Wassili Bertenson:
Das Tschaikowsky-Museum in Klin (1913) ---------- 284

***

Biographie Peter Tschaikowskys in Stichworten ---------- 293

Personenregister ---------- 295

Verzeichnis der erwähnten Musikwerke Tschaikowskys ---------- 300

Editorische Notiz:

Da die Bände der Schriftenreihe *musik konkret* nicht nur für Fachleute, sondern vor allem für breiteste Leserschichten gedacht sind, erfolgt die Transkription originär russischer Namen und Begriffe nach den lesefreundlichen, von Prof. Steinitz erarbeiteten Regeln, die auch dem des Russischen Unkundigen eine Vorstellung vom Klang der Worte vermitteln und die Aussprache erleichtern. Bei Eigennamen (z.B. Tschaikowsky, Conus, Cui) gibt es insofern Abweichungen, wenn diese im Deutschen bereits in einer anderen Schreibweise eingeführt und allgemein gebräuchlich sind. Für die bibliographische Recherche wichtige Namen, Werktitel und Textincipits sind darüber hinaus auch in der in Bibliotheken gebräuchlichen Transliteration wiedergegeben.

VORBEMERKUNG DES HERAUSGEBERS

Das Erscheinen eines Buches mit Erinnerungen an Peter Tschaikowsky und kritischen Würdigungen durch seine Zeitgenossen, das nun hundert Jahre nach dem Ableben des Komponisten erstmalig auch in deutscher Sprache große Teile entsprechender Materialien zugänglich macht, muß eigentlich nicht sonderlich begründet werden. Die bereits zu Tschaikowskys Lebzeiten einsetzende weltweite Popularität der Musik des Komponisten hat auch das Interesse an seinem Leben und seiner Persönlichkeit wachgehalten und stetig anwachsen lassen.

Wissenschaftliche Biographien oder romanhafte Darstellungen seines Lebens, die inzwischen zahlreich vorhanden sind, können diesem Interesse nicht ausreichend gerecht werden - erstere nicht, weil ihrer Ausführlichkeit naturgemäß Grenzen gesetzt sind, letztere nicht, da es ihnen an Authentizität ermangelt.

So ist es nur natürlich, daß wichtige Beweggründe für das Wirken Tschaikowskys und die Entstehung seiner Werke erst aus Erlebnisberichten und Erinnerungen deutlich werden. Authentische Schilderungen von scheinbar nebensächlichen Alltagsepisoden lassen vieles an seinem Wesen gleichsam schlaglichtartig in neuem Lichte erscheinen.

In diesem Umstand liegen allerdings auch die Ansatzpunkte für generelle Vorbehalte, die häufig zu Recht geltend gemacht werden und im Grunde auf die Befürchtung hinauslaufen, die Veröffentlichung der Erinnerungen von zumeist subalternen Zeitgenossen wäre nur dazu angetan, alles Große von einem kümmerlich kleinen Gesichtspunkte her in den Staub zu ziehen. Dieser und auch der entgegengesetzten Gefahr, anstelle von aussagekräftigen Texten letztlich nur Devotionalien zu bieten, mußte vom Herausgeber begegnet werden.

So erklärt sich, daß bei der Textauswahl für den vorliegenden Band nicht nur Verehrer Tschaikowskys, sondern auch seine Kritiker sowie zahlreiche prominente russische Komponisten-Kollegen mit einer z.T. entgegengesetzten Schaffensästhetik berücksichtigt wurden.

Erinnerungs- und Gedenkbände an Peter Tschaikowsky begannen in Rußland fast unmittelbar nach seinem Ableben zu erscheinen.* Umfangreichere Sammlungen wurden später in sowjetischer Zeit veröffentlicht, und ein von Wladimir Protopopow edierter Band brachte es sogar auf vier Auflagen.** Diese bisher umfangreichste Ausgabe von Erinnerungen an Tschaikowsky ordnete ihr Material gleichsam chronologisch, so daß der Eindruck einer aus Erinnerungen an Tschaikowsky zusammengestellten Biographie des Komponisten entstehen konnte. Leider wurden

* Vgl.: *Na pamjat' o P. I. Čajkovskom* [Zum Gedenken an P. I. Tschaikowsky], Moskva 1894 (mit Texten von Hermann Laroche und Nikolai Kaschkin); N. Kaškin, *Vospominanija o P. I. Čajkovskom* [Nikolai Kaschkin, Erinnerungen an P. I. Tschaikowsky], Moskva 1896 [dt. Berlin 1992], usw.

** Vladimir V. Protopopov (Hrsg.), *Vospominanija o P. I. Čajkovskom* (Erinnerungen an Peter Tschaikowsky), Moskva [1]1962, [2]1973, [3]1979 und Leningrad [4]1980.

viele Texte in der Ausgabe Protopopows durch die sowjetische Zensur verstümmelt, so daß sie für eine wissenschaftliche Beschäftigung mit Person und Schaffen Tschaikowskys an Wert verloren.

In unserem eigenen Band haben wir auf das Chronologieprinzip verzichtet und zur Orientierung des Lesers eine stichwortartige Kurzbiographie des Komponisten in den Band aufgenommen. Texte, die sich in unserem und auch in Protopopows Sammelband befinden, wurden nach Möglichkeit mit den in alten russischen Zeitungen abgedruckten Originalversionen verglichen und die in späteren Nachdrucken vom Zensor getilgten Stellen wieder eingefügt.

Im ersten Teil mit Texten der Verwandten Tschaikowskys sei besonders auf die Erinnerungen der Witwe des Komponisten hingewiesen. Daß sie weithin unbekannt geblieben sind, ist offensichtlich nicht zuletzt auf die Strategie von Tschaikowskys Bruder und Biographen Modest zurückzuführen, der, u.a. unterstützt von Nikolai Kaschkin*, an der Wahrung eines ganz bestimmten Tschaikowsky-Bildes interessiert war und die Schuld für das Ehefiasko des Komponisten einzig und allein dessen Frau zuschieben wollte. Die offizielle Tschaikowsky-Biografik in der Sowjetunion machte sich diese Strategie ebenfalls zu eigen und versuchte diese Erinnerungen totzuschweigen. Wie inzwischen von russischer Seite** verlautet, sind in Kürze Veröffentlichungen zu erwarten, die die Rolle von Antonina Tschaikowskaja (geb. Miljukowa) im Leben des Komponisten angemessen und unvoreingenommen darstellen.

Der in Tschaikowskys letzten Lebensjahren einsetzende Weltruhm war für Wladimir Stassow und die Komponisten des *Mächtigen Häufleins* ein Phänomen, mit dem sie offensichtlich nur schwer umgehen konnten. Selbst bei Nikolai Rimsky-Korsakow läßt sich das Aufbegehren gegen die »Verhimmelung Tschaikowskys« nicht überhören.*** Die in ihrem Ausmaß erstaunliche und obendrein differenzierte Resonanz, die Tschaikowsky mit seinen Werken noch zu Lebzeiten auch bei den Musikwissenschaftlern und der Musikkritik in Deutschland und Österreich fand, deren führende Vertreter sich [im Gegensatz zu späteren Zeiten] intensiv mit seinem Werk auseinandersetzten, soll durch den Nachdruck einiger dieser Texte noch einmal veranschaulicht werden.

Ein besonderes Kapitel sind die Interviews, die Tschaikowsky Pressevertretern gewährt hat. Wir wissen aus einigen Zeugenaussagen****, daß es sich hierbei keineswegs um Zufallsprodukte handelte, sondern - ganz im Gegenteil - der Komponist die Texte der Reporter sorgfältig durchsah und redigierte. Leider sind Tschaikowskys Interviews, von denen es einige Dutzend geben muß, in den Beiheften zur

---

* Vgl. den Anhang zu: Nikolai Kaschkin, *Meine Erinnerungen an Peter Tschaikowski*, Berlin 1992, S. 179-208.

** D.h. von Teilnehmern auf dem wissenschaftlichen Symposium im Rahmen des Tübinger Internationalen Tschaikowsky-Festes, das kürzlich (vom 23. bis 26. Oktober 1993) stattgefunden hat.

*** Vgl. den entsprechenden Beitrag im vorliegenden Band.

**** Vgl. u.a. den Beitrag von Abram Kaufmann im vorliegenden Band.

russischen Gesamtausgabe der Werke Tschaikowskys* nicht erfaßt. Nur wenige seiner Interviews sind - vor allem in Zeitschriften - nachgedruckt worden, und es gibt auch bis heute keine Bibliographie, die die Stellen der Veröffentlichung dieser Presseinterviews nachweist. Möglicherweise wird das im Rahmen der Neuen Tschaikowsky-Gesamtausgabe** angekündigte Thematisch-systematische und Bibliographische Verzeichnis der Werke Tschaikowskys die hier dringend notwendige Abhilfe schaffen. Diese authentischen Texte Tschaikowskys, von denen wir einige als »Kostprobe« in den vorliegenden Band aufgenommen haben, würden entsprechende Recherchen sicherlich rechtfertigen.

Ausführlicher als möglicherweise angemessen sind im vorliegenden Band Berichte über die letzten Tage im Leben Tschaikowskys und die Umstände seines Ablebens enthalten. Der Verdacht, Tschaikowsky habe seinem Leben durch Selbstmord ein Ende gesetzt, wurde schon sehr früh geäußert***, allerdings auch entschieden dementiert. Neuerdings mehren sich eher die Stimmen, die einen solchen Verdacht für unbegründet halten**** und diesen Standpunkt mit ausführlichen Argumenten belegen. Ein Sprecher der russischen Tschaikowsky-Forscher auf dem bereits genannten Symposium äußerte sich ähnlich, allerdings interessanterweise fast wortwörtlich mit einer Argumentation, die sich bereits 1990 im Tschaikowsky-Heft der Zeitschrift *Sovetskaja Muzyka****** findet und deshalb auch hier zitiert werden soll:

»Wir sind hingegen der Meinung, daß die Selbstmordversion, von wem auch immer vorgebracht und wie auch immer begründet, prinzipiell nicht bewiesen werden kann. Möglich wären hier nur zwei unangreifbare Beweismittel: Eine pathologisch-anatomische Untersuchung oder der Fund eines Dokuments, in dem der Selbstmörder mit eigener Hand bezeugt, daß er freiwillig aus dem Leben scheidet. Das eine wie das andere ist in diesem Falle ausgeschlossen. Da jedoch nach allen Rechtsnormen in einer zivilisierten Gesellschaft Unklarheiten und Zweifel aller Art stets zugunsten des »Angeklagten«, als der im vorliegenden Fall die offizielle Version vom Ableben Tschaikowskys zu gelten hat, auszulegen sind, muß diese Version als wahr gelten, so betrüblich das auch für Liebhaber von Sensationen sein

---

* Polnoe sobranie sočinenij. Literaturnye proizvedenija i perepiska (Gesammelte Werke. Literarische Arbeiten und Briefwechsel, Moskva 1953-1981, 17 Bände, von denen allerdings einige bis heute nicht erschienen sind)

** Ein Gemeinschaftsvorhaben der Verlage *B. Schott's Söhne* (Mainz) und *Muzyka* (Moskva)

*** Vgl. die Andeutungen, denen bereits Wassili Bertenson in seinen Erinnerungen [im vorliegenden Band] entgegenzutreten versucht. Später findet sich eine entsprechende Stelle in der Brahms-Biographie von Richard Specht [Richard Specht, *Johannes Brahms*, Hellerau 1928, S. 313]. Neuerdings wird die Selbstmord-Hypothese in zahlreichen Zeitschriften- und Buchpublikationen durch Alexandra Orlova, David Brown, Edward Gardner u.a. vertreten.

**** Nina Berberova in ihrem 1987 verfaßten Vorwort zur Neuausgabe ihrer Tschaikowsky-Biographie (dt. Düsseldorf 1989), Alexander Poznansky in seinem grundlegenden Werk *Tchaikovsky - The Quest for the Inner Man*, New York 1991, u.a.

***** Gemeint ist das Juniheft 1990. Der entsprechende Passus befindet sich in dem Übersichtsartikel von Gennadi Schochman *Vzgljad s drugich beregov* [Ein Blick von anderen Ufern], S. 141.

mag oder denen mißfällt, die der Meinung sind, daß Selbstmord einem großen Künstler viel eher ansteht als ein prosaischer Tod durch die Cholera.«*

Angesichts der »verhüllenden« Editionspolitik, die in Rußland bislang in Sachen Tschaikowsky betrieben wurde, erscheint ein derartiger Argumentationsansatz mit fadenscheinigen Analogien aus der Rechtssprechung wenig angemessen. Doch möglicherweise bestätigt sich die Hoffnung, daß in Kürze zu erwartende Publikationen, namentlich die in Aussicht gestellte Veröffentlichung der jahrzehntelang unter Verschluß gehaltenen Autobiographie Modest Tschaikowskys, entscheidenden Aufschluß in dieser Sache bringen und unnötigen Spekulationen den Boden entziehen. Der Streit unter den Forschern war uns jedoch noch einmal Anlaß, die seinerzeit in Rußland veröffentlichten Materialien über das Ableben Tschaikowskys - soweit sie zugänglich waren - in diesen Band aufzunehmen, um damit einen Beitrag zur Versachlichung der Diskussion zu leisten.

Die Kommentare des Herausgebers beschränken sich im wesentlichen auf Angaben zu den zahlreich genannten und außerhalb Rußlands wenig bekannten Personen sowie auf die Erläuterung von Ereignissen, deren Kenntnis das Verständnis der Texte erleichtert. Die Überschriften der einzelnen Textbeiträge stammen vom Herausgeber, die Originalüberschriften sind in den Quellenangaben angegeben.

Zum Schluß sei allen denen gedankt, die beim Zustandekommen des Buches geholfen haben: Frau Polina Waidman vom Tschaikowsky-Museum in Klin erteilte Auskünfte zur Editionslage der von Tschaikowsky gegebenen Interviews, Prof. Dr. Thomas Kohlhase (Tübingen) überließ uns seine Kommentierung der Rezension von Joseph Sittard, Dr. Andreas Wehrmeyer (Berlin) machte auf die für unseren Band relevanten Stellen im Briefwechsel zwischen Tanejew und Tschaikowsky aufmerksam, entsprechende Auskünfte für den Briefwechsel zwischen Balakirew und Tschaikowsky gab uns Dr. Marek Bobéth (Berlin). Der Verlag Philipp Reclam jun. Leipzig erteilte die freundliche Genehmigung für den Abdruck der Übersetzungen von Texten Mussorgskys und Rimsky-Korsakows. Besonderer Dank gebührt Herrn Wladimir Kornejew, dem ständigen Vertreter unseres Verlages in Moskau, für die Beschaffung von Ablichtungen vieler Materialien aus den Archiven des Zeitungslesesaals der Moskauer Russischen Staatsbibliothek.

Berlin, im November 1993 — Ernst Kuhn

* Schochman, a.a.O., S. 141.

JURI DAWYDOW

VERWANDTE UND BEKANNTE PETER TSCHAIKOWSKYS IN MOSKAU UND ST. PETERSBURG[1]

Für Tschaikowsky als Komponisten war Petersburg seit Mitte der achtziger Jahre immer mehr Hauptanziehungspunkt geworden. Ohne die Verbindung zu seinem geliebten Moskau abzubrechen - im Gegenteil, er nahm weiterhin regen Anteil am Moskauer Musikleben -, orientierte sich Peter Iljitsch jetzt merklich stärker an Petersburg, der Stadt, in der auch die Direktion der Kaiserlichen Theater, die Russische Musikgesellschaft und die Kammermusikgesellschaft, die seinem Schaffen inzwischen immer größere Aufmerksamkeit schenkten, ihren Sitz hatten. Seine Aufenthalte in unserer nördlichen Hauptstadt wurden demzufolge immer häufiger und ausgedehnter. Die Stadt seiner Jugend gestaltete sich nun auch zur Stadt seiner Reifejahre. Hier lebten viele Freunde, die er durch die Musik gewonnen hatte, aber auch zahlreiche Verwandte väterlicher- und mütterlicherseits, so daß ich es an dieser Stelle für geboten halte, zumindest die ihm am meisten nahestehenden Verwandten kurz zu charakterisieren. Vielen von ihnen war er aufrichtig zugetan und pflegte sie selbst dann zu besuchen, wenn er nur wenige Tage in Petersburg weilte.

Peter Iljitsch hatte vier Brüder: Nikolai, Ippolit, Modest und Anatoli. **Nikolai Iljitsch Tschaikowsky**[2], sein älterer Bruder, arbeitete als Eisenbahn-Ingenieur zunächst in der Provinz und kam Mitte der 80er Jahre nach Petersburg. In seinem Beruf hat er sich nicht besonders hervorgetan. Peter Iljitsch mochte ihn sehr als Freund und Kameraden aus der Kinder- und Schulzeit. Die Interessen der beiden waren jedoch zu unterschiedlich, als daß ihre Freundschaft besonders eng werden konnte. Erst in den letzten Lebensjahren des Komponisten wurde das Verhältnis zwischen beiden so innig wie in der Kindheit. Nikolai Iljitsch lebte bis 1910 und bekleidete am Ende seines Lebens den Posten des Leiters jener auch als Verlag tätigen Moskauer Druckerei, die im Jahre 1898 nach dem Ableben des Komponisten

---

[1] **Juri Lwowitsch Dawydow** (1876-1965), Neffe des Komponisten, Bruder von Wladimir (Bob) Dawydow, dem Lieblingsneffen Tschaikowskys und Erben seiner Autorenrechte. Juri Dawydow arbeitete als Agronom und betätigte sich als Laiensänger. In den letzten Jahren seines Lebens war er leitender Kustos des Tschaikowsky-Museums in Klin und ist auch mit Büchern und Artikeln über den Komponisten an die Öffentlichkeit getreten.
Der hier zum Abdruck kommende Text ist eine Übersetzung des zweiten Kapitels seines Buches *Zapiski o P. I. Čajkovskom* (Aufzeichnungen über P. I. Tschaikowsky), Moskva 1962.
In einem weiteren Kapitel hat Dawydow noch ausführlicher über seine in Kamenka ansässige Mutter Alexandra Iljinitschna Dawydowa (geb. Tschaikowskaja; 1842-1891), die Schwester des Komponisten, berichtet, auf dessen Abdruck hier aus Platzgründen verzichtet werden mußte.

[2] Nikolai Iljitsch Tschaikowsky (1838-1910), älterer Bruder Tschaikowskys, Bergbauingenieur, später bei der Eisenbahn, schließlich Verwaltungsleiter der Moskauer Druckerei- und Verlagsfirma Jakowlew.

dessen, von Modest Tschaikowsky zum Druck vorbereiteten *Musikalische Feuilletons* herausbrachte.[3]

Ippolit Iljitsch Tschaikowsky, ein weiterer Bruder, hatte die Seefahrtsschule absolviert und kam dann zur Schwarzmeerflotte. Nachdem er seine obligatorische Dienstzeit abgeleistet hatte, wechselte er zur Russischen Schiffahrts- und Handelsgesellschaft und erhielt alsbald die Kapitänsstelle des Passagierdampfers »Michail«, eines Raddampfers mit einem hölzernen Schiffskörper, der hauptsächlich an der Küste des Schwarzen Meeres auf der Strecke zwischen Odessa und Batumi verkehrte. Später arbeitete Ippolit Iljitsch in der Verwaltung der Schiffahrtsgesellschaft und nahm zur Jahrhundertwende seinen Abschied im Range eines Generalmajors der Admiralität. Im Jahre 1869 hatte er Sofia Petrowna Nikonowa [1843-1920] geheiratet. Die Tochter aus dieser Ehe, Natalja Ippolitowna Tschaikowskaja, erfreut sich übrigens auch heute noch (1961) bester Gesundheit.[4]

Ippolit Iljitsch war einerseits schwierig im Umgang - aufbrausend, nachtragend und launisch, erinnerte aber in anderen Charakterzügen auch wieder sehr stark an Peter Iljitsch. Herzensgüte, Freundlichkeit, Humor, ein unermeßlicher Vorrat an Frohsinn, die Fähigkeit, sich selbst und andere zu erfreuen, zu scherzen und Scherze zu verstehen - all diese Züge waren beiden Brüdern eigen. Sie sahen sich jedoch nur selten, weil Ippolit Iljitsch im Süden Rußlands lebte. Erst in den 90er Jahren zog er nach Petersburg, wurde in seinen letzten Lebensjahren jedoch in Klin ansässig, wo er als wissenschaftlicher Sekretär im Tschaikowsky-Museum wirkte. Er starb 1927 im Alter von 83 Jahren und wurde in Demjanowo unweit vom Kliner Tschaikowsky-Museum beerdigt.

Tschaikowskys jüngere Brüder, die **Zwillinge Modest und Anatoli**, kamen 1850 in der Stadt Alapajewsk zur Welt. Im zarten Alter von vier Jahren verloren sie die Mutter[5] und entbehrten so schon früh der mütterlichen Fürsorge. Zahlreiche Cousinen und häufig wechselnde Gouvernanten waren für die Erziehung der beiden verantwortlich. Ihre erste Erzieherin war Awdotja Jakowlewna Bachirewa, bei der sie Lesen und Schreiben lernten. Die beiden Zwillinge waren ihr sehr zugetan.

Auf Awdotja Jakowlewna folgte Nastassja Petrowna Petrowa, eine alte Bekannte der Familie, die bereits Peter Iljitsch auf die Aufnahme in die Rechtsschule vorbereitet hatte. Später wurde Amalia Wassiljewna Schobert [verh. Gräfin Litke], eine Cousine der Tschaikowsky-Brüder mit der Sorge um die Zwillinge beauftragt. Es ist nur natürlich, daß die junge Frau mehr Vergnügungen und Bälle im Kopf hatte und sich nicht allzu ernsthaft der Erziehung der Zwillinge widmete. Ihre Unterrichtsstunden waren langweilig. Die Zwillinge begannen nun auch ihrerseits, das

3 Diese Ausgabe der *Musikalischen Feuilletons* nennt die Genossenschaft »Druckerei von S. P. Jakowlew« als Verlag und enthält ein ausführliches Vorwort von Hermann Laroche (deutsche Übersetzung in: Hermann Laroche, *Peter Tschaikowsky - Aufsätze und Erinnerungen*, S. 205-239).

4 Natalja Ippolitowna lebt heute (1961) in Leningrad und ist 85 Jahre alt. (**Anm. v. Juri Dawydow**)

5 Die Mutter Tschaikowskys Alexandra Andrejewna Tschaikowskaja, geb. d' Assier, war am 13. Juni 1854 in Petersburg an Cholera gestorben.

Lernen auf die leichte Schulter zu nehmen, und zwar besonders Modest, der mehr aufs Spielen aus war, sich überaus zerstreut gab und durchaus eine gewisse Portion Faulheit erkennen ließ. Die Unterrichtsstunden zeitigten entsprechend wenigen Erfolg, und die Zwillinge blieben gleichsam sich selbst überlassen.

Ein gewisser Einfluß auf Modest Iljitsch ging von der Familie seines Onkels **Pjotr Petrowitsch Tschaikowsky**[6] aus, bei dem die Zwillinge einige Jahre lebten. Pjotr Petrowitsch war als langgedienter Militär ein sprichwörtlicher Haudegen, der sich vornehmlich im Nahkampf viele Verwundungen geholt hatte. Unter der äußeren Hülle von Unnahbarkeit versteckte sich jedoch ein überaus gütiges Herz. Er mochte lehrhafte Gespräche und schenkte den Kindern an Feiertagen ein Fünfkopekenstück für Naschwerk. Die ihnen gebührende Aufmerksamkeit fanden die Zwillinge aber auch hier nicht: Sie lagen den lieben langen Tag auf der faulen Haut und wußten nichts mit sich anzustellen. Ihr älterer Bruder Peter hatte zeitig begriffen, wie sehr es den Kindern an mütterlicher Fürsorge fehlt. Er wurde nun ihr Betreuer und Beschützer, verbrachte viel Zeit mit ihnen und nahm zweifellos Einfluß auf ihre Erziehung und allgemeine Entwicklung. Als Neunjährige wurden die Zwillinge in die Rechtsschule aufgenommen, wo ihnen die Umstellung von der völligen Freiheit zu Hause auf die strenge Schuldisziplin nicht leicht fiel. Modest Iljitsch litt in der ersten Zeit sehr daunter. Aber da alles schließlich einmal vorbeigeht, gewöhnte auch er sich allmählich an das schulische Leben, verspürte aber stets den Wunsch, sobald als möglich die Mauern der Schule wieder zu verlassen. Ungeduldig zählte er die Stunden und Tage bis zu den Ferien, doch auch die Ferientage verlebte er nicht unbeschwert: der Gedanke, bald wieder in die Schule zurück zu müssen, belastete ihn ständig.

Modest Iljitsch Tschaikowsky war kein guter Schüler. Häufig gehörte er zu den schlechtesten seiner Klasse. Die Gründe dafür lagen nicht in mangelnder Begabung, sondern in seiner Kränklichkeit und in der Gleichgültigkeit gegenüber den unterrichteten Fächern. Man weiß, daß er viel las, umfassend interessiert war und über ein gutes Gedächtnis verfügte. Anleitungen für die Lektüre erhielt er von Peter Iljitsch, der selbst die Bücher für ihn auswählte. Peter Iljitsch war dank seiner glänzenden Geistesgaben und seines umfassenden Wissens stets in der Lage, auf die neugierigen Fragen der Zwillinge eine Antwort zu finden. Damit wurde er in ihren Augen zu einer Autorität, die sie buchstäblich vergötterten.

Seinen eigenständigen Lebensweg begann Modest Iljitsch als Untersuchungsführer in Simbirsk. Mangelnde Lebenskenntnis, ausschweifende Vergnügungen und Müßiggang sowie gute Beziehungen zu vermögenden Leuten sollten ihn bald vom richtigen Weg abbringen und verführten ihn dazu, sich in Schulden zu stürzen.

Der Vater, die Schwester und Peter Iljitsch wurden seine »Retter«: Nachdem sie ihm tüchtig den Kopf gewaschen hatten, bezahlten sie seine Schulden. Auf ihr Ge-

[6] Pjotr Petrowitsch Tschaikowsky (1788-1871), russischer General, Bruder des Vaters des Komponisten.

heiß mußte er den Dienst in Simbirsk aufgeben, einige Zeit in der Ukraine arbeiten und anschließend nach Petersburg übersiedeln. Der Staatsdienst blieb jedoch für Modest Iljitsch eine bedrückende Last. Als Kunstfreund träumte Modest von einer Künstlerkarriere. Unterstützt von Peter Iljitsch, begann er sich als Schriftsteller zu erproben und verfaßte eine längere Erzählung, die jedoch unvollendet geblieben ist.

Ein Zufall half ihm, seine eigentliche Berufung zu finden. Durch Vermittlung der Frau von Karl Dawydow[7], dem Professor am Petersburger Konservatorium, machte Modest die Bekanntschaft des vermögenden Gutsbesitzers Hermann Konradi[8], der einen Erzieher für seinen taubstummen Sohn Kolja suchte. Diese Arbeit wurde jetzt Modest Iljitsch angeboten, und Hermann Karlowitsch war auch in der Lage, die aufwendige Arbeit eines Erziehers gut zu bezahlen.

Vorab gab man Modest Iljitsch die Möglichkeit, die Methoden zu studieren, nach denen Taubstumme das gesprochene Wort nach der Lippenbewegung zu verstehen lernten. Modest Iljitsch fuhr nach Frankreich und eignete sich im Verlaufe einiger Monate das entsprechende Wissen an. Nach seiner Rückkehr stürzte er sich auf diese neue Aufgabe. Sein mitfühlendes und aufmerksames Verhalten gegenüber dem Zögling zeitigte bald Früchte: Der intelligente und fleißige Knabe war ihm sehr zugetan und machte schnell Fortschritte. Peter Iljitsch erfreute sich nicht nur an den Erfolgen des Knaben, sondern auch an der Gewissenhaftigkeit, der Geduld und Konsequenz, mit der sich Modest Iljitsch dieser neuen Aufgabe widmete. Die Arbeit fiel ihm nicht leicht, und mitunter war er sogar nahe daran aufzugeben. Peter Iljitsch gelang es jedoch immer wieder, den Bruder zum Weitermachen zu überreden. Die Aufgabe wurde gleichsam zu einer Lebensschule für Modest Iljitsch. Er gewöhnte sich nun langsam daran, sich selbst zum Arbeiten anzuhalten, und er eignete sich auch die hierzu nötigen Fertigkeiten an.

Als Modests Zögling bereits in der Lage war, sich selbst zu artikulieren und einen anderen Sprecher zu verstehen, konnte Modest Iljitsch damit beginnen, sich einen Teil seiner Zeit der Beschäftigung mit Literatur zuzuwenden, und zwar vor allem der Bühnenschriftstellerei und dem Verfassen von kritischen Aufsätzen zum Theaterleben der Zeit. Mit seinen kritischen Aufsätzen hatte Modest Iljitsch Erfolg und, was für ihn noch wichtiger war, sie fanden auch die Billigung von Peter Iljitsch, der für Modest die höchste Autorität darstellte. Dieser Zuspruch beflügelte ihn, so daß er nun seine ganze Freizeit der literarischen Arbeit widmete.

---

[7] Karl Juljewitsch Dawydow (1838-1889), ein Namensvetter von mir, berühmter Komponist und Cellist, Professor des Petersburger Konservatoriums (von 1876 bis 1887 dessen Direktor). (**Anm. v. Juri Dawydow**)

[8] Hermann Karlowitsch Konradi (1833-1882) entsandte Modest mit seinem taubstummen Sohn Kolja Konradi (1868-1922) für ein Jahr nach Lyon zu dem in der Taubstummenpädagogik führenden französischen Spezialisten Jaques Gugentobler (1844-1923) und war erst danach bereit, mit Modest Iljitsch einen festen Vertrag abzuschließen. Vgl. Alexander Poznansky, *Tschaikovsky - The Quest for the Inner Man*, New York 1991, S. 167.

Für die meisten literarischen Arbeiten von Modest Iljitsch war es geradezu typisch, daß deren Handlung eine interessante Schürzung und Entwicklung aufwies, bis sie dann im Sande verlief und vergleichsweise blaß endete. Modest wußte um diese Schwäche und machte sie sich auch selbst zum Vorwurf. Andererseits verfügte er über einen schönen Stil und besaß die Gabe, sich klar auszudrücken, so daß seine Werke leicht zu lesen waren. Aus seiner Feder stammt eine ganze Reihe von Bühnenstücken und Komödien, die sich ziemlich lange im Repertoire des Moskauer Maly-Theaters und des Petersburger Alexandrinski-Theaters hielten. Berühmte Schauspieler wie Maria Sawina[9], Pelageja Strepetowa[10], Maria Jermolowa[11], Wladimir [Nikolajewitsch] Dawydow[12] und Konstantin Warlamow[13] wählten sie für ihre Benefizvorstellungen.[14]

Das Verhältnis zwischen den Brüdern Peter und Modest gründete sich auf gegenseitiger Zuneigung und aufrichtiger Kameradschaft. Im Charakter, in ihren Ansichten und in ihrem Geschmack hatten sie vieles gemeinsam. Peter Iljitschs Einfluß auf den Bruder war immens: Er steuerte und förderte Modests literarische Begabung. Modest Iljitsch, der sich in der bildenden Kunst sehr gut auskannte, bemühte sich dadurch zu revanchieren, daß er den älteren Bruder ebenfalls für diese Kunstgattung zu interessieren versuchte.

Beide Brüder nahmen gegenseitig lebhaften Anteil an ihrem Schaffen. Durch die Zusammenarbeit von Modest und Peter Iljitsch entstanden die Opern *Pique Dame* und *Jolanthe* sowie das Ballett *Der Nußknacker. Pique Dame* als Opernstoff hatte Modest Iljitsch vorgeschlagen und sich bei Peter Iljitsch mit diesem Vorschlag auch durchsetzen können. Bekanntlich hatte der Komponist diesen Stoff zunächst abgelehnt, und erst die beharrlichen, immer wieder von neuem vorgebrachten und mit leidenschaftlichen Argumenten einhergehenden Vorschläge Modests konnten Peter

---

[9] Maria Gawrilowna Sawina (1854-1915), russische Schauspielerin am Alexandrinski-Theater, gründete die Russische Theatergesellschaft und war lange Zeit deren Vorsitzende.

[10] Pelageja (Polina) Antipjewna Strepetowa (1850-1903), bekannte russische Schauspielerin, von 1881 bis 1890 am Petersburger Alexandrinski-Theater.

[11] Maria Nikolajewna Jermolowa (1853-1928), berühmte russische Schauspielerin, debütierte 1870 am Moskauer Maly-Theater und stand über 50 Jahre als Schauspielerin auf der Bühne. Hinterließ auch Erinnerungen an Zeitgenossen. Ihr zu Ehren wurde 1970 in Moskau ein Museum eröffnet. Ein Theater im Moskauer Stadtzentrum trägt ihren Namen.,

[12] Wladimir Nikolajewitsch Dawydow (eigentlich Iwan Nikolajewitsch Gorelow; 1849-1925), berühmter russischer Schauspieler, von 1880 bis 1924 am Petersburger Alexandrinski-Theater, unterrichtete seit 1893 an der Petersburger Schauspielschule.

[13] Konstantin Alexandrowitsch Warlamow (1849-1915), bekannter russischer Schauspieler, ab 1875 am Petersburger Alexandrinski-Theater, Sohn des bekannten Komponisten russischer Romanzen Alexander Warlamow (1801-1848). Verfaßte auch Erinnerungen an Tschaikowsky (im vorliegenden Band).

[14] Modest Tschaikowsky war Mitte der 80er Jahre endgültig von seiner Berufung als Bühnenschriftsteller überzeugt. Im Verlauf der folgenden 20 Jahre schuf er zehn Bühnenstücke, von denen sieben mit Erfolg aufgeführt wurden. Ermunternden Zuspruch bekam er von keinem geringeren als Anton Tschechow, der sich mehrmals ausführlich über Modest Tschaikowskys Stücke geäußert hat.

Iljitsch schließlich überzeugen. Mehrmals hat Modest Iljitsch seinem Bruder auch Szenarien für Opern und sinfonische Dichtungen angeboten. Den *Hamlet*-Stoff, den Modest bereits in den siebziger Jahren unterbreitet hatte, trug Peter Iljitsch lange mit sich herum, bevor er schließlich im Jahre 1888 dieses Vorhaben umsetzte und seine sinfonische Fantasie *Hamlet*[15] komponierte.

Modest verstand es, Peter Iljitsch auch den kleinsten Wunsch von den Augen abzulesen. An der sofortigen Ausführung konnten ihn nur eine äußerst wichtige Angelegenheit oder eine Erkrankung hindern. In dieser Beziehung ist es bezeichnend, daß Modest sich nach Peter Iljitschs unglücklicher Verheiratung sofort zu diesem begab und sich längere Zeit um ihn kümmerte, um ihn nicht mit sich allein zu lassen. Das hierfür notwendige Einverständnis seines Arbeitgebers Hermann Konradi konnte er allerdings nur mit Mühe erlangen. Später griff er gemeinsam mit Peter Iljitsch in das Schicksal Tatjana Lwownas ein und verbrachte mit den beiden einige Monate in Paris, und zwar nicht nur aus Mitleid der Nichte gegenüber, sondern in dem Wunsch, dem Bruder bei den hiermit verbundenen Scherereien beizustehen.[16]

Nach dem Tode des Komponisten lebte Modest Iljitsch hauptsächlich in Klin und war einer der Organisatoren des Tschaikowsky-Museums. Die reichen Archivsammlungen, die er in diesem Museum zusammentrug, sind ein historischer Schatz von Weltbedeutung. Modest Iljitsch hat die Wohnräume des Komponisten so bewahrt, wie sie Tschaikowsky zuletzt verlassen hatte.[17] Hier empfing er u.a. Sergej

[15] Gemeint ist Tschaikowskys Fantasie-Ouvertüre *Hamlet* op. 67 für großes Orchester.

[16] Tatjana Lwowna Dawydowa (1862-1887), eine schöne, aber morphiumsüchtige junge Frau, hatte am 26. April 1883, d.h. mit 21 Jahren, in Paris ein uneheliches Kind zur Welt gebracht. Vater des Kindes war der Musiklehrer Stanislaw Blumenfeld. Modest Iljitsch hatte Tatjana rechtzeitig von Kamenka nach Paris gebracht und ihre Abwesenheit mit einer Entziehungskur begründet. Peter Iljitsch war selbstverständlich eingeweiht, auch wenn er im Februar 1883 an Frau von Meck schreibt, Tanja sei in eine Klinik bei Paris gebracht worden, wo man »ihre Morphiumdosen etwas verringert hat«. Tatjanas Kind wuchs zunächst in Frankreich bei Pflegeeltern auf, später wurde es von Tschaikowskys Bruder Nikolai adoptiert (während die übrige Familie nichts über den eigentlichen Vater wußte). In Kreisen, die der Dawydow-Familie nahestanden, nahm man sogar an, Peter Iljitsch selbst sei der Vater, weil er sich so liebevoll um das Kind kümmerte. Vgl. hierzu: Tschaikowski - *Die Tagebücher*, Berlin 1992, S. 65ff.

[17] Die entscheidende Rolle für die Bewahrung der Wohnräume des Komponisten in Klin spielte Tschaikowskys Diener, Alexej Iwanowitsch Sofronow. Er hatte bereits eine Woche nach dem Ableben Tschaikowskys den Besitzer des Hauses, Herrn Sacharow, aufgesucht und mit ihm Verhandlungen aufgenommen, um das Haus entweder zu erwerben oder zumindest langfristig zu pachten. Diese Verhandlungen dauerten zwei Monate. Am 3. Januar 1894 konnte Sofronow schließlich Modest Tschaikowsky neben den besten Wünschen zum neuen Jahr mitteilen, daß er das Haus »mit allem Inventar, ein paar Dinge ausgenommen« für 8.500 Rubel erwerben konnte. Sofronow seinerseits gab das Haus nun Modest Tschaikowsky in Pacht und erhielt von ihm dafür 50 Rubel im Monat. Die bewegliche Habe hatte Tschaikowsky seinem Diener ohnehin vermacht, so daß sich jetzt fast alles, was mit den letzten Lebensjahren des Komponisten im Zusammenhang stand, in seinen Händen befand.

Tanejew[18], Hermann Laroche[19] und den Schauspieler Juri Jurjew[20]. Offensichtlich haben aber auch alle Verwandten des Komponisten hier geweilt, manche sogar für längere Zeit.

Modest Iljitsch starb 1916 mitten im Weltkrieg, der Millionen Menschenleben forderte und der ihn in seiner Sinnlosigkeit und Grausamkeit zutiefst bedrückte.

Der zweite der Zwillinge, **Anatoli Iljitsch Tschaikowsky**, war ausgesprochen nervös, impulsiv und obendrein ausgesprochen wehleidig, Charakterzüge, die ihm das Leben wesentlich erschwerten. Die Rechtsschule hatte er bereits ein Jahr vor Modest Iljitsch absolviert und eine erfolgreiche Karriere im Apparat des Justizministeriums begonnen. Hier diente er sich soweit hinauf, bis er zuerst in Tiflis, dann in Reval und Nishni Nowgorod zum Vizegouverneur ernannt wurde. An seinem Lebensende war er Senator. Positive Züge in seinem Charakter waren Direktheit, Aufrichtigkeit und Arbeitsliebe. Seinen Bruder Peter liebte er bis zur Selbstvergessenheit und war genau wie Modest Iljitsch zu jedem Opfer für ihn bereit. Peter Iljitsch war ihm genauso zugetan und liebte ihn möglicherweise mehr als die anderen Brüder.

Anatoli Iljitsch war ein Musikfreund und spielte selbst Violine. In seinem Hause traf sich eine interessante und bunte Gesellschaft, unter anderem auch Wladimir Stassow[21] und der bekannte Jurist Anatoli Koni[22]. Besonders herzliche Beziehungen

1897 erwarb dann Wladimir Dawydow, der Erbe der Autorenrechte Tschaikowskys, das Haus mit allem Inventar von Sofronow und begann sofort damit, noch einen Anbau zu errichten, den er 1898 zusammen mit seinem Onkel Modest Iljitsch Tschaikowsky bezog.
Seitdem hat das Haus zwar sein ursprüngliches Aussehen verloren, die Wohnräume des Komponisten blieben jedoch ohne wesentliche Veränderungen und entsprechen im großen und ganzen dem Aussehen, das sie zu Lebzeiten des Komponisten gehabt haben. Interessant ist der Bericht, den Nikolai Kaschkin 1895 über seinen Besuch in den Wohnräumen Tschaikowskys verfaßt hat [vgl. Nikolai Kaschkin, *Meine Erinnerungen an Peter Tschaikowsky*, Berlin 1992, S. 177ff.]. **(Anm. v. J. Dawydow)**

[18] Sergej Iwanowitsch Tanejew (1856-1915), berühmter russischer Komponist, Pianist und bedeutender Theoretiker, Schüler von Peter Tschaikowsky, ab 1878 Professor am Moskauer Konservatorium (1885 dessen Direktor), gilt auch als bedeutender Kompositionslehrer (zu seinen Schülern gehörten u.a. Skrjabin, Rachmaninow, Glière, Mjaskowski, Medtner und Gretschaninow).

[19] Hermann Awgustowitsch Laroche (1845-1904), einflußreicher russischer Musikkritiker, Professor für Musiktheorie und Musikgeschichte am Petersburger und Moskauer Konservatorium, enger Freund Tschaikowskys und erbitterter Kontrahent des *Mächtigen Häufleins*.

[20] Juri Michailowitsch Jurjew (1872-1948), berühmter russischer Schauspieler. Jurjew ist auch mit Aufzeichnungen und eigenen Erinnerungen an Tschaikowsky an die Öffentlichkeit getreten (*Zapiski*, Leningrad/Moskva 1948).

[21] Wladimir Wassiljewitsch Stassow (1824-1906), wohl der einflußreichste russische Kunst- und Musikkritiker im 19. Jahrhundert, arbeitete hauptberuflich als Bibliothekar an der Kaiserlichen Öffentlichen Bibliothek in Petersburg, 1872 Direktor der Kunstabteilung der Bibliothek, begeisterter Vorkämpfer der nationalrussischen Musik und Ideologe des Balakirew-Kreises, für den er 1867 die in die Musikgeschichte eingegangene Bezeichnung *Mächtiges Häuflein* prägte.

verbanden Peter Iljitsch mit der Gattin von Anatoli Iljitsch (Praskowja Wladimirowna) und deren Tochter Tata. Er überschüttete sie förmlich mit Geschenken und verwöhnte sie, wie er nur konnte. Anatoli Iljitsch lebte bis 1915 und ist in Petersburg beerdigt.

Immer wenn die Uraufführung eines seiner Werke bevorstand, war Peter Iljitsch den ganzen Tag über hochgradig nervös, was sich nur dann ein wenig gab, wenn eine ihm vertraute Person in der Nähe war. Eine solche Person für Tschaikowsky war **Anna Petrowna Merkling**[23], die Tochter seines Onkels Pjotr Petrowitsch[24].

Sie hatte ihre Jugendjahre zusammen mit Peter Iljitsch verbracht, und beide verbanden gleichartige Interessen und ein gemeinsamer Geschmack, so daß die gegenseitige aufrichtige Sympathie trotz des bedeutenden Altersunterschiedes ihrer Freundschaft eine besondere Herzlichkeit und Zartheit verlieh.

Die kluge, allseitig gebildete Anna Petrowna, die auch ein feines künstlerisches Gespür besaß, Musik und die Kunst allgemein vergötterte und sich die Unmittelbarkeit der Wahrnehmung sowie das Interesse am Leben bis ins hohe Alter bewahren konnte, machte mit ihrer leidenschaftlichen und empfänglichen Natur einen großen Eindruck auf Peter Iljitsch. Ihr Familienleben verlief jedoch unglücklich: Sie wurde früh Witwe und verlor ihre Tochter im Kindesalter. Als sie zum zweiten Mal heiratete, hatte sie unter dem schwierigen Charakter ihres Gatten und der materiellen Unsicherheit sehr zu leiden. Peter Iljitsch blieb Anna Petrowna sehr verbunden und stand ununterbrochen mit ihr in Briefwechsel. Wenn er nach Petersburg kam, verbrachte er viel Zeit bei ihr und unterstützte sie nach Kräften, denn die Familie mußte mit dem sehr bescheidenen Gehalt ihres Gatten auskommen. Peter Iljitschs Besuche im Hause Anna Petrownas waren dort stets ein wahrer Feiertag, und zwar besonders für die kleineren Kinder, ihre Enkel. Diese hatten von Peter Iljitsch keine andere Vorstellung als die vom Väterchen Frost, der über und über mit Geschenken bepackt ins Haus tritt und immer zu allen freundlich ist. Peter Iljitsch mochte Anna Petrowna nicht nur, er gab auch viel auf ihre Meinung in musikalischen Fragen. Anna Merkling begleitete Peter Iljitsch auch zu dem Konzert, in dem er die Uraufführung seiner *Sechsten Sinfonie* dirigierte. Von ihr stammen auch die Lederarbeiten für den Sessel Tschaikowkys und ein Bilderrahmen für sein Porträt, den sie für ihn, ihren Cousin in Handarbeit angefertigt hatte. Beides befindet sich heute im

22 Anatoli Fjodorowitsch Koni (1844-1927), berühmter russischer Jurist, 1892 Ehrenmitglied der Moskauer Universität, 1900 Ehrenmitglied der Petersburger Akademie der Wissenschaften, 1907 Mitglied des Russischen Staatsrates, 1916 Vorsitzender der Juristischen Gesellschaft zu Petersburg, von 1918 bis 1922 Professor für Strafprozeßrecht an der Petrograder Universität.

23 Anna Petrowna Merkling (1830-1911), Cousine des Komponisten, die mit ihm eng befreundet war und mit der er einen intensiven Briefwechsel pflegte. Tschaikowsky widmete ihr sein *Menuetto-scherzoso* aus den *Sechs Klavierstücken* op. 51 (1882).

24 Vgl. Anm. 6.

Tschaikowsky-Museum in Klin. 1911 starb sie im Alter von 82 Jahren in Woskressenskoje (Gouvernement Moskau).

Anna Petrowna Merklings Schwester - Alexandra Petrowna - verheiratete sich bereits als sehr junges Mädchen. Ihr Gatte, Pawel Petrowitsch Karzow, war kein ausgesprochen starker Charakter, so daß die willensstarke und energievolle Alexandra Petrowna in der Familie das Kommando führte, als würde sie eine Militärparade abnehmen. Peter Iljitsch war ihr zwar ebenfalls sehr zugetan, zeigte aber in ihrer Gesellschaft stets eine gewisse Schüchternheit.

Alexandra Petrowna Karzowa war nicht musikalisch. Obwohl Peter Iljitsch das wußte, liebte er es, ihr seine Werke vorzuspielen. Sie hielt mit ihrer Meinung nicht hinter dem Berg und pflegte sie kurz und bündig zu äußern. So meinte sie einmal, als er ihr wieder etwas Neues vorgespielt hatte: »Gut, mein Lieber, ich würde sogar sagen: sehr gut! Es ist allerdings viel Wasser darin.«

Ihre Tochter hat mir einmal erzählt, daß Onkel Peter während eines Aufenthaltes in Petersburg auch Alexandra Petrowna, die damals in Zarskoje Selo[25] lebte, besuchte und ihr bei dieser Gelegenheit den ersten Akt seines *Eugen Onegin* vorspielte. Als er das Ende des Duetts zwischen Tatjana und Olga erreicht hatte, das damals noch aus drei Strophen bestand, wurde er unsanft von Alexandra Petrownas Zwischenrufen unterbrochen: »'Habt ihrs gehört, habt ihrs gehört', was soll denn das? Natürlich hab' ich's gehört! Wieso fragst Du hundertmal: 'Habt ihrs gehört, habt ihrs gehört?' - Das mag zwar sehr schön sein, ist aber langweilig und wird nur Gelächter einbringen.« Peter Iljitsch hörte auf sie und reduzierte das Duett auf zwei Strophen.[26]

Alexandra Petrowna hatte viele Kinder. Von allen am meisten mochte Peter Iljitsch den kleinen Georgi Pawlowitsch oder Georges, wie man ihn gewöhnlich nannte, der später ein enger Freund des Lyrikers Alexej Apuchtin[27] war und die bekannte Sängerin Alexandra Walerianowna Panajewa[28] heiratete.

Alexandra Walerianowna Panajewa-Karzowa war in einer Familie aufgewachsen, in der man der Kunst und besonders der Musik großes Interesse entgegenbrachte. Sie verfügte über eine herrliche Stimme, die sie auch ordentlich ausbil-

---

[25] Zarskoje Selo (Zarendorf): Vorstadt 25 km südlich von St. Petersburg, 1918 zunächst in Detskoje selo umbenannt, heißt seit 1937 Puschkin.

[26] Textstelle zitiert nach dem ersten Bild des ersten Aktes in der neuen wortgetreuen Übersetzung von Alexander von Schlippe, in: Peter Tschaikowsky, *Eugen Onegin - Texte, Materialien, Kommentare*, herausgegeben von Attila Csampai und Dietmar Holland, Hamburg 1985, S. 32.
Diese Stelle in dem Buch von Juri Dawydow ist übrigens in der Tschaikowsky-Literatur der einzige Hinweis auf das Vorhandensein einer früheren Fassung dieses Duetts.

[27] Alexej Nikolajewitsch Apuchtin (1840-1893), russischer Lyriker und Erzähler, dessen teilweise sehr populäre Verse sich durch Einfachheit und Klarheit der poetischen Sprache auszeichnen und oft (darunter auch von Tschaikowsky) vertont worden sind.

[28] Alexandra Walerianowna Panajewa-Karzowa (1853-1942), russische Sängerin und Frau des Tschaikowsky-Neffen Georgi Karzow. Tschaikowsky widmete ihr seine *Sieben Romanzen* op. 47 (1880).

den ließ. Zunächst trat sie lediglich als Konzertsängerin auf, später aber sang sie auch an der Scala in Mailand und an der Italienischen Oper in Moskau. Die Rolle der Tatjana in Tschaikowskys *Eugen Onegin* sang sie bei der Petersburger Erstaufführung, die in privatem Kreise zu Beginn des Jahres 1879 bei Julia Abasa[29] stattgefunden hatte.

Alexandra Walerianowna war eine glühende Verehrerin Tschaikowskys und nutzte ihre hohe Musikalität, um seine Musik zu verbreiten. Mit dem hohen künstlerischen Anspruch ihrer Interpretationen verstand sie es, alle ihre Zuhörer, darunter auch den Komponisten selbst, zu bezaubern. Diese bewundernswert energievolle, aber auch feinsinnige Künstlerin überlebte ihren Lieblingskomponisten fast um ein halbes Jahrhundert. Sie starb 1942 während der Blockade in Leningrad im Alter von 92 Jahren.

Von den übrigen Verwandten pflegte Peter Iljitsch mehr oder weniger häufigen Kontakt mit der Familie seiner Cousine **Lydia Wladimirowna Olchowskaja**[30], der Tochter von Wladimir Petrowitsch Tschaikowsky[31]. Die Mutter von Lydia Wladimirowna war jung gestorben, so daß die Eltern des Komponisten ihre Erziehung übernommen hatten. Sie war älter als Peter Iljitsch und kannte ihn deshalb schon, als er - wie man so sagt - noch in den Windeln lag. Lydia Wladimirowna berichtete, daß er es als Kind liebte, dem »Orchestrion«, das bei ihnen im Hause stand, zuzuhören, gern auf dem Flügel spielte und, wenn niemand im Zimmer war, auch häufig improvisierte, sich vor Zuhörern damit aber eher zurückhielt. Die Mutter, so Lydia Wladimirowna, habe ihn sehr gefördert und ihm selbst den ersten Musikunterricht erteilt.

Nach ihren Worten war Peter Iljitsch ein fröhliches Kind, das gern mit anderen zusammen war und sich selbst alle möglichen Spiele ausdachte. Auch später war er nur dann zu Hause, wenn auch ein Spielkamerad da war. Sonst war er wie vom Erdboden verschluckt, d.h. irgendwo bei anderen zum Spielen.

Unter dem Eindruck einer späteren Begegnung mit Tschaikowsky in Paris im Jahre 1861 meinte Lydia Wladimirowna, Tschaikowsky hätte damals viel Zeit auf Vergnügungen verwandt. Als sie zwei Jahre später nach Petersburg zurückkehrte, fand sie ihn sehr verändert. Die Vergnügungsabende hatte er aufgegeben und sich intensiv seiner Arbeit zugewandt. Mit Peter Iljitsch waren in der Tat große Veränderungen vorgegangen, als er sich endgültig für die Musik als Beruf entschieden hatte.

---

29 Julia F. Abasa (Lebensdaten nicht zu ermitteln; geb. Staube), russische Sängerin, Frau von Alexander Aggejewitsch Abasa (1821-1895), russischer Staatsmann, im Kabinett Loris-Melikow Finanzminister und Vorsitzender des Wirtschaftsdepartements im Russischen Staatsrat.

30 Lydia Wladimirowna Olchowskaja, geb. Tschaikowskaja (1830-1892), Cousine Tschaikowskys, verheiratet mit dem Generalmajor Nikolai Iwanowitsch Olchowski (1819-1892), der als Bergbauingenieur auch Professor am Petersburger Bergbauinstitut und Chef der Russischen Münze war und darüber hinaus als Bühnenschriftsteller bekanntgeworden ist.

31 Wladimir Petrowitsch Tschaikowsky, Onkel des Komponisten väterlicherseits.

Nikolai Iwanowitsch Olchowski, der Gatte von Lydia Wladimirowna, war Bergbauingenieur von Beruf, betätigte sich aber auch als Bühnenautor. Seine Komödien, mit denen er die damaligen Sitten und Gewohnheiten der Gesellschaft aufs Korn nahm, sind in breitesten Kreisen bekannt geworden. Als Bühnenautor schrieb er unter dem Pseudonym »Onyx«. Den größten Erfolg unter seinen Stücken hatte die Komödie »Bekannte Unbekannte«. Mit Peter Iljitsch war er besonders anfangs der 70er Jahre in enger Freundschaft verbunden.

Eine andere Cousine Tschaikowskys, **Amalia Wassiljewna Litke [geb. Schobert]**[32], hatte ebenfalls einen Teil ihrer Kindheit und Jugend mit der Tschaikowsky-Familie zunächst in Alapajewsk und danach in Petersburg verbracht.

Ihre Mutter, Jelisaweta Andrejewna, zog nach dem Tode ihres Mannes zu ihrer Schwester, d.h. zur Mutter von Peter Iljitsch. Peter Iljitsch machte durch seine Tante auch nähere Bekanntschaft mit dem Gatten von deren Schulfreundin, dem Gesangslehrer Luigi Piccioli. Amalia Wassiljewna war Peter Iljitsch genauso eng und freundschaftlich verbunden wie seine leibliche Schwester Alexandra Iljinitschna[33]. Amalia Wassiljewna heiratete dann einen Sohn des berühmten Seefahrers Fjodor Pawlowitsch Litke[34], der zwei Weltumseglungen unternommen hatte. Die von ihm entdeckten Inseln tragen noch heute seinen Namen. Fjodor Pawlowitsch gehörte auch zu den Gründern der Russischen Geographischen Gesellschaft und war viele Jahre Präsident der Akademie der Wissenschaften.

Gräfin Amalia Litke war eine ausgesprochene Frohnatur, schlagfertig, schauspielerisch begabt, gesellig, freundlich und gutherzig. Als Freund und Kamerad Tschaikowskys aus den Kinder- und Jugendjahren blieb sie ihm bis an sein Lebensende engstens verbunden. Wenn er nach Petersburg kam, fand Peter Iljitsch stets eine Möglichkeit, sie zu besuchen, selbst wenn er nur kurz in der Stadt weilte. Als kluge Frau und gute Beobachterin hat sie viel über Tschaikowskys Kindheit und über sein Interesse für die von Fabrikarbeitern in Wotkinsk gesungenen Liedern berichtet.

Von ihr wissen wir, daß er diese Lieder auf dem Klavier nachspielte und eine Begleitung dazu erfand. Im Zusammenhang mit seinen Improvisationen hat sie beispielsweise auch berichtet, daß er sie manchmal der Mutter vortrug und ungeduldig abwartete, was sie darauf sagen würde. Die Mutter, Alexandra Andrejewna, lobte ihren Sohn und erahnte sein großes musikalisches Talent.

---

32 Amalia Wassiljewna Schobert, verh. Gräfin Litke (1841-1912), Cousine Tschaikowskys mütterlicherseits.

33 Vgl. Anm. 1.

34 Graf Fjodor Pawlowitsch Litke (1797-1882), berühmter russischer Seefahrer (1855 Admiral), Geograph und Arktisforscher. 1829 korrespondierendes Mirglied der Petersburger Akademie der Wissenschaften, 1855 ihr Ehrenmitglied und ab 1864 Präsident der Akademie. Von 1845 bis 1872 (mit Unterbrechungen) Vorsitzender der Russischen Geographischen Gesellschaft und ab 1846 Leiter des Wissenschaftlichen Komitees für Meeresforschung. Graf Litke war darüber hinaus von 1850 bis 1857 militärischer Hafenkommandant von Reval, später von Kronstadt, und gehörte ab 1855 dem Russischen Staatsrat an.

Von Gräfin Litke wissen wir auch, daß die Eltern für Peter Iljitsch einen Flügel gekauft hatten, eine damals sehr teure Anschaffung. Der kleine Petja hat dann oft beim Klavierspielen vergessen, daß er nach dem Tagesplan schon längst etwas anderes hätte tun müssen. Die Mutter rief ihn jedoch nicht vom Instrument weg, was sie bei den anderen Kinder in jedem Falle getan hätte. Über Tschaikowskys Vater brauchen in diesem Zusammenhang nicht viel Worte verloren werden: Er mochte alle Kinder und erlaubte ihnen alles, was sie wollten.

Die Eltern stellten jedoch Petjas Begabung nicht besonders heraus, da sie offensichtlich vermeiden wollten, aus ihm ein »Wunderkind« zu machen.

Wie allgemein berichtet wird, achtete Peter Iljitsch schon als Kind sorgfältig auf seine Kleidung. Es konnte ihn schier zur Verzweiflung bringen, wenn der Haarschopf dem Kamm nicht gehorchte und die Haare in verschiedene Richtung standen. Doch genauso schnell konnte er das wieder vergessen, wenn er sich in ein Spiel vertiefte, das er sich gerade ausgedacht hatte. In solchen Momenten hätte die Welt Kopf stehen können, ohne daß er es bemerkt hätte, berichtet Amalia Wassiljewna. Er kommandierte gern und verstand es, sich die Spielgefährten unterzuordnen, ohne daß es darüber zu großem Strei kam. Gleichaltrige, ja sogar wesentlich Ältere erkannten ihn ohne weiteres als Führer an und mochten ihn wegen seiner Gerechtigkeit.

Als Halbwüchsiger brachte er vor den Feiertagen oft seine Freunde mit ins Haus und spielte bis spät in die Nacht zum Tanz auf. An diesen Abenden nahmen außer seiner noch unverheirateten Schwester Alexander Iljinitschna noch zwei weitere junge Damen teil: Mascha Jewreinowa und Amalia Schobert. Peter Iljitsch sprach immer von den »drei Grazien«. An diesen Abenden kamen häufig sehr viele junge Leute zusammen. Die Seele des Frohsinns war immer Peter Iljitsch: Er erfand die verschiedensten Spiele, begleitete seine Schwester Alexandra Iljinitschna, die eine schöne Stimme besaß, auf dem Klavier und sang auch selbst italienische Romanzen mit seiner angenehmen Bariton-Stimme. Zu seinen Lieblingsspielen gehörte die Suche nach einem versteckten Gegenstand, die mit orientierender Musikbegleitung einherging: je näher der Suchende dem Gegenstand kam, umso bravouröser und lauter wurde die Musik. Entfernte derjenige sich jedoch von ihm, nahm die Tonstärke ab und das Tempo verlangsamte sich. Am Flügel saß natürlich stets Peter Iljitsch. Dabei kam es vor, daß er beim Variieren irgendeines bekannten Liedes sich derart in sein Spiel hineinsteigerte, daß man ihn anstoßen mußte, um ihn wieder in die Wirklichkeit zurückzurufen. Häufig begann er aber auch einfach spontan zu improvisieren und unter Musikbegleitung lange Märchen zu erzählen. Diese Märchen hatten mitunter eine schreckliche Handlung, die durch seine ausdrucksstarke Begleitung noch schauriger wurde.

Amalia Wassiljewna hat auch berichtet, daß in den Kinderjahren Tschaikowskys kaum jemand, seine Mutter vielleicht ausgenommen, ahnte, daß er einmal die Musik zu seinem Beruf machen würde. Leider hat Peter Iljitsch seine Improvisationen nicht aufgeschrieben. Möglicherweise hielt er sie dessen auch nicht für würdig.

Vieles behielt er jedoch im Gedächtnis und konnte noch Jahre später auf Themen zurückgreifen, die er bereits in seiner Jugendzeit erdacht hatte.

Der zweite Sohn der Gräfin Litke, **Graf Alexander Nikolajewitsch Litke**[35], wurde zum Liebling von Peter Iljitsch. Er galt als guter Laienschauspieler und konnte sich - wie man so sagt - kaum retten vor Einladungen, an häuslichen Theateraufführungen teilzunehmen. Seine perfekte Beherrschung des Französischen und der Grafentitel öffneten ihm alle Türen, so daß sein Bekanntenkreis schier unübersehbar war und er praktisch jeden kannte. Das ist auch der Grund, warum Peter Iljitsch zuweilen seine »bösen Dienste« - wie er selber zu sagen pflegte - in Anspruch nahm, um verschiedene Gesellschaftsnachrichten (hauptsächlich freundliche Absagen oder Einladungen) zu verbreiten:

»Sanetschka, mein Lieber, geh doch mal zu X. und lüg' ihm vor, ich wäre bereits gestorben oder sag ihm irgendetwas anderes in dieser Art, damit er nicht darüber gekränkt ist, wenn ich heute nicht bei ihm essen werde.« Und der unendlich seinem Freund Peter Iljitsch ergebene Sanetschka brauste los, um die ihm auferlegte und nicht immer angenehme Mission zu erfüllen.

Gräfin Litke wurde noch in jungen Jahren Witwe. Sie verkaufte ihr Haus und das Anwesen, um die Schulden zu bezahlen, und wurde zunächst Direktorin eines Gymnasiums, später dann Leiterin der Hochschulkurse für Frauen in St. Petersburg.

Von den Verwandten Tschaikowskys der älteren Generation ist unbedingt noch auf **Jekaterina Andrejewna Alexejewa**[36] hinzuweisen, einer Tante des Komponisten mütterlicherseits. Sie war eine hochmusikalische Sängerin und besaß eine schöne Stimme. Es gab wohl kaum jemanden in der Musikwelt unserer nördlichen Hauptstadt, der die herrliche Kontraalt-Stimme von Jekaterina Andrejewna nicht gehört hatte. Diese prächtig ausgebildete Stimme und die subtile Ausdruckskraft ihres Gesanges hatten sie in den 40er Jahren in Petersburg weithin bekannt gemacht. Sie war ständiges Mitglied eines Freundeskreises für klassische Musik, der sich in jenen Jahren immer bei den Wielgorskis[37] einfand, trat aber auch häufig im Gebäude der Adelsversammlung in Konzerten und Kammermusikabenden auf. Ihre Auftritte hatten stets einen riesigen Erfolg. In der berühmten *Severnaja Pčela*, aber auch in anderen Zeitschriften erschienen Artikel über sie. Der seinerzeit sehr bekannte Dichter Fjodor Glinka[38] widmete ihr eines seiner Gedichte. Sie träumte davon, das Singen zu ihrem Beruf zu machen, was jedoch damals in ihren Kreisen für

---

35 Graf Alexander (Sanja) Nikolajewitsch Litke (1879-1918), Großneffe Tschaikowskys.

36 Jekaterina Andrejewna Alexejewa, geb. d' Assier (1805-1882), Schwester der Mutter Tschaikowskys.

37 Gemeint sind die Brüder Graf Matwej Jurjewitsch Wielgorski (1794-1866) und Graf Michail Jurjewitsch Wielgorski (1788-1856), der erste ein berühmter Cellist, der zweite ein Komponist, die beide ab 1826 in ihren Häusern musikalische Salons unterhielten und zum Zentrum des Petersburger Musiklebens wurden.

38 Fjodor Nikolajewitsch Glinka (1786-1880), bedeutender russischer Dichter aus dem Puschkin-Kreis, gehörte zum gemäßigten Flügel der Dekabristen.

gänzlich unmöglich angesehen wurde. Ihr Gatte Alexander Stepanowitsch verbot ihr, auch nur daran zu denken. Er ließ übrigens auch nur italienische Musik gelten, eine russische Musik existierte für ihn gar nicht.

Nachdem ihr Gatte gestorben war, lebte Jekaterina Andrejewna lange Zeit in Italien. Als sie dort einmal beim Singen aus dem Fenster schaute, sah sie, daß sich vor dem Haus eine größere Menschenmenge angesammelt hatte. Vor der Menge stand ein fliegender Händler, der kleine Figuren und Andenken verkaufte. Als er im Fenster die Sängerin erkannte, hielt er ihr seinen Bauchladen entgegen und rief: »Es soll alles Ihnen gehören, wenn Sie nur weitersingen!« Die Menge spendete Beifall. Jekaterina Alexejewna hat sich noch lange mit Stolz an diese Episode erinnert, die sie mit größerer Genugtuung erfüllte als ihre Erfolge in den Konzertsälen.

Der Umgang mit dieser musikalisch hochgebildeten, feinfühligen Sängerin, einer großen Verehrerin ernster klassischer Musik, hinterließ natürlich bei Peter Iljitsch seine Spuren. Durch sie lernte er bereits als Schüler viele klassische Meisterwerke kennen. Häufig haben auch beide zusammen musiziert. Ich selbst erinnere mich noch sehr gut an diese ältere Frau mit ihren unter der Haube hervortretenden Haarlocken, die über ihre Kunst auch gern zu erzählen bereit war.

Hiermit beende ich meine Übersicht über die nächsten Verwandten Tschaikowskys in Moskau und Petersburg. Was den Kreis seiner Freunde betrifft, und zwar in erster Linie die Freunde aus der Musikwelt, so sind hier vor allem Hermann Laroche[39], Eduard Naprawnik[40], Alexander Glasunow[41], Nikolai Kaschkin[42], Sergej Tanejew[43], Alexandra und Nikolai Hubert[44], Konstantin Albrecht[45], Nikolai Rubinstein[46], Alexander Siloti[47] und Jossif Kotek[48] zu nennen.

---

39 Hermann Awgustowitsch Laroche (1845-1904), einflußreicher russischer Musikkritiker, Professor für Musiktheorie und Musikgeschichte am Petersburger und Moskauer Konservatorium, enger Freund Tschaikowskys und erbitterter Kontrahent des *Mächtigen Häufleins*.

40 Eduard Franzewitsch Naprawnik (1839-1916), russischer Dirigent und Komponist tschechischer Abstammung, lebte seit 1861 in Rußland, ab 1869 Chefdirigent am Petersburger Marientheater, gleichzeitig auch Dirigent der Sinfoniekonzerte der Russischen Musikgesellschaft und einer der Direktoren der Petersburger Abteilung der Russischen Musikgesellschaft.

41 Alexander Konstantinowitsch Glasunow (1865-1936), berühmter russischer Komponist und Dirigent, Professor am Petersburger Konservatorium (ab 1905 dessen Direktor), lebte nach 1928 außerhalb Rußlands.

42 Nikolai Dmitrijewitsch Kaschkin (1839-1920), einflußreicher russischer Musikkritiker, unterrichtete von 1866 bis 1906 am Moskauer Konservatorium (1875 Professor) und war eng mit Tschaikowsky befreundet. Verfaßte u.a. ein *Handbuch der russischen Musikgeschichte* (1908), Erinnerungen an Tschaikowsky und andere russische Komponisten. Kaschkin trat darüber hinaus als Übersetzer vieler musiktheoretischer Schriften ins Russische hervor.

43 Vgl. Anm. 18.

44 Nikolai Albertowitsch Hubert (1840-1888), Professor für Musiktheorie am Moskauer Konservatorium, von 1881 bis 1883 dessen Direktor.

Alexandra Iwanowna Hubert (geb. Batalina; 1850-1937), Frau von Nikolai Hubert, russische Pianistin, unterrichtete von 1874 bis 1930 (mit Unterbrechungen) am Moskauer Konservatorium, von 1889 bis 1914 auch Inspektorin am Moskauer Konservatorium.

Hermann Laroche hatte seinerzeit zusammen mit Peter Iljitsch am Petersburger Konservatorium studiert und blieb zeitlebens mit ihm befreundet. Als kluger Mann von hoher Bildung und scharfer Beobachtungsgabe hatte Laroche sofort die Bedeutung Tschaikowskys gespürt und zu würdigen verstanden. Abgesehen von der vollen Anerkennung der Begabung Tschaikowskys knüpfte er zu ihm auch sehr enge menschliche Beziehungen. Ich erinnere mich noch, wie die beiden einmal - ich glaube, es ging um das Schaffen Händels - heftig miteinander in Streit gerieten. Beide waren erregt und hatten Kampfpositionen eingenommen, in denen sie wie Streithähne aussahen, die kurz davor standen, aufeinander loszugehen. Peter Iljitsch gab viel auf die Meinung von Hermann Laroche, spielte ihm häufig seine Kompositionen vor und beriet sich mit ihm. Ich war einmal Zeuge der folgenden Szene: Laroche lag auf dem Diwan mit dem Gesicht zur Wand und lauschte dem Spiel Tschaikowskys am Flügel. Dieser wiederum war so gespannt auf Laroches Urteil, daß er fast darauf wie ein Untertan auf ein Zeichen der Gnade seines Herrschers wartete. Obwohl Tschaikowsky an sich nicht zu den Geduldigen gehörte, wagte er nicht, das lange Schweigen Laroches zu unterbrechen und wartete ergeben ab, wie der »Spruch des Orakels« ausfallen würde.

Im Unterschied zu Peter Iljitsch war es Laroche nicht gegeben, sich zum Arbeiten zu zwingen. Mitunter siegte seine Stimmung über das Pflichtbewußtsein. Es ist sogar vorgekommen, daß Laroche seine Artikel Peter Iljitsch in die Feder diktierte.[49]

Ein freundschaftliches Verhältnis unterhielt Peter Iljitsch auch zu **Eduard Naprawnik**. Der ruhige, ausgeglichene, jedoch etwas trockene Eduard Franzewitsch war ein vorbildlicher Familienvater. In seinem Hause fühlte sich Peter Iljitsch sehr wohl. In Naprawnik fand er einen ernstzunehmenden Kritiker, auf dessen Meinung er so viel gab, daß er sogar auf dessen Rat hin Änderungen in seinen Werken vornahm, wenn auch nicht ohne einen gewissen Schmerz in der Seele.

Auf der Korrekturprobe eines Orchesterwerkes von Tschaikowsky - ich weiß nicht mehr welches - ließ Eduard Franzewitsch die Musiker abbrechen und wandte

---

45 Konstantin (Karl Karlowitsch) Albrecht (1836-1893), deutsch-russischer Cellist, später Professor am Moskauer Konservatorium und eng mit Tschaikowsky befreundet.

46 Nikolai Grigorjewitsch Rubinstein (1835-1881), bedeutender russischer Pianist und Dirigent, Begründer des Moskauer Konservatoriums (1866), Bruder des ebenfalls berühmten Petersburger Komponisten Anton Rubinstein.

47 Alexander Iljitsch Siloti (1863-1945), russischer Dirigent und Pianist von Weltgeltung, 1888-1891 Professor am Moskauer Konservatorium, von 1891-1900 in Deutschland, Frankreich und Belgien, 1901 und 1902 Dirigent der Moskauer Philharmonie, ab 1903 Dirigent von Konzertreihen in Petersburg und Moskau, ab 1919 in Deutschland und Finnland, nach 1922 in den USA.

48 Jossif Jossifowitsch Kotek (1855-1885), russischer Violinist und Kompositionsschüler Tschaikowskys, mit dem er eng befreundet war. Tschaikowsky beriet sich mit ihm bei der Komposition seines Violinkonzertes und widmete ihm sein Valse-Scherzo op. 34 für Violine und Orchester.

49 Vgl. beispielswiese die Tagebucheintragungen des Komponisten vom 15. und 20. September 1887, in: Peter Tschaikowski - *Die Tagebücher*, Berlin 1992, S. 228 und 230.

sich vom Podium herab an den im Saal anwesenden Komponisten: »Peter Iljitsch, mir scheint, wenn Sie dieses Thema (das er nun vorsang) statt von der Flöte von der Klarinette blasen ließen, würde es klanglich viel besser herauskommen.« Peter Iljitsch, der offensichtlich ganz und gar nicht dieser Meinung war, entgegnete unsicher: »Natürlich haben Sie recht, aber lassen wir es, wie es ist!« Naprawnik bestand aber auf seinem Vorschlag, und Peter Iljitsch gab schließlich zähneknirschend nach. Er stieg auf die Bühne und trug die notwendigen Änderungen selbst in die Klarinettenstimme ein. Der Hang Eduard Naprawniks, unbedingt irgendetwas zu »verbessern« (»selbst wenn es nur wenig ist«), machte Peter Iljitsch, wie er bezeugte, sehr zu schaffen, aber Naprawnik hatte als Musiker großes Gewicht, und man mußte ihm häufig nachgeben. Zwischen beiden gab es des öfteren Auseinandersetzungen, die in den meisten Fällen mit der Kapitulation von Peter Iljitsch endeten. Freilich ging es hierbei auch fast immer um Einzelheiten, die die Gesamtkonzeption des Komponisten nicht berührten.

In der Mitte der achtziger Jahre hatte Peter Iljitsch bei Balakirew **Alexander Glasunow** kennengelernt. Er verbrachte gern seine Zeit in der Gesellschaft dieses jungen Komponisten und übte zweifellos großen Einfluß auf ihn aus. Alexander Konstantinowitsch brachte ihm einmal seine *Zweite Sinfonie*, die sie beide vierhändig am Klavier durchspielten. Peter Iljitsch gab dem jungen Komponisten einige Ratschläge. Er schätzte Glasunow besonders wegen dessen hoher musikalischer Kultur, an der es nach Meinung Tschaikowskys den meisten Musikern jener Jahre ermangelte. Von Glasunows musikalischem Gedächtnis war Peter Iljitsch geradezu fasziniert. Manchmal bat er ihn spaßeshalber, irgendein Stück zu spielen, das sie beide bereits vor mehreren Jahren einmal gehört hatten. Es ist nicht ein einziges Mal vorgekommen, daß sich Glasunow nicht erinnert und das Stück aus der Erinnerung nicht hätte spielen können. Zuvor schaute er stets an die Decke, während er mit den Fingern über die Klaviatur tastete und sich an die Tonart zu erinnern versuchte. Peter Iljitsch war überzeugt, selbst kein absolutes Gehör zu besitzen und beneidete Alexander Konstantinowitsch ein wenig darum.

Alexander Iljitsch Siloti, ein Schüler Tschaikowskys, war seinem Lehrer als ergebener und aufrichtiger Freund überaus zugetan. Da seine kompositorische Begabung nicht groß war, konzentrierte sich Siloti erfolgreich auf eine Pianisten- und Dirigentenkarriere. Als Pianist bot er Hervorragendes, wenngleich Peter Iljitsch für Silotis Spielweise nicht viel übrig hatte. Er fand sie zu weich und zu wenig ausdrucksvoll. Dennoch nahm Tschaikowsky, wenn er als Dirigent auf Auslandskonzertreisen ging, Siloti als Solisten für seine Konzerte mit. Möglicherweise hatte Siloti als Pianist in den neunziger Jahren noch nicht jene brillante Meisterschaft erreicht, für die er später berühmt war. Vor Siloti als Dirigenten hatte Tschaikowsky allerdings große Hochachtung und sagte ihm eine glänzende Zukunft voraus. Dasselbe galt für Silotis musikalisches Fachwissen, so daß Peter Iljitsch ihn mitunter mit Transkriptionen und Korrekturen seiner Werke beauftragte.

Ein besonderes Wort muß zu **Pjotr Iwanowitsch Jürgenson**, dem Verleger der Werke Tschaikowskys gesagt werden. Der kluge, fachkundige und nicht unehrgeizige Mann hatte sich vorgenommen, wenn schon nicht der einzige, so doch der größte Musikverleger in Rußland zu werden. Tschaikowskys Begabung erkannte er sofort und bemühte sich mit allen Kräften, ihn an seinen Verlag zu binden. Als geschickter Kaufmann war er sehr vorsichtig beim Geldausgeben und vermied übertriebene Großzügigkeit bei der Honorarbemessung. Tschaikowsky gegenüber war er jedoch nicht geizig, so daß es zwischen den beiden in der ganzen Zeit ihrer Zusammenarbeit nur ein einziges Mal deswegen Spannungen gegeben hatte. Seine Mitarbeiterzahl blieb unter der vergleichbarer Unternehmen, was übrigens auch Tschaikowsky zu spüren bekam. Er beschwerte sich beispielsweise, daß er wegen des Geizes von Jürgenson die Korrekturen in seinen Werken selbst vornehmen müsse. Dennoch waren die beiden bis an das Ende der Tage Tschaikowskys in aufrichtiger Freundschaft miteinander verbunden. Ab Mitte der siebziger Jahre hatte Jürgenson auch die Regelung der autorenrechtlichen und persönlichen Angelegenheiten des Komponisten an sich gezogen und versuchte auch alle Manuskripte Tschaikowskys in seinen Besitz zu bringen, um sie für die Nachwelt zu bewahren. Ferner überwachte er die Auszahlung der Tantiemen bei der Aufführung von Werken Tschaikowskys, und zwar sowohl zu Lebzeiten als auch nach dem Tode des Komponisten.

Wenn man von der Musikwelt jener Jahre spricht, kommt man nicht umhin, auch einige Worte über **Nikolai Figner**[50] zu sagen. Peter Iljitsch mochte weder das Timbre seiner Stimme, noch den unverhüllt kehligen Klang seiner übertrieben laut gesungenen hohen Töne, zollte aber seiner schauspielerischen Veranlagung den ihr gebührenden Tribut. Bei der Komposition seiner *Pique Dame* hatte er bei der Rolle des Hermann an Figner gedacht und dessen Wünsche berücksichtigt. Damals war Figner wohl der einzige unter den Tenören Rußlands, der in der Lage war, diese Rolle zu bewältigen. Das Berechnende und die Herrschsucht in Figners Charakter wirkten jedoch abstoßend auf Tschaikowsky. Außerdem hatte Figner große Mühe, seine Partie einzustudieren: er benötigte dafür länger als ein halbes Jahr. Blieben seine Partner in der Opernhandlung einmal zufällig stecken, verlor auch Figner sofort den Faden und blieb solange hilflos, bis ihn irgendjemand wieder auf die Melodie brachte. Peter Iljitsch fuhr deshalb vor der Premiere der *Pique Dame* zu Figner aufs Land[51] und studierte dort persönlich mit ihm die Partie ein. Schließlich fand sich Tschaikowsky bereit, das Tischlied aus dem letzten Akt einen halben Ton tiefer zu transponieren und eine entsprechende Überleitung zu komponieren, weil er

---

[50] Nikolai Nikolajewitsch Figner (1857-1918), russischer Sänger (Tenor), von 1887 bis 1907 am Petersburger Marientheater, sang die Partie des Hermann bei der Uraufführung von *Pique Dame* und die des Grafen Vaudemont bei der Uraufführung der *Jolanthe*. Tschaikowsky widmete ihm die *Sechs Romanzen* op. 73.

[51] Vgl. hierzu auch die entsprechende Stelle in: Nikolai Kaschkin, *Meine Erinnerungen an Peter Tschaikowsky*, Berlin 1992, S. 160.

befürchtete, daß Figner die Höhe einfach nicht schaffen würde. Zu einer engeren Freundschaft zwischen beiden ist es nicht gekommen.

Von den Freunden Tschaikowskys außerhalb der Musikwelt nenne ich nur diejenigen, die wirklich sehr eng mit ihm befreundet waren.

Nikolai Dmitrijewitsch Kondratjew[52] war das Muster eines typischen mittleren Gutsbesitzers, der genügend belesen war, um in allen Fragen ein wenig mitreden zu können. Seine Frau, eine »Dame der Gesellschaft«, kannte »ganz« Petersburg und war immer auf dem laufenden über den letzten Gesellschaftsklatsch. Sie verstand es wie niemand sonst, diese Gerüchte in heiterer und pikanter Verpackung vorzutragen und ihre Zuhörer damit zum Lachen zu bringen. Ihre Sprache war gespickt mit französischen Ausdrücken, was damals als »guter Ton« galt. Die Kondratjews waren sehr herzliche und gastfreundliche Leute, so daß Tschaikowsky sie oft auf ihrem Anwesen besuchte. Ihnen und ihrer Tochter Dina war er sehr zugetan. Dinas Erzieherin, die Französin Mademoiselle Emma Genton, brachte Peter Iljitsch die allerzartesten Gefühle entgegen, korrespondierte mit ihm, als er Petersburg verlassen hatte und bemühte sich auf jede Weise um seine Aufmerksamkeit, wenn er bei den Kondratjews zu Gast war. Peter Iljitsch widmete Emma Genton sein Klavierstück *Valse sentimentale*[53].

Die alte Freundschaft zwischen Peter Iljitsch und dem Lyriker **Alexej Apuchtin**[54], der mit ihm gemeinsam die Rechtsschule besucht hatte, blieb fast zeitlebends zwischen beiden ungebrochen. Nach den Erinnerungen Apuchtins gehörte Peter Iljitsch zu den klügsten und fähigsten Schülern der Rechtsschule. Er war bei allen beliebt und galt unter den Kameraden als ausgesprochener Musikspezialist. Dennoch ist er - wie Apuchtin berichtet - in der Rechtsschule kaum musikalisch hervorgetreten und wenn, dann vor allem als Tanzpianist. Manchmal, wenn sich nur die engsten Freunde im Saal befanden, hatte er auch improvisiert. Apuchtin gegenüber war er jedoch offener als zu anderen. Beide, der junge Dichter und der junge Komponist, liebten es, »ihren Träumen nach dem idealen Ruhm« nachzuhängen, wie Apuchtin in der Verszeile eines Gedichtes schreibt, das Tschaikowsky gewidmet ist.

Bis in die neunziger Jahre hinein besuchte Peter Iljitsch den Lyriker regelmäßig, wenn er in Petersburg war. In den letzten Jahren stellte er diese Besuche ein. Woraus sich diese Abkühlung erklärte, vermag ich nicht zu sagen. Der Lyriker trug schwer an den Mißgeschicken seines Leben und an der mangelnden Anerkennung seiner Begabung. Tschaikowsky hingegen befand sich damals bereits auf der Höhe seiner Karriere als Komponist...

---

52 Nikolai Dmitrijewitsch Kondratjew (1837-1887), russischer Gutsbesitzer und enger Freund des Komponisten. Über seine Bemühungen um den Freund, als dieser im Sterben lag, schreibt Tschaikowsky ausführlich in seinem Tagebuch Nr. 6 vom Juni bis September 1887 (vgl. Peter Tschaikowsky - *Die Tagebücher*, Berlin 1992, S. 193-236).

53 Nr. 6 aus den *Sechs Klavierstücken* op. 51 (1882).

54 Vgl. Anm. 27.

MODEST TSCHAIKOWSKY

FRÜHE ERINNERUNGEN AN MEINEN BRUDER PETJA[55]

Meine früheste Erinnerung an Petja: Es ist Abend, eine Lampe mit Lampenschirm, Papa ist bei uns, irgendetwas mit unserer Schwester Sascha - entweder war sie gerade zu Hause angekommen oder wurde aus der Annenschule[56] erwartet -, und neben mir im Zimmer *er* selbst, krank, und doch bin ich froh, daß *er* zu Hause ist und nicht in der Rechtsschule. Verbunden damit habe ich eine äußerst verschwommene Vorstellung von Petjas Freund Apuchtin[57], einem blassen und hageren Jungen, ebenfalls Schüler der Rechtsschule. Er gefällt mir nicht, aber wenn *er* ihn mag, muß auch ich ihn mögen. Ich weiß nicht, ob Mama damals noch am Leben war oder nicht.

Später, als wir schon bei unserem Onkel Pjotr Petrowitsch[58] lebten, d.h. in der Kadetskaja linija im Hause des Grundstücksbesitzers Osterlow, erinnere ich mich an einen Sonntag. Es duftet nach Pastete. Petja muß nach dem Frühstück zur Klavierstunde bei Kündinger[59]. Das sind öde Aussichten, denn so ist *er* uns entzogen, obgleich er zu Hause ist. Übrigens sieht *er* längst nicht so gut aus wie unser Bruder Kolja[60]. Jener hat schöne und feingliedrige Hände, *er* aber nicht unbedingt. Außerdem knabbert *er* an den Fingernägeln. Kolja ist stets elegant, gut frisiert; Petja aber mit unordentlichem Haar. Alles an *ihm* ist nachlässig, und doch will ich genauso wie *er* sein, denn ich liebe alles an ihm, das Gute und das weniger Gute. Petja trinkt gern Kaffee bei Tante Lisa[61], und ich will das auch mögen...

---

55 Unter dem Titel *Iz rannych vospominanij o brate Petre* (»Aus frühen Erinnerungen an meinen Bruder Peter«) veröffentlichte Wladimir Protopopow in seinem Band mit Erinnerungen an Tschaikowsky [*Vospominanija o P. I. Čajkovskom*, Moskva 1962, S. 399-404] vier Textfragmente aus der Feder Modest Tschaikowskys, die nicht unmittelbar miteinander zusammenhängen. Offensichtlich handelt es sich um Auszüge aus der bislang unter Verschluß gehaltenen Autobiographie Modest Tschaikowskys, deren Veröffentlichung von russischer Seite für die nächste Zukunft in Aussicht gestellt worden ist.
Hier kommt das erste dieser vier Fragmente in deutscher Übersetzung zum Abdruck.

56 Im Originaltext deutsch.

57 Vgl. Anm. 27.

58 Vgl. Anm. 5.

59 Rudolf Wassiljewitsch Kündinger (1832-1913), deutscher Pianist und Klavierlehrer, der ab 1850 in Rußland lebte. Ab 1860 war er Musiklehrer bei Hofe, 1879 Professor am Petersburger Konservatorium. Rudolf Kündinger hinterließ auch Erinnerungen an seinen Klavierschüler Peter Tschaikowsky, die Modest in seiner Biographie des Komponisten verwendete.

60 Vgl. Anm. 2.

61 Gemeint ist Jelisaweta Andrejewna Schobert, geb. Assier (1823-?), die jüngere Schwester der Mutter Tschaikowskys. Vom Ende der vierziger bis in die sechziger Jahre wohnten die Familien Tschaikowsky und Schobert zusammen.

Die Cousinen und Tanten haben gegen Apuchtin eine Abneigung, aber das nur deshalb, weil sie keine Ahnung davon haben, was Petja und ich bereits wissen, nämlich daß sich hinter Apuchtins schriller Exzentrik und seinem Tick, allen anderen Unannehmlichkeiten zu sagen, ein wertvoller Kern mit wahren Schätzen verbirgt.

Bei Petja riecht es im Zimmer immer irgendwie nach Tabak und noch nach irgendetwas anderem, und ich bin sehr traurig, daß es bei mir nicht so ist...

Manchmal, allerdings sehr selten, ist *er* bereit, uns aus seiner Kindheit zu erzählen, aus der Zeit in Wotkinsk und Alapajewsk, und manchmal spielt er auch mit uns...

Er verströmte einen solchen Frohsinn und unaufhörliche Lebensfreude, daß selbst seine sinnlosen Späße genau wie das eigentlich sinnlose Zwitschern eines Frühlingsvogels etwas Erquickendes hatten. Wenn er mich rief, mußte ich ihm erst nachsprechen: »Pita, Pita-pitatura, Pita, Pito... Pitje, Pitu, Petruscha!«, bevor ich ihn küssen durfte, und nichts anderes wäre mir damals so geistreich und herzlich erschienen...

Wenn *er* sich dann auf uns »einließ«, tat *er* das nicht von oben herab, sondern hatte selbst Spaß dran. Deshalb war unser Spiel immer dann, wenn er sich beteiligte, besonders fröhlich. Er improvisierte, brachte irgend etwas zustande und geriet dabei auch selbst in Begeisterung. Seine Spiele waren völlig einzigartig. Das alles kam aus seinem unbegreiflichen und einfach bezauberndem Wesen...

ANNA VON MECK-DAWYDOWA

MEIN ONKEL PETER TSCHAIKOWSKY UND DAS ENDE SEINES BRIEFWECHSELS MIT NADESHDA VON MECK[62]

Die Veränderungen[63] im Leben von Peter Iljitsch hatten zunächst auf seine Beziehung zu meiner Schwiegermutter (Nadeshda von Meck) keinen Einfluß. Erst gegen Ende der 80er Jahre wurde es allmählich deutlich, daß er immer weniger ihrer Hilfe und des ständigen Gedankenaustausches mit ihr bedurfte. Manchmal spürte sie auch, daß er seinen Brief nur mit Mühe zu Papier gebracht hatte und daß irgend etwas Wichtiges ungesagt geblieben war.

---

[62] Russische Erstveröffentlichung in: V. V. Protopopov (Hrsg.), *Vospominanija o P.I. Čajkovskom*, Moskva 1962, S. 340-343.

Anna Lwowna von Meck (geb Dawydowa; 1864-1942), eine Nichte Tschaikowskys, die 1884 Nikolai Karlowitsch von Meck (1863-1929), einen Sohn von Nadeshda Filaretowna von Meck, geehelicht hatte, berührt in ihren Erinnerungen den Charakter der Beziehungen zwischen dem Komponisten und seiner Verehrerin und Mäzenatin Nadeshda von Meck.

Nadeshda Filaretowna von Meck (1831-1894) war die Witwe eines reichen Besitzers von Eisenbahnlinien und Mutter von 11 Kindern. Ende 1876 hörte die von dem Musiklehrer Kotek, daß dessen Lehrer Tschaikowsky sich sehr vereinsamt und unverstanden fühlt und oft in Geldnöten ist. Da sie von Tschaikowskys Musik (namentlich der sinfonischen Fantasie *Der Sturm*) sehr angetan war, bestellte sie bei ihm eine Komposition für Violine und Klavier zu einem ungewöhnlich hohen Honorar. Diesem Auftrag folgten weitere. Im Zusammenhang damit entstand ein intensiver Briefwechsel, der 14 Jahre (1876-1890) dauerte und 1204 Briefe erbrachte. Im Oktober 1877 bewilligte Frau von Meck Tschaikowsky eine Jahresrente von 6000 Rubel (später erhielt er eine weitere vom Zaren), d.h. 500 Rubel pro Monat. Für damalige Verhältnisse war das sehr viel, wenn man bedenkt, daß Tschaikowsky als Lehrkraft am Moskauer Konservatorium 1866 nur 50 Rubel im Monat bekam und die Schüler für ca. 16 Stunden Unterricht 3 Rubel monatlich zu zahlen hatten. Im Oktober 1890 teilte Frau von Meck Tschaikowsky allerdings mit, sie stehe vor dem finanziellen Ruin und könne ihre Zahlungen nicht fortsetzen. Ebenso den Briefwechsel, da die krank sei. Später stellte sich heraus, daß sie keineswegs in finanziellen Schwierigkeiten war. Die wahren Hintergründe des jähen Abbruchs der Beziehungen sind nie aufgehellt worden.

Nachdem bislang der Briefwechsel zwischen Tschaikowsky und Nadeshda von Meck nur auszugsweise in deutscher Sprache zugänglich war, wird gegenwärtig dessen erste vollständige Ausgabe von den Verlagen Muzyka [Moskau] und B. Schott's Söhne [Mainz] (Hrsg. Lilija Dworezkaja und Polina Waidman, in deutscher Übersetzung von Luisa von Westernhagen und Irmgard Wille herausgegeben von Thomas Kohlhase) im Rahmen der Neuen Ausgabe sämtlicher Werke Tschaikowskys zur Veröffentlichung vorbereitet.

[63] Mit diesen Veränderungen ist die allgemeine Anerkennung gemeint, die Tschaikowsky Mitte der 80er Jahre zuteil wurde. Tschaikowsky begann seine Dirigentenlaufbahn und wurde zu einer wichtigen Persönlichkeit im russischen Musikleben. Da in den langen Jahren des Briefwechsels mit Nadeshda von Meck das wichtigste schon gesagt war, verloren seine Briefe an sie allmählich ihren bekenntnishaften Charakter und wurden mehr zu Berichten über die laufenden Vorgänge, was ihm selbst möglicherweise gar nicht bewußt war. Nadeshda von Meck hingegen begann sich immer einsamer zu fühlen (die Kinder waren erwachsen geworden und gingen aus dem Haus), so daß sie ein eher noch stärkeres Bedürfnis an einem sehr offenen brieflichen Austausch mit Tschaikowsky hatte.

Nadeshda Filaretowna freute sich an seinen Erfolgen und über die weltweite Anerkennung, die ihm zuteil wurde, ohne daß sie ihren eigenen Anteil daran erwähnte. Wieviel hatte sie doch selbst dazu beigetragen, daß seine Werke im Ausland aufgeführt werden konnten!

Veränderungen gab es jedoch auch in ihrem eigenen Leben. Sie begann stark zu kränkeln, und wahnsinnige Kopfschmerzen machten es ihr oft tagelang unmöglich, an einfachsten Alltagsdingen Anteil zu nehmen. Sie wurde schwerhörig und konnte keine Konzerte mehr besuchen. Darüber hinaus war ihr rechter Arm von Auszehrung befallen, so daß sie beim Briefeschreiben die rechte Hand mit der linken führen mußte oder uns diese Briefe diktierte. Auch in der Lunge war der tuberkulöse Prozeß weiter fortgeschritten. Unsere Familie war sehr besorgt um sie. In den Jahren 1889 und 1890 kam noch eine schwere Nervenerkrankung hinzu, deren Ursachen hauptsächlich durch Mißerfolge der jüngeren Familienmitglieder, materielle Einbußen und Schicksalsschläge bedingt waren. Ihr Vermögen, das durch ihre Hände Arbeit zusammengebracht worden war, hatte sich stark verringert: Man mußte sich jetzt einschränken, und sie war gezwungen, all denen ihre Unterstüzung zu entziehen, die auch ohne ihre Hilfe existieren konnten.[64] Das Schlimmste war jedoch die Erkrankung des ältesten Sohnes, den sie am meisten liebte. Er starb buchstäblich vor ihren Augen an einer langen, qualvollen Krankheit.

Irgend etwas zerbrach in ihr, und in der Rückschau auf ihr Leben mußte es ihr erscheinen, daß all diese Schicksalsschläge die Strafe dafür waren, daß sie zu lange und zu intensiv ihr eigenes (persönliches) Leben gelebt hatte. Durch ihre Freundschaft mit Peter Iljitsch hatte sie Familie und Haus vernachlässigt, und möglicherweise war sie selbst schuld daran, daß ihr begabter Sohn so schrecklich vor ihren Augen hinscheiden mußte. »Es ist meine Sünde«, sagte sie sich, »und ich selbst muß dafür sühnen.« Sie wandte sich von neuem dem Glauben zu und begann wieder zu beten. Außerdem bat sie mich, beim Popen die Lesung verschiedener Gebete und Fürbitten zu bestellen.

Eine solche Gestimmtheit mußte natürlich auch ihre Korrespondenz mit Peter Iljitsch beeinflussen: Sie hatte nicht mehr jenes dringende Bedürfnis daran wie früher. Der Briefwechsel kam zum Erliegen. Um die materielle Lage meines Onkels Petja mußte sie sich schon längst keine Sorgen mehr machen, denn sie wußte, daß er ausgezeichnete Einkünfte hatte. Warum dann also ihren wunderbaren Briefwechsel in die Länge ziehen und zu irgendeiner langweiligen Pflichtübung für ihn werden lassen?

In Nadeshda Filaretownas Charakter gab weder Kleinmut noch Unentschlossenheit. Sie hoffte darauf, daß Peter Iljitsch sie verstehen würde.

---

[64] In ihrem letzten erhaltenen Brief vom 30. März (11. April 1890) hatte Nadeshda von Meck ihre schwierige Lage geschildert: Der älteste Sohn Wladimir Karlowitsch lag im Sterben, und die finanzielle Situation ihrer jüngeren Kinder war hoffnungslos, so daß mit dem vollständigen Verlust des ihnen übertragenen Vermögens gerechnet werden mußte.

Er aber verstand nichts und nahm ihren Abschiedsbrief nicht in der erwarteten Weise auf, so schwer es mir auch fällt, das zu sagen. Er gab sich gekränkt, betonte ständig die materielle Seite und übertrieb seine finanziellen Einbußen. Der Aussage Nadeshda Filaretownas über ihre eigenen materiellen Schwierigkeiten begegnete er mit Unglauben.

Dieser letzte Brief Nadeshda Filaretownas an ihn ist nicht erhalten: Außer Peter Iljitsch selbst hat ihn niemand je gelesen, und was genau darin stand, kann niemand mit Sicherheit sagen.[65]

Mein Verhältnis zu Onkel Petja blieb auch nach dem Abbruch des Briefwechsels [zwischen ihm und meiner Schwiegermutter] unverändert. Er besuchte uns auf dem Dorfe, kam auch in Moskau stets vorbei und hat mir und meinem Mann gegenüber auch nicht die leiseste Andeutung darüber laut werden lassen, wie schmerzlich und mit welcher Kränkung er den Abbruch des Briefwechsels mit meiner Schwiegermutter aufgenommen hatte.

Hierfür wählte er dann Pachulski, dem er von seiner Kränkung und seinem Schmerz in einem Brief berichtete, denn er kannte ihn sehr gut und konnte sicher sein, daß Pachulski seiner Bitte entsprechen und uns diesen Brief nicht zeigen würde.

Pachulski verhielt sich sehr korrekt, sandte den Brief zurück und riet Peter Iljitsch, direkt an Nadeshda Filaretowna zu schreiben.

Warum Onkel Petja davon Abstand nahm und weder über mich noch über meinen Mann die Kontaktaufnahme versuchte, kann ich nicht sagen. Erst kurz vor seinem Ableben, als er erfuhr, daß ich zu Schwiegermutter ins Ausland fuhr, brach Peter Iljitsch mir gegenüber sein Schweigen, sprach von seinem tiefen Schmerz und bat mich, mit Nadeshda Filaretowna darüber zu reden.

Damals erfuhr ich zum ersten Mal, wie schmerzlich ihn dieser Abbruch der Korrespondenz getroffen hatte. Der Eindruck von unserem Gespräch war so stark, daß ich mich an alle Einzelheiten der äußeren Umstände noch heute gut erinnern kann: Es war im Tee-Zimmer des Hauses meiner Schwiegermutter auf dem Pretschistenski-Boulevard[66]. Ebenso stark hat sich mir dann das darauffolgende Gespräch mit meiner Schwiegermutter in Wiesbaden eingeprägt. Ich saß im Dämmerlicht zu ihren Füßen auf der Couch, und ihre Augen leuchteten in einer Art rötlichem Schimmer. Sie konnte damals nur noch im Flüsterton sprechen, denn der tuberkulöse Prozeß hatte auch den Kehlkopf erfaßt.

---

[65] Der letzte Brief Nadeshda von Mecks an Peter Tschaikowsky vom 22. September (4. Oktober) 1890 ist bis heute unauffindbar geblieben. Aus den nachfolgenden Briefen des Komponisten wissen wir jedoch, daß er nicht so sehr durch den Verlust der materiellen Unterstützung als durch den Abbruch des Briefwechsels getroffen war. Über Wladislaw Pachulski (?-1919), den persönlichen Sekretär und Schwiegersohn von Nadeshda von Meck, versuchte Tschaikowsky noch ein ganzes Jahr, den Kontakt zu ihr von neuem zu knüpfen - allerdings ohne Erfolg.

[66] Straße in Moskau, die 1924 in Gogol-Boulevard umbenannt worden ist.

Damals verstand ich auch zum ersten Mal, wie schwer ihr selbst der Abbruch der Beziehungen zu meinem Onkel gefallen war.

Ihre begeisterte Verehrung für Tschaikowsky war ungebrochen:

»Ich spürte, daß er mich nicht mehr braucht und daß ich ihm nichts weiter geben kann. Unser Briefwechsel sollte ihm nicht zur Last fallen, denn für mich war er stets eine Freude. Ich hatte jedoch kein Recht, nur an meine eigene Freude zu denken. Wenn er mich nicht verstanden hat und mich dennoch brauchte, warum hat er dann niemals mehr an mich geschrieben? Er hatte es doch versprochen!

Sicherlich, die materielle Unterstützung für ihn hatte ich eingestellt, aber war das wirklich von Bedeutung?«

Das waren die Worte, die sie mir damals sagte.

Onkel Petja habe ich nach meiner Rückkehr aus dem Ausland erst wieder im Oktober und auch dann nur flüchtig gesehen, als er auf seiner fatalen Reise nach Petersburg kurz in Moskau Station machte. Zu einem richtigen Gespräch fehlte die Zeit, doch ich glaube fest daran, daß das Wenige, was ich ihm damals sagen konnte, zu der besonders frohen Stimmung in seinen letzten Lebenstagen (die von vielen, die ihn gesehen haben, bezeugt wird) beigetragen hat.

Onkel Petja verstarb am 25. Oktober. Man hat mich oft gefragt, wie Nadeshda Filaretowna die Nachricht von seinem Ableben aufgenommen hat. Sie konnte es nicht verwinden. Ihr Gesundheitszustand begann sich sofort rapide zu verschlechtern, und sie starb drei Monate später am 13. Januar 1894 in Nizza.

Der Beerdigung Tschaikowskys war Nadeshda Filaretowna ferngeblieben, denn sie war bereits zu krank, um noch reisen zu können. Aber selbst, wenn sie sich ganz in der Nähe befunden hätte, wäre sie wahrscheinlich auch nicht zu seiner Beisetzung gekommen.

Nadeshda Filaretowna lebte ausschließlich mit ihren Kindern und deren Familien: den Schwiegersöhnen und -töchtern. Sonst sah sie niemanden, denn sie war sehr scheu und hatte Angst davor, sich in der Gesellschaft zu bewegen. Zur Beerdigung zu kommen, wo alle hätten sehen können, wer sie ist und daß sie hier ist - das hätte sie niemals getan, sogar wenn es ihr möglich gewesen wäre...

IPPOLIT TSCHAIKOWSKY

ERINNERUNGEN AN DIE AUFENTHALTE MEINES BRUDERS IN TAGANROG UND ODESSA[67]

Peter Iljitsch, mein inzwischen verstorbener Bruder, machte häufiger auf seinen Reisen von Moskau nach Tiflis (zu unserem Bruder Anatoli, dem damaligen Vizegouverneur in Tiflis) bei mir Station in Taganrog, einer Stadt, in der ich als Agent der Russischen Gesellschaft für Schiffahrt und Handel tätig war.

Immer wenn die Verwandten uns in Taganrog besuchten - ganz besonders, wenn Peter Iljitsch zu uns kam - war das für meine Frau und mich ein wahrer Freudentag. Peter Iljitsch fand Gefallen an unserer Stadt. In meinem Haus unmittelbar am Steilufer der Bucht von Taganrog war für ihn im oberen Stockwerk ein Zimmer reserviert, aus dem sich ein herrlicher Blick über die Bucht eröffnete. Als er das dritte (d.h. das letzte) Mal zu uns kam, war er besonders gut aufgelegt. Hier muß ich übrigens einflechten, daß zwischen seinem vorletzten und seinem letzten Besuch viel Zeit verstrichen war.[68] Auf unsere brieflichen Vorwürfe, er würde ständig seinen Besuch in Aussicht stellen und dann doch nicht kommen, bekamen wir in der Regel Antworten mit Selbstvorwürfen, die etwa in folgenden Worten gipfelten: »Ich will ein Schuft heißen, wenn ich nicht bald nach Taganrog komme!« usw.

Die Zeit verging, doch Peter Iljitsch ließ sich lange nicht sehen. Ich beschwerte mich über ihn in Briefen an unseren älteren Bruder Nikolai. Nikolai Iljitsch vermutete, daß unser Bruder Petja einfach meinen ewigen Bitten aus dem Wege gehen wollte, sich für den einen oder anderen musikalischen Anfänger zu verwenden oder für jemanden, der meinte, als Musiker größere Anerkennung beanspruchen zu können, ein gutes Wort einzulegen.

Ich schenkte dieser Annahme von Nikolai Iljitsch Glauben und nahm mir vor, Petja beim folgenden (und leider letzten) Besuch nicht mit derartigen Fragen zu belästigen.

---

67 Ippolit Iljitsch Tschaikowsky (1843-1927), Bruder des Komponisten, Marineoffizier (Generalmajor der Admiralität), Mitglied der Verwaltung der Russischen Gesellschaft für Schiffahrt und Handel, ab 1919 Mitarbeiter des Tschaikowsky-Museums in Klin, gab 1923 die Tagebücher des Komponisten heraus (Reprint St. Petersburg 1993, englische Übersetzung New York 1945, deutsche Ausgabe Berlin 1992).
Die hier in deutscher Übersetzung zum Abdruck gelangenden Erinnerungen Ippolit Tschaikowskys aus dem Jahre 1896 wurden erstmalig veröffentlicht in: V. V. Protopopov (Hrsg.), *Vospominanija o Čajkovskom*, Moskva 1962, S. 206-211.
Taganrog: Küstenstadt am Asowschen Meer in ca. 50 km Entfernung von Rostow/Don.

68 Peter Tschaikowsky weilte dreimal in Taganrog: das erste Mal vom 23. bis 25. März 1886, das zweite Mal vom 20. bis 23. März 1888 und das dritte Mal vom 26. bis 28. Oktober 1890. Ippolit Tschaikowsky war häufig auf See, so daß Begegnungen mit seinem Bruder selten bleiben mußten.

Es erwies sich jedoch als völlig unmöglich, diesen guten Vorsatz in die Tat umzusetzen. Kaum, daß sein Kommen bekannt wurde (und verbergen ließ sich das beim besten Willen nicht), richteten viele an mich die Bitte, ihm vorgestellt zu werden. Zumindest aber sollte ich den Bruder überreden, sich irgendeinen musizierenden Knirps anzuhören, der nach Meinung der Eltern zu großen musikalischen Hoffnungen berechtige. Es blieb nichts weiter übrig, als Petja in der Tat hiermit zu behelligen. Und das, obwohl er sich ja gerade glücklich geschätzt hatte, durch seine Reise der Aufmerksamkeit des Publikums wenigstens zeitweilig entrinnen und Rettung vor der Aufdringlichkeit von Leuten, die ihn nur der Neugierde halber sehen wollten, finden zu können.

Dieses Mal richtete ich die Bitte an ihn, die wirklich ehrenwerten und der Musik völlig ergebenen Bürger aus Taganrog wie beispielsweise die Herren G. Suk, M. Mavrocordato und Konstantin Avjerino mit seinem fünfzehnjährigen Sohn[69] zu empfangen. Letzterer erwies sich als hochbegabter Geiger, der alsbald dem Rat meines Bruders folgte und Student des Moskauer Konservatoriums wurde. Heute ist er ein angesehener Musiker.

Auf meine Entschuldigungen, ich sei einfach nicht in der Lage gewesen, ihm diese Leute vom Halse zu halten, äußerte Peter Iljitsch zu meiner Verwunderung allen Ernstes, er habe nichts gegen diejenigen, die ihn um seine Hilfe bitten. Er halte sich obendrein für moralisch verpflichtet, in solchen Fällen nach Maßgabe seiner Kräfte nützlich zu sein. Obendrein äußerte er noch den Wunsch, den ehrwürdigen 85jährigen Greis Nikolai Michailowitsch Avjerino aufzusuchen (den Großvater des jungen Violinisten), der als Komponist von griechisch-orthodoxer Kirchenmusik bekannt geworden ist. Ich vermeide es hier, die große Freude der Familien Avjerino und Mavrocordato, die aufgrund enger Verwandschaftsbeziehungen zusammenwohnten, im einzelnen wiederzugeben. Wer hat sie wohl nicht erlebt, die Gabe meines verstorbenen Bruders, jeden, der mit ihm in Kontakt kam, zu bezaubern.

Ich wiederhole noch einmal, daß Peter Iljitsch bei diesem Besuch bestens aufgelegt war. So fragte er plötzlich meine Frau, als wir mitten auf der belebten Petrowskaja uliza spazierengingen: »Hast Du etwas dagegen, Sonja, daß ich jetzt einmal etwas völlig Irrsinniges anstelle? Ich fange hier einfach zu tanzen an! Es macht mir nichts aus, denn mich kennt hier sowieso niemand (eine Feststellung, die ihm offensichtlich großen Spaß machte). Du aber mußt Angst haben, denn Dich kennt ganz Taganrog, und Du wirst Dich schämen müssen.« Kaum, daß meine Frau erste Einwände versuchte, als Peter Iljitsch - immerhin ein Mann mit grauen Schläfen - sie mit folgenden Worten aufzog: »Jetzt zeig' ich's Dir, sieh' nur!« und vor dem rechtschaffenden Volk unserer Stadt die unmöglichsten und waghalsigsten Sprünge und Tanzschritte vollführte. Als ich das laute Lachen meiner Frau hinter mir hörte,

---

69 Nikolai Konstantinowitsch Avjerino (1872-1948), russischer Dirigent, Violinist und Musikpädagoge, später zeitweilig im Orchester des Moskauer Bolschoi-Theaters engagiert.

drehte ich mich um und sah meinen Bruder bereits wieder gesittet neben ihr daherschreiten, während sie sich noch immer vor Lachen nicht halten konnte.

Ich erinnere mich an eine weitere Gelegenheit, bei der mir Peter Iljitsch bewies, daß diejenigen, die ihn in einer wichtigen Angelegenheit und nicht aus Neugier aufsuchten, auch mit ihm rechnen konnten.

Im Januar 1893 hatten wir uns rein zufällig in Odessa getroffen. Er kam gerade aus dem Ausland zurück und war der Einladung des hiesigen Theaterunternehmers [Iwan Grekow][70], seine Oper *Pique Dame* in Odessa herauszubringen, gefolgt, während ich mich in geschäftlichen Angelegenheiten der Schiffahrtsgesellschaft aus Taganrog hierher bemüht hatte.

Es dauerte nicht lange, daß ich von den Bitten vieler Persönlichkeiten, ihm vorgestellt zu werden, geradezu überschüttet wurde. Darunter war auch die Bitte des ehrwürdigen Rudolf Feldau[71], eines Pianisten aus Odessa, den ich seit langem kannte und der ein leidenschaftlicher Verehrer des Talents meines Bruders war.

Ich machte die beiden miteinander bekannt, was in einer sehr herzlichen Atmosphäre geschah, wobei es dem alten Feldau gelang, meinen Bruder dazu zu überreden, am nächsten Vormittag bei ihm (zusammen mit Wassili Sapelnikow[72] und Sofie Menter[73], die mit Peter Iljitsch von ihrer gemeinsamen Auslands-Konzerttournee zurückgekehrt waren) ausgiebig zu speisen.

Wenn ich auch vielen die Bitte, mit Peter Iljitsch zusammengebracht zu werden, wieder ausreden konnte, sah ich mich doch gezwungen, für Herrn M., der als Schiffskapitän der Russischen Schiffahrt- und Handelsgesellschaft zu meinen Kollegen gehörte, eine Ausnahme zu machen, denn sein Anliegen wurde von vielen Seiten gleichzeitig an mich herangetragen und durch den Hinweis ergänzt, seine fünfzehnjährige Tochter sei eine erstaunlich begabte Pianistin. Auch Herr M. selbst bat mich inständig, ihm Gelegenheit zu geben, seine Tochter Peter Iljitsch vorzustellen und seine Meinung über ihr Spiel einzuholen, damit er, ein Mann mit bescheidenen Mitteln, genauer wüßte, ob er sie weiter musikalisch ausbilden lassen solle, wofür ja mit größeren Geldausgaben zu rechnen sei.

Das Einverständnis meines Bruders zu dem vormittäglichen Essen bei Feldau, der seinerseits diese Gelegenheit nutzen wollte, um Peter Iljitsch den violinspielen-

[70] Iwan Nikolajewitsch Grekow, Opernunternehmer in Odessa, der zuvor von 1879 bis 1891 Schauspieler am Moskauer Maly-Theater gewesen war.

[71] Rudolf Rudolfowitsch Feldau (?-1895), deutscher, in Rußland ansässiger Pianist und Klavierlehrer, der an der Musikschule in Odessa unterrichtete.

[72] Wassili Lwowitsch Sapelnikow (1868-1941), russischer Pianist und Klavierpädagoge, von 1897-1898 Professor am Moskauer Konservatorium. Tschaikowsky widmete ihm die *Scène dansante, Invitation au trépac* aus den *Achtzehn Klavierstücken* op. 72 (1893).

[73] Sofie (Sofia Ossipowna) Menter (1846-1918), deutsche Pianistin und Klavierpädagogin, von 1883 bis 1887 Professor am Petersburger Konservatorium.
Tschaikowsky bearbeitete Sofie Menters Klavier-Rhapsodie *Ungarische Zigeunerweisen* für Klavier und Orchester, die 1893 in Odessa unter Leitung Tschaikowskys uraufgeführt wurde. Darüber hinaus widmete ihr Tschaikowsky seine Konzertfantasie für Klavier und Orchester op. 56 (1884).

den Knaben Kostja Dumtschew[74] vorzustellen, brachte mich auf den Gedanken, diese Möglichkeit auch für Kapitän M. und seine Tochter zu nutzen.

An dieser Stelle sei eingeflochten, daß Peter Iljitsch mir am Vorabend dieses Dejeuners, wohl wissend um Feldaus Absicht, ihm ein Vorspiel des violinspielenden Knaben Kostja Dumtschew zuzumuten, unter vier Augen anvertraute, er sei gegen Dumtschew voreingenommen, da dessen musikalisches Talent in der Presse und in den Aussagen vieler Leute offensichtlich übertrieben dargestellt wird. Außerdem empörte er sich darüber, daß Dumtschews Vater den Sohn eigennützig ausnutzte und nicht etwa - wie behauptet - allein dessen musikalische Laufbahn im Auge hatte.

So kam es dann zu dem Dejeuner bei Feldau, bei dem auch Wassili Sapelnikow und Sofie Menter anwesend waren. Gegen Ende des Dejeuners erschien Schiffskapitän M. mit seiner Tochter.

Ich empfing die beiden zusammen mit der Gastgeberin Madame Feldau und führte sie ins Gästezimmer. Der Kapitän war wegen seiner Tochter, die er zärtlich Schurotschka nannte, schrecklich aufgeregt.

»Du hast doch nicht etwa Angst, Schurotschka?«

»Nein Papa, wirklich nicht!«

»Bist Du Dir ganz sicher? Laß doch 'mal Deine Hand fühlen!«, wobei er ihre beiden Hände ergriff. - »Hab' ich's doch gewußt, daß Du ganz kalte Hände hast!«

Er war so sehr um seine Tochter besorgt, daß auch ich zu wünschen begann, seine liebe Schurotschka möge Peter Iljitsch gefallen und von ihm Ermunterung erfahren. Ich begann zu spüren, daß mich das weitere Schicksal des Mädchens interessierte.

Schließlich traten Peter Iljitsch und hinter ihm Feldau und Sapelnikow ins Gästezimmer (Mademoiselle Menter hatte uns nach dem Dejeuner bereits verlassen). Nach den üblichen Vorstellungen wurde Schurotschka aufgefordert, am Flügel Platz zu nehmen. Wir anderen setzen uns im Halbkreis. Das liebe Mädchen, dessen Verhalten ich unaufhörlich beobachtete, nahm mutig ihren Platz ein, schlug die Noten auf und begann eines der ernstzunehmenden Stücke des klassischen Repertoires vorzutragen, was genau, weiß ich nicht mehr, erinnere mich aber noch heute mit Bestimmtheit, daß das Stück sehr lang war und sie nach meinem Dafürhalten hervorragend spielte. Ich schaute häufig zu Peter Iljitsch herüber, um von seinem Gesicht abzulesen, welchen Eindruck das Spiel meiner Schurotschka auf ihn machte, wurde aber von einem leichten Knarren der Tür zum Vorraum gestört.

Allmählich ging die Tür weiter auf, und man sah die Figur des jungen Dumtschew im Samtanzug. Hinter ihm stand - genau wie der Kreisrichter Ljapkin-

---

[74] Konstantin Michailowitsch Dumtschew (1879-1948), russischer Violinist und ab 1929 Violinlehrer an der Musikschule in Nowotscherkassk. Konstantin Dumtschew hat in seinen Erinnerungen diese Begegnung vom 15. Januar 1893 diesen Vorgang ausführlich geschildert (in der Zeitung *Znamja kommuny* [Novočerkassk] vom 6. Mai 1940; Nachdruck in: V. V. Protopopov (Hrsg.), *Vospominanija o Čajkovskom*, Leningrad 1980, S. 417/418).

Tjapkin aus Gogols *Revisor* - Vater Dumtschew höchstpersönlich, und zwar erstarrt in der Ljapkin-Tjapkin-Pose der Gogolschen Komödie, kaum daß er durch den Türspalt ins Zimmer gelangt war.

In der Zwischenzeit hatte Schurotschka verbissen ihr Stück zu Ende gebracht. Ich jubelte innerlich und schaute ohne Rührung auf ihren Konkurrenten Dumtschew. Schurotschka spielte den letzten Akkord, errötete leicht und erhob sich vom Flügel, um das Urteil zu hören. Peter Iljitsch trat an sie heran, schenkte ihr einen freundlichen Blick, lobte ihr Spiel, fragte sie nach ihrem Lehrer und forderte sie dann auf, irgend etwas aus dem Gedächtnis vorzutragen. Schurotschka entgegnete hierauf, sie könne nicht auswendig spielen. Auch auf die Frage, ob sie irgendwann einmal ein Motiv, das ihr gefiel, auf dem Klavier nachzuspielen versucht habe, schüttelte meine Schurotschka nur verneinend den Kopf. Peter Iljitsch bat sie noch einmal an den Flügel und forderte sie auf, wenigstens einige Takte von dem eben Gespielten auswendig vorzutragen. Die eben noch sichtbare Freude verschwand allmählich aus ihrem Gesicht. Jetzt wandte sich Peter Iljitsch an den Vater, dem anzusehen war, daß er zusammen mit der Tochter litt, und begann ihm zu erklären, eine Aussage über eine etwaige musikalische Begabung sei erst dann möglich, wenn die betreffende Person über ein klares musikalisches Gedächtnis verfügt. Ohne ein solches Gedächtnis kann es auch kein Talent geben.

Um Schurotschkas Gehör zu prüfen, schlug Peter Iljitsch einige Tasten an und forderte sie auf, die entsprechende Note zu nennen. Schurotschka machte schon bei der ersten einen Fehler und begann dann gänzlich zu schweigen, während ihre Augen sich mit Tränen füllten.

Schiffskapitän M. beeilte sich, meinem Bruder und Herrn Feldau Dank zu sagen und sich dafür zu entschuldigen, den beiden so viel Mühe bereitet zu haben. Er nahm seine Tochter und begab sich mit ihr in den Vorraum. Ich begleitete die beiden hinaus und bedauerte bereits den kleinen Dumtschew, denn ich wußte ja von der Antipathie meines Bruders ihm gegenüber.

Im Vorzimmer suchte Schurotschka mit hängendem Kopf ihre Galoschen, während sie ganze Bäche von Tränen vergoß und deshalb die vor ihr stehenden Galoschen gar nicht erkannte. Ich versuchte noch einige Worte des Trostes, jedoch vergeblich.

Als ich wieder ins Gästezimmer zurückkam, fand ich dort den Vater Dumtschews, der Peter Iljitsch darum bat, etwas vorzuschlagen, was sein Sohn Kostja spielen solle, wobei er das Riesenrepertoire seines Sohnes auswendig aufzählte. Peter Iljitsch wählte eines der ernsthafteren Stücke. Ich setzte mich und hörte mit gewisser Voreingenommenheit zu, wenngleich mich auch das wunderbare Spiel des Jungen unfreiwillig in seinen Bann zog. Ich schaute wieder auf meinen Bruder, dessen Gesicht vor Vergnügen geradezu strahlte.

Dumtschew spielte eine ganze Anzahl seriöser Stücke, und zwar alle auswendig. Er war in der Lage, alle Fragen von Peter Iljitsch mit Bestimmtheit zu beantworten und brachte sogar eine selbstkomponierte Mazurka zu Gehör. Man konnte förmlich zusehen, wie dieser Knabe die Sympathie meines Bruders eroberte, der sich mir zuwandte und, auf Kostja Dumtschew zeigend, sagte: »In diesem Fall gibt es über das Talent nicht den geringsten Zweifel!«

Als Kostja Dumtschew beim Abschied Peter Iljitsch fragte, ob er ihn anderntags im Opernhaus bei der Probe aufsuchen dürfe, antwortete ihm dieser: »Aber natürlich, ich würde mich sehr darüber freuen, wenn Du kommst!« und reichte ihm freundlich die Hand.

ANTONINA TSCHAIKOWSKAJA[75]

»SICH SELBST NANNTE ER 'EINE MISCHUNG AUS KIND UND GREIS'«

(Die Erinnerungen der Witwe Tschaikowskys aus dem Jahre 1893)[76]

Peter Iljitsch, meinen künftigen Gatten, hatte ich bei meiner Schwägerin (d.h. der Frau meines älteren, vor sechs Jahren verstorbenen Bruders Alexander) kennengelernt. Bereits als Schüler der Rechtsschule war er regelmäßig Gast im Hause der Mutter meiner Schwägerin, der Generalkonsulswitwe Jekaterina Alexandrowna Chwostowa, denn ihr Sohn, der Bruder meiner Schwägerin, besuchte ebenfalls die Rechtsschule. In der Familie der Chwostows kannte man ihn also offensichtlich bereits als Zwölfjährigen.

Er wuchs als überaus sympathischer Junge heran. Noch wichtiger war sein erstaunlich unkomplizierter und gütiger Charakter. So hat er einmal, als er noch in der Rechtsschule war und fürchterlich Hunger hatte, ohne zu zögern Jekaterina Alexandrowna, die übrigens einen Narren an ihm gefressen zu haben schien, einen Zettel überbringen lassen, auf dem ungefähr folgendes zu lesen war: »Jekaterina Alexandrowna, Teuerste, lassen Sie irgendetwas Eßbares herüberschicken! Ich sterbe vor Hunger!« Durch diesen Zettel geriet fast das ganze Haus in Aufruhr. Alle lachten von Herzen und beteiligten sich daran, für Petja Tschaikowsky ein Eßpaket zu packen.

Und so war er immer! Unkompliziert, herzlich, ungekünstelt und direkt. Von Kindheit an hat er nie einem anderen Böses zugefügt oder sich schlecht über jemanden geäußert. Er vermied Schmeichelei, Kriecherei und Niederträchtigkeit: Sein

---

75 Antonina Iwanowna Miljukowa, verh. Tschaikowskaja (1849-1917), Witwe des Komponisten. Die Trauung Peter Tschaikowskys mit Antonina Miljukowa hatte am 18. Juli 1877 in Moskau stattgefunden.

76 »Die Erinnerungen der Witwe von Peter Tschaikowsky« wurden zunächst am 3. April 1894 in der *Peterburgskaja Gazeta* veröffentlicht und später in der *Russkaja Muzykal'naja Gazeta* vom 20. Oktober 1913 (= Nr. 42/1913, Sp. 915 bis 927) nachgedruckt. Die Tatsache, daß sie weithin unbekannt geblieben sind, ist nach Ansicht des amerikanischen Tschaikowsky-Forschers Alexander Poznansky nicht zuletzt auf die Strategie von Tschaikowskys Bruder und Biographen Modest zurückzuführen, der, u.a. unterstützt von Nikolai Kaschkin, an der Wahrung eines ganz bestimmten Tschaikowsky-Bildes interessiert war und die Schuld für das Ehefiasko einzig und allein der Frau zuschieben wollte. (Vgl. hierzu Alexander Poznansky: *Tchaikovsky - The Quest for the Inner Man*, New York 1991, S. 205 ff., sowie Nikolai Kaschkin, *Meine Erinnerungen an Peter Tschaikowski*, Berlin 1992, S. 205 ff).

Nach Aussagen von Teilnehmern auf dem wissenschaftlichen Symposium im Rahmen des Tübinger Internationalen Tschaikowsky-Festes vom Herbst 1993 sind in Kürze Veröffentlichungen zu erwarten, die die Rolle Antonina Miljukowas in Tschaikowskys Leben noch ausführlicher und ohne Voreingenommenheit erhellen.

Verhalten anderen gegenüber war stets ehrlich und edelmütig, weshalb er auch jedem unverwandt in die Augen sehen konnte. Niemand, nicht ein einziger Mensch auf der ganzen Welt, kann ihm irgend etwas vorwerfen.

Seine Natur hätte dafür auch keinerlei Anlaß gegeben. Offensichtlich war es ihm bestimmt, sein irdisches Dasein völlig dem Dienst am Nächsten zu widmen. Wer aber waren diese Nächsten? Sie waren alle nur Menschen. Hierzu ein Beispiel:

Man erzählte mir, ein Kaukasier habe einmal in Moskau dringend ein Nachtquartier gesucht. Seine Situation schien ausweglos: kein Geld, keine Verwandten, niemand, an den er sich wenden konnte. Was sollte er tun? Wo sollte er hingehen? Wen sollte er bitten? Da sagte ihm jemand: »Gehen Sie doch zu Tschaikowsky!« - »Das kann ich nicht, Tschaikowsky kennt mich doch überhaupt nicht und wird mich einfach fortjagen!« - »Tschaikowsky? Wo denken Sie hin? Könnte Tschaikowsky etwa jemals einem Menschen die Tür weisen? Im Gegenteil, sie steht immer allen offen: dem Reichen und dem Armen, dem Bekannten und Unbekannten, dem Niederträchtigen und sogar dem Feind. Alle suchen ihn auf. Haben Sie keine Angst! Tschaikowsky braucht man nicht zu fürchten! Es ginge auch gar nicht, denn er ist die wandelnde Liebe und Güte!« Nach diesen Worten faßte sich der Kaukasier ein Herz und stieg die Treppe hinauf. Die Leute, die ihm geraten hatten, sich an Tschaikowsky zu wenden, verharrten wartend vor dem Haustor. Es verging viel Zeit, und alle erwarteten mit Ungeduld, wie das Ganze ausgehen würde. »Wieso ist er solange bei ihm?« meldeten sich bereits ungeduldige Stimmen. Da plötzlich kam der Kaukasier heraus, völlig in Tränen aufgelöst. »Wie war es denn?« - »Ach!«, winkte er ab und begann bitterlich zu weinen. »Sie hatten recht. Er ist die Verkörperung von Liebe und Güte!« - »Na und? Hat er Ihnen etwas gesagt?« - »Habt Dank, Ihr Leute!« verneigte sich der Kaukasier. »Vielen, vielen Dank! Tschaikowsky? Auch ihm vielen, vielen Dank! Er hat mir Geld gegeben, eine Schlafstelle versprochen und ... alles und ... alles...« Den Rest der Worte verschlangen die Tränen, und der Kaukasier entfernte sich.

Manchmal, sogar des öfteren, war er, mein Mann, in einer besonders heiteren und aufgeräumten Stimmung, in der er unbedingt jemanden aufziehen wollte, wobei es gar nicht spaßhaft genug zugehen konnte. So ließ er sich beispielsweise irgendeinen Scherz einfallen, keinen beleidigenden, sondern einen netten und obendrein so von Herzen kommenden Spaß, daß sich auch bei allen anderen die Stimmung aufheiterte.

Mit einem solchen Scherz hatte er es einmal auf meine Schwägerin abgesehen, und zwar zu einer Zeit, als er gerade die Rechtsschule absolviert hatte.

Gänzlich neu eingekleidet und piekfein herausgeputzt, jedoch mit Galoschen, die förmlich vor Dreck starrten und also hierzu einen merkwürdigen Kontrast bildeten, schickte er sich nun das erste Mal an, der Generalkonsulswitwe Jekaterina Alexandrowna Chwostowa als Absolvent der Rechtsschule seine Aufwartung zu machen. »Was ist denn in Sie gefahren?« ruft ihm meine Schwägerin zu, »schämen Sie sich denn nicht, Sie herausgeputzter Geck, so schmutzige Galoschen zu tragen! Schauen

Sie doch selbst«, fuhr sie fort und wies auf seine Füße, »kann man sich denn mit solchen Galoschen überhaupt auf den Newski Prospekt wagen? Eine Schande ist das!«

Petja Tschaikowsky blickte verlegen auf seine Füße. »Ja wahrlich! Wie konnte ich nur! Es wundert mich selbst! Übrigens habe ich mich schon seit längerem dabei ertappt, mich ständig irgendwo schmutzig zu machen. Obwohl ich glaube, überhaupt nichts berührt zu haben, muß ich trotzdem, kaum daß ich wieder zu Hause bin, entdecken, mich irgendwo schmutzig gemacht zu haben, fast immer mit Kreide. Ich betrachte mich dann gewöhnlich von oben bis unten und sehe, daß die Ärmel oder der Rücken mit Kreide beschmiert sind. Oder aber der Mantel hat Kreide abbekommen.«

»Nun ziehen Sie 'mal schnell die Galoschen aus! Ich werde sofort den Diener rufen. Sonst müssen Sie sich sogar noch dafür schämen, daß Ihre Galoschen hier so schmutzig herumstehen. Es wird ja keinem verborgen bleiben, daß es die Ihrigen sind. Also machen Sie schon!«

»Na gut!« sagte er und reichte sie zu. »Ich werde mich aber bei Ihnen revanchieren!« - »Ja, wie denn?« - »Ich werde jedem erzählen, daß Sie es waren, der meine Galoschen geputzt hat.« »Sie Unverschämter!« - »Ich kann es nicht leugnen! Aber beruhigen Sie sich: Ich bin es nur bei Ihnen. Bei anderen niemals!«

Sie entfernte sich mit den Galoschen. Danach erzählte er immer wieder jedem, der es hören wollte, *allerdings wirklich stets nur in ihrer Anwesenheit*, wie sie seine Galoschen geputzt habe. Auch mir hat er davon erzählt, und zwar bei unserer ersten Begegnung, als sie dabei war. Alle drei mußten wir damals darüber lachen. Danach sagte sie ihm: »Schauen Sie, meine Schwägerin möchte am Konservatorium studieren!« - »Wirklich?« entgegnete er, indem er sich mir zuwandte und mich mit seinen klugen und überaus gutmütigen Augen ansah. - »Noch besser wäre es, Sie würden heiraten«, ergänzte er und schaute mich mit einem Blick an, der bereits etwas Flehendes hatte.

Seine klaren und wunderschönen Augen habe ich dann nie mehr vergessen. Sie erwärmten mich von Ferne genauso wie aus der Nähe. Es war dieser Blick, der mich für mein ganzes Leben in Bann schlug und mir immer wieder vor Augen stand. Diese wundervollen Augen habe ich bis zu seinem Tode stets vor mir gesehen. Ich kann mich auch heute noch gut an sie erinnern und werde sie bis an mein Lebensende nicht vergessen...

Etwas später wurde ich wirklich ins Konservatorium aufgenommen und war überaus glücklich, da ich ihm nun ständig begegnete und er mir gegenüber stets ausnehmend freundlich war...

Über vier Jahre war ich heimlich in ihn verliebt...

Mir war ausgezeichnet bewußt, daß ich ihm gefiel, aber er war schüchtern und hätte mir nie einen Antrag gemacht. Ich gelobte mir, sechs Wochen lang tagtäglich für ihn an den Heiligenbildern am Spasski-Tor zu beten, und zwar bei jedem Wetter stets um sechs Uhr abends, wenn die Lampe für die Kerzen heruntergelassen wurde. Ich brachte meine Kerze, die man vor meinen Augen in die Lampe stellte, kniete nieder, als man die Lampe hochzog (hatte es geregnet, dann mitunter auch in eine Pfütze) und betete inständig. Nach sechs Wochen hatte ich mein Gelübde erfüllt. Nachdem ich noch zu Hause weiter gebetet hatte, faßte ich den Mut zu einem Brief, den ich dann der Post anvertraute und in dem ich ihm meine Liebe gestand, die über so viele Jahre unerwidert geblieben war.

Er antwortete sofort, und es kam zwischen uns zu einem nicht uninteressanten Briefwechsel.

Meine Art zu schreiben hatte ihm immer gefallen, so daß er mich mehrmals hierfür auch vor anderen lobte. »Wie sie schreiben kann!« äußerte er geradezu begeistert.

Eines Tages erhielt ich eine ganz knappe Nachricht von ihm: »Suche Sie morgen auf.« Und er kam wirklich. Er hat junge Damen stets mit seinem Charme beeindruckt, aber in jener Zeit war sein Blick besonders bezaubernd. Ganz beiläufig sagte er zu mir: »Bin ich nicht schon fast ein alter Mann? Möglicherweise wäre Ihnen ein Zusammenleben mit mir zu eintönig?...«

»Ich liebe Sie so sehr«, antwortete ich, »daß mich allein schon die Möglichkeit glücklich machen würde, neben Ihnen zu sitzen, mit Ihnen zu reden und Sie ständig in meiner Nähe zu haben.«

Wir saßen an jenem Tage etwa eine Stunde zusammen.

»Geben Sie mir bis morgen Bedenkzeit«, sagte er beim Hinausgehen.

Am nächsten Tage erklärte er: »Ich habe alles überdacht und kann Ihnen folgendes sagen: Ich habe noch nie im Leben eine Frau geliebt und fühle mich einfach schon zu alt für eine stürmische Liebe. Dergleichen werde ich wohl niemandem gegenüber empfinden. Sie sind jedoch die erste Frau, die mir über alle Maßen gefällt. Wenn Sie sich mit einer stillen, stetigen Liebe zufriedengeben könnten, die eher der Bruderliebe ähnelt, so mache ich Ihnen einen Antrag.« Ich war natürlich mit allen Bedingungen einverstanden. Dennoch blieben wir zunächst sehr sittsam auf unseren Plätzen (wir saßen einander gegenüber) und sprachen kaum noch über unsere gemeinsame Zukunft. »Es ist Zeit für mich«, sagte er, stand auf, warf sich den leichten Umhang über (es war im Juni), drehte sich auf eine ganz besonders charmante und elegante Art zu mir um, streckte mir beide Arme entgegen und rief: »Na, und nun? ...« Ich flog ihm sofort an den Hals. Diesen Kuß werde ich nie vergessen können.

Unmittelbar darauf ging er.

Ich war wie berauscht. Meine Füße schienen mir nicht mehr zu gehorchen. Dennoch eilte ich sofort zu der jungen Dame, bei der ich mich eingemietet hatte, um mit ihr meine Freude zu teilen. Wir waren eng befreundet. Als ich ins Zimmer trat, wich sie zurück: »Was ist mit Ihnen?« rief sie erschrocken. »Sie sind ja gar nicht wiederzuerkennen!« - »Ich habe mich verlobt«, konnte ich gerade noch herausbringen, bevor ich in Tränen ausbrach. Zunächst wollte sie es nicht glauben, doch später freute sie sich für mich von ganzem Herzen.

In der Folgezeit besuchte er mich tagtäglich, und zwar immer nachmittags.

Bei einem dieser Besuche sagte er (bis zur Trauung sagten wir »Sie« zueinander und er küßte nur meine Hand bei Begrüßung und Abschied): »Lassen Sie uns morgen ins Grüne fahren, irgendwohin, vielleicht in die Spatzenberge.«

Während er noch bei mir saß, hatte er es sich schon wieder anders überlegt: »Nein«, sagte er, »ich will Sie nicht kompromittieren. Mir liegt daran, daß sich niemand herausnehmen kann, Ihnen irgend etwas Schlechtes nachzusagen, und ich will nicht mit diesem Ausflug zu solcher Nachrede Anlaß geben.«

Während er bei mir war, hat er nie Tee getrunken, nur Selterswasser. Ich hatte mich bereits darauf eingestellt und durch eine entsprechende Vorauszahlung veranlaßt, daß sofort bei seinem Erscheinen Selterswasser gebracht wurde.

Eine Woche später bat er mich um Erlaubnis, seinen Bekannten auf einem Anwesen in der Moskauer Gegend zu besuchen. Er wolle so schnell wie möglich eine Oper komponieren, die er bereits in Umrissen im Kopf habe.

Diese Oper war *Eugen Onegin*, die beste unter all seinen Opernschöpfungen.

Sie ist deshalb schön, weil sie unter dem Eindruck der Liebe komponiert wurde, denn sie handelt direkt von uns beiden. Onegin - das war er selbst, ich - die Tatjana. Zuvor und auch später hat er Opern geschrieben, die, da sie nicht von der Liebe erwärmt sind, den Hörer kaltlassen und den Eindruck von etwas Unzusammenhängendem machen. Sie besitzen keine Geschlossenheit. Nur eine einzige seiner Opern ist von Anfang bis Ende gelungen.

Mein Mann war am 4. Juni abgereist, um den *Eugen Onegin* zu komponieren, und hatte zuvor noch gesagt: »Genau in einem Monat, d.h. am 4. Juli, werde ich wieder zurück sein.« So geschah es dann auch: Es war mittags zwischen zwölf und ein Uhr, als er von links auf unser Haus zuging, während ich aus einem anderen Tor von rechts kam, so daß wir uns beide am Hauseingang trafen.

Das Haus, in dem ich bis zur Trauung lebte, gehörte einem gewissen Malchielle und ist heute das Haus von Ginsburg...

An dem besagten 4. Juli eröffnete mir Peter Iljitsch, daß von seiner Seite nur zwei Leute bei der Trauung anwesend sein würden: sein Bruder Anatoli und der (inzwischen bereits verstorbene) Violinist Kotek[77], ein Freund, der sehr viel jünger war und damals gerade das Konservatorium absolviert hatte.

Die beiden machten mir am 5. Juli ihre Aufwartung. Meine (Stief-)Schwester war gerade zu Besuch. Sie war die einzige von meinen Verwandten, die über die bevorstehende Trauung informiert war. Nachdem wir uns einander vorgestellt hatten, begannen wir über dies und jenes zu reden. Nach einer halben Stunde begleitete ich die beiden zu den künftigen Brauteltern.

Der Tag der Trauung rückte heran...

Als ich zur Trauung in die Kirche kam, stellte sich heraus, daß der rosenrote Samtläufer vergessen worden war (ein schlechtes Omen). Man ließ sofort danach

[77] Vgl. Anm. 47.

schicken, aber er wurde erst zum Ende der Trauung gebracht. Einer meiner Ehrenbegleiter[78] half Peter Iljitsch mit seinem weißen Seidenschnupftuch aus, während ich einfach so dastand. Nach der Trauung fuhren Peter Iljitsch und sein Bruder Anatoli allein wieder in seine Junggesellenwohnung, ich hingegen zurück in die Wohnung von Gawriil Kuprianowitsch Winogradow, dem Direktor der Mädchengymnasien. Winogradow, der damals eigentlich in Petrowskoje-Rasumowskoje[79] wohnte, war extra angereist, um mich nach der Trauung als erster in seiner Moskauer Wohnung zu empfangen. Meine Brauteltern waren nahe mit ihm verwandt. Sein Sohn Wladimir Gawriilowitsch Winogradow und der Bruder meiner damaligen Freundin Malamá, ein Gutsbesitzer aus Jekaterinoslaw[80], waren bei der Trauung meine Ehrenbegleiter. An meiner Freundin hatten damals übrigens sowohl Peter Iljitsch als auch sein Bruder Anatoli großes Gefallen gefunden, und ich habe mich mit ihr zusammen in russischer Nationaltracht fotografieren lassen.

Nach kurzer Zeit fuhr die Kutsche wieder vor, und wir fuhren ins Hotel »Eremitage«. Als wir dort ankamen, wurde ich von zwei Lakaien förmlich aus der Kutsche gehoben und, von beiden Seiten untergehakt, zur Treppe geführt. Dort erwartete mich bereits Tschaikowskys Bruder Anatoli. Er reichte mir den Arm und und brachte mich in einen großen, über und über mit Blumen geschmückten Salon, wo bereits alles vorbereitet war. Es wurde reichlich aufgetragen, aber ich habe kaum etwas angerührt. Ich hatte damals schon ein Vorgefühl von irgendetwas Ungutem, und mir fröstelte vor Angst. Später hörte ich von meiner Schwester, das Essen sei wie ein Leichenschmaus gewesen: von Heiterkeit keine Spur...

Nach dem Hochzeitsessen begab sich Peter Iljitsch wieder mit seinem Bruder in die Junggesellenwohnung, und mich brachte man zu den Winogradows.

Gegen sieben Uhr abends bestiegen wir den Zug der Nikolajew-Eisenbahn[81], und ich fuhr mit meinem Gatten nach Petersburg.

Unsere Hochzeit hatte am 15. Juli 1877 stattgefunden, und Anfang November desselben Jahren hat er mich verlassen... In der Zwischenzeit reiste er für anderthalb Monate zur Erholung, fuhr aber nicht zur Kur in den Kaukasus, wo er eigentlich hin wollte, sondern weilte die ganze Zeit auf dem Anwesen seiner Schwester... Nach der Rückkehr von dort verbrachten wir noch drei gemeinsame Wochen.

Ich machte damals eine höchst lächerliche Figur! Aus irgendeinem Grunde hatte ich mir eingebildet, je mehr ich mich aufputze, umso mehr gefalle ich ihm. Das

---

78 Ehrenbegleiter: In der russischen Kirche derjenige, der während der Trauung über dem Bräutigam oder der Braut die Krone hält und gleichzeitig über die Ordnung des Hochzeitsfestes die Aufsicht führt.

79 Petrowskoje-Rasumowskoje: Moskauer Vorort etwa 10 km nordwestlich vom Stadtzentrum, weithin bekannt durch die dort 1861 gegründete Landwirtschaftsakademie.

80 Ukrainische Stadt, die in der Geschichte verschiedene Namen trug: 1783 bis 1796 Jekaterinoslaw, 1796-1802 Noworossijsk, 1803 bis 1926 Jekaterinoslaw, seit 1926 Dnepropetrowsk.

81 Nikolajew-Bahn: 1861 eröffnete Eisenbahnstrecke zwischen Moskau und Petersburg, die nach der Eisenbahnlinie Petersburg - Zarskoe Selo (eröffnet 1837) die zweitälteste in Rußland war.

sollte sich als fataler Irrtum erweisen. Tschaikowsky mochte es eher, wenn Damen einfach und dunkel gekleidet waren.

Aber schließlich hatten wir Sommer, und ich trug nichts anderes als helle Kleider. Vielleicht sage ich ein paar Worte darüber, was ein Jahr zuvor geschehen war: Damals hatte ich in der Auslage von Lebedews Geschäft in der Solodownikow-Passage Korallenschmuck gesehen, der aus Ohrringen, einer Brosche und einer Halskette bestand. Der Schmuck war eine Augenweide. Die Halskette war so gefertigt, daß der mittlere Stein am größten war und die Steine zu beiden Seiten der Kette immer kleiner wurden. Ich war ganz verrückt danach. So trat ich ein in das Geschäft und fragte: »Ist das wirklich echter Korallenschmuck?« »Schauen Sie«, versuchte der Verkäufer mir zu erklären, »man kann nicht sagen, daß er ganz und gar unecht ist. Die Kette ist aus Korallensplittern gefertigt. Man hat sie zu Pulver gestampft und daraus eine Masse hergestellt, aus der dann der Schmuck gefertigt wurde.« Möglicherweise war das ein Märchen, aber ich glaubte ihm und kaufte den Schmuck, denn ich redete mir ein, daß der Schmuck trotzdem echt sei. Ich trug ihn sogar auf den Abenden im Gebäude der Adelsversammlung, wo er stets großen Effekt machte. Und so dachte ich mir auch nichts Böses dabei, als ich ein Jahr später, lediglich um meinem teuren Gatten zu gefallen, zum Morgentee in einem hellen Kleid (was er, wie sich dann zeigte, auf den Tod nicht leiden konnte) mit eben dieser Korallenkette erschien. Ich glaube, ich trug sogar den ganzen Schmuck.

So sitzen wir also beim Teetrinken, er hinter seinem gewaltigen Schreibtisch, ich an der Seite zum Fenster hin.

»Was ist denn das? Trägst Du etwa echten Korallenschmuck?«

»Nein!« antwortete ich ihm völlig ungeniert.

Ein Winkel seines Mundes beginnt zu zucken, als wollte er anfangen zu lachen.

»Sieh an!« nahm er das Gespräch wieder auf, »meine Gattin trägt unechten Korallenschmuck!«

»Ja was soll ich denn tun?« entgegne ich ihm, nun selbst lachend, »ich habe nun mal keinen echten, und dennoch mag ich den Schmuck sehr.«

Hierauf sagte er kein einziges Wort.

An einem Sonntag eröffnete er mir: »Wir fahren heute zum Fotografen. Ich muß noch eine halbe Stunde fort, in der Du Dich ankleiden und zurechtmachen kannst. Ich hole Dich dann ab.«

Ich kleidete mich in mein einziges schwarzes festliches Seidenkleid und setzte mich, um auf ihn zu warten. Er war stets pünktlich und ließ auch dieses Mal nicht auf sich warten. An seinem Gesicht konnte ich ablesen, daß er mit dem Kleid zufrieden war. Er verfiel plötzlich in eine ungewöhnliche Heiterkeit und trieb ständig zur Eile: »Fahren wir doch endlich los. Nun komm schon!« Wir fuhren zu Djagowtschenkos Fotoatelier. Damals lebte noch der Inhaber selbst. Er empfing uns mit großer Liebenswürdigkeit und machte einige Porträtfotos. Als wir die Treppe wieder hinabstiegen, sagt mein Gatte zu mir: »Weißt Du, ich brauche für die Fototgrafien nicht zu bezahlen, im Gegenteil - viele bitten mich darum, daß ich mich bei ihnen fotografieren lasse. Für die Fotos, wo wir beide zusammen aufgenommen sind, muß ich den halben Preis zahlen. Du darfst Dir aber nicht einbilden, daß sie das deinetwegen tun«, fügte er hinzu, »das geschieht nur mir zu Ehren.«

»Ich weiß doch«, antwortete ich und lachte, »weshalb sollten sie mich auch umsonst fotografieren?! Ich hab' mich doch in keiner Weise hervorgetan.« Daraufhin mußten wir beide lachen.

Ich habe ihn zu keiner Zeit, weder vor noch nach diesem Tage, so heiter und aufgeräumt gesehen. Als wir die Treppe bereits wieder hinuntergestiegen waren, fragte er mich: »Magst Du vielleicht irgend etwas? Warum erbittest Du eigentlich niemals etwas von mir? Ich mag es schrecklich, wenn mich jemand um irgend etwas bittet, umso mehr Du als meine Frau.«

Ich sagte: »Ich möchte gern eine Tasse Schokolade.« Wir fuhren zu Trambelais' Café.

Dieses Café war ganz in der Nähe, dem Fotoatelier gegenüber. Auf der kurzen Strecke dorthin sagte er mir: »Warum erbittest Du nicht häufiger irgend etwas von mir?« Als wir ins Café eintraten, war er so fröhlich, daß er alle Anwesenden voller Stolz anblickte, als wollte er sagen: »Ja schaut nur, was für eine Frau ich mein eigen nenne!« Er verlangte für mich Schokolade, für sich selbst kaltes Wasser. Süßigkeiten konnte er nicht ausstehen. Er litt bereits damals an starkem Magenkatarrh und konnte vieles nicht essen: weder Äpfel, noch Birnen, noch Weintrauben. Soweit ich sehen konnte, hat er auch nie etwas Rohes gegessen. Sein Gesicht zeigte jedoch stets eine derart frische Farbe, daß ich mich, ohne daß er es merkte, allein schon daran freute, besonders beim morgendlichen Tee. Diese Frische sprühte förmlich aus ihm, und er sah mit seinen gütigen Augen in einer Weise vorteilhaft aus, daß ich einfach in Begeisterung geriet. Während ich ihn anschaute, hatte ich nur den einen Gedanken: »Gott sei Dank gehört er mir und keiner anderen! Keine soll es wagen, ihn mir wegzunehmen, denn er ist mein Gatte!«

Alles in allem war ich nur zweieinhalb Monate mit ihm zusammen. Die ständigen Einflüsterungen, durch das Familienleben würde sein Talent ruiniert, brachten uns schließlich auseinander.

Zunächst lieh er solchen Stimmen keinerlei Gehör, später aber begann er immer aufmerksamer und intensiver hinzuhören... Der Verlust der Begabung wäre für ihn das Schlimmste gewesen. So begann er diesen Einflüsterungen immer mehr Glauben zu schenken, wurde verschlossen und schwermütig. Eines Tages sagte er mir, er müsse für drei Tage in irgendwelchen Angelegenheiten verreisen. Während ich ihn zum Postzug brachte, wirkte er völlig verstört und blickte ganz unruhig. Ich ahnte jedoch noch nicht im geringsten, daß Kummer ins Haus stünde. Das Unheil hatte sich aber bereits über mir zusammengebraut.

Noch vor dem ersten Klingelzeichen, das die bevorstehende Abfahrt des Zuges anzeigte, klagte Peter Iljitsch, er habe so etwas wie einen Frosch im Hals. Allein, unsicheren Schrittes, eilte er ins Bahnhofsgebäude, um Wasser zu trinken. Als wir dann ins Abteil stiegen, bekam sein Blick etwas Flehendes, und er konnte seine Augen nicht von mir abwenden. Beim zweiten Klingelzeichen umschlang er mich ungestüm, drückte mich lange und fest an seine Brust und küßte mich. Als er mich dann losließ, winkte er mit der Hand und sagte: »Nun geh! Gott beschütze Dich!«

Danach ist er nie wieder zu mir zurückgekommen...

Diese Erinnerungen an meinen Gatten möchte ich noch durch einige weitere Einzelheiten ergänzen.

Lange vor unserer Heirat hatte er einmal auf dem Weg ins Konservatorium folgendes erlebt: Eine Schar kleiner Jungen mit einem Hofhund-Welpen war ihm entgegengekommen, so daß er sie überrascht fragte: »Wohin schleppt ihr denn den kleinen Hund?« - »Wir wollen ihn ersäufen!« Tschaikowsky schüttelte jähes Entsetzen. »Wartet mal«, sagte er den Jungen, holte zitternd seine Geldbörse heraus und gab sie ihnen. »Da habt ihr, nehmt alles und überlaßt mir das Tier!« Er nahm den kleinen Hund - eine Hündin, wie sich herausstellte - und ging mit ihr fort. Bischka, wie er sie nannte, erwies sich als sehr klug und schrecklich anhänglich.

Eine Wohnung zu mieten, war für ihn etwas Unangenehmes, und er stellte sich dabei stets überaus ungeschickt an. Zur Erledigung von Alltagsangelegenheiten bediente er sich eines älteren Herren[82], den er für seine Dienste mit 20 Rubeln im Monat entlohnte. Immer wenn er wieder eine neue Wohnung brauchte, schickte er den Alten auf Suche. War dann eine Wohnung gefunden, sagte dieser zu ihm: »Nun Petja, fahr jetzt einmal einen ganzen Tag weg, und abends um neun kommst Du direkt in die neue Wohnung.«

So geschah es dann auch: Alles war bereits eingeräumt, aufgehängt und stand an seinem neuen Platz. Kaum jedoch, daß er Tee getrunken hatte, hörte er beispielsweise, wie eine Sängerin in allernächster Nachbarschaft mit Tonleiterübungen begann. Zunächst versuchte er noch geduldig, das auszuhalten, bald jedoch wurde es ihm zuviel, und schließlich brachte es ihn fast zur Verzweiflung. Eigenes Arbeiten erschien so völlig unmöglich, die Vokalisen raubten ihm jeden Gedanken. Das gleiche wiederholte sich am nächsten Tag. Er hörte sich das eine Weile mit an, griff dann nach dem in der Nähe liegenden Feuerhaken und pochte damit an die Zimmerdecke, wobei er ausrief: »Hören Sie auf, hören Sie auf, um Christi willen!« Die »Sängerin« ließ sich jedoch nicht beeindrucken. Peter Iljitsch blieb nichts weiter übrig, als sich sofort wieder an den hilfsbereiten Alten zu wenden, um so schnell wie möglich eine andere Wohnung zu finden, in die er dann auch sofort umzog, obgleich die Miete bereits für einen Monat im voraus bezahlt war.

Man erzählt, eine Dame hätte ihn bei einem gesellschaftlichen Ereignis einmal mit folgenden Worten angesprochen: »Peter Iljitsch, was sind Sie doch für ein glücklicher Mensch! Sie sind bei allen beliebt, und Ihre Werke tragen Ihnen soviel

[82] Es handelt sich um Nikolai Lwowitsch Botschetschkarow, den Tschaikowsky offensichtlich über seinen Schüler, Graf Wladimir Wassiljew-Schilowski (1852-1893), kennengelernt hatte. Ausführlicher über Botschetschkarow vgl.: Alexander Poznansky, *The Quest for the Inner Man*, New York 1991, S. 133 ff.

Ehre ein.« Hierauf soll er entgegnet haben: »Glauben Sie wirklich, daß allein Musik glücklich machen kann? Es gibt Minuten, in denen ich die Musik hasse!«, wobei sich seine Augen mit Tränen füllten. Die Dame begann ihre Worte zu bereuen. Beim Anblick seiner Tränen fürchtete sie, ihn noch mehr in Verwirrung zu bringen und entfernte sich mit den Worten: »Ein Mann in Tränen?! Da muß er es wirklich sehr schwer haben.«

Peter Iljitsch konnte sehr gekränkt sein. Fast gleichzeitig mit ihm hatte auch Anastasija Chwostowa, die Schwester meiner Schwägerin, das Konservatorium absolviert, sie allerdings in der Gesangsklasse. Ihre Kontraalt-Stimme hatte ihn damals sogar ins Schwärmen gebracht. So hatte er einmal für eines ihrer Konzerte eine Romanze komponiert und ihr zugeeignet. Am Vortag des Konzertes eilte er frühmorgens fast im Laufschritt zu ihr, um sein Werk noch rechtzeitig zu überbringen, bei dem es sich übrigens um die bekannte Romanze *Net, tol'ko tot, kto znal* (Nur wer die Sehnsucht kennt)[83] handelte.

Die Tinte auf den Notenblättern war noch nicht trocken. Sie nahm die Romanze, setzte sich ans Klavier, sang sie einmal vom Blatt und... konnte aus irgendeinem Grunde daran keinen Gefallen finden. So rang sie sich nur einige förmliche Dankesworte ab und ließ Tschaikowskys Romanze für ihren Konzertauftritt unbeachtet...

Tschaikowsky nahm ihr das schrecklich übel und hatte von nun an, wie mir scheint, zeitlebens ein fast kühles Verhältnis zu ihr. Späterhin war diese Romanze fester Bestandteil ihrer Konzertprogramme, und sie hatte damit stets einen Riesenerfolg. Trotzdem konnte ihr Peter Iljitsch diese Kränkung nicht vergessen.

Ein anderes Mal hatte er ein Konzert komponiert, welches genau, weiß ich nicht mehr[84], das er Nikolai Rubinstein zugeeignet hatte und ihm als Manuskript ins Konservatorium brachte, damit dieser es durchsehen konnte. Nikolai Rubinstein setzte sich ans Klavier, ging es von vorn bis hinten durch und meinte dann: »Ein sehr schönes Konzert, nur ein wenig zu lang«, wobei er die entsprechenden Stellen, die er wegzulassen empfahl, bereits mit einem Bleistift durchzustreichen begann. Tschaikowsky hüllte sich in Schweigen. Nachdem er sich dann verabschiedet hatte, eilte er schnurstracks nach Hause, ging an seinen Schreibtisch, strich die Widmung und ersetzte sie durch die Worte: »Hans von Bülow zugeeignet.« Mit dieser neuen Widmung gab er die Noten des Konzertes sofort zur Post. Von Bülow hatte kurz darauf irgendwo einen Konzertauftritt, stellte bei dieser Gelegenheit die Novität vor[85] und hatte damit einen Riesenerfolg.

---

83 Nr. 6 aus den *Sechs Romanzen* op. 6 (1869).

84 Gemeint ist das Erste Klavierkonzert b-Moll op. 23. Nikolai Kaschkin hat ausführlich darüber berichtet, vgl.: Nikolai Kaschkin, *Meine Erinnerungen an Peter Tschaikowsky*, Berlin 1992, S. 107/108.

85 Die Uraufführung von Tschaikowskys Erstem Klavierkonzert mit Hans von Bülow als Solisten fand am 13. Oktober 1875 in Boston (USA) statt.

Tschaikowsky war von Bülow in großer Freundschaft verbunden, und ich habe lange Zeit einen Brief von Bülows an meinen Gatten aufbewahrt, den er bald nach unserer Trauung geschrieben hatte und der uns erreichte, als wir beide noch zusammen waren. Von Bülow hatte darin unter anderem geschrieben: »Sehen Sie, ich bin Ihrem Beispiel gefolgt und habe ebenfalls geheiratet.«

Ich will die Erinnerungen an meinen lieben und unvergeßlichen Gatten mit Worten abschließen, die er oft selbst zu seiner Charakterisierung gebrauchte: »In meinem Charakter«, so pflegte er zu sagen, »haben sich Kind und Greis miteinander vermischt«.

Das war ein überaus treffendes Bild. Alle, die Peter Iljitsch näher gekannt haben, werden beipflichten, daß man seinen Charakter nicht besser und treffender beschreiben konnte.

WLADIMIR GERARD

PETER TSCHAIKOWSKY ALS SCHÜLER DER RECHTSSCHULE[86]

Tschaikowskys Umgänglichkeit und seine einfühlsame Art machten ihn bei den Kameraden allgemein beliebt. Ich kann mich nicht an eine einzige größere Auseinandersetzung erinnern, in die er verwickelt gewesen wäre, und mir ist auch nicht bekannt, daß er irgendwelche Feinde gehabt hätte. In unseren ersten Jahren an der Rechtsschule waren wir beide einander noch ziemlich fremd geblieben. In den letzten Klassen der Unterstufe kam es dann allmählich zu einer Annäherung, und eine gewisse Zeitlang saßen wir sogar im Klassenraum nebeneinander. Zu einer richtigen Freundschaft kam es dann erst in der Oberstufe und besonders in der ersten Klasse.[87] Damals führte ich Tagebuch, in dem ich ziemlich ausführlich die Hochgefühle meiner ersten Liebe zu einer jungen Dame dokumentierte, und ich erinnere mich, wie ich dem Schicksal damals dafür dankbar war, daß es mir zusätzlich zu dieser ersten Liebe auch eine ideale Freundschaft geschenkt hatte.

Neben der spontanen Sympathie, die wir füreinander empfanden, verband uns auch unser gemeinsames Interesse für das Theater. Bei irgendeiner Gelegenheit hatte mich Peter Iljitsch zu einer Aufführung von [Rossinis] *Guillaume Tell*[88] in die Italienische Oper mitgenommen. Es sangen Tamberlick[89], de Bassini[90] und die Bernardi[91]. Der Eindruck wirkte so stark in mir nach, daß ich ein leidenschaftlicher Opernfreund wurde und von nun an mit meinem Freund ziemlich häufig die Aufführungen besuchte. Außerdem liebten wir beide das Französische Theater, das da-

---

86 Wladimir Nikolajewitsch Gerard (1839-1903), russischer Rechtsanwalt und berühmter Verteidiger (u.a. im Prozeß gegen Wera Sassulitsch), Vorsitzender des Rates der Geschworenen im Petersburger Gerichtsbezirk und Begründer der *Russischen Gesellschaft zum Schutz der Kinder gegen Gewalt*. Gerard diente nach Abschluß der Rechtsschule zunächst einige Jahre gemeinsam mit Tschaikowsky in einem Departement des Justizministeriums. Der hier zum Abdruck kommende Text wurde bereits z.T. von Modest Tschaikowsky in dessen großer Biographie des Komponisten verwendet (vgl. Modest Čajkovskij, *Žizn' P. I. Čajkovskogo*, tom 1, Moskva/Leipzig 1900-1903, S. 96-97, S. 104). Der erste vollständige Abdruck erfolgte in: V. V. Protopopov (Hrsg.), *Vospominanija o Čajkovskom*, Moskva 1973, S. 30/31.

87 In der Rechtsschule gab es sieben Klassen, von denen die siebente die unterste und die erste die höchste war. Die Klassen teilten sich in Ober- und Unterstufe: die Unterstufe erfaßte die siebente bis zur fünften, die Oberstufe die vierte bis zur ersten Klasse.

88 Nach Meinung von Wladimir Protopopow liegt hier ein Irrtum vor, denn Rossinis *Tell* stand damals nicht auf dem Spielplan der Italienischen Oper, so daß es sich offensichtlich um eine andere Opernaufführung gehandelt haben muß.

89 Enrico Tamberlick (1820-1889), berühmter italienischer Sänger.

90 Achille de Bassini (eigentl.: Achille Bassi; 1819-1881), berühmter italienischer Bariton, von 1852 bis 1863 in Petersburg engagiert.

91 Margareta Bernardi (verh. Fabbrila), italienische Sopranistin, die in den Spielzeiten 1858/59 und 1863-1865 an der Italienischen Oper in Petersburg engagiert war.

mals generell unter den Zöglingen der Rechtsschule in Mode war. Das Michailow-Theater[92] hatte (vor seinem Umbau) einen Rang mit 52 Plätzen. Da uns die Sesselplätze versagt blieben, kam es vor - und zwar besonders bei den Benefizaufführungen für beliebte Schauspieler -, daß alle 52 Plätze im Rang mit Zöglingen der Rechtsschule besetzt waren.

Wenngleich unter den Rechtsschülern die allgemeine Anerkennung der musikalischen Leistungen Tschaikowskys vor dem Ruhm des Dichters Apuchtin stark verblaßte, denn in letzterem sahen wir alle einen zweiten Puschkin, machte er dennoch mit seiner Begabung auf sich aufmerksam. Allerdings ahnte damals niemand von uns, welche Bedeutung Tschaikowsky als Komponist einmal erringen würde. Ich erinnere mich noch gut daran, wie sich nach einer Chorprobe im weißen Saal, kaum daß sich der Chordirigent Lomakin[93] entfernt hatte, Peter Iljitsch an das Harmonium setzte und über vorgegebene Themen improvisierte. Man konnte ihm irgendeine Melodie vorsingen, die er dann endlos variierte. Hauptsächlich boten allerdings die zuletzt gehörten Opern die Quelle für diese Improvisationsthemen.

Tschaikowsky war ein fähiger Schüler, aber nur mäßig fleißig und überaus zerstreut. Als Beamter ist er später weder positiv noch negativ aufgefallen.

Beide mochten wir es, uns in Kreisen der Gesellschaft zu bewegen. Ich erinnere mich noch daran, wie intensiv wir uns wegen der schönen Schwester eines der Zöglinge der Rechtsschule um eine Einladung zu einem Ball in Saliwkinas Pension bemühten, schließlich diese Einladung auch bekamen und uns dann auf dem Ball als fleißige Tänzer hervortaten.

Durch Peter Iljitsch war ich mitunter auch Gast bei ihm zu Hause, allerdings viel seltener als andere Kameraden der Rechtsschule, denn in meinen letzten beiden Schuljahren war ich förmlich versessen aufs Billardspielen und verbrachte deshalb die meiste Zeit in Wolff's Restaurant (in der Nähe des Polizejskij most[94]).

Die gesamte Mentalität der damaligen Zöglinge unterschied sich wesentlich von der heutigen [1898]. Anflüge von Stutzerhaftigkeit zeigten sich zu unserer Zeit erst kurz vor dem Abschluß der Rechtsschule. Damals besaßen sogar in der Absolventenklasse nur zwei von allen Zöglingen eigene maßgeschneiderte Uniformen - ein Herausstellen des Äußerlichen, das ihnen bei den Mitschülern nicht wenig Spott eintrug. Die übrigen mußten alle mit den üblichen Schuluniformen vorlieb nehmen. Übrigens pflegten damals die Schüler der Rechtsschule ihren Interessen mit gebührendem Ernst nachzugehen. Alle begeisterten sich damals für die Literatur, und deshalb nimmt es nicht Wunder, daß jeder Versuch, mit Lyzeumsschülern an äußerer Eleganz zu wetteifern, von den meisten der Unsrigen fast mit Verachtung gestraft wurde.

---

92 Spielstätte des Französischen Theaters in Petersburg

93 Gawriil Joakimowitsch Lomakin (1812-1885), Chormeister und Gesangslehrer, war ab 1862 sechs Jahre lang Direktor der Freien Musikschule, die er gemeinsam mit Mili Balakirew gegründet hatte.

94 1918 umbenannt in *Narodnyj most* (Volksbrücke).

FJODOR MASLOW

ERINNERUNGEN AN MEINEN SCHULFREUND TSCHAIKOWSKY[95]

Nicht nur bei den Mitschülern, sondern auch bei der Schulleitung war Peter Iljitsch beliebt, und zwar in einem Maße wie sonst niemand. Alles an ihm, angefangen von seinem Äußeren, wirkte anziehend und sicherte ihm eine völlig exponierte Stellung.

Als Peter Iljitsch in die siebente Klasse[96] eingeschult wurde, war er zunächst die meiste Zeit mit Beljawski[97] zusammen. Dessen Stelle sollte jedoch bald ich einnehmen. Im zweiten Halbjahr der siebenten Klasse und im ersten der sechsten waren Tschaikowsky und ich unzertrennlich. Mit Beginn der sechsten hatte sich noch Apuchtin[98], mein Landsmann, als Dritter hinzugesellt. So ging es bis Ende 1853, als mich eine längere Krankheit ins Lazarett verbannte. Von dort wieder entlassen, wunderte ich mich, nicht mehr Tschaikowsky zum Pultnachbar zu haben. Er saß jetzt neben seinem neuen Freund Apuchtin. Natürlich kam es zum Streit und die alten Freunde redeten nicht mehr miteinander. Erst in der fünften Klasse versöhnten wir uns wieder und waren von nun an zeitlebens miteinander in Freundschaft verbunden, wenngleich sich auch die ursprüngliche Innigkeit der Beziehung nicht wieder einstellen wollte. Zwischen Apuchtin und mir war hingegen nach der Zeit im Lazarett die Freundschaft für immer zerbrochen.

In der aktiven Musikausübung überflügelte Peter Iljitsch selbstverständlich alle anderen von uns Rechtsschülern, erweckte aber unter uns kein ernsthafteres Interesse an seiner Berufung. Uns amüsierten nur die musikalischen Kunststücke, die er uns vorführte, indem er beispielsweise Tonarten erriet oder Klavier spielte, wenn die Tasten mit einem Handtuch verdeckt waren. Seit seiner Einschulung sang er im Chor der Rechtsschule und gehörte in den ersten drei Jahren als Vorsänger zur

---

[95] Fjodor Iwanowitsch Maslow (1840-1915), Jurist, Mitschüler Tschaikowskys in der Rechtsschule und 1860-1861 dessen Kollege im Justizministerium. Maslows Karriere gipfelte schließlich im Posten des Leiters jenes Departements, das für das gesamte Moskauer Gerichtswesen zuständig war. Maslows enge Verbindungen zu Tschaikowsky erfuhren eine zusätzliche Verstärkung durch die herzlichen Kontakte der Maslow-Familie zu dem Tschaikowsky-Freund Sergej Tanejew, der bei diesen aus- und einging.
Teile aus Maslows Erinnerungen wurden zum ersten Mal von Modest Tschaikowsky für dessen großangelegte Biographie des Komponisten verwendet (tom 1, S. 97-98) und erschienen vollständig zum ersten Mal in: V. V. Protopopov (Hrsg.), *Vospominanija o Čajkovskom*, Moskva 1962, S. 394-396.

[96] Zur Abfolge der Klassen in der Rechtsschule vgl. Anm. 87.

[97] Fjodor Fjodorowitsch Beljawski (1839-1870), russischer Offizier und Mitschüler Tschaikowskys an der Rechtsschule.

[98] Vgl. Anm. 27.
Das Wort »Landsmann« spielt darauf an, daß das Anwesen der Maslow-Familie und das der Apuchtins nicht weit voneinander entfernt lagen.

zweiten Diskantgruppe. Das war einfach notwendig, weil in diese Gruppe Sänger eingereiht wurden, die weder stimmfest waren, noch über ein ausreichendes Gehör verfügten. Tschaikowsky litt sehr daran, ausgerechnet in dieser Gruppe zwischen ständig falsch singenden Schülern stehen zu müssen. Allerdings versäumte Lomakin[99] keine Gelegenheit, um Tschaikowskys Leistung zu würdigen. In der siebenten und sechsten Klasse durfte Peter Iljitsch während des bischöflichen Gottesdienstes am Katharinen-Tag im Trio »Heil Dir, o Herr« mitsingen, später in der fünften Klasse sang er das »Laß mein Gebet kommen vor Dein Angesicht«, jedoch schon nicht mehr als Diskant, sondern als Knabenalt. In der Kirche wurde der Chor immer von einem Schüler der ersten Klasse geleitet[100], denn dessen Verantwortung ging weit über das Musikalische hinaus: Er mußte die Mitschüler zu den Chorproben zusammenholen, was sich nur durchsetzen ließ, wenn er auch gegenüber älteren Schülern die notwendige Autorität und Stellung in der Rechtschule besaß. Doch schon im Schuljahr 1853/54 fand sich in der Absolventenklasse niemand mehr, der die notwendige Musikalität aufwies, um den Chor zu leiten, so daß Gamalej, ein Schüler der unteren Klassen, zu dieser Aufgabe berufen wurde. Im Schuljahr 1856/57 wurde er durch Christianowitsch[101] (den Bruder der beiden Komponisten) ersetzt, im Schuljahr 1857/58 übernahm Jurenjew[102] diese Funktion und schließlich im Herbst 1858 Tschaikowsky. Er blieb allerdings nur kurze Zeit Chorleiter, nicht länger als zwei Monate, denn er verstand es nicht, die eigenen Anordnungen durchzusetzen und hatte hierzu auch keine Lust, so daß er schließlich von Selezki[103], der eigentlich sein Assistent sein sollte, ersetzt werden mußte.

Mit dem Rauchen hatte Peter Iljitsch sehr früh begonnen, wenngleich seine engsten Freunde Nichtraucher waren.

Im alltäglichen Leben war er damals nicht gerade übermäßig ordentlich und gewissenhaft. Er verlieh gern Bücher an seine Mitschüler, wofür er fast die ganze Bibliothek seines Vaters herbeitrug, nahm es aber andererseits, wenn er selbst fremde Bücher auslieh, nicht gerade genau mit ihrer Rückgabe. So fand ich noch im Jahre 1869 bei einem Moskauer Konservatoriumsprofessor, der nicht das geringste mit Jurisprudenz zu tun hatte, juristische Studienwerke, die noch zu Zeiten meines Aufenthaltes in der Rechtsschule »entliehen« worden waren, unter anderen auch die drei Bände Strafrecht von Stojanowski[104].

---

99 Vgl. Anm. 93.

100 Gemeint sind die Gottesdienste in der Hauskirche der Rechtsschule.

101 Sergej Filippowitsch Christianowitsch (?-1884), Bruder der in Rußland bekannten Komponisten Alexander Christianowitsch (1835-1874) und Nikolai Christianowitsch (1828-1890).

102 Pjotr Alexandrowitsch Jurenjew, Mitschüler Tschaikowskys an der Rechtsschule, später Senator am Gerichtsdepartement.

103 Nikolai Michailowitsch Selezki (1839-1909), russischer Jurist, Mitschüler Tschaikowskys in der Rechtsschule, später Adelsmarschall in Kanjew (einem Ort ca. 100 km südöstlich von Kiew).

104 Nikolai Iwanowitsch Stojanowski (1820-1900), russischer Jurist, Senator, persönlicher Referent des Justizministers und Vizepräsident der Russischen Musikgesellschaft.

Peter Iljitsch erschien stets ohne Lehrbücher und lieh sich diese von Mitschülern. Auch sein Schreibpult schien eine gleichsam öffentliche Einrichtung, in der jeder herumwühlen konnte. In den höheren Klassen lernten Tschaikowsky und ich für die Prüfungen immer gemeinsam. Wir hatten uns dafür den Sommergarten gewählt, und um die Aufzeichnungen und Lehrbücher nicht immer mit uns herumtragen zu müssen, versteckten wir sie in der Höhlung einer alten Linde, die wir von oben mit Brettern abdeckten. Nach Prüfungsende nahm ich meine Aufzeichnungen immer wieder heraus, während Tschaikowsky das ständig vergaß, so daß es durchaus nicht auszuschließen ist, daß seine Lehrbücher auch heute noch in einem der einst von Peter dem Großen gesetzten Bäume vor sich hin faulen.

Peter Iljitsch interessierte sich sehr für Literatur und lieferte auch eigene Beiträge für unsere Schülerzeitschrift *Der Bote der Rechtsschule*, die in der fünften Klasse von Apuchtin und Ertel[105] herausgegeben wurde. Aus Tschaikowskys Feder stammte ein bewundernswert schwungvoll und scharfsinnig geschriebener Beitrag *Das Fach Literaturgeschichte in unserer Klasse*.

In seinen letzten Jahren an der Rechtsschule führte Tschaikowsky ein Tagebuch unter dem Titel *»Alles«*, dem er alle Geheimnisse seiner Seele anvertraute. Er war jedoch so vertrauensselig und naiv, daß er, statt dieses Tagebuch unter Verschluß zu halten, es in eben jenem Schreibpult aufbewahrte, in dem in allgemeinem Durcheinander sowohl seine eigenen als auch fremde Bücher und Hefte lagen.

Während der Dienstjahre im Departement des Justizministeriums äußerte sich das Aristokratische und Einfühlsame seiner Natur besonders darin, daß es ihn im übertragenen und wörtlichen Sinne in höhere Gesellschaftskreise zog und er die (damals allgemein übliche) soldatische Disziplin zutiefst verabscheute.[106] Sein Streben nach allem Schönen, das dem Auge wohltat, zeigte sich übrigens auch darin, daß er sehr auf sein Äußeres achtete. Er litt sehr darunter, nicht über die nötigen Mittel zu verfügen, um sich elegant kleiden zu können.

---

[105] Michail Wassiljewitsch Ertel (1838-1872), bekannter Petersburger Jurist, Mitschüler Tschaikowskys an der Rechtsschule.

[106] Direktor der Rechtsschule war von 1849-1877 Generalleutnant Alexander Petrowitsch Jasykow (1802-1878), der hier militärischen Drill, Karzer, Prügelstrafe und ähnliche soldatische Disziplinierungsmaßnahmen durchgesetzt hatte.

IWAN KLIMENKO[107]

»ER ÜBERLIESS LAROCHE DAS EIGENE ZIMMER UND HAUSTE SELBST AUF DEM KORRIDOR«[108]

(...) Ich habe mich erst gerade wieder daran erinnert, daß 1868, als ich nach Moskau kam, Laroche krank war und sich einer Badekur unterziehen mußte. Das war in der Wohnung seiner Mutter, die damals Gesellschafterin bei Katkow[109] war und im Hause der Redaktion der Moskauer Zeitung *Moskovskie Vedomosti* wohnte, überaus schwierig zu bewerkstelligen, so daß Petja, der damals bei Nikolai Rubinstein in der Wosdwishenka-Straße wohnte, Laroche bei sich aufnahm, ihm sein eigenes Zimmer überließ und sich selbst hinter einem Wandschirm im dunklen Korridor dieser Wohnung einrichtete. So habe ich es zumindestens in Erinnerung, und als ich, bei so weit zurückliegenden Ereignissen in Zweifel, Jürgenson fragte, ob es wirklich so war, antwortete er mir, daß es ihm auch irgendwie so in Erinnerung sei, er aber nicht mit Bestimmtheit eine Bestätigung geben könne.

Wieder genesen, zeigte sich Manja[110] Petja gegenüber äußerst undankbar: Er verfaßte für die *Moskovskie Vedomosti* eine Rezension über ein Konzert der Russischen Musikgesellschaft, in dem die Tänze aus Tschaikowskys Oper *Der Wojewode* aufgeführt worden waren.[111] Bei der Besprechung dieser Tänze ließ er sich auch zu einer allgemeinen Charakterisierung von Petjas Kompositionen hinreißen, die er von dem »weiblich zarten« Gefühl in der Natur des Komponisten (Petja haßte diesen

---

107 Iwan Alexandrowitsch Klimenko (1860-1908), russischer Architekt und Musikfreund, eng mit Tschaikowsky befreundet. Der amerikanische Tschaikowsky-Forscher Alexander Poznansky verweist in seinem kürzlich erschienenen Buch darauf, daß die Freundschaft zwischen beiden, wie ihr Briefwechsel belegt, auch ein Element »erotischer Verspieltheit« aufweist (vgl. Alexander Poznansky, *The Quest for the Inner Man*, New York 1991, S. 58).

108 Auszug aus: Ivan Klimenko, *Moi vospominanija o Petre Il'iče Čajkovskom* [Meine Erinnerungen an Peter Iljitsch Tschaikowsky], Rjasan' 1908 [S. 8-15, 31-32, 79-81]. Klimenko verfaßte seine *Erinnerungen* zunächst auf Bitte von Modest Tschaikowsky, der sie in seiner großen Biographie des Komponisten verwenden wollte. Da dies aus technischen Gründen (wie aus dem diesen Erinnerungen beigefügten Brief Modest Tschaikowskys ersichtlich) nicht möglich war, entschloß sich Klimenko, seine *»Erinnerungen«* als kleine Broschüre zu veröffentlichen.

109 Michail Nikiforowitsch Katkow (1818-1887), Publizist, von 1845-1850 Professor der Philosophie an der Universität Moskau, leitete seit 1851 die Zeitung *Moskovskie Vedomosti* und gründete 1856 die Monatsschrift *Russkij Vestnik*, die Turgenjew, Dostojewski und Lew Tolstoi zu ihren Mitarbeitern zählte.

110 Im engeren Freundeskreis üblicher Kosename für Hermann Laroche.

111 Gemeint ist Hermann Laroches Aufsatz *»Der Wojewode« von Herrn Tschaikowsky - eine neue russische Oper* (russische Erstveröffentlichung 1869, deutsch in: Hermann Laroche, *Peter Tschaikowsky - Aufsätze und Erinnerungen*, Berlin 1993, S. 61-65). Darauf, daß es in dieser Rezension nicht nur um die Tänze, sondern um die gesamte Oper ging, verweist Modest Tschaikowsky im ersten Brief, der den Klimenko-Erinnerungen beigefügt ist (im vorliegenden Band S. 54).

Verweis auf irgendetwas Feminines in seinem Wesen)[112] geprägt fand und in denen er eindeutige Spuren des Einflusses der *Epigonen* Schumanns und Mendelssohns zu entdecken glaubte. Den letzten Satz hatte Petja als besonders schwere Kränkung empfunden, denn er ließ die klare Absicht Manjas erkennen, Petja eins auszuwischen. Dem Sinne nach stand hier nichts anderes, als daß Petja als Komponist noch nicht ein Niveau erreicht hatte, auf dem ein Einfluß von Schumann und Mendelssohn denkbar würde, sondern einstweilen nur von dessen *Epigonen* beeinflußt wird.

Petja führte bei mir bittere Klage darüber, daß er als ein am Anfang seiner Laufbahn stehender Komponist natürlich mit der Unterstützung Laroches gerechnet hatte. Laroches Aufsätze (beispielsweise sein prachtvoller Artikel über »Glinka und seine Bedeutung in der Musikgeschichte«) hatten ihm als Musikkritiker bereits Ansehen verschafft. Laroche zog es jedoch vor, ohne daß Petja hierzu den geringsten Anlaß gegeben hätte, ihm in dieser Weise wehzutun und sich sowohl gegen die Wahrheit als auch gegen die Freundschaft zu versündigen.

Um die Wirkung dieses unerwarteten und idiotischen Schrittes zu mildern, hatte Manja irgendjemanden (ich weiß nicht mehr wen) gebeten, Petja ein Exemplar seines Glinka-Aufsatzes zu überreichen. Als er dann am anderen Tag mit Petja auf dem Korridor des Konservatoriums zusammentraf und ihn fragte: »Haben Sie, Peter Iljitsch, meinen Aufsatz erhalten?«, antwortete ihm Petja (ohne ihm die Hand zu geben): »Ja, ich habe ihn erhalten und ihn, wie Sie es verdienen, zerrissen und in den Ofen geworfen« (möglicherweise hatte er aber auch gesagt: »wie es ein Geschenk von Ihnen verdient«, für die genauen Worte kann ich mich nicht verbürgen, aber ihr Sinn ist mir hervorragend im Gedächtnis geblieben). Ich gebe das hier selbstverständlich so wieder, wie ich es von Petja selbst gehört habe.

***

Ich erinnere mich noch an eine weitere Kränkung Petjas durch Laroche. Dieses Mal war Laroches Fehlverhalten nicht ganz so schwerwiegend wie im oben geschilderten Fall. Immerhin gab Petja häufig selbst Anlaß zu solchen Kränkungen, und außerdem war der Urheber dieses Mal eine Person, die Petja sowieso nicht gut gesonnen war.

Folgendes war geschehen: Die Russische Musikgesellschaft hatte für ihr Konzert am 15. Februar 1869 Petjas sinfonische Fantasie *Fatum* zur Aufführung vorgesehen. Petja nahm mich mit zur Probe, und ich war von dieser Musik überaus beeindruckt (besonders hatte mich das zweite Thema in Bann geschlagen, das ich in mei-

---

[112] Ihm war jeglicher Hinweis auf Feminines deshalb verhaßt, weil es gleichsam unterstellte, daß Petjas Muse nicht in der Lage sei, etwas Männlich-Starkes hervorzubringen. Petja war aber damals bereits Komponist des *Scherzo à la russe*, der *Ersten Sinfonie* und der *Valse-Caprice* [op. 4], d.h. von Schöpfungen, die einen durchaus männlichen und starken Charakter aufwiesen. Schließlich hatte auch in den Tänzen aus der Oper *Der Wojewode* das Cello-Thema überhaupt nichts Feminines an sich, was Laroche natürlich besser als jeder anderer wissen mußte. **(Anm. v. Iwan Klimenko)**

ner Vorstellung ganz klar mit einer herzzerreißenden Klage assoziierte).[113] Angesichts der starken Wirkung, die das Stück auf mich ausübte, wollte ich natürlich vom Komponisten den eigentlichen Sinn des Titels erfahren, um das Ganze auch besser verstehen zu können. Petja lehnte irgendwelche Erläuterungen entschieden ab und meinte nur, daß der Sinn des Titels eine sehr persönliche Sache sei, die nur ihn selbst etwas angehe.

Nachdem dieser entschlossenen Verweigerung eines Kommentars redete ich - nicht weniger entschieden - auf Petja ein, um ihn davon abzubringen, auf dem Plakat den Titel *Fatum* drucken zu lassen. Ein solcher Titel würde jeden aufmerksamen Hörer zwangsläufig neugierig machen und könnte, wenn eine Erklärung durch den Komponisten ausbleibt, der Sache abträglich sein (und damit letztlich auch den Interessen des Komponisten schaden). Ohne Titel jedoch würde dieses Stück als ein Werk der absoluten Musik gehört werden und auch in dieser Form von großer Wirkung sein. Die eher trickreiche Bezeichnung *Fatum* würde den Hörer zwingen, im Inhalt des Stückes nach dem Sinn dieses Titels zu suchen, wodurch seine Aufmerksamkeit gespalten wird. Der Titel würde nicht nur keine Sinnerhellung bringen (wie sie möglicherweise vom Komponisten gewünscht ist), sondern, im Gegenteil: den Sinn des Stückes eher verdunkeln.

Am Sonntag nach dieser Probe wurde Petja von Ratschinski[114] aufgesucht, dem ich den Extrakt meiner Überlegungen mitteilte, woraufhin es zwischen uns dreien zu folgendem Gespräch kam:

Ratschinski: »Ich bin derselben Meinung wie Iwan Alexandrowitsch, und es tut mir sehr leid, daß ich nicht auf der Probe gewesen bin, um diese Ansicht zu unterstützen und ihr größeres Gewicht zu verleihen.«

Ich (zu Petja): »Du bist einfach verpflichtet, dem Hörer irgendeinen Anhaltspunkt zu geben, damit er diesen ausgesprochen nebulösen Titel des Stückes besser verstehen kann. Falls Dir es aus irgendeinem Grunde unmöglich erscheint, vor dem Hörer Deine Seele offenzulegen und mehr oder weniger detailliert zu erklären, was Du mit diesem Stück sagen wolltest, so gib ihm wenigstens einen Wink, möglicherweise in Gestalt eines Mottos.«

Ratschinski (zu Petja): »Ich habe volles Verständnis für jene persönlichen Gründe, die Sie, Peter Iljitsch, daran hindern, ausführliche Erläuterungen zu geben. Ich finde jedoch den Gedanken von Iwan Alexandrowitsch sehr gut, auf dem Plakat einen geeigneten Vers als Motto des Stücks zu bringen.«

Petja: »Nun gut, aber welchen Vers?«

---

113 Während Balakirew, nach Aussage Petjas, dieses Thema eher komisch fand und Petja dabei anlachte. **(Anm. v. Iwan Klimenko)**

114 Sergej Alexandrowitsch Ratschinski (1836-1902), Professor für Botanik, leidenschaftlicher Musikfreund und begeisterter Anhänger des Schaffens von Tschaikowsky. Von Ratschinski stammte das Libretto für das (von Tschaikowsky nicht realisierte) Opernprojekt »Mandragora«. Tschaikowsky widmete ihm sein Erstes Streichquartett op. 11.

Ratschinski: »Wie schade, daß ich das Stück nicht gehört habe! Möglicherweise aber paßt dieser Vers von Batjuschkow[115] (ich zitiere den Vers nach dem Konzertplakat - Einschub von Iwan Klimenko):

»Weißt Du, was der greise Melchisedek gesprochen hat,
als er vom Leben Abschied nehmend, im Sterben lag?«
- »Als Sklave wird der Mensch geboren,
als Sklave sinkt er auch ins Grab.
Der Tod, der wird ihm auch nicht sagen,
wozu, warum er dieses lange Thränenthal durchwandert
und weshalb er gelitten, geduldet, geweinet hat
- und nun verschwinden muß.«[116]

Petja: »Ja, das müßte passen.«

Ratschinski setzte sich sofort hin, schrieb das Gedicht auf, und es wurde auch so gedruckt.[117] Ich konnte allerdings beim besten Willen keinen Zusammenhang zwischen dem Sinn dieser Verse und der von mir auf der Probe gehörten Musik entdecken. Petjas Einverständnis verwunderte mich deshalb umso mehr. Da ich jedoch seine Zustimmung als Autorisierung dieser Version anerkennen mußte, entschloß ich mich, ihn in dieser Minute nicht mit der Bitte um irgendwelche Erklärungen in Schwierigkeiten zu bringen, denn ich fürchtete auch, ihm lästig zu fallen. Außerdem hoffte ich auch noch stark darauf, daß sich mir ein entsprechender Zusammenhang noch im Konzert offenbaren würde, was dann leider nicht eintrat. Dieses unglückliche Motto bot dann obendrein noch Laroche einen Anlaß, in ziemlich bösartiger Weise Petja vorzuwerfen, daß dieser Melchisedek die ganze Sache nur verder-

---

115 Konstantin Nikolajewitsch Batjuschkow (1787-1855), russischer Lyriker, dessen Verse sich durch Plastizität der poetischen Bilder sowie durch lautlich-rhythmische Harmonie der Sprache auszeichnen. Batjuschkow gab sich ab 1815 immer mehr pessimistischen Stimmungen hin und verfiel 1822 in geistige Umnachtung. Er gilt neben Shukowski als der bedeutendste russische Lyriker zu Beginn des 19. Jahrhunderts und als wichtiger Wegbereiter Puschkins.

116 Prosa-Übersetzung von Paul Juon, zitiert aus: Modest Tschaikowsky, *Das Leben P. I. Tschaikowskys*, Moskau-Leipzig o.J., Band 1, S. 185.

117 *Anmerkung für den uneingeweihten Leser*: Modest Iljitsch ließ diese meine Zeilen unbeachtet und brachte in seiner Tschaikowsky-Biographie eine sozusagen »offizielle« Erklärung für die Herkunft des Mottos, d.h. er druckte die Version, die Ratschinski seinerzeit in den *Moskovskie Vedomosti* veröffentlicht hatte und nach der angeblich Nikolai Rubinstein sich an ihn, Ratschinski, mit der Bitte gewandt hatte, eine Möglichkeit zu finden, um dem Publikum zu helfen, den Stücktitel zu verstehen.
Ich behaupte jedoch erstens, daß sich die Angelegenheit genauso angespielt hat, wie ich sie hier beschreibe, und daß zweitens jedem, der Nikolai Rubinstein auch nur ein wenig kannte, völlig klar ist, daß ihn Fragen wie diese stets völlig gleichgültig gelassen haben. In Wirklichkeit hat Ratschinski bei Rubinstein um Erlaubnis gebeten, ihn als Initiator des Ganzen ausgeben zu dürfen. Ich konnte mir obiges Gespräch allein schon deshalb nicht »erdichten«, weil ich kein »Dichter« bin. (**Anm. v. Iwan Klimenko vom 26. April 1906**)

be und völlig grundlos das Bewußtsein der Hörer vernebele[118]. (Soweit ich mich erinnere, hatte Laroche sich aber über das Stück selbst, d.h. ohne seinen Titel, ziemlich lobend geäußert.)

Petja war über die ganze Geschichte betrübt, und, soweit ich mich erinnere, ist die Orchesterfantasie *Fatum* auch nicht mehr in Moskau aufgeführt worden.[119] Sie wissen natürlich, Modest Iljitsch, daß Petja das erste Thema später für das Liebesduett in seiner Oper *Der Opritschnik* verwendet hat, während das 2. Thema, soweit mir bekannt ist, nirgendwo mehr auftaucht. Als ich bereits in Poltawa wohnte, hörte ich davon, daß Petja die *Fatum*-Partitur vernichtet habe, so daß ich lange der Meinung war, die von Michail Iwanow vorgenommene Übertragung für Klavier zu vier Händen, die mir Petja einst geschenkt hatte, sei das einzige, was von dieser, meiner Ansicht nach prächtigen Tonschöpfung übriggeblieben ist. Es stellte sich jedoch heraus (und hierauf hat Kaschkin in seinen »Erinnerungen« hingewiesen)[120], daß die Orchesterstimmen erhalten geblieben sind und sich in der Bibliothek des Moskauer Konservatoriums befinden.

Notwendige Anmerkung:

Angesichts dessen, daß ich diese Zeilen ja ausschließlich für Sie, lieber Modest Iljitsch, als dem geliebten Bruder meines unvergessenen Freundes schreibe, halte ich es für meine heilige Pflicht, Ihnen nichts von dem zu verheimlichen, was mir bekannt ist und woran ich mich erinnere. Deshalb bitte ich Sie, auch nicht für einen Augenblick etwa auf die Idee zu kommen, ich verfolge in meiner Schilderung des Verhaltens Laroche gegenüber Petja die heimliche Absicht, in Ihnen eine Abneigung gegenüber Laroche zu erzeugen. Ich bin kein Richter, sondern nur ein ehrlicher Erzähler. Außerdem wissen wir beide ja, daß Laroche in den letzten Jahren Petja geliebt hat und außerordentlich eng mit ihm befreundet war. Ich persönlich bin zutiefst davon überzeugt, daß Laroche Petja immer sehr mochte, sogar dann, wenn er ihm übel mitspielte. Solche Gemeinheiten beging er mit blutendem Herzen aufgrund mir wenig verständlicher seelischer Beweggründe. Wir beide sollten zumindest Laroche wegen dieser alten Geschichten nicht verurteilen, denn Petja hatte ihm längst alles verziehen. Lassen Sie uns also beide im Sinne von Petja handeln und uns nicht gegen sein Andenken versündigen...

---

118 Laroches Besprechung von Tschaikowskys Orchesterfantasie *Fatum* vom 9. März 1869 und ihre Ergänzung vom 16. April 1869 liegen inzwischen auch in deutscher Sprache vor: Hermann Laroche, *Peter Tschaikowsky - Aufsätze und Erinnerungen*, Berlin 1993, S. 66-73. Klimenko gibt die Grundaussage der Kritik Laroches und ihrer Ergänzung in sehr freier Weise wieder.

119 Unter dem Eindruck der ablehnenden Haltung des Moskauer und Petersburger Publikums und getroffen von der heftigen Kritik Balakirews, vernichtete Tschaikowsky im Jahre 1870 die Partitur des Werkes, das dann auch zu seinen Lebzeiten nicht mehr gespielt wurde. Erst nach dem Tode Tschaikowskys wurde die Fantasie anhand der erhalten gebliebenen Orchesterstimmen rekonstruiert und 1896 als Opus 77 in Leipzig vom Verlag Belaieff veröffentlicht.

120 Vgl. Nikolai Kaschkin, *Meine Erinnerungen an Peter Tschaikowsky*, Berlin 1992, S. 72.

***

Aus einem Brief Petjas an mich wissen Sie, wie überheblich sich Balakirew anfangs zu Petjas Romanzen verhalten hat. Andererseits war ich selbst seinerzeit in Moskau Zeuge, wie Balakirew such Petja in übelster Manier aufzudrängen versuchte. Petjas *Valse-Caprice* [op. 4], die er Door[121] gewidmet hatte, ist für den Pianisten sehr interessant gesetzt oder, besser gesagt, ist ihm förmlich in die Finger gelegt. Gerade das war Balakirew aufgefallen, so daß er Petja wohl an die 10 Mal hintereinander aufforderte, die ersten Takte zu spielen, wo die linke Hand am Beginn des zweiten Taktschwerpunktes ständig ein »Cis« zu greifen hat. Petja willfahrte dem Ansinnen Balakirews mit geradezu ungewöhnlicher Sanftmut, während letzterer bei jedem Mal eine zufriedene Miene aufsetzte und zum Zeichen demonstrativer Zustimmung ein fortwährendes »hm« von sich gab. Der Herrgott weiß, wie wenig ein solcher Beifall wert ist.

Petja hat mir dann von ähnlichen Zudringlichkeiten berichtet, dieses Mal durch César Cui, obgleich diese einen ganz anderen Charakter trugen. Cui hatte anläßlich von Petjas Petersburg-Aufenthalt das »Mächtige Häuflein« bei sich versammelt und Petja immer wieder aufgefordert, aus *Romeo und Julia* das Romeo-Thema und jene wunderschöne Akkordfolge zu spielen, die das Liebesgurren der beiden charakterisiert. Bei jedem Mal äußerte Cui überschwenglich seine Begeisterung. Gegen Ende des Abends nahm Stassow Petja am Arm und führte ihn in eine stille Ecke, um ihn im Flüsterton mitzuteilen, daß Cui über das Romeo-Thema und seine Entfaltung folgendes geäußert habe: »Es ist einfach herrlich! Es ist *sogar noch leidenschaftlicher* als das Duett in meinem *Ratcliff*« (man beachte die Bescheidenheit!). Darüber hinaus habe er auch die Akkordfolge des Liebesgurrens gelobt. Petja, der mir dann alles erzählte, sagte: »In welchen hämischen Jubel und in welche Spottgesänge über mich würde Cui und sein ganzes Mächtiges Häuflein erst ausbrechen, würden Sie darauf kommen, daß diese Melodie des Liebesgurrens entfernt an das *Zeisig-Lied*[122] erinnert.«

---

121 Anton Door (1833-1919), Pianist, bis 1869 Professor am Moskauer, danach am Wiener Konservatorium.

122 *Zeisig-Lied*: bekanntes russisches Kinderlied.

(Zwei Briefe Modest Tschaikowskys an den Verfasser als notwendige Ergänzung dieser Erinnerungen)

I

Kiew, den 19. Juni 1900

Teurer und gütigster Iwan Alexandrowitsch!

Ich danke Ihnen von ganzem Herzen für die »Erinnerungen« und für die lieben und herzlichen Worte in Ihrem Anschreiben. Es bekümmert mich lediglich, daß ich sie jetzt nicht so verwenden kann, wie ich gern möchte, denn das Manuskript des ersten Bandes von Petjas Biographie, das nur in einem einzigen Exemplar existiert, wird zur Zeit in Leipzig bereits übersetzt, so daß es mir überaus unangenehm wäre, jetzt noch Textteile nachzureichen. Ich hoffe, daß das bei der Korrektur leichter möglich ist.

Dieser erste Band (insgesamt werden es drei) ist 600 Seiten stark und wird zu Beginn des nächsten Jahres gleichzeitig in deutscher und russischer Sprache herauskommen. Ich weiß nicht, wie meine Arbeit von fünf Jahren gelungen ist, weiß aber mit Sicherheit, daß es noch nie eine umfangreichere Biographie gegeben hat, was sich aus der Fülle an vorhandenem Material erklärt. Urteilen Sie selbst: Allein von Petjas eigenen Briefen habe ich inzwischen fast 5000 Stück zusammen, während die Gesamtzahl der an ihn gerichteten Briefe (er hat nur selten welche zerrissen) bei etwa 7000 liegt. Wenn Sie dem noch die Erinnerungen verschiedener Personen und Presserezensionen hinzufügen, verstehen Sie sicher, wie schwer es mir fiel, mich zu beschränken.

Ich weiß natürlich, daß die Biographie aus diesem Grunde nur wenige Leser finden wird. Ich habe sie aber gerade für diese »wenigen« geschrieben, unter denen Sie, lieber Iwan Alexandrowitsch, einer der bemerkenswertesten sind.

Ich habe meine Arbeit »Herrn Sergej Tanejew und Allen denjenigen, denen die Erinnerung an Peter Iljitsch gleich werth und heilig ist« zugeeignet.

Mir scheint, daß Sie mit Sicherheit unter denen sind, die ich in dieser Zueignung zwar nicht genannt, aber gemeint habe. Sergej Iwanowitsch habe ich als einzigen namentlich genannt, weil wohl niemand mit größerem Verständnis, Aufmerksamkeit und Liebe meine Arbeit verfolgt hat und weil ich unter allen Bekannten niemanden kenne, dessen Gesellschaft mit Sicherheit für jedermann nur gewinnbringend sein kann. In meinen Augen (und ich glaube auch in Ihren)[123] ist er ein wirklicher *Heiliger*.

[123] Modest Iljitsch lag mit dieser Annahme völlig richtig. **(Anm. v. Iwan Klimenko)**

Mit der Bewertung Ihrer *Erinnerungen* durch Ihre Gattin bin ich einverstanden, aber das hindert mich nicht daran, sie auch meinerseits angesichts ihrer ungewöhnlichen Aufrichtigkeit, Bildhaftigkeit und Herzlichkeit mit größter Wertschätzung zu betrachten. Viele Episoden waren mir bekannt, andere sind völlig neu für mich.

Herrlich beispielsweise die Vertraulichkeiten zwischen Petja und Nikolai Rubinstein. In der *Fatum*-Episode scheint mir Ihre Erzählung ungenau. Ich habe in der Biographie den in den *Moskovskie Vedomosti* veröffentlichten Brief Ratschinskis[124] zitiert, mit dem er Petja vor den Angriffen Laroches wegen des Mottos verteidigt und die ganze Geschichte anders erklärt als Sie. Ich habe inzwischen mit Erinnerungen einige Erfahrungen gesammelt. Deshalb habe ich zwar nicht eine Sekunde an Ihrer Glaubwürdigkeit gezweifelt, kann aber auch nicht dafür, daß es sich genauso abgespielt hat, wie Sie berichten, meine Hand ins Feuer legen. Ich habe selbst einige Male aus dem Gedächtnis Episoden aus Petjas Leben zitiert und war fest überzeugt, daß es sich genauso abgespielt hatte. Irgendeine kleine Notiz aus jener Zeit, irgendein unbedeutendes, aber über jeden Zweifel erhabenes schriftliches Beweisstück hat mir dann gezeigt, daß ich im Irrtum gewesen war.

Kaschkins *Erinnerungen* wimmeln geradezu von solchen Gedächtnistäuschungen, und das trotz ihres insgesamt wahrhaften und ehrlichen Charakters. Nehmen Sie nur die Episode mit der Abfassung des *Onegin*-Librettos. Zum Pech für Nikolai Dmitrijewitsch [Kaschkin] besaß ich noch den Brief, in dem Petja selbst in aller Ausführlichkeit die ganze Sache *völlig anders* darstellt.

Im vorliegenden Fall berichtet Ratschinski, daß Batjuschkows Verse nicht Petja, sondern Nikolai Rubinstein für das Motto vorgeschlagen hatte. Rubinstein war gerade mit der Festlegung des Konzertprogrammes beschäftigt und konnte sich mit der einfachen Titelbezeichnung *Fatum* nicht abfinden. Er war es auch, der an Petja den Vorschlag Ratschinskis herangetragen hat. Eine andere Ungenauigkeit in Ihrem Bericht besteht darin, daß Laroche nicht die Tänze aus der Oper *Der Wojewode*, sondern die ganze Oper mit seinem Verriß aufs Korn genommen hatte. Ich besitze sowohl Laroches Rezension als auch seine Aussagen dazu.

Das alles sind jedoch unbedeutende Kleinigkeiten. Lassen Sie mich wiederholen: Ich schätze Ihre Aufzeichnungen besonders wegen Ihrer Wahrhaftigkeit und Aufrichtigkeit.

Seien Sie immer wieder bedankt!

Modest Tschaikowsky

Anmerkung von Iwan Klimenko:

Ich gestehe gern »Ungenauigkeiten« dahingehend ein, daß die Rezension Laroches, in der er sich in kränkender Weise über Tschaikowskys Musik als

124 Zum Wortlaut dieses Briefes vgl.: Hermann Laroche, *Peter Tschaikowsky - Aufsätze und Erinnerungen*, Berlin 1993, S. 71/72.

eindeutig beeinflußt durch die *Epigonen* Mendelssohns und Schumanns geäußert hatte, auf die ganze Oper *Der Wojewode* und nicht nur auf die Tänze daraus zielte, kann mich jedoch nicht im geringsten dazu bekennen, in meiner Darstellung der Verwicklungen mit dem Motto zur Orchesterfantasie *Fatum* gegen die Wahrheit verstoßen zu haben. Das schrieb ich auch in einem Brief an Modest Iljitsch und ließ wahrscheinlich im Ton meines Briefes jenen Anflug von Niedergeschlagenheit erkennen, den sein Zweifel an der Wahrhaftigkeit meiner Darstellung bei mir hervorgerufen hatte.

In meinem Brief teilte ich ihm mit, daß ich mich an alle Einzelheiten des von mir beschriebenen Gespräches mit Ratschinski überaus lebhaft erinnern kann und sogar seinen besonderen Tonfall und die bald geckenhafte, bald damenhafte Aussprache noch gut in Erinnerung habe. Aus diesem Grunde ist es mir auch entschieden unmöglich, von meiner Überzeugung, daß sich die Sache so und nicht anders abgespielt habe, abzurücken. Jetzt füge ich noch hinzu, daß ich es psychologisch für unmöglich halte, bei gesundem Verstand und gutem Gedächtnis eine Szene dieser Art in der Fantasie zu erzeugen und dann zu behaupten, daß es sich wirklich so abgespielt habe.

II

Kiew, den 3. Juli 1900

Lieber Iwan Alexandrowitsch,

es tut mir in der Seele weh, daß in Ihrem lieben Brief ein leichtes Gekränktsein erkennbar ist, weil Sie annehmen, ich würde an dem Wahrheitsgehalt Ihrer Aussagen zweifeln. Glauben Sie mir, gäbe es auch nur den geringsten Zweifel daran, würde ich Ihnen überhaupt nicht schreiben. Eben weil ich gerade voll und ganz von Ihrer *Glaubwürdigkeit* überzeugt bin, hatte ich mir gestattet, Sie auf eine Übereinstimmung der Aussagen Ratschinskis mit Ihren als auf eine Kuriosität hinzuweisen, die ich mehrmals bei meiner Arbeit an der Biographie beobachtet habe und sogar an mir selbst feststellen mußte. Ihr Brief hat mich endgültig davon überzeugt, daß Ihr Gedächtnis in der Sache mit Ratschinski nicht getrogen hat, wenn Sie sich sogar heute noch sowohl an den im Druck veröffentlichten Brief Ratschinskis als auch daran erinnern können, welche Gründe ihn damals zwangen, die ganze Geschichte Nikolai Rubinstein anzuhängen.

Sie fragten mich danach, wie ich Ihre Aufzeichnungen verwenden werde. Definitiv und detailliert kann ich das heute noch nicht sagen, aber lassen Sie mich in diesem Zusammenhang zumindest auf die *Fatum*-Episode verweisen. Natürlich akzeptiere ich jetzt Ihre Version und glaube, daß diese Episode von Interesse sein wird. Zumindest danke ich Ihnen vielmals sowohl für Ihre Aufzeichnungen als auch für alle Liebenswürdigkeiten, die Sie mir gegenüber geäußert haben, und ich bitte Sie inständig, an die volle Aufrichtigkeit meiner vorzüglichsten Hochachtung und meines vollen Vertrauens Ihnen gegenüber zu glauben.

Seien Sie umarmt

Modest Tschaikowsky

Anmerkung von Iwan Klimenko:

Nach einem so herzlichen und gefühlsbetonten Brief war ich selbstverständlich auch meinerseits rückhaltlos bereit, daran zu glauben, daß Modest Iljitsch mir *endgültig* in dieser Sache Glauben geschenkt hatte. Wenn er nun ungeachtet der von ihm bekundeten Absicht, in der Biographie von meiner Version auszugehen, diese Absicht nicht verwirklicht hat, so erkläre ich mir das ausschließlich damit, daß er hierfür gewichtige Gründe gehabt haben muß und nicht etwa damit, daß das so entschieden von ihm zum Ausdruck gebrachte rückhaltlose Vertrauen in die Wahrhaftigkeit meiner Darstellung wieder ins Wanken geraten ist. Ich sage das in aller Offenheit und bin zutiefst überzeugt, daß Modest Iljitsch der Aufrichtigkeit dieser meiner Erklärung Glauben schenken wird.

KONSTANTIN WARLAMOW

»DAS EINZIG MERKWÜRDIGE AN IHM WAR SEINE PANISCHE FURCHT VOR GEISTERN...«[125]

Mit Peter Iljitsch war ich eng befreundet und bewahre überaus angenehme Erinnerungen an diesen bewundernswert bescheidenen, von mir hochverehrten und äußerst liebenswürdigen Mann, die in mir noch lange lebendig bleiben werden.

Seine Bescheidenheit ging so weit, daß er immer dann, wenn jemand das Gespräch auf Musik zu bringen versuchte, irgendwie davon abzulenken bestrebt war und über etwas anderes zu reden begann. War jemand allerdings sehr hartnäckig, pflegte er zu sagen: »Ich liebe eigentlich jede Musik, beispielsweise die der Drehorgelspieler, und ich lausche gern den Klängen, die beim Blasen auf einem Metallkamm entstehen. Darüber hinaus mag ich die Musik der Zirkusclowns, wenn sie auf ihren Glöckchen, ihren unterschiedlich gefüllten Flaschen oder auf anderen selbsterfundenen Instrumenten spielen, denn ich bin in der Lage, jede Tonverknüpfung als Musik zu empfinden.«

Als Mensch war er die Zuvorkommenheit selbst. Ich habe ihn nie stolz gesehen, und ich war niemals Zeuge, daß er dort, wo es möglicherweise angebracht gewesen wäre, Kraft und Überlegenheit demonstriert hätte. Daran, daß er diese Kraft besaß, gibt es jedoch nicht den geringsten Zweifel.

Es waren vor allem die überragenden seelischen Qualitäten und seine unbeschreibliche Bescheidenheit, mit denen er seine Umgebung bezauberte.

Wir beide hatten ziemlich oft persönlichen Kontakt miteinander: Er war häufig bei mir, und ich habe ihn niemals anders als still und ausgeglichen gesehen, kurz: als einen Mann, der ganz seinem genialen Schaffen lebte.

Das einzig Merkwürdige an ihm war, daß er sich vor Geistern Verstorbener fürchtete. »Wissen Sie, Konstantin Alexandrowitsch«, so sagte er zu mir, »wenn jemand einen Diebstahl vorhat, dann stiehlt er eben; plant er einen Mord, kann man sich möglicherweise mit einem Revolver verteidigen oder, wenn der Mörder in die Tür tritt, zum Fenster hinausspringen. Vor einem Geist jedoch kann man sich überhaupt nicht retten. Der Türschlitz oder das Schlüsselloch können noch so klein sein, er gelangt trotzdem hindurch!«

Irgendwann einmal wurde er von einer Gutsbesitzerfamilie zu einem Aufenthalt auf dem Lande eingeladen. Er nahm an, und man tat alles Erdenkliche, um seinen Besuch gut vorzubereiten. Es sei noch angemerkt, daß er erst gegen Abend auf dem

---

125 Vgl. Anm. 13.
Der hier als Übersetzung zum Abdruck kommende Text wurde zum ersten Mal veröffentlicht in Nr. 44/1913 der Wochenzeitung *Sol'nce Rossii* (Die Sonne Rußlands), die der 20. Wiederkehr des Todestages Tschaikowskys gewidmet war. Warlamows kurzer Artikel ist in sowjetischer Zeit nicht mehr nachgedruckt worden.

Landgut ankam. Der Gastgeber empfing ihn natürlich mit offenen Armen, man trank gemeinsam Tee, und schließlich eröffnete ihm der Hausherr: »Lieber Peter Iljitsch, wir haben extra für Sie, wenn Sie gestatten, einen besonderen Pavillon vorbereitet, der sich in einiger Entfernung vom Herrenhaus befindet. Dort steht auch ein Flügel, dort ist es still und ruhig, und dort sind Sie völlig ungestört. Kommen Sie nur, ich begleite Sie und zeige es Ihnen!« Die beiden machen sich auf den Weg. Angekommen überzeugt sich Peter Iljitsch, daß der Pavillon wirklich schön und komfortabel eingerichtet ist. Er bedankt sich. »Und hier ist gleich der Park«, nimmt der Gastgeber wieder das Wort, während er die Fensterstores beiseite schiebt. »Ist das nicht ein herrlicher Ausblick?«

»Aber was ist das? Was ist denn das für ein Kreuz?« fragt Peter Iljitsch.

»Ach, das hat nichts zu bedeuten! Das ist nur das Grab von Herrn X.«

»Er verließ dann den Pavillon«, so erzählte jedenfalls Peter Iljitsch diese Geschichte, »ich zog die Stores wieder zu und legte mich schlafen. Ich weiß nicht genau, wann es war, aber ich nehme an, es muß gegen Mitternacht gewesen sein, daß ich aus dem Schlaf schreckte und spürte, wie mir der kalte Schweiß im Gesicht stand und über den ganzen Körper rann. Ich sehe irgendetwas Weißes vor mir. Mit einem Aufschrei falle ich zu Boden. Wie lange ich dort gelegen habe, kann ich nicht sagen, als ich dann vorsichtig die Augen aufschlug, sah ich, daß es schon hell wurde. Es war kurz vor fünf Uhr früh. Ich beschloß, sofort abzureisen. So leid es mir tat, damit möglicherweise die Leute zu kränken, die sich so sehr über meine Anwesenheit gefreut hatten und sich viel Mühe gemacht hatten. Ich konnte einfach nicht anders. Als Erklärung gab ich an, ich hätte ganz zufällig irgendeine wichtige Angelegenheit vergessen, deren Erledigung unaufschiebbar sei.«

Einige Zeit später klärte sich die ganze Geschichte auf. Peter Iljitsch selbst erzählte nun, daß das Weiße ein zum Trocknen aufgehängtes Handtuch gewesen sei, während die Gastgeber, als sie den wahren Grund seiner Abreise erfuhren, erklärten: »Hätte er uns nur den leisesten Wink gegeben, daß er sich vor Geistern fürchtet! Wir hätten ihm das ganze Herrenhaus zur Verfügung gestellt!«...

ROSTISLAW GENIKA

MEINE STUDIENJAHRE BEI PETER TSCHAIKOWSKY[126]

Dem Wunsch der Redaktion der *Russkaja muzykal'naja gazeta* entsprechend, ich möge über »meine Erinnerungen an die Studienjahre im Konservatorium und über die Professoren in meinem Hauptfach berichten«, muß ich zunächst erklären, daß meine Studienzeit am Konservatorium von 1871 bis 1879[127] in eine Zeit fiel, in der der Ruhm Nikolai Rubinsteins auf dem Höhepunkt war und das Genie des jungen Tschaikowsky gerade erst erwachte.

Die Freundschaft zwischen Nikolai Rubinstein und Peter Tschaikowsky war für das erste Jahrzehnt des neuen Konservatoriums geradezu prägend. Moskau war damals zu Recht stolz auf *seine* beiden jungen Genies. Rubinstein als überragender Pianist und Tschaikowsky als begnadeter Komponist schufen für das Konservatorium und sein musikalisches Umfeld eine ganz spezielle Atmosphäre und verhalfen ihm zu einem besonders hohen künstlerischen Ruf. In den Chroniken des Moskauer Musiklebens sind die Jahre Rubinsteins und Tschaikowskys für immer in leuchtenden und ruhmvollen Erinnerungen festgehalten.

Von den Biographen Tschaikowskys ist der Einfluß Nikolai Rubinsteins auf Leben und Werk des Komponisten inzwischen bereits ausführlich gewürdigt worden, so daß ich hierauf nicht weiter eingehen werde. Außerdem verzichte ich auf die Schilderung der Umstände, die die außerordentliche Autorität und Popularität Rubinsteins bedingt haben. Es steht heute wohl außer Zweifel, daß der Zauber und die von ihm ausgehende Kraft vor allem auf sein Talent als Pianist zurückzuführen waren. (...)[128]

---

126 Rostislaw Wladimirowitsch Genika (1859-1922), russischer Klavierlehrer, Musikjournalist und Buchautor, studierte von 1871 bis 1879 am Moskauer Konservatorium (Klavier bei Nikolai Rubinstein, theoretische Fächer bei Tschaikowsky und Nikolai Hubert). Von 1880 bis 1922 Klavierlehrer in Charkow, ab 1896 auch Mitarbeiter der *Russkaja muzykal'naja gazeta*.
Genika ist u.a. mit einer umfänglichen Geschichte des Klavierspiels (Band 1 Moskva 1896, Band 2 St. Petersburg 1905), einer Monographie über Schumann (2 Auflagen: Petersburg 1907 und 1911) und mit einem Abriß der Musikgeschichte (2 Bände, Petersburg 1911/1912) hervorgetreten.
Der hier vorgestellte Text ist ein Auszug aus Genikas Erinnerungen an die Studienjahre bei Nikolai Rubinstein und Peter Tschaikowsky, die 1916 in Fortsetzungen in der *Russkaja muzykal'naja gazeta* unter dem Titel *Iz konservatorskich vospominanij (1871-1879). (N. G. Rubinstejn i Čajkovskij)* erschienen sind.

127 Ich studierte fünf Jahre bei Nikolai Rubinstein, hatte drei Jahre Harmonielehre bei Peter Tschaikowsky und später bei ihm die Fächer Instrumentation und Freie Komposition. (**Anm. v. Rostislaw Genika**)

128 Die anschließenden Seiten in den Erinnerungen Genikas sind Nikolai Rubinstein und seinem Interpretationsstil, dem Wirken Rubinsteins als Gründungsrektor und Professor des Konservatoriums, den Mitstudenten Genikas in Rubinsteins Klavierklasse und der allgemeinen Atmosphäre am Konservatorium gewidmet. Sie werden hier aus Platzgründen übersprungen.

Tschaikowsky hat bekanntlich seine Musikerkarriere als Lehrer am Moskauer Konservatorium begonnen. Im Laufe seines zehnjährigen Wirkens als Professor verwuchs er so stark mit dem Konservatorium, daß es gleichsam seine zweite Heimstätte wurde, und er ihm mit ganzer Seele zugetan war. Zwischen den Konservatorien unserer beiden Hauptstädte gab es, wenn auch verdeckt, eine ständige Rivalität. Tschaikowsky verteidigte bis an das Ende seiner Tage engagiert das Banner des Moskauer Konservatoriums. Ich erinnere mich noch daran, wie er kurz vor seinem Tode anläßlich eines Essens in Charkow im Frühjahr 1893 in einer Ansprache uneingeschränkt von der Überlegenheit des Moskauer Konservatoriums über seinen Konkurrenten in Petersburg gesprochen hatte. Durch seine Euphorie war Peter Iljitsch in eine peinliche Situation geraten, denn bei dem Essen waren auch einige Absolventen des Petersburger Konservatoriums anwesend.

Hatte einst Nikolai Rubinstein seine Pianistenlaufbahn dem Konservatorium geopfert, so war Tschaikowsky den umgekehrten Weg gegangen: Er verließ das Konservatorium bei der ersten sich bietenden Möglichkeit, um als freier Komponist wirken zu können. Das Vermitteln des musikalischen Handwerks, das Eingebundensein in den tagtäglichen Betrieb des Konservatoriums und seine Professorenrolle waren ihm gründlich zuwider. Das ist nur natürlich und hätte gar nicht anders sein können. Man sollte allerdings auch den Unterschied bedenken, der sich bereits damals im Charakter der Tätigkeit Rubinsteins und Tschaikowskys klar abzeichnete.

Nikolai Rubinstein leitete ein von ihm geschaffenes, kompliziertes künstlerisch-pädagogisches Unternehmen. Alles ordnete sich seiner Leitung unter und wurde von ihm überwacht. Das Organisieren der Konzerte der Russischen Musikgesellschaft und die hiermit verbundene Dirigententätigkeit tat seinen künstlerischen Bedürfnissen und seinem Ehrgeiz vollauf genüge. Darüber hinaus war auch sein pädagogisches Wirken in der eigenen Klavierklasse, besonders wenn man berücksichtigt, wie er diese Klasse führte, von hohem künstlerischen und ideellen Interesse. Alles in allem: Wieviel Glanz, Ehre und Schönheit war mit all diesen Aufgaben verbunden. Nur ein Künstler wie Nikolai Rubinstein konnte diese Aufgaben bis zur Selbstvergessenheit wahrnehmen.

Wie vergleichsweise freudlos müssen jedoch die Pflichten eines Lehrers der Musiktheorie erscheinen: eine im Grunde seelenlose, trockene und rein technische Arbeit. Eine durch Studien auf diesem Gebiet angeeignete Technik kann, selbst wenn sie zur höchsten Vollendung geführt wird, bestenfalls Scholastiker erfreuen, bringt aber meist künstlerische Absurditäten hervor. Nikolai Hubert hat sich beispielsweise oft mit Begeisterung daran erinnert, daß er einst in der Gehörbildungsklasse am Pariser Konservatorium Gelegenheit hatte, die schnelle Fuge aus Mozarts Ouvertüre zur *Zauberflöte* als a-cappella-Gesang von Schülern vorgetragen zu hören. Ein Theorielehrer muß die Formen, die Harmonikstrukturen und die polyphonen Wendungen aus großen Meisterwerken analysieren, doch diese Analyse wird aus rein technischer Sicht vorgenommen und ist so wenig künstlerisch wie Untersuchungen in medizinischer Anatomie. Die größten Kapazitäten unter den Musiktheoretikern wie beispielsweise Siegfried Dehn[129], Johann Georg Albrechtsberger[130], François-Joseph Fétis[131] und Baron François Auguste Gevaert[132] besaßen kein überdurchschnittliches kompositorisches Talent. Andererseits sind diejenigen von den großen Komponisten, die auch als Theoretiker Großes geleistet haben, bisher die Ausnahme: Hier ließen sich nur Cherubini und Rimsky-Korsakow nennen.

Einem Genie mußte die mühsame Arbeit des Unterrichtens doppelt schwerfallen. Wieviel an tragischer Ironie gab es im Schicksal Johann Sebastian Bachs, der sich viele Jahre lang damit abplagen mußte, den Schülern der Leipziger Thomasschule des musikalische ABC beizubringen! Tschaikowsky empfand, daß sich seine Theoriestunden schier endlos hinzogen: Er zeigte unverhohlen seine Langeweile und wieviel Kraft es ihn kostete, nicht zu gähnen. Die Erinnerungen an meine ersten Harmonielehrestunden bei ihm sind mir noch überaus lebendig geblieben! Auch an sein damaliges Äußeres erinnere ich mich sehr gut: Als junger Mann mit angenehmen, fast schönen Gesichtszügen, einem tiefen, ausdrucksvollen Blick aus dunklen Augen, einem fülligen, lässig gekämmten Haarschopf, einem dunkelblonden Backenbart und in nachlässig-ärmlicher Kleidung - meist in einem abgetragenen blauen Jacket - trat Tschaikowsky stets mit eiligem Schritt in seinen Unterrichtsraum und machte dabei einen leicht verwirrt, leicht gereizten Eindruck, als ärgere er sich schon im voraus über die Unvermeidlichkeit der bevorstehenden Langeweile. Die banale Ausstattung des Unterrichtsraums mit Schulbänken, dem üblichen kaputtgespielten gelben Flügel (dessen gelb gewordene Tasten bereits klapperten) und einer schwarzen Tafel mit roten Linien ärgerten ihn noch obendrein. Vor dieser Tafel stehend, mußte Tschaikowsky die Aufgaben und Beispiele für uns anschreiben. Ich habe noch ganz genau jene widerwillige Geste im Gedächtnis, mit der er die Kreide und den grauen Wischlappen aus der Hand legte und sich die Finger am Taschentuch abwischte. Ärgern mußte er sich auch über die Begriffsstutzigkeit der meisten Schülerinnen, über die dümmliche, oberflächliche Einstellung zur Kunst und ihrem Wesen, die alle diese zukünftigen Preisträgerinnen an den Tag legten, die einzig und allein von der Bühne träumten und sich völlig sicher waren, daß das

129 Siegfried Wilhelm Dehn (1799-1858), deutscher Musiktheoretiker und Musiklehrer. Wurde durch seine Arbeiten zur Harmonielehre und zum Kontrapunkt auch international bekannt (Michail Glinka und Anton Rubinstein gehörten zu seinen Schülern).

130 Johann Georg Albrechtsberger (1736-1809), österreichischer Theorielehrer und Komponist. 1772 Hoforganist in Wien und 1792 Kapellmeister am Stephansdom, ist vor allem durch seine *Kompositionslehre* (1790) und durch seine *Kurzgefaßte Methode, den Generalbaß zu erlernen* (1792) bekannt geworden.

131 François-Joseph Fétis (1784-1871), belgischer Musikforscher. 1821 Professor für Kontrapunkt und Fuge am Pariser Conservatoire, 1833 Direktor des neugegründeten Konservatoriums in Brüssel, trat mit zahlreichen Schriften hervor und befruchtete mit seinen Ideen sowohl Musikästhetik und Harmonielehre als auch die Philosophie der Musikgeschichte.

132 Baron François Auguste Gevaert (1828-1908), belgischer Komponist und Musikforscher, 1871 Nachfolger von Fétis als Direktor des Konservatoriums in Brüssel und königlicher Hofkapellmeister, ist vor allem durch seine Arbeiten auf dem Gebiet der Instrumentenkunde und der Harmonielehre bekannt geworden.

ihnen einst applaudierende Publikum sich nicht im geringsten für ihre Theoriekenntnisse interessieren wird.

Mit beklommenem Herzen mußte er sich das öde Geklimper von Sequenzen und Modulationen auf diesem fürchterlich klingenden Flügel anhören und mit rotem Stift geduldig die verbotenen Quint- und Oktavparallelen anstreichen. Als ich in Tschaikowskys Klasse eintrat, war dessen Lehrbuch der Harmonielehre noch nicht erschienen: es war erst für das nächste Jahr im Katalog des Verlages Jürgenson angezeigt. Tschaikowsky ging im Unterrichtsraum auf und ab und diktierte uns, was wir aufzuschreiben hatten, und zwar in äußerst langsamer und überdeutlicher Artikulation. Das ganze erste Semester verwandte er darauf, uns mit dem Aufbau und der Verknüpfung verschiedener Akkorde vertraut zu machen, er erklärte uns Vorhalt und Vorausnahme und erteilte uns Aufgaben mit beziffertem Baß. Die Harmonisierung von Melodien begannen wir bei ihm erst im zweiten Semester. Alle Darlegungen Tschaikowskys, seine Anmerkungen, Erläuterungen und Korrekturen waren beeindruckend klar, lakonisch und leicht verständlich. Später studierte ich bei ihm Instrumentation und die Theorie der sogenannten »freien Komposition«, orchestrierte unter seiner Anleitung verschiedene Klavierstücke, komponierte ein Streichquartett und schließlich eine Orchesterouvertüre für das Abschlußexamen. Eine schlichte und klare Setzweise, deutliche Plastizität der Form sowie Transparenz und Leichtigkeit der Instrumentierung waren die Ideale, die Tschaikowsky seinen Schülern nahezubringen versuchte. Er liebte es sehr, entsprechende Regeln mit Beispielen aus den Werken Glinkas und Mozarts zu illustrieren.

Im Umgang mit seinen Schülern war Peter Iljitsch überaus feinfühlig und geduldig. Zu einigen der älteren hatte er sogar ein kameradschaftlich-freundschaftliches Verhältnis. Spontane Kritik, die manchmal auch sarkastisch, immer aber gerechtfertigt war, äußerte er niemals in grober oder kränkender Form. Über die musikalischen Absurditäten, die ihm mitunter von seinen Schülern vorgelegt wurden, lächelte er mit seinem charakteristischen, die Mundwinkel verziehenden Lächeln, das gleichzeitig gütig und spöttisch war. Mein Mitstudent in der Kompositionsklasse war Nikolai Klenowski[133]. Er war drei Jahre älter als ich, im Studium unermüdlich und gewissenhaft - ein typischer Musikenthusiast, der mit den Partituren ins Bett ging und darüber einschlief. Ihn zog es besonders zu hochkomplizierten Akkordkombinationen und damit verbundenen Spitzfindigkeiten. Tschaikowsky, der alles Unklare und Schwergewichtige haßte, hatte große Mühe, ihn wieder auf den Weg klassischer Klarheit und Schlichtheit zurückzubringen.

Aus den obigen Ausführungen geht klar hervor, daß Tschaikowsky über seine Professorenrolle nicht gerade begeistert war. Als Lehrer war er sympathisch, sachkundig und gewissenhaft, aber auch nicht mehr. Schließlich liebten und vergötterten seine Verehrer in ihm nicht den Lehrer am Konservatorium, sondern fühlten sich von dem Kontakt mit seinem kompositorischen Genie beflügelt. Wie stark und

[133] Nikolai Semjonowitsch Klenowski (1853-1915), russischer Komponist und Dirigent.

frisch waren doch die Eindrücke von jedem neuen Werk, das gerade seiner Feder entflossen war und in einem Sinfoniekonzert oder Kammermusikabend zu Gehör gebracht wurde!

Um die ganze Intensität und das Kostbare dieser Eindrücke zu verstehen, sollte man sich die Situation der damaligen russischen Musik einmal vergegenwärtigen und sich gedanklich an den Beginn der siebziger Jahre zurückversetzen. Kein einziger der Komponisten aus der Zeit nach Tschaikowsky hat sich völlig seinem Einfluß entziehen können, wenn auch die entsprechenden Techniken inzwischen verschlissen und abgenutzt sind. Vieles davon ist seitdem zum Gemeinplatz und sogar zum Klischee geworden. Inzwischen ist Tschaikowsky nicht weniger populär (wenn auch abgedroschen und zersungen) als beispielsweise Chopin und Verdi. Die jungen Musiker, die heute mit seinen Werken aufwachsen, vermissen an ihnen den Zauber des Neuen: Seiner Musik fehlt heute völlig der Reiz des Unerforschten, denn sie ist einfach zu gut bekannt. Man muß sich aber den aufmerksamen Hörer vorstellen, der zum ersten Mal die Schönheit des Andante cantabile aus dem *Ersten Streichquartett* erlebt, der zum ersten Mal Tschaikowskys *Romeo und Julia*, *Der Sturm* oder das *Erste Klavierkonzert* zu hören bekommt.

Ich erinnere mich noch sehr gut an jenen düsteren Wintervormittag und den halbdunklen Säulensaal im Gebäude der Adelsversammlung, in dem jene Orchesterprobe stattfand, auf der ich zum ersten Mal unter Nikolai Rubinstein Tschaikowskys *Francesca da Rimini*[134] hören durfte. Ich las damals gerade das *Inferno* aus der *Divina Commedia* von Dante in der Übersetzung und mit den Erläuterungen von Lamennais und war von der gewaltigen Konzeption sowie den meisterlichen Farben, mit denen Peter Iljitsch sein grandioses Bild koloriert hatte, bis ins Mark erschüttert. Wie ärmlich schienen mir im Vergleich dazu die entsprechenden Werke von Liszt und Berlioz!

Das Bewußtsein, daß Tschaikowsky einstweilen noch zu Moskau und zum Konservatorium gehörte, daß er nicht nur im Ausland noch unbekannt war, sondern daß auch die Musiker in Petersburg ihm eher ablehnend begegneten (die einen mit Neid, die anderen mit Unverständnis) - alles das ließ ihn in unseren Augen noch höher steigen.

Anläßlich seiner Schauspielmusik zu [Ostrowskis Frühlingsmärchen] *Schneeflöckchen* brachte eine weit verbreitete Moskauer Zeitung den folgenden Spottvers auf Tschaikowsky:

> »Verschone uns, oh Herr im Himmel
> mit diesem trostlosen Gebimmel«

---

134 Tschaikowskys Fantasieouvertüre *Francesca da Rimini* op. 32 wurde am 25. Februar 1877 unter Nikolai Rubinstein in Moskau uraufgeführt.

Indes - wieviel an bezaubernder Schlichtheit und Unmittelbarkeit gibt es in dieser bezaubernden Musik Tschaikowskys! Welche Poesie und Schönheit wurde in jener ersten denkwürdigen Aufführung des *Schneeflöckchens* am Moskauer Bolschoi-Theater entfaltet! Welch eine Besetzung mit vortrefflichsten Künstlern hatte sich für diese Aufführung zusammengefunden! In der Rolle der Snegurotschka - Glikeria Fedotowa[135], in der Rolle der Kupawa - Ljubow Nikulina-Kossizkaja[136], den Lel gab Jewlalija Kadmina[137], den Berendej - Iwan Samarin[138] und den Misgir - Michail Reschimow[139]. Die Kritiker jedoch, anstatt alle Vorzüge und das Einzigartige dieser Aufführung hervorzuheben, konzentrierten sich auf kleinere Unzulänglichkeiten und rissen ihre Witze darüber, daß die Statisten, die die Gänse im Prolog dargestellt hatten, in gewichsten schwarzen Stiefeln auf der Bühne erschienen waren.

Verständlicherweise ignorierte Peter Iljitsch sowohl die Werbung durch die Presse als auch deren kleine Sticheleien. Das Bewußtsein seiner eigenen Kraft und seines Genies ließ ihn in der musikalischen Welt gelassen auftreten, erklärt aber auch seine Schüchternheit in Konflikten des täglichen Lebens, seine bewundernswerte Schlichtheit im Umgang sowie seinen künstlerischen Edelmut und seine Würde. Ich persönlich habe ihn in Sinfoniekonzerten oft mit zwei bis drei seiner Schüler auf den Stufen im Rang zum oberen Foyer sitzen gesehen, wenn auf der Bühne ein neues Meisterwerk von ihm uraufgeführt wurde. Auf die anschließenden begeisterten Rufe des Publikums nach dem Komponisten hin erschien Peter Iljitsch irgendwie schüchtern und verwirrt in seinem unansehnlichen grauen Jacket und verneigte sich ungeschickt, gleichsam unwillig. Doch gerade diese Bescheidenheit erhöhte ihn eher noch in unseren Augen und unseren Herzen. (...)

---

135 Glikeria Nikolajewna Fedotowa (1845-1925), berühmte russische Schauspielerin am Moskauer Maly-Theater.

136 Ljubow Pawlowna Nikulina-Kossizkaja (1829-1869), berühmte russische Schauspielerin am Moskauer Maly-Theater.

137 Jewlalija Pawlowna Kadmina (1853-1881), berühmte russische Sängerin (tiefer Mezzosopran) und Bühnenschauspielerin. Ihre Persönlichkeit und ihr tragisches Schicksal (Selbsttötung durch Gift während einer Vorstellung) boten mehrfach Anlaß zu künstlerischer Gestaltung (z.B. in Turgenjews Erzählung *Klara Militsch* [1882] und der gleichnamigen Oper von Alexander Kastalski [1907], ferner in dem Schauspiel *Tatjana Repina* von Alexander Suworin usw.).

138 Iwan Wassiljewitsch Samarin (1817-1885), berühmter Schauspieler am Moskauer Maly-Theater, der sich auch als Regisseur bei der Inszenierung von Tschaikowskys *Eugen Onegin* auf der Bühne des Maly-Theaters betätigte. Zu seinem 50jährigen Bühnenjubiläum 1884 komponierte Tschaikowsky einen *Dankesgruß* für Streichorchester, der 1890 als *Elegie zum Andenken an I.W. Samarin* vom Verlag Jürgenson veröffentlicht wurde.

139 Michail Arkadjewitsch Reschimow (Künstlername: Goroshanzew; 1845-1887), russischer Schauspieler, ab 1869 am Moskauer Maly-Theater.

MILI BALAKIREW

DREI BRIEFE ZUR »MANFRED-SINFONIE« AN PETER TSCHAIKOWSKY[140]

1. (58.)

Petersburg, den 28. Oktober 1882

Lieber Peter Iljitsch,

verzeihen Sie, daß ich so lange mit der Antwort auf Ihren letzten Brief gezögert habe. Ich wollte meinen Antwortbrief an Sie in einer Atmosphäre unbeschwerter Ausgeglichenheit schreiben, doch es kam immer - wie verhext - irgend etwas dazwischen. In dieser Hinsicht sind Sie viel glücklicher als wir, denn Sie sind nicht zum Stundengeben gezwungen und können Ihre Zeit voll und ganz der Kunst widmen.

Das Programm, von dem ich Ihnen geschrieben habe, hatte ich ursprünglich Berlioz angeboten, der jedoch aufgrund seines Alters und seiner Krankheit verzichtete, denn er glaubte nicht mehr daran, überhaupt noch etwas zu komponieren.[141] Ihre *Francesca*[142] brachte mich auf den Gedanken, daß Sie dieses Programm auf geradezu glänzende Weise umsetzen könnten, natürlich nur dann, wenn Sie sich *wirklich anstrengen* und kritischer an Ihre Arbeit herangehen, die Fantasie in Ihrem

140 Tschaikowsky komponierte seine *Manfred-Sinfonie* h-Moll op. 58 nach dem gleichnamigen dramatischen Poem von Byron von April bis September 1885. Sie wurde am 11. März 1886 in Moskau unter Max von Erdmannsdörfer uraufgeführt.
Der Briefwechsel zwischen Balakirew und Tschaikowsky wurde erstmalig 1912 von Sergej Ljapunow herausgegeben. Eine neuere und vollständigere Ausgabe umfaßt insgesamt 87 Briefe aus den Jahren 1868 bis 1891 und ist in dem Band *Milij Alekseevič Balakirev - Vospominanija i pis'ma*, Leningrad 1962 enthalten, in dem diese Briefe von Aleksandra Orlova ediert wurden. Der Briefwechsel gibt nicht nur über Tschaikowskys »Manfred« Auskunft, sondern erlaubt auch interessante Aufschlüsse über Tschaikowskys Arbeit an den sinfonischen Dichtungen *Fatum*, *Romeo und Julia* und *Hamlet*. Die Ziffer in der Klammer verweist auf die Briefzählung in der erwähnten Edition von Aleksandra Orlova.
Die beiden ersten von uns zitierten Briefe sind bereits in dem Band *M. A. Balakirev, Perepiska s P. I. Čajkovskim*, Petersburg 1912 (S. 75-77 und S. 81-83) veröffentlicht. Der letzte Brief wurde in der erwähnten Edition Aleksandra Orlovas zum ersten Mal publiziert.
Ausführlicher über das Verhältnis zwischen Balakirew und Tschaikowsky vgl.: Marek Bobéth, *Čajkovskijs Zeitgenossen aus der Sicht des Komponisten bei besonderer Berücksichtigung der Beziehungen zum »Mächtigen Häuflein«*, in: *Tschaikowsky-Studien*, Band 1, Mainz (Schott), angekündigt für 1994.

141 Der entsprechende Brief Balakirews an Berlioz datiert vom 10. September 1868 und ist in der russischen Originalsprache erstmalig in dem Band *Perepiska M. A. Balakireva i V. V. Stasova*, Moskva 1935, S. 255-256 veröffentlicht. Eine französische Übersetzung von der Hand Stassows zitiert G. Clarence in dem Beitrag *Lettres inédites à Berlioz* (*La Revue musicale*, 1930, Nr. 104).

142 Gemeint ist Tschaikowskys Orchesterfantasie op. 32 *Francesca da Rimini* aus dem Jahre 1876.

Kopf ausreifen lassen und nicht etwa Hals über Kopf unter allen Umständen schnell zu Ende kommen wollen. Für mich selbst ist dieses prachtvolle Programm ungeeignet, denn es entspricht nicht meiner Mentalität - für Sie hingegen wäre es außerordentlich passend. Es handelt sich um den *Manfred* von Byron. Das Programm lautet also wie folgt:

Manfred

Symphonie d'après le poème dramatique de Lord Byron, etc...

1. Satz. (Bevor ich das Programm darlege, will ich Ihnen noch sagen, daß Ihre künftige Sinfonie in der Art der beiden Sinfonien von Berlioz [*Symphonie fantastique* und *Harold*] unbedingt eine eigene ideé fixe - die Charakterisierung der Person des Manfred - haben sollte, die sich durch alle Sätze hindurchzieht. Ich komme also zur Darlegung des Programms für den ersten Satz:)

Manfred irrt in den Alpen umher. Sein Leben ist zerstört, bohrende Fragen bleiben ohne Antwort. Von seinem Leben blieb ihm nichts außer Erinnerungen. Die Gestalt seiner schönen Schwester Astarte verfolgt ihn in seinen Gedanken - er ruft sie an, jedoch ohne Erfolg. Nur das Echo der Felsen wiederholt ihren Namen. Seine Gedanken und Erinnerungen brennen in ihm und verzehren ihn. Er sucht und erfleht das Vergessen, doch niemand ist in der Lage, ihm zu helfen (fis-Moll. 2. Thema D-Dur und Fis-Dur).

2. Satz: (In einer zum ersten Satz völlig entgegengesetzten Stimmung.) Das Programm: Das schlichte Leben der Alpenjäger, gezeichnet von Herzlichkeit und patriarchalischem Wesen. *Adagio pastorale* (A-Dur). In dieses friedvolle Leben bricht Manfred herein, der hierzu einen scharfen Kontrast bildet. Natürlich muß hier zunächst eine Jägermelodie erklingen, wobei natürlich *äußerste Vorsicht angesagt ist, um nicht trivial zu werden.* Möge Sie der Herrgott vor Abgeschmacktheiten in der Art der deutschen Fanfaren- und *Jägermusik*[143] bewahren.

3. Satz: Scherzo fantastique (D-Dur). Die Alpenfee erscheint Manfred unter dem Regenbogen, der sich durch den im Sonnenlicht glitzernden Wasserfall gebildet hat.

4. Satz: (Finale) fis-Moll. Ein wildes, ungezügeltes Allegro zur Charakterisierung des unterirdischen Palastes des Höllenfürsten Ariman, in den sich Manfred eingeschlichen hatte, um Astarte wiederzusehen. Einen Kontrast zu dieser Höllenorgie bietet dann die *Anrufung und Erscheinung des Schattens der Astarte* (Des-Dur - dasselbe, was im ersten Satz D-Dur gewesen ist, nur daß dort dieser Gedanke kurz als eine Erinnerung aufklang und sofort in der leidhaften Stimmung Manfred wieder unterging; jetzt jedoch erscheint die gleiche Idee in ihrer vollständigen und abgeschlossenen Form. Die Musik muß hier luftig leicht und transparent, ideal und jungfräulich sein.) Anschließend folgt erneut eine Wiederholung des Pandämoniums, dann der Sonnenuntergang und der Tod Manfreds.

---

[143] Im Original deutsch.

Ist das nicht ein herrliches Programm? Wenn Sie sich dabei ein wenig Mühe geben, entsteht hieraus, dessen bin ich sicher, Ihr chef-d'oeuvre. Ich würde Sie in diesem Zusammenhang lediglich um einige Kleinigkeiten bitten.

Schreiben Sie bitte die Flötenstimmen nicht in verschiedene Notenzeilen, denn das erschwert das Lesen ungemein. Es ist überhaupt nicht einzusehen, warum nicht auch zwei Flöten genau wie zwei Oboen und zwei Klarinetten in einer Zeile notiert werden können. Rein äußerlich wird dann die Edition dieser Sinfonie noch ansprechender. Verlangen Sie auch, daß für die Notation des Schlagzeugs nicht fünf Zeilen, sondern nur *eine Zeile* vorgesehen wird - das bringt nebenbei auch noch Einsparungen für den Verleger. Benutzen Sie für die Notation von *Instrumentengruppen* Akkoladenklammern und schreiben Sie nicht jedes Instrument extra, so wie Sie es bisher getan haben, beispielsweise

Trombe [
Cornets à pist. [

Es wäre gut, wenn Sie auf die Cornets völlig verzichten könnten.[144] Sie könnten sich in Bezug auf die graphische Darstellung der Notation jede der neueren Partituren zum Vorbild nehmen, beispielsweise eine von Liszts oder Saint-Saëns Sinfonischen Dichtungen. Wie Sie sehen, liegt mir daran, daß in Ihrem zukünftigen *chef-d'oeuvr'e* alles bis ins kleinste perfekt wird und keine *Nachlässigkeiten* auftreten.

Der programmatische Vorwurf besitzt nicht nur Tiefe, sondern ist auch zeitgemäß, denn die heutige Menschheit krankt ja gerade daran, daß sie nicht in der Lage war, sich ihre Ideale zu bewahren. Sie sind zerschellt und haben der Seele nichts als Bitterkeit hinterlassen, worin auch alles Unglück unserer Zeit seine Erklärung findet.

Ich würde mich sehr freuen, wenn ich Ihnen mit diesem Stoff dienen könnte!

Sie hatten mich nach Glasunow gefragt: Er ist ein *überaus* begabter junger Mann, der bislang lediglich ein Jahr bei Rimsky-Korsakow studiert hat. Bei der Komposition seiner Sinfonie *bedurfte er keiner Hilfe*, lediglich bei der Instrumentierung, aber auch hier nur *in sehr geringem Umfang*.

Ich bedaure, Ihnen nicht die Partitur zusenden zu können - sie existiert nur in einem einzigen Exemplar, das man nicht der Post anvertrauen kann. Falls Sie für den Winter wieder einen Aufenthalt in Petersburg in Betracht ziehen, hätte ich die Möglichkeit, Sie nicht nur mit der Sinfonie, sondern auch mit dem Komponisten bekanntzumachen: Er hat nach dieser Sinfonie bereits eine Reihe neuer beachtlicher Werke geschrieben.

Ich erwarte voller Ungeduld Ihre Reaktion auf den Programmvorschlag.

Stets Ihr M. Balakirew

---

144 Tschaikowsky ist diesem Vorschlag Balakirews nicht gefolgt.

P.S.: Es wäre nicht schlecht, wenn Sie sich eine russische Übersetzung von Byrons Poem besorgen würden. Es sind inzwischen sehr gute Übersetzungen, und nicht nur eine einzige, verfügbar.

2. (63.)

30. Oktober 1884

Lieber Peter Iljitsch,

Ich sende Ihnen auf einem Extrablatt das Programm, das Wladimir Stassow für mich kopiert hat und von mir mit Anmerkungen versehen wurde. Ich hoffe und wünsche von Herzen, daß der *Manfred* zu einer Perle in Ihrem Schaffen wird.

Das Gespräch mit Ihnen heute hat mir soviel Freunde bereitet[145], daß ich Sie bitte, falls Sie es morgen irgendwie einrichten können, mich wieder zur gleichen Zeit (11 Uhr) in der [Hofsänger-]Kapelle aufzusuchen. Ich werde zur selben Zeit dort eintreffen, um dann mit Ihnen bei einem Spaziergang noch Vieles und Wichtiges zu besprechen, über das zu reden ich heute keine Gelegenheit hatte.[146] Es würde mich zutiefst betrüben, sollte Sie irgend etwas daran hindern, mir diese zwei Vormittagsstunden zu schenken. Falls doch, seien Sie in meinen Gedanken kräftig umarmt und von besten Reisewünschen begleitet.

Möge der Heiland Sie beschützen!

Stets Ihr M. Balakirew

Anlage zum Brief

[Anmerkungen Balakirews]	[von der Hand Wladimir Stassows]
Sinfonie b-Moll ohne B-Dur-Teil	***Manfred*** 1. Satz
Zweites Thema D-Dur und bei Wiederholung Des-Dur	Manfred irrt in den Alpen umher. Sein Leben ist zerstört, bohrende Fragen bleiben ohne Antwort. Von seinem Leben blieb ihm nichts außer Erinnerungen. Mitunter verfolgen ihn *Gedanken an seine schöne Schwester Astarte*. Diese Gedanken und Erinnerungen brennen in ihm und verzehren ihn. Er sucht und erfleht Vergessen, doch niemand ist in der Lage, ihm zu helfen.

145 Bei diesem Aufenthalt Tschaikowskys in Petersburg war es Balakirew gelungen, Tschaikowsky endgültig für die Komposition der *Manfred-Sinfonie* zu gewinnen.

146 Nach Aussage von Sergej Ljapunow (1859-1924), dem Herausgeber der Briefausgabe von 1912 (M. A. Balakirev, *Perepiska s P. I. Čajkovskim*, Petersburg 1912, Anm. auf Seite 81), waren hiermit religiöse Fragen gemeint.

2. Satz

Als *Larghetto Ges-Dur* bedeutet es für das Orchester keine Schwierigkeit, denn das Tempo ist langsam und als Hilfstonarten könnten B-Dur und A-Dur gewählt werden.

Das schlichte Leben der Alpenjäger, gezeichnet von Herzlichkeit und naivem patriarchalischen Wesen., in welches Manfred einricht und zu dem er einen scharfen Kontrast bildet. Es handelt sich um ein ruhiges und idyllisches Adagio, in dem das Manfred-Thema zitiert wird, welches wie eine idée fixe die ganze Sinfonie durchziehen soll.

3. Satz

Scherzo D-Dur

Die Alpenfee erscheint Manfred unter dem Regenbogen, der sich durch den im Sonnenlicht glitzernden Wasserfall gebildet hat.

4. Satz

Finale b-Moll

Des-Dur con sordini

Am Ende folgt ein Requiem-Teil und ein Schlußakkord in B-Dur

Ein wildes, ungezügeltes Allegro voller Ungestüm. Die Szene spielt im unterirdischen Palast des Höllenfürsten Ariman. Das anschließende Erscheinen Manfreds läßt das wüste Toben der Geister der Unterwelt bis zum Höhepunkt eskalieren, eine Orgie, zu der dann die *Anrufung und Erscheinung der Astarte* in anmutigem Kontrast stehen: *Die Musik muß hier luftig leicht und transparent sein*, um diesem Wunschbild zu entsprechen. Danach wiederholt sich das Pandämonium, das dann mit einem *Largo*, dem Tod Manfreds, endet.[147]

[Zusatz von der Hand Balakirews]

Alle Sätze sollten das Manfred-Thema enthalten. Im Scherzo kann dieses Thema im Trio-Teil erscheinen.

Unterstützendes Material:

für den ersten und den letzten Satz:

Tschaikowskys *Francesca da Rimini*
Liszts *Hamlet*
das Finale aus Berlioz' *Harold*
Chopins *Prélude e-Moll*
Chopins *Prélude es-Moll*
Chopins *Prélude cis-Moll* Nr. 25 (von den anderen separiert)

[147] Im Tschaikowsky-Museum in Klin befinden sich noch weitere Varianten des Manfred-Programms von der Hand Tschaikowskys. Eine Variante, die vom Komponisten jedoch nicht verwertet wurde, hat auch Hermann Laroche beigesteuert (vgl. Aleksandra Orlova: *Iz istorii programmy simfonii »Manfred« Čajkovskogo* [Aus der Geschichte des Programms von Tschaikowskys Manfred-Sinfonie], in: Sovetskaja muzyka, Heft 2/1961, S. 69).

für das Larghetto:

das Adagio aus Berlioz' *Symphonie fantastique*

für das Scherzo:

Berlioz' *La Reine Mab*[148]
Tschaikowskys *Scherzo h-Moll* aus der *Dritten Sinfonie*

Für den Requiem-Teil des letzten Satzes wäre es gut, eine Orgel mit vorzusehen.

3. (71.)

Petersburg, den 16. September 1885

Lieber Peter Iljitsch,

Ich weiß gar nicht, wie ich Ihnen für die Freude danken soll, die Sie mir mit Ihrem Brief bereitet haben. Ich werde ungeduldig auf die Zusendung der Partitur warten, doch in der Zwischenzeit finden Sie vielleicht die Möglichkeit, mir Ihre vierhändige Transkription zu schicken, die wir hier durchspielen könnten. Falls sich dabei Stellen als schwer spielbar oder unglücklich arrangiert erweisen sollten, könnte ich diese ankreuzen und Ihnen das Manuskript mit der gehörigen Sorgfalt wieder zustellen. Ich habe eine gewisse Hoffnung darauf, in dieser Saison möglicherweise mehr als nur ein Konzert für die Freie Musikschule zu veranstalten, und deshalb wäre es mir eine ganz besondere Freude, Ihren neugeborenen *Manfred* selbst aus der Taufe zu heben.[149]

Ihr Brief war mir darüber hinaus auch noch deshalb eine besondere Freude, weil mich inzwischen über Sie und Ihren *Manfred* völlig widersprüchliche Nachrichten erreicht hatten: Ihr Bekannter Sergej Tanejew hatte mich besucht und bei der Frage nach Ihnen zu meinem Erstaunen mitgeteilt, daß Sie sich stark mit dem Ihnen verhaßten *Manfred* herumquälen.[150] Sie fühlten sich gleichsam *genötigt* (!!), ihn *gegen*

---

148 Scherzo aus dem 2. Teil von Berlioz' *Roméo et Juliette.*

149 Die Uraufführung von Tschaikowskys *Manfred-Sinfonie* fand im Rahmen des Nikolai-Rubinstein-Gedenkkonzertes der Russischen Musikgesellschaft am 11. März 1886 unter Max von Erdmannsdörfer in Moskau statt.

150 In seinem Antwortbrief an Balakirew vom 22. September 1885 hat Tschaikowsky versucht, das Verhalten Tanejews zu erklären und die Situation zu entschärfen. Wörtlich heißt es in dem Brief: »Die Klatschereien Tanejews (über die ich Sie bitte, sich nicht zu ärgern, denn Tanejew ist ein prachtvoller Mensch) sind nicht mehr als eine Kinderei, gleichsam die Manie eines Schuljungen, immer gegenzureden. Im Grunde verhielt sich die Sache folgendermaßen: Daß ich an sich kein großer Freund meiner *eigenen* Programmusik bin, habe ich Ihnen bereits gesagt und, soweit ich mich erinnere, auch ausführlich geschrieben. Ich fühle mich in der Sphäre der programmfreien Sinfonie viel ungebundener, und die Komposition irgendeiner *Suite* fällt mir hundertmal leichter als irgendein Werk der Programm-Musik. An den *Manfred* bin ich sehr ungern gegangen und habe ihn - offen ge-

Ihren Willen zu komponieren, weil Sie mir ungeachtet Ihrer *generellen Abneigung gegen die Programmusik* (trifft das etwa zu?) ein entsprechendes Versprechen gegeben haben. Nachdem ich das vernommen hatte, wollte ich Ihnen sofort schreiben und sie flehend darum bitten, die Arbeit an dem Ihnen verhaßten *Manfred* abzubrechen, denn Sie hatten ja dessen Komposition durchaus nicht versprochen, sondern lediglich gesagt: »Möglicherweise werde ich mich damit beschäftigen...«

Wie froh bin ich jetzt, daß sich das alles als tendenziöse Unwahrheit herausgestellt hat! Was werden Sie als nächstes komponieren? Machen Sie doch ein neues Klavierkonzert, denn sonst haben die Pianisten nichts, was sie mit Orchester aufführen könnten. Ihr erstes Konzert besitzt zwar ehrenwerte Vorzüge, aber das Soloklavier kann sich hier gegen das Orchester nicht behaupten, und obendrein ist das Konzert zu lang. Ihr zweites Konzert ist einfach schwach und wird kaum größere Verbreitung finden. Warum also machen Sie nicht ein drittes, das seiner Form nach mit geringeren Dimensionen auskommt (nach dem Vorbild Mendelssohns und Schumanns) und das Klavier wie bei Chopin hervortreten läßt? Die Pianisten wären Ihnen sehr dankbar und würden ein solches Konzert von Ihnen häufig aufführen. Ich denke, daß sich die Tonarten fis-Moll bzw. cis-Moll hierfür geradezu anbieten, denn sie führen zu Ges-Dur und Ges-Dur, d.h. zu den für das Klavier brillantesten und edelsten Tonarten. Allerdings füge ich hier, erschreckt durch Ihren Tanejew, mit dem ich absolut nichts gemein habe, sofort hinzu, daß ich Ihnen diese Vorstellungen nicht aufdränge und sie Ihnen keinesfalls wie ein Messer an die Kehle halte. Es sind lediglich meine Gedanken, die ich hier mitteile. Falls Sie sie aufgreifen, würde es mich freuen. Sollten meine Vorstellungen nicht Ihren Beifall finden und sie beginnen etwas anderes, das aber trotzdem gut ist, werde ich mich ebenfalls sehr darüber freuen. Ich danke Ihnen noch einmal von ganzer Seele für den *Manfred* und umarme Sie vielmals in meinen Gedanken.

Stets Ihr M. Balakirew

---

sagt - *eigentlich* deshalb geschrieben, weil ich es Ihnen *versprochen* hatte, und daß ich es Ihnen versprochen hatte, daran erinnere ich mich ausgezeichnet. Meinen Brief an Tanejew hatte ich geschrieben, als dieser im Frühsommer in den Kaukasus gereist war, d.h. der Brief bezieht sich auf eine Zeit, in der ich mit der Arbeit gerade erst begonnnen hatte, und zwar unlustig, mich zwingend und ohne Selbstvertrauen. In meinem Brief an ihn [gemeint ist Tschaikowskys Brief an Tanejew vom 13. Juni 1885] hatte ich zum Ausdruck gebracht, daß mir die Arbeit Mühe bereitet und daß ich die Komposition einer Suite vorziehen würde. Danach habe ich mich sehr schnell und stark für den *Manfred* begeistert und kann mich nicht entsinnen, irgendwann einmal ein ähnliches, bis zum Ende anhaltendes Vergnügen an der Arbeit empfunden zu haben. Tanejew war einfach im Unrecht, Ihnen Ende September das, was ich ihm Ende Mai geschrieben hatte, als etwas aktuell in mir Ablaufendes darzustellen.« (vgl. *Milij Alekseevič Balakirev - Vospominanija i pis'ma*, Leningrad 1962, S. 178)

ALEXANDER BORODIN

AUS EINEM BRIEF AN SEINE FRAU JEKATERINA BORODINA[151]

[Petersburg], Sonntag, den 15. Dezember 1885

(...) Wieviel die Anwesenheit des Komponisten in einem Konzert für den Erfolg des Stückes bedeutet, weiß ich aus meinen eigenen Erfahrungen in Moskau und Antwerpen. Gestern bot das das hiesige Sinfoniekonzert der Russischen Musikgesellschaft[152] dafür einen weiteren anschaulichen Beweis. Man spielte die Suite[153] von Tschaikowsky, und zwar genau die, die wir beide schon im vergangenen Jahr gemeinsam gehört haben, erinnerst Du Dich? Derselbe von Bülow dirigierte auch dieses Mal, doch Tschaikowsky war nicht in Petersburg, so daß das Publikum das Stück vergleichweise kühl aufnahm. So ist es nun einmal! Mir ist jetzt noch klarer geworden, warum alle diese Liszts, Rubinsteins und ihresgleichen sich immer bemühen, bei der Aufführung ihrer Stücke auch persönlich anwesend zu sein. Der Einfluß hierdurch auf Dirigenten, Orchester und Publikum ist einfach unbestreitbar. So dumm das auch scheinen mag, es ist einfach eine Tatsache! (...)

[151] Aus: Sergej Dianin (Hrsg.), *Pis'ma A. P. Borodina*, vyp. IV, Moskva/Leningrad 1950, S. 165/166. Es handelt sich um die einzige von uns aufgefundene Stelle in Borodins Briefen und Aufzeichnungen, in der ein Bezug auf Tschaikowsky über die bloße Namensnennung hinausgeht. Ausführlicher über das Verhältnis zwischen Borodin und Tschaikowsky vgl.: Marek Bobéth, *Čajkovskijs Zeitgenossen aus der Sicht des Komponisten bei besonderer Berücksichtigung der Beziehungen zum »Mächtigen Häuflein«*, in: *Tschaikowsky-Studien*, Band 1, Mainz (Schott), angekündigt für 1994.

[152] Gemeint ist das Konzert in Petersburg vom 14. Dezember 1885.

[153] Gemeint ist Tschaikowskys *Dritte Orchestersuite*, bei deren Uraufführung am 2. Januar 1885 unter Hans von Bülow in Petersburg der Komponist anwesend war.

CÉSAR CUI[154]

DREI STELLUNGNAHMEN ZU PETER TSCHAIKOWSKY

I

TSCHAIKOWSKYS ORCHESTERFANTASIE »DER STURM« NACH WILLIAM SHAKESPEARE (1885)[155]

(...) Nicht die Opern- oder allgemein die Vokalmusik, sondern Tschaikowskys Kammermusik- und Orchesterwerke sind das wichtigste in seinem Schaffen. Von seiner Orchestermusik sind die Programmusik-Werke *Romeo und Julia*, *Der Sturm* und *Francesca da Rimini* künstlerisch besonders wertvoll, was wahrscheinlich auch - so wollen wir hoffen - für die neue Sinfonie *Manfred*[156] zutreffen wird. Auf dem Feld der Programmusik scheint Tschaikowsky ganz besonders in seinem Element, so daß hier seine ansprechende Melodiosität, sein Erfindungsreichtum in der Harmonik, seine ausgeklügelte Rhythmik sowie die wirkungsvolle und farbenreiche Instrumentierung voll zur Geltung kommen. In der Orchesterfantasie *Der Sturm* sind ihm alle diese Elemente hervorragend gelungen. Die Darstellung der Meereswellen am Anfang ist sowohl in klanglicher als auch in musikalischer Hinsicht überzeugend. Die Wellenbewegungen in den Streichern, die gleichzeitig in verschiedenen Rhythmen spielen, die prächtigen Modulationen, der wunderbare Hörnerklang bei der Intonation des Themas - alles das ist überaus poesievoll und be-

---

154 César Cui (1835-1918), russischer Komponist, Musikkritiker und Musikschriftsteller, im Hauptberuf Offizier der Ingenieur-Truppen (1906 General). Gehörte als Komponist zur Gruppe des Mächtigen Häufleins und war mit seinen zahlreichen, oft polemisch überzogenen Presseartikeln neben Stassow das wichtigste Sprachrohr der Gruppe. Tschaikowsky hatte ein ausgesprochen negatives Verhältnis zu Cui, das er allerdings in seinen für die Öffentlichkeit gedachten Äußerungen (vgl. Tschaikowskys Interview vom 13. April 1892, abgedruckt im vorliegenden Band) nicht zu erkennen gab. Ausführlicher über das Verhältnis zwischen Cui und Tschaikowsky vgl.: Marek Bobéth, *Čajkovskijs Zeitgenossen aus der Sicht des Komponisten bei besonderer Berücksichtigung der Beziehungen zum »Mächtigen Häuflein«*, in: *Tschaikowsky-Studien*, Band 1, Mainz (Schott), angekündigt für 1994.

155 Auszug aus César Cuis Rezension eines Konzertes unter der Leitung von Georgi Dütsch (1857-1891), vollständig abgedruckt unter dem Titel *Obščedostupnyj russkij simfoničeskij koncert* [»Ein öffentliches Sinfoniekonzert mit Werken russischer Komponisten«] am 5. Dezember 1885 in der 11. Nummer des *Muzykal'noe obozrenie*.

156 Über Tschaikowskys *Manfred-Sinfonie* (op. 58) verfaßte César Cui eine geradezu überschwenglich wohlwollende Besprechung (abgedruckt am 31. Dezember 1886 im *Muzykal'noe obozrenie*), auf deren Wiedergabe wir in diesem Band verzichten, da sie vornehmlich werksanalytisch angelegt ist und kaum ästhetisch wertende Aussagen über Tschaikowskys Schaffen enthält.

schäftigt die Vorstellungskraft des Hörers ungemein. Dem Prospero[157]-Thema eignet durchaus etwas Grandioses, wobei nur zu bedauern ist, daß es vom Komponisten so eindeutig auf das Religiöse festgelegt worden ist, was der Persönlichkeit des Zauberers Prospero nicht ganz entspricht. Das Liebesthema, eine schöne, sangliche und leidenschaftliche Kantilene endet mit bezaubernden und neuartigen harmonischen Wendungen.

Diese Melodie erinnert in ihrer ganzen Art an Melodien von Berlioz (besonders das lange Unisono in den Streichern). Der Ariel[158] ist nett, elegant, sehr luftig und mit vielen schönen harmonischen Raffinessen charakterisiert. Caliban[159] ist sehr scharf gezeichnet, eine ausgesprochene Mißgestalt, die jedoch körperlich kräftig ist. Die Verarbeitung solchen hervorragenden Materials erfolgt jedoch nicht ganz makellos. An manchen Übergangsstellen zum neuen Thema sind die Nähte noch sehr deutlich spürbar, weil die verwendeten Mittel oft primitiv sind (beispielsweise die fast endlose Wiederholung ein- und desselben Akkordes in *Romeo und Julia*). Häufig wird auch die Themenentwicklung einfach durch deren Wiederholung in einer anderen Tonart und anderen Instrumentierung ersetzt (z.B. das Liebesthema). An manchen Stellen sind auch Längen spürbar (beispielsweise bei der Ausspinnung des Caliban-Themas). Doch trotz dieser Mängel, die sich fast überall bei Tschaikowsky nachweisen lassen und ein Ergebnis allzu schnellen und ungeduldigen Arbeitens sind, ist die Orchesterfantasie *Der Sturm* in ihrer Talentfülle, strahlenden Farbenpracht und anrührenden Poetik ein herausragendes Werk der russischen Orchesterliteratur.

II

AUS EINEM BRIEF AN SEMJON KRUGLIKOW[160] *VOM 3. NOVEMBER 1894*[161]

(...) Das neue Heft des *Artist* habe ich noch nicht bekommen. Ich zweifle nicht, daß Sie Ihre Änderung mit dem für Sie sprichwörtlichen Taktgefühl vorgenommen haben, so daß es hiergegen meinerseits keine Einwände geben wird, denn ich war

157 In Shakespeares Stück der rechtmäßige, von seinem Bruder Antonio aus der Herrschaft verdrängte Herzog von Mailand.

158 Ariel - ein Luftgeist, der in Prosperos Diensten steht.

159 In Shakespeares Stück ein dumpfes Wesen, halb Mensch, halb Tier in Prosperos Diensten.

160 Semjon Nikolajewitsch Kruglikow (1851-1910), russischer Musikkritiker, studierte zunächst an der Physikalisch-Mathematischen Fakultät der Moskauer Universität und am Petersburger Eisenbahn-Institut. Ab 1881 Musiklehrer an der Moskauer Schule für Musik und Drama (1898-1901 deren Direktor). Stand als Musikkritiker der Neuen Russischen Schule nahe und gilt neben Stassow und Cui als deren Sprachrohr. Kruglikow war von 1889 bis 1895 Musikredakteur der Zeitschrift *Artist*.

161 Übersetzt aus: C. A. Kjui, *Izbrannye pis'ma*, Leningrad 1955, S. 171.

noch nie der Ansicht, daß meine Prosa über jede Kritik erhaben ist. Was ist bloß dem Nowikow[162] in den Kopf gefahren? Niemand wollte doch eine Attacke gegen Tschaikowsky reiten: Seine privilegierte Stellung als Komponist, die ihm zu gönnen ist, hat er ja nicht selbst herbeigeführt. Kränkend und ungerecht daran ist nur, daß er der einzige ist, dem diese Privilegien zugestanden wurden.[163]

III

PETER TSCHAIKOWSKY - EIN VERTRETER DES MOSKAUER MUSIKLEBENS (1913)[164]

Tschaikowsky habe ich kaum gekannt, denn er hat als Professor des Moskauer Konservatoriums vor allem in Moskau gelebt. Erst seine letzten drei Lebensjahre verbrachte er wieder in Petersburg. Ich erinnere mich, daß er eng mit Tanejew und Rimsky-Korsakow befreundet war. In meiner ganzen Zeit bin ich Tschaikowsky nur ein einziges Mal begegnet.

---

162 N. W. Nowikow - einer der Verleger der Zeitschrift *Artist*.

163 Cui hatte in einer Rezension anläßlich der Wiederaufnahme von Rimsky-Korsakows Oper *Die Mainacht* am Petersburger Marientheater (abgedruckt in Heft 42/1894 der Zeitschrift *Artist*) darauf hingewiesen, daß Tschaikowskys Opern stets mit besten Sängern besetzt werden, ständig im Repertoire sind, fortwährend neuinszeniert und immer wieder ins Programm genommen werden.

164 Beitrag César Cuis zum Tschaikowsky-Sonderheft der Zeitschrift *Soln'ce Rossii* (Die Sonne Rußlands) anläßlich des 20. Todestages des Komponisten (erschienen als Nr. 44 des Jahrgangs 1913)

MODEST MUSSORGSKY[165]

»TSCHAIKOWSKY - EIN ANHÄNGER DER RELIGION BEDINGUNGSLOSER SCHÖNHEIT« (AUS BRIEFEN AN WLADIMIR STASSOW)[166]

I

Petersburg, den 29. September 1872

(...) Summa summarum - Sie treffen immer ins Richtige - denken Sie an Ihre gestrigen flüchtigen Bemerkungen zur Begleitung von Petjas Interjektionen[167]. Den *»Boris«* kapiert er ja nicht.[168] Doch auch die *»Kinderstube«* wurde von ihm nur deshalb verlangt, weil Balakirew sie über die Maßen gelobt hat.

Mussorjanin[169] (...)

II

Petersburg, 26. Dezember 1872

Mein teurer généralissime!

In den letzten Tagen hatte ich mehrfach Gelegenheit, mit Anbetern der unbedingten musikalischen Schönheit[170] zusammenzutreffen und im Gespräch mit ihnen ein

165 Modest Petrowitsch Mussorgsky (1839-1881), genialer russischer Komponist, kühner Neuerer und zweifellos der eigenständigste und wichtigste Vertreter des *Mächtigen Häufleins*. Ausführlicher über Tschaikowskys Begründung seiner im großen und ganzen ablehnenden Haltung gegenüber Mussorgsky vgl.: Marek Bobéth, *Čajkovskijs Zeitgenossen aus der Sicht des Komponisten bei besonderer Berücksichtigung der Beziehungen zum »Mächtigen Häuflein«*, in: *Tschaikowsky-Studien*, Band 1, Mainz (Schott), angekündigt für 1994.

166 Der Abdruck der Brieftexte Mussorgskys erfolgt in der deutschen Übersetzung von Dieter Lehmann mit freundlicher Genehmigung des Reclam Verlages Leipzig nach der Ausgabe: Modest Mussorgski, Briefe, Leipzig 1984, S. 125 und S. 129-132.

167 Gemeint sind Äußerungen Tschaikowskys auf einem Abend am 28.09.1872, bei dem auch Mussorgsky anwesend war.

168 Tschaikowsky war sich durchaus der Begabung Mussorgskys bewußt, fühlte sich jedoch von dessen »begrenzter Natur und blinder Gläubigkeit an die eigene Genialität« abgestoßen (vgl. Tschaikowskys Brief an Nadeshda von Meck vom 24. Dezember 1877 (5. Januar 1878); deutsch in: Ena von Baer und Hans Pezold (Hrsg.), *Teure Freundin - Peter Iljitsch Tschaikowski in seinen Briefen an Nadeshda von Meck*, Leipzig 1964, S. 135.

169 Im Balakirew-Kreis üblicher Spitzname für Mussorgsky.

170 Gemeint ist Peter Tschaikowsky, der im Dezember 1872 nach Petersburg gekommen war, um dem Opernkomitee seine neue Oper *»Opritschnik«* vorzulegen.

seltsames *Gefühl von Leere* zu empfinden. Dieses seltsame Gefühl von Leere wurde von einem anderen, noch seltsameren, doch nicht abzuweisenden Gefühl abgelöst - für das ich keinen rechten Namen weiß: es ist das Gefühl, das man beim Verlust eines sehr nahen und teuren Menschen empfindet, mit dem man, wie man sagt, »die Tage geteilt und die Nächte verkürzt hat«. Wie pulsierte doch das Leben mit solch einem Menschen, und wie leidenschaftlich wollte man leben! Doch nach dem Verlust solch eines teuren Menschen fühlt man sich gleichsam wie in einem finsteren Wald, bei Nacht, wenn rings nur einige unbegreifliche Laute zu hören sind und es inmitten dieser nicht von Menschen und nicht von Lebewesen stammenden Laute seltsam schauerlich ist.

Solcher Art Prüfungen begannen für mich am Sonntag. An jenem Tag habe ich Sie nicht aufgesucht, weil ich von den Übungen am Sonnabend Halsschmerzen befürchtete. Ein Vorgefühl der Schmerzen hatte ich bei Cesare[171], und als ich erfahren hatte, daß es in Strömen regnet, konnte ich mich nicht entschließen, sie aufzusuchen - aber die Schmerzen waren vorbei. »Opritschniki«[172] sind am Sonntag noch nicht aufgetaucht. Der Komponist hatte weder die Partitur noch den Klavierauszug mitgebracht. Dafür wurden andere Sachen in dieser Reihenfolge vorgestellt.

»Thisbe«[173] - ergab ein Fiasko.

»Mlada«[174] - gefiel, außer »Morena«[175], die ein Fiasko erlitt (!). Das Terzett machte Furore.

»Die Kinderstube«[176] - Typ und Zielstellung des Werkes fanden keine Zustimmung; man äußerte, daß die Darbietung durch den Komponisten zwar bestechend, das Ganze im übrigen aber Unsinn sei.

»Die Landstreicher«[177] - waren ein Fiasko.

»Die Papageierzählung«[178] - machte Furore.

Sadyk-Pascha[179] duselte halb vor sich hin, träumte wohl von Sorbet[180], vielleicht aber auch von einem Moskauer[181] Sauerteig, in den er sich beim Anhören

---

171 Gemeint ist César Cui.

172 Anspielung auf Tschaikowskys Oper *»Der Opritschnik«*.

173 Mezzosopran-Partie in Cuis Oper *»Angelo«*.

174 Gemeint ist die Ballett-Oper *»Mlada«*, eine Kollektivkomposition von Borodin, Rimsky-Korsakow, Cui und Mussorgsky.

175 Der von Cui komponierte erste Akt der *»Mlada«*.

176 Mussorgskys Liederzyklus.

177 Gemeint sind die Figuren Warlaam und Missail aus Mussorgskys *»Boris Godunow«*.

178 Aus *»Boris Godunow«*.

179 Schriftstellername des polnischen Autors Michal Czajkowski (1808-1876), der zum Islam konvertiert und in die Dienste der türkischen Regierung getreten war. Seine Rückkehr nach Russisch-Polen und die Annahme der russischen Staatsbürgerschaft in den 70er Jahren hatten den Namen dieses Schriftstellers in der russischen Öffentlichkeit wieder ins Gespräch gebracht. Hier wird der Name *Sadyk-Pascha* von Mussorgsky als Spottname für Tschaikowsky verwendet, der ja ein Namensvetter dieses polnischen Schriftstellers ist.

180 Eisgekühltes Getränk aus gesüßten Fruchtsäften bzw. Halbgefrorenes aus Fruchtsaft und Wein.

von Ausschnitten aus dem *»Boris«* verwandelte. Zuhörer pflege ich immer zu beobachten (das ist lehrreich), und als ich bei Sadyk-Pascha die Neigung bemerkte, sich tüchtig (ernsthaft) von der Säuernis durchdringen zu lassen, erwartete ich die Gärung. Und tatsächlich geriet der Teig nach der »Papageienerzählung« in Gärung, und die Bläschen begannen mit dumpfem, trägem und häßlichem Ton zu platzen. Aus der Summe dieser Töne (es gab ihrer nicht viele) bekam ich beim Platzen der Bläschen folgendes mit: »Über welche Kräfte er verfügt! ... (wer gemeint ist, das wissen Sie), aber die Kräfte werden verzettelt ... es wäre nützlich ... sich mit einer Sinfonie zu befassen ... (en forme, versteht sich).« Der Kraftmensch bedankte sich bei Sadyk-Pascha, und das war alles.

Gestern traf ich Sadyk-Pascha zufällig bei Bessel. Wieder dasselbe Lied: »Bieten Sie musikalische Schönheit - nur musikalische Schönheit!« Dann kam Balakirew, und wir spielten gemeinsam die *»Finnische Fantasie«* von Dargomyshski.[182] Sadyk-Pascha lehnte sie ab. Pomasanski stellte eine enge Beziehung zu Korsakow fest und wurde von mir an Balakirew ausgeliefert. Mit Balakirew hatte ich ein lebhaftes Gespräch, wir waren jedoch nur etwa eine halbe Stunde beisammen (es war 10 Uhr abends). Er sagte, solange es ihm nicht so weit besser gehe, daß er die Musik als Handwerk aufgeben könne, sei er nicht imstande, sich mit der Musik als Kunst zu befassen (dasselbe, was er auch Frau Schestakowa gesagt hat). Balakirew war in erregtem Zustand. Er spielte gut, aber zeimlich nervös und heftig. Ziel seines Kommens war anscheinend Tschaikowskys Quartett, das vor meinem Eintreffen dargeboten worden war. In meiner Gegenwart korrigierte Balakirew die Bearbeitung der *»Finnischen Fantasie«*, die Dargomyshski selbst angefertigt hatte,[183] und er hat sie gut korrigiert. Nach Balakirews Weggang wünschte man den *»Boris«* zu hören. Sadyk-Pascha verlangte nach der »Papageienerzählung« und geriet wieder in Gärung, und zwar bis zur Raserei, bis zum Verlust der Fähigkeit, ruhig zuzuhören. Mit der *»Polonaise«*[184] konnte er sich nicht befreunden.

Damit mache ich nun Schluß.

Mussorjanin

Orlow hat die Absicht, der russischen Oper die Suppe zu versalzen, und Gott weiß, wann das *»Mädchen von Pskow«*[185] aufgeführt wird. Man schwätzt von allen

181 Tschaikowsky wird hier von Mussorgsky als Vertreter des Moskauer Musiklebens attackiert, das mit seiner eindeutig konservativen Ausrichtung zur Neuen Russischen Schule in Opposition stand.

182 Gemeint ist die Übertragung für Klavier vierhändig, die Nadeshda Purgold, die spätere Gattin Rimsky-Korsakows, angefertigt hatte.

183 Hier ist die vom Komponisten selbst stammende Bearbeitung für Klavier zu zwei Händen gemeint.

184 Aus Mussorgskys »Boris Godunow«.

185 Oper von Nikolai Rimsky-Korsakow.

möglichen Intrigen - ich verstehe überhaupt nichts.[186] Der *»Opritschnik«* ist mit der Absicht komponiert, im Publikum berühmt zu werden und sich einen Namen zu machen. Der Komponist hat dem Geschmack des Publikums geschmeichelt (o Pascha!), gleichzeitig aber auch mit viel Eifer und Aufrichtigkeit an der Oper gearbeitet (o Sadyk!). Doch erstens ist der Geschmack unbeständig, zweitens verlangt das Publikum von russischen Künstlern ein russisches Werk und drittens ist es schändlich, mit der Kunst zu persönlichen Zwecken ein Spiel zu treiben. Daraus folgt, daß es Sadyk, wie jedem wahren Pascha, nicht an Zynismus fehlt und daß er sich offen zur Religion der bedingungslosen Schönheit bekennt; où qu'elle va *se* nicher alors se la maman raison, comme Vous venez de dire *tantôt*[187] (aus dem »Journal amusant«[188] - die Ausdrucksweise ist »en patois«[189], die eines »novice« gegenüber seinem »brigadier« oder *»sar*gent«, was ich vor geraumer Zeit mal gelesen habe)!

Mussorjanin

186 Die Aufführung der *»Pskowitjanka«* im Petersburger Marientheater wurde wegen der Erkrankung des Tenors Dmitri Orlow (1842-1919) mehrfach verschoben, worin Mussorgsky eine versteckte Absicht zu sehen glaubte.

187 Bildunterschrift unter einer französischen Karikatur, in der ein Rekrut (novice) seinem Unteroffizier (brigadier oder sargent) in der Sprechweise der einfachen Bauern etwa folgendes entgegnet: »Ja nun, aber wohin verschwindet denn das Onkelchen Verstand, wie Sie soeben zu sagen pflegten?«

188 Französische humoristische Zeitschrift.

189 Frz.: mundartlich.

NIKOLAI RIMSKY-KORSAKOW[190]

»WO STREICHER AM PLATZE WÄREN, VERWENDET ER BLÄSER...«[191]

1866-1867

(...) In den Jahren 1866/67 lernte unser Kreis Peter Tschaikowsky kennen.[192] Er hatte gerade das Konservatorium absolviert und war, einem Rufe als Professor des Moskauer Konservatoriums folgend, dorthin übergesiedelt. Wir wußten über ihn nicht viel mehr, als daß er eine Sinfonie in g-Moll geschrieben hatte, von der die beiden Mittelsätze in einem Konzert der Russischen Musikgesellschaft in Petersburg [am 11. Februar 1867 unter Anton Rubinstein] aufgeführt worden waren. In unserem Kreis sprach man über Tschaikowsky wenn auch nicht gerade spöttisch, so doch etwas geringschätzig, wie über einen Konservatoriumsschüler; und da er nicht in Petersburg wohnte, konnten wir nicht seine persönliche Bekanntschaft machen. Doch plötzlich erschien er während eines Aufenthaltes in Petersburg eines Abends bei Balakirew. Wir lernten in ihm einen liebenswürdigen Gesprächspartner und sympathischen Menschen kennen; sein Auftreten war schlicht und natürlich, und in allem, was er sagte, lag ein herzlicher, aufrichtiger Ton. Gleich am ersten Abend spielte er uns auf Drängen Balakirews den ersten Satz seiner g-Moll-Sinfonie vor, der uns sehr gut gefiel; unsere bisherige Meinung von ihm machte schnell einer weit positiveren Platz, obwohl seine Konservatoriumsausbildung trotz allem eine deutliche Scheidewand zwischen ihm und uns bildete. Tschaikowsky blieb nur kurze Zeit in Petersburg, doch in den folgenden Jahren ließ er sich, wenn er in der Hauptstadt weilte, stets bei Balakirew sehen, wo wir alle mit ihm zusammentrafen. Bei einer solchen Begegnung entzückte er uns alle mit dem kantablen Thema seiner Ouvertüre *Romeo und Julia*; Stassow regte ihn daraufhin später zu einer sinfonischen Dichtung über Shakespeares *Sturm* an (...)

(geschrieben am 19. Juni 1906, Riva am Gardasee)

---

190 Nikolai Andrejewitsch Rimsky-Korsakow (1844-1908), russischer Komponist von Weltgeltung, gehörte zur Gruppe des *Mächtigen Häufleins*. Ausführlicher über das Verhältnis zwischen Tschaikowsky und Rimsky-Korsakow vgl: Marek Bobéth, *Čajkovskijs Zeitgenossen aus der Sicht des Komponisten bei besonderer Berücksichtigung der Beziehungen zum »Mächtigen Häuflein«*, in: *Tschaikowsky-Studien*, Band 1, Mainz (Schott), angekündigt für 1994.

191 Aus: Nikolai Rimski-Korsakow, *Chronik meines musikalischen Lebens*, herausgegeben und aus dem Russischen übertragen von Lothar Fahlbusch, Leipzig 1968. Der Abdruck erfolgt mit freundlicher Genehmigung des Verlages Philipp Reclam (Leipzig).

192 Wie aus verschiedenen Unterlagen hervorgeht, fand die erste persönliche Begegnung der Mitglieder des Balakirew-Kreises mit Tschaikowski erst im Frühjahr 1868 statt. (**Anm. v. Lothar Fahlbusch**)

1876-1877

(…) Etwa seit 1876 [1875/76] besuchte uns in unserem Heim ein- bis zweimal im Jahre Tschaikowsky, der damals in Moskau lebte. Immer wenn er in Petersburg war, kam er gern zu uns. Meistens fielen seine Besuche auf Tage, an denen sich unser musikalischer Kreis traf. Einmal - ich weiß nicht mehr in welchem Jahre - erklärte er uns auf die übliche Frage, was er geschrieben habe, daß er gerade mit seinem zweiten Quartett in F-Dur fertig geworden sei. Er ließ sich nicht lange nötigen und spielte uns das Werk vor. Es gefiel uns allen ausgezeichnet. Ein paar Jahre später zeigte er dann keine Bereitschaft mehr, seine Werke im Kreise Dritter vorzuspielen. Gelegentlich eines solchen Besuches bei uns erzählte er mir, daß er an einer Orchesterfantasie über Shakespeares *Sturm* arbeite; bei der Schilderung des Meeres wollte er sich, wie er hinzusetzte, bis zu einem gewissen Maße an Wagners - auf einer Dreiklangfigur aufgebautes - Vorspiel zum *Rheingold* anlehnen. Als ich später das Werk in einem Konzert hörte, konnte ich jedoch keine nennenswerte Ähnlichkeit zwischen der Schilderung des Meeres bei Tschaikowsky und der des Rheines bei Wagner feststellen.

Tschaikowsky war damals wie auch späterhin ein liebenswerter Gesprächspartner und ein im besten Sinne des Wortes vornehmer Mensch, dessen Anwesenheit jede Gesellschaft ungemein belebte. Im weiteren Verlauf meiner Erinnerungen werde ich noch oft Anlaß haben, auf ihn zurückzukommen (…)

(geschrieben am 3. August 1893 in Jalta)

1888-1892

Im Winter 1890 kam Tschaikowsky [zur Uraufführung seiner Oper *»Pique Dame«*] für längere Zeit nach Petersburg. Während dieses Aufenthaltes nahm er engeren Kontakt zum Beljajewschen Kreis auf, vor allem zu Glasunow, Ljadow und mir. In den nächsten Jahren ließ er sich dann häufiger in Petersburg sehen. Sooft wir uns mit ihm trafen, saß er anschließend meistens noch stundenlang mit Ljadow, Glasunow und anderen in Wirtshäusern herum. Tschaikowsky konnte viel Alkohol trinken, ohne daß man ihm etwas anmerkte; in dieser Beziehung taten es ihm nur wenige gleich. Glasunow gar wurde sehr schnell betrunken, müde und uninteressant. Immer häufiger gesellte sich Laroche zu ihnen. Ich persönlich ging ihm nach Möglichkeit aus dem Wege, wie ich überhaupt nur sehr selten Kneipen mit aufsuchte und fast immer früher als die anderen nach Hause ging. Von dieser Zeit an legte der Beljajewsche Kreis eine sehr kühle, beinahe feindselige Haltung dem *»Mächtigen Häuflein«* der Balakirew-Periode gegenüber an den Tag. Hand in Hand damit nahmen die Verhimmelung Tschaikowskys und die Neigung zum Eklektizismus immer mehr zu. Auch eine Vorliebe für die italienisch-französische Musik der Perücken- und Krinolinenzeit, die Tschaikowsky in *Pique Dame* und dann in

Jolanthe wieder heraufbeschwor, war von da an unverkennbar. Nun, es hatten sich damals schon viele neue, junge Kräfte um Beljajew versammelt. Neue Zeiten - neue Vögel, neue Vögel - neue Lieder (...)

(geschrieben am 8. August 1906 in Florenz)

1892-1893

(...) Meine Oper [*Mlada*] wurde, obschon alle Vorstellungen ausverkauft waren, so selten aufgeführt, wie es für ein neues Werk in der ersten Spielzeit geradezu beispiellos ist. Am Schluß der Saison hätte man sie gut und gerne noch ein paarmal spielen können, doch da kamen Tschaikowskys *Jolanthe* und Mascagnis *Cavalleria rusticana* dazwischen. Auf den Hauptproben zu beiden Opern war die kaiserliche Familie zugegen, es sangen Figner[193] und seine Medea[194] - und alles war in bester Ordnung. *Cavalleria rusticana* habe ich mir nicht angehört; von der *Jolanthe*, die ich in der Hauptprobe hörte, gewann ich sogleich die Überzeugung, daß sie zu Tschaikowskys schwächsten Werken gehört. Meiner Ansicht nach ist in dieser Oper aber auch alles schlecht, angefangen mit den frechen Anleihen aus der Melodie »Öffnet mir den Kerker« von Rubinstein bis zur Instrumentation, die Tschaikowsky hier gewissermaßen auf den Kopf gestellt hat: Wo Streicher am Platze wären, verwendet er Bläser und umgekehrt, so daß die Musik streckenweise einen durch nichts motivierten phantastischen Charakter bekommt, wie etwa in der Introduktion, die aus unerfindlichen Gründen ausschließlich für Bläser gesetzt ist (...)

(geschrieben am 10. Juni 1906 in Jalta)

1893

(...) Im Herbst [25. Oktober] 1893 starb Tschaikowsky, wenige Tage nach der Uraufführung seiner 6. Sinfonie, die er noch selbst dirigiert hatte. In der Pause dieses denkwürdigen Konzertes fragte ich ihn, ob dem Werk denn nicht ein Programm zugrunde liege. Er bejahte meine Frage, setzte aber hinzu, daß er sich darüber nicht zu äußern wünsche. Das war mein letztes Gespräch mit ihm. Kurz danach erfuhren wir von seiner schweren Erkrankung. Alle, die ihn kannten, erkundigten sich mehrmals täglich in seiner Wohnung nach seinem Befinden. Die Nachricht von seinem plötzlichen Tode erschütterte alle. Es folgten die Trauerfeier und die Beerdigung. Merkwürdigerweise hatte man, obwohl er der Cholera erlegen war, für die Trauerfeier keine Vorsichtsmaßregeln getroffen. Ich weiß noch, wie Wershbilo-

[193] Vgl. Anm. 50.

[194] Medea (Medeja) Mej, verh. Figner (1859-1952), italienische Sängerin, Frau des Sängers Nikolai Figner, hielt sich bis 1930 in Rußland auf und lebte seitdem in Paris. Ihre aufschlußreichen Erinnerungen an Tschaikowsky sind veröffentlicht (Petersburg 1912).

witsch[195], völlig betrunken, den Toten auf Kopf und Wangen geküßt hat. Wenige Tage nach den Trauerfeierlichkeiten führte Naprawnik in einem Konzert die 6. Sinfonie auf. Diesmal war das Publikum begeistert. An jenem Abend begann der unerhörte Siegeslauf des Werkes durch Rußland und ganz Europa. Allenthalben hörte man die Ansicht, daß es Naprawnik gewesen sei, der der Sinfonie durch seine Interpretation beim Petersburger Publikum zum Erfolg verholfen habe, da Tschaikowsky selbst dem Werk bei der Uraufführung nur einen Achtungserfolg habe sichern können. Meiner Ansicht nach stimmt das nicht. Die Interpretation Naprawniks war ausgezeichnet, aber auch die Tschaikowskys war gut. Nur war das Publikum beim ersten Hören noch nicht in der Lage, die Sinfonie richtig zu erfassen, weswegen es sie, ähnlich wie einige Jahre vorher die 5. Sinfonie, zurückhaltend aufnahm. Dann starb der Komponist so plötzlich, und man darf wohl mit Recht annehmen, daß das Publikum unter dem Eindruck dieses Ereignisses dem Werk bei der zweiten Aufführung mit Interesse und Sympathie begegnete, zumal man sich, wie stets in solchen Fällen, allerhand Geschichten erzählte, wie die, daß Tschaikowsky seinen baldigen Tod geahnt habe, und es daher auf der Hand lag, die düstere Stimmung des letzten Satzes mit dieser Todesahnung in Verbindung zu bringen. Schnell wurde dann das herrliche Werk berühmt, ja es kam in gewisser Hinsicht in Mode (…)

(geschrieben am 23. Januar 1904 in Petersburg)

195 Alexander Walerianowitsch Wershbilowitsch (1850-1911), russischer Violoncellist und Komponist für sein Instrument. Unterrichtete ab 1882 (mit Unterbrechungen) am Petersburger Konservatorium (1890 Professor).

WLADIMIR STASSOW[196]

PETER ILJITSCH TSCHAIKOWSKY - EIN FAZIT (1901)[197]

Tschaikowsky war mit einem seltenen und überragenden Talent zur Welt gekommen, erhielt jedoch unglücklicherweise seine Ausbildung in jener wenig ersprießlichen Zeit, als das Petersburger Konservatorium gerade erst gegründet worden war und der alles dominiernde »Charme« Anton Rubinsteins dort uneingeschränkt das Geschehen bestimmte. Tschaikowskys zarte und für Eindrücke leicht empfängliche Natur fügte sich unwillkürlich der Despotie äußerer Macht und Autorität, die bei ihm unauslöschliche Spuren hinterließ.

Tschaikowskys länger als ein Vierteljahrhundert andauerndes musikalisches Wirken trug ihn fast ununterbrochen von Erfolg zu Erfolg, so daß er in seinem Vaterland wie in Westeuropa bald als das größte, Glinka ebenbürtige Musiktalent Rußlands galt, das von vielen sogar noch über das von Glinka gestellt wurde. Eine solche Meinung erklärte sich im wesentlichen aus der Tatsache, daß Tschaikowsky - obwohl ein aufrichtiger Patriot und glühender Verehrer alles Russischen - in seinem Musikschaffen gänzlich auf das nationale Element verzichtet hatte: Er war von Kopf bis Fuß Kosmopolit und Eklektiker. An Nadeshda von Meck, seine enthusiastische Verehrerin, hatte er beispielsweise im Jahre 1878 die folgenden Zeilen geschrieben:

»(...) Den russischen Menschen, die russische Sprache, die russische Art zu denken, den russischen Schönheitstyp und die russischen Bräuche liebe ich leidenschaftlich. Lermontow gesteht ganz offen, daß »des Altertums geheiligte Überlieferungen« ihn nicht bewegen. Ich aber liebe auch das. Ich glaube, daß meine Sympathie für den griechisch-orthodoxen Glauben nur durch die mir angeborene Verliebheit in das russische Element überhaupt hervorgerufen wurde (...)[198]«

---

196 Über Wladimir Wassiljewitsch Stassow vgl. Anm. 21. Ausführlicher über Tschaikowskys ambivalentes Verhältnis zu Stassow vgl.: Marek Bobéth, *Čajkovskijs Zeitgenossen aus der Sicht des Komponisten bei besonderer Berücksichtigung der Beziehungen zum »Mächtigen Häuflein«*, in: *Tschaikowsky-Studien*, Band 1, Mainz (Schott), angekündigt für 1994.

197 Der vorliegende Text ist ein Auszug aus Stassows großer zusammenfassender Arbeit *Iskusstvo XIX veka* [Die Kunst des 19. Jahrhunderts], die ausführliche Abschnitte über die Architektur, Bildhauerei, Malerei und Musik enthält und Lew Tolstoi gewidmet ist. Sie erschien zunächst gekürzt 1901 in Fortsetzungen in der Zeitschrift *Niva* und kam in dieser Fassung noch im selben Jahr als Buch heraus. Der vollständige und von Stassow noch einmal überarbeitete Text, der auch unserer Übersetzung zugrundeliegt, erschien im vierten Band von Stassows Gesammelten Werke (Petersburg 1906).

198 Aus dem Brief Tschaikowskys vom 9. (21.) Februar 1878 an Nadeshda von Meck (deutsch zitiert nach der Ausgabe: Ena von Baer und Hans Pezold (Hrsg.), *Teure Freundin - Peter Iljitsch Tschaikowski in seinen Briefen an Nadeshda von Meck*, Leipzig 1964, S. 147).
In Stassows Zitat des Tschaikowsky-Briefes ist der letzte Satz - möglicherweise aus Zensurgründen - unvollständig wiedergegeben. Der korrekte Wortlaut ist:

In einem anderen Brief an Nadeshda von Meck, gleichfalls aus dem Jahre 1878, finden sich die folgenden Zeilen:

»Das russische Element, das im allgemeinen in meiner Musik vorhanden ist, d.h. die dem russischen Volkslied verwandte Melodieführung und Harmonisierung, ist vor allem darauf zurückzuführen, daß ich in einer einsamen Gegend aufgewachsen bin und seit meiner frühesten Kindheit vom unbeschreiblichen Zauber echt russischer Volksmusik durchdrungen war, daß ich das russische Element in all seinen Erscheinungsformen leidenschaftlich liebe, mit einem Wort, daß ich im wahrsten Sinne des Wortes Russe bin (...)«[199]

Es gibt nicht den geringsten Grund, an der Aufrichtigkeit eines so geradlinigen und wahrheitsliebenden Menschen wie Tschaikowsky zu zweifeln, doch hinsichtlich seiner grenzenlosen Sympathien gegenüber allem Russischen muß er unwillkürlich einer Selbsttäuschung zum Opfer gefallen sein. In seiner Musik zumindest zeigen sich diese Sympathien nur sehr schwach ausgeprägt. Es kann wohl kaum als vornehmlich »russischer« Komponist gelten, wenn sich das »Russische« in seinen Werken nur so wenig und selten zeigt. Zweifellos hatte er manchmal auch »Russisches« im Sinn, beispielsweise im *Scherzo à la russe*[200], im Finale seiner Zweiten Sinfonie (über ein Motiv des Volksliedes »Der Kranich«), im Andante des Ersten Streichquartetts, im ersten Akt des *Eugen Onegin* (Chor und Tanz) sowie zum Teil in der Partie der Amme Filippjewna aus derselben Oper, schließlich aber auch im Finale der 4. Sinfonie mit seiner Darstellung russischer Volksmassen und möglicherweise auch noch an anderen Stellen. Mit seinem vielseitigen und flexiblen Talent hat er dieses nationale Element mitunter meisterhaft umzusetzen verstanden. Im großen und ganzen hat er es jedoch kaum geliebt und wenig geschätzt, sondern blieb vor allem ein Komponist der kosmopolitischen Richtung, und gerade dadurch fand er bei der Mehrheit des russischen, aber auch ausländischen Publikums besonderen Anklang. Die russische Hörerschaft, seit eh und je in ihrem Musikgeschmack durch die italienische Oper sowie andere abträgliche und banale Erscheinungen verdorben, tat sich schwer mit der *Neuen Russischen Schule* und ihren Schöpfungen. Als dann Tschaikowsky auf der Bildfläche erschien - ein begabter Kosmopolit und Eklektiker, der den »Volksstil« nicht besonders forcierte - war alle Welt zufrieden und erfreut. Musik im Volksstil wurde jenseits der Eisenbahnstation Wershbolowo[201] noch weit weniger verlangt als in Rußland. Tschaikowsky entsprach mehr dem europäischen Musikgeschmack.

»Ich glaube, daß meine Sympathie für den griechisch-orthodoxen Glauben, dessen Dogmen ich bereits vor langer Zeit einer vernichtenden Kritik unterzogen habe, nur durch die mir angeborene Verliebtheit in das russische Element überhaupt hervorgerufen wurde [vgl. P. I. Čajkovskij, *Polnoe sobranie sočinenij, Literaturnye proizvedenija i perepiska*, tom VII, Moskva 1962, S. 104].

199 Aus dem Brief Tschaikwoskys an Nadeshda von Meck vom 5. (17.) März 1878 (deutsch zitiert nach der Ausgabe: Ena von Baer und Hans Pezold (Hrsg.), a.a.O., S. 167/168).

200 Klavierstück (op. 1 Nr. 1) aus den Jahren 1863/64.

201 Russische Grenzstation an der Eisenbahnlinie Berlin-Petersburg.

Weitere Gründe für die ungewöhnlichen Erfolge Tschaikowskys liegen zweifellos darin, daß er in seinen Werken ohne besondere Neuerungen auskam und sich gern an traditionelle und allgemein übliche Musikformen hielt, die in Europa eingebürgert waren und von denen dort keinerlei Abweichungen toleriert wurden. Die neuen Bestrebungen Dargomyshskis und der Mitglieder des Balakirew-Kreises blieben Tschaikowsky gänzlich fremd und unverständlich, ja er empfand sie sogar als Kränkung, Verrücktheit, Gesetzlosigkeit und Unhöflichkeit. Dem gegenüber war er so stark in tradierte Formen vernarrt, daß er hin und wieder in Briefen an Frau von Meck jene »Abweichungen«, die er sich mitunter in seinen Kompositionen erlaubte, als etwas ungewöhnlich Kühnes und Außergewöhnliches herausstellen zu müssen meinte. So berichtet er beispielsweise dieser Dame, daß im ersten Satz seiner Vierten Sinfonie »(...) das zweite Thema, das in einer verwandten Dur-Tonart komponiert sein müßte, in einem recht entfernten Moll erscheint. Bei der Wiederkehr der Hauptpartie im ersten Satz klingt das zweite Thema gar nicht mehr auf. Auch das Finale weist eine ganze Reihe von Abweichungen von der üblichen Form auf (...)«[202] Solche braven »Abweichungen« von gänzlich konventionellen Regeln schienen Tschaikowsky offensichtlich bereits etwas Besonderes und Erwähnenswertes.

Ein weiterer Grund für die besonderen Erfolge Tschaikowskys an allen Orten mag darin bestanden haben, daß seine Werke bei ihrer meisterlichen Anlage und Mannigfaltigkeit immer häufiger einen vornehmlich elegischen, melancholischen, gedankenvollen und traurigen Anstrich hatten. Bei den meisten Menschen trifft gerade dieser Zug auf besondere Sympathie, Liebe und Wertschätzung, sei es nun in der Musik oder in der Dichtkunst.

Doch wie auch immer, die große Verbreitung der Werke Tschaikowskys und der Ruhm des Komponisten sind in vielerlei Hinsicht absolut gerechtfertigt und legitim. Seine Begabung, verbunden mit der Fähigkeit, seiner Musik Eleganz und Schönheit zu verleihen und obendrein den Hörer durch meisterliche Formensprache und die subtilen Vorzüge seiner farbenreichen und eleganten Instrumentierung zu beeindrucken, war so stark, daß die Wirkung seiner Musik auch auf breiteste Hörerschichten zwangsläufig sehr intensiv sein mußte und sich kaum jemand ihrem Zauber entziehen konnte.

Tschaikowsky hat in seinem Leben ungewöhnlich viel komponiert, was sich übrigens auch über seinen Kompositionslehrer Anton Rubinstein sagen läßt. Hierfür gab es mehrere Gründe: erstens, natürlich einen inneren Drang, zweitens, Tschaikowskys völlig mit der »Ideologie des Konservatoriums« übereinstimmende Meinung, daß jeder wirkliche Komponist nicht nur fähig, sondern sogar verpflichtet ist, viel zu komponieren. Wer nicht viel schreibt, ist eben noch kein wirklicher Komponist. Von diesem Standpunkt aus richtete er sogar starke Vorwürfe gegen Glinka,

---

202 Aus dem Brief Tschaikowskys an Nadeshda von Meck vom 24. Juni (6. Juli) 1878 [deutsch zitiert nach der Ausgabe: Ena von Baer und Hans Pezold (Hrsg.), a.a.O., S. 220].

dem er absprach, ein wirklicher Komponist zu sein. So finden sich in einem ebenfalls 1878 geschriebenen Brief Tschaikowskys an Frau von Meck, seine eingeschworene Korrespondentin und Leserin, die folgenden Zeilen:
»(...) Glinka hat erstaunlich wenig geschaffen. Er hat dilettantisch gearbeitet, d.h. mit Unterbrechungen, also nur dann, wenn er in Stimmung war. So sehr auch unser Stolz auf diesen Komponisten berechtigt ist, so können wir uns doch nicht der Erkenntnis verschließen, daß er die ihm von seiner großen Begabung auferlegte Aufgabe nicht erfüllt hat. (...) Was wäre gewesen, wenn dieser Mann in einer anderen Umgebung geboren, unter anderen Verhältnissen gelebt und als Künstler gearbeitet hätte, seiner Kraft und seiner Pflicht bewußt, die Begabung bis zur höchsten Vollkommenheit zu steigern, statt als Dilettant aus Langeweile gelegentlich zu komponieren! (...)«[203]

Hieraus folgt, daß Tschaikowsky mit Glinka nicht gerade zufrieden war und die Meinung vertrat, daß dieser »nicht seiner Pflicht gerecht geworden war, seine Begabung bis zur höchsten Vollkommenheit zu steigern«. Erstaunlicherweise zeigte sich Tschaikowsky zur gleichen Zeit nicht nur über Delibes, Bizet und andere französische Komponisten »überaus zufrieden und geradezu entzückt«, sondern sogar über die Schöpfungen des Moskauer Konservatoriumsprofessors Konstantin Albrecht[204], in denen er ein »gewaltiges Talent« zu entdecken glaubte. Nach alledem kann man sich gut vorstellen, wie wenig sympathisch die Mitglieder des Balakirew-Kreises auf Tschaikowsky wirken mußten. »Ich bin glücklich«, so Tschaikowsky in einem weiteren Brief an Frau von Meck im selben Jahr 1878, »daß ich nicht in die Fußtapfen meiner russischen Landsleute getreten bin, die es vorziehen, sich auszuruhen und alles zu verschieben, sobald sie auf die geringsten Schwierigkeiten stoßen. Deshalb schreiben sie - trotz großer Begabung - so wenig und so dilettantenhaft (...) Die Inspiration ist ein Gast, der Faulpelze nur ungern besucht. (...) Man muß sich einfach überwinden, um nicht dem Dilettantismus zu verfallen (...)«[205]

---

203 Aus Tschaikowskys Brief an Nadeshda von Meck vom 24. Juni (6. Juli) 1878 (deutsch zitiert nach der Ausgabe: Ena von Baer und Hans Pezold (Hrsg.), a.a.O., S. 217/218).
Anm.: Stassow zitiert die ersten beiden Sätze dieses Tschaikowsky-Briefes nur sinngemäß. Der korrekte Text lautet wie folgt:
»Glinka, der eine hervorragende schöpferische Begabung besaß, hat, obgleich er ein reifes - wenn auch kein hohes - Alter erreichte, erstaunlich wenig geschaffen. Lesen Sie seine Erinnerungen, und Sie werden sehen, daß er dilettantisch arbeitete, d.h. mit Unterbrechungen, also nur dann, wenn er in Stimmung war (...) [vgl. P. I. Čajkovskij, *Perepiska s N. F. fon Mekk*, tom 1, Moskva 1934, S. 373].

204 Konstantin (Karl) Karlowitsch Albrecht (1836-1893), deutsch-russischer Cellist, später Professor am Moskauer Konservatorium und eng mit Tschaikowsky befreundet. Als Komponist ist Konstantin Albrecht vor allem mit Romanzen und Liedern sowie mit Chorkompositionen hervorgetreten.

205 Freies, nicht wörtliches Zitat aus Tschaikowskys Brief an Nadeshda von Meck vom 5. (17.) März 1878. Korrekt heißt die Stelle:
»Ich bin glücklich, daß ich nicht in die Fußtapfen meiner russischen Landsleute getreten bin, die es aus Mangel an Selbstvertrauen und Selbstbeherrschung vorziehen, sich auszuruhen und alles zu verschieben, sobald sie auf die geringsten Schwierigkeiten stoßen. Deshalb schreiben sie - trotz großer

Genauso hat sich Tschaikowsky sein ganzes Leben lang verhalten. Er wartete nie darauf, daß die Inspiration über ihn kam, sondern »besiegte sich selbst«, d.h. es verging kein Tag, ja fast keine Stunde, ohne daß er etwas komponierte.

Das Ergebnis war eine gewaltige Menge an Geschaffenem, in der sich jedoch wirklich Bemerkenswertes, wirklich Überragendes nur wenig findet. Mit dieser Vielschreiberei hat sich Tschaikowsky offensichtlich sehr geschadet und zu einer Abwertung seiner großen Schaffensleistung beigetragen.

Bezeichnenderweise hat Tschaikowsky trotz seiner ständigen Unzufriedenheit mit dem Balakirew-Kreis, dessen Schaffensrichtung und dessen Wirken, fast alle seine herausragenden Werke in einer Zeit geschaffen, in der er mit diesem Kreis engsten Kontakt hielt, sich mit ihm gleichsam in einem Lager befand und in derselben Richtung voranschritt. Tschaikowskys beste Schöpfungen gehören wie die gelungensten Hervorbringungen des Balakirew-Kreises zur Programmusik, einer Richtung, in der Tschaikowsky sogar noch über die Komponisten des Kreises hinausging. In einem seiner Briefe aus dem Jahre 1878 an seine vertraute Briefpartnerin lesen wir: »Von Ihrem und von meinem Standpunkt aus ist jede Musik Programmmusik...«[206] Dem kann man nur zustimmen: Natürlich gibt es bei allen Komponisten, sogar in unserer Zeit, zahlreiche Werke, die überhaupt keinen Programm-Charakter tragen, aber in diesen Worten kommt ja auch nur die Grundstimmung Tschaikowskys zum Ausdruck. Unter allem, was er bis in die letzten Monate seines Lebens komponiert hat, gibt es nichts, was seine sinfonischen Bilder *Romeo und Julia*, *Der Sturm* und *Francesca da Rimini* überträfe. In diesen Werken kommen sämtliche Hauptzüge seiner Musiknatur zum Vorschein: Der Ausdruck einer tiefen, aber stillen, ohne Ausbrüche einhergehenden Liebe, die Wiedergabe wunderbar poesievoller Stimmungen in Verbindung mit prächtig vermittelten Naturbildern, die bald ruhig (das Meer zu Beginn seiner sinfonischen Dichtung *Der Sturm*), bald schrecklich erregt und aufbegehrend gemalt sind (der gesamte Mittelteil in dieser sinfonischen Dichtung und der wilde, zum Himmel gerichtete Aufschrei des Sturmgewühls in der sinfonischen Phantasie *Francesca da Rimini*). Verglichen mit diesen drei Hauptwerken scheinen Tschaikowskys übrige Orchesterwerke allesamt schwä-

Begabung - so wenig und so dilettantenhaft. (...) Die Inspiration ist ein Gast, der nicht auf den ersten Ruf erscheint. Aber arbeiten sollte man trotzdem stets, und ein ehrlicher Künstler wird nie mit gefalteten Händen dasitzen, unter dem Vorwand, zum Arbeiten nicht aufgelegt zu sein. Wartet man auf die Stimmung und bemüht sich nicht, ihr entgegenzugehen, so verfällt man leicht der Apathie und Faulheit. Man muß nur Geduld und Glauben haben, dann wird die Inspiration auch unweigerlich zu dem kommen, dem es gelang, diese unproduktive Stimmung zu überwinden (...)«
[deutsch zitiert nach der Ausgabe: Ena von Baer und Hans Pezold (Hrsg.), a.a.O., S. 166/167].

206 Verkürztes Zitat aus dem Brief Tschaikowskys an Nadeshda von Meck vom 5. (17.) Dezember 1878.
Im Wortlaut heißt die Stelle: »Sie fragen mich, was Programmusik ist? Von ihrem und von meinem Standpunkt aus ist die Musik nie ein leeres Spiel der Töne, sie soll vielmehr im höheren Sinn immer ein Programm enthalten (...)« [deutsch zitiert nach der Ausgabe: Ena von Baer und Hans Pezold (Hrsg.), a.a.O., S. 282].

cher zu sein. Lediglich das Finale der 2. Sinfonie (über das Thema des ukrainischen Volksliedes *Der Kranich*) nähert sich in Schönheit und Anziehungskraft den drei genannten sinfonischen Dichtungen (wenngleich auch deren Hauptelement - das der Liebe - im Finale der Sinfonie fehlt). Mit seiner *Vierten Sinfonie* hatte sich Tschaikowsky nach eigener Aussage eine Aufgabe gestellt, die voll und ganz der der Fünften Sinfonie Beethovens entsprach. Doch ungeachtet aller musikalischer Schönheiten und großer Meisterschaft in der Formensprache war Tschaikowsky von seiner Natur her schlechthin überfordert, mit den zarten Fingern des Elegikers so gewaltige Granitblöcke bewegen und aufrichten zu wollen, wie es einst Beethoven in seiner Sinfonie getan hatte. Tschaikowskys wunderbare, elegante, aber nur wenig originelle Musik konnte in diesem konkreten Fall die weltumspannenden Aufgaben der Menschheit, deren Zukunft und folgenschweres Schicksal ebensowenig zum Ausdruck bringen wie der schöne und angenehm klingende »Danse macabre« von Camille Saint-Saëns jener gewaltigen Aufgabe entsprach, der einst Franz Liszt in seinem *Danse macabre* auf geradezu geniale Weise gerecht wurde. Ich habe den Eindruck, daß es hier Parallelen gibt.

Tschaikowskys zahlreiche Sinfonien, Suiten, Konzerte und Kammermusikwerke zeugen von seiner Begabung, seinem Können, seiner freien Beherrschung des Materials und seiner kompositorischen Meisterschaft, doch es ist heute schon abzusehen, daß für die meisten dieser Werke der heutige Ruhm kaum über längere Zeit Bestand haben wird. Tschaikowsky hat einfach viel zu viel geschrieben. Häufig ist die Stimmung in seinen Werken armselig und einseitig, wodurch ein allgemeiner Eindruck von Monotonie entsteht. Einige der bedeutenderen deutschen Kritiker und Musikhistoriker (beispielsweise Hugo Riemann[207]) gehen sogar soweit, daß sie mit vollem Recht behaupten, »nach einer ersten Begeisterung würde sich erweisen, daß es dem Komponisten Tschaikowsky an wirklicher Größe ermangelt.«[208] Seine klavierbegleiteten Lieder, die stets die Liebe zum Thema haben und musikalisch sehr schön sind, sind fast durchgehend elegisch und besitzen kaum seelische Glut und Ausdruckskraft, so daß sie vornehmlich denjenigen gefallen, die in der Musik nichts anderes als schöne Klänge und Melodiebilder suchen. Diesen Liedern mangelt es einfach an tieferem Gehalt, so daß sie weder mit den Liedern Schubert, Schumanns und Liszts noch mit den Romanzen der Komponisten der *Neuen Russischen Schule* verglichen werden können. Für die Oper war Tschaikowsky am wenigsten begabt. Ein einziges Mal hatte er sich entschieden, denselben Weg zu beschreiten, den auch die bedeutenderen neuen russischen Komponisten gewählt hatten, und in ihrem Stil die Oper *Der Schmied Wakula* zu komponieren. Bald darauf mußte er sich jedoch selbst eingestehen, daß dieser Weg nicht der seine war und

---

207 Hugo Riemann (1849-1919), bedeutender deutscher Musikforscher, der an der Idee der autonomen Musik im Sinne Hanslicks festhielt und in dieser Hinsicht ein Gegner romantischer, literarisch ausgerichteter Musikvorstellungen war. Der Einleitungsteil seiner Einführung in Tschaikowskys 6. Sinfonie findet sich im vorliegenden Band.

208 Die Herkunft des Zitats ist durch Stassow nicht nachgewiesen.

daß er in dieser Richtung nicht weitergehen durfte: Das Orchester stand in der Oper bei ihm stets im Vordergrund und dominierte uneingeschränkt die Gesangspartien. Damals entschloß er sich zu einer Umkehr und wählte ein für allemal den französisch-italienischen Opernstil. Indem er von nun an seine wunderbaren Fähigkeiten zur Komposition schöner, angenehmer und wohlklingender Musik dieser Aufgabe voll widmete, wurde ihm bald allgemeiner Zuspruch zuteil, vor allem dank seines *Eugen Onegin*, der nicht nur für das heutige Rußland, sondern auch im europäischen Maßstab ein prächtiger Opernerfolg wurde. Allerdings läßt sich auch hier voraussehen, daß der Ruhm dieses grazilen musikalischen Bühnenwerkes nicht von Dauer sein wird.

Angesichts gewisser Gründe physischer und moralischer Natur im persönlichen Leben Tschaikowskys, die bis heute unklar geblieben sind, war dieser stets düster, elegisch und traurig gestimmt. Ungeachtet seines feinfühligen, liebenden und gütigen Herzens und einer reinen und weichen Seele galt Tschaikowsky bereits in jungen Jahren als ausgesprochener Misanthrop. So hat er schon im Jahre 1866 in einem Brief an seinen Bruder Anatoli von einem Gefühl der Todesnähe berichtet und dem hinzugefügt: »Die ganze Menschheit ist mir verhaßt.«[209] Gegen Ende seines Lebens hatte sich diese düstere Gestimmtheit immer weiter verdichtet, so daß die *Sechste Sinfonie*, die er kurz vor seinem Ableben komponiert hat, wie ein schrecklicher Aufschrei von Verzweiflung und Hoffnungslosigkeit anmutet, wie ein Werk, das mit der Melodie seines Finales gleichsam sagen will: »Ach, warum habe ich nur auf dieser Welt gelebt!...«

Die ganze Stimmung dieser Sinfonie ist beängstigend und quälend. Sie zwingt den Hörer zu tiefem Mitgefühl gegenüber dem Menschen und Komponisten, dessen durchlittene furchtbare Seelenpein hier zum Ausdruck kommt, ohne daß deren Ursachen erkennbar werden. Diese Sinfonie ist aber auch das Großartigste, das Tschaikowsky hervorgebracht hat - sie ist schlechthin unvergleichbar. Die seelischen Qualen, die ermattende Verzweiflung, die nagende Trostlosigkeit des Gefühls, alles, was bis zum letzten Augenblick im Leben von Bedeutung war, verloren zu haben, kommen hier in erschütternder Stärke zum Ausdruck. Es hat wohl noch nie in der Musik etwas ähnliches gegeben, und auch noch nie sind derart tief aufwühlende Szenen des Seelenlebens mit so überragender Meisterschaft und in dieser unvergleichlichen Schönheit gestaltet worden.

---

209 Stassow zitiert hier frei (ungenau und unvollständig) aus dem Brief Tschaikowskys an seinen Bruder Anatoli vom 25. April 1866, der in Modest Tschaikowskys großer Tschaikowsky-Biographie abgedruckt war (russ. Ausgabe, Band 1, S. 241). Eigentlich heißt die Briefstelle wie folgt:
»Überhaupt ist mir das Menschengeschlecht verhaßt, und ich würde mich mit Vergnügen in eine Wüste verziehen und nur die allernotwendigsten Leute um mich haben.
Lieber Tolja, ich erzittere bei dem Gedanken, daß wir beide uns in diesem Sommer genauso häufig zanken werden wie im vergangenen Jahr. Die Fahrkarte für die Postkutsche für den 10. Mai habe ich bereits gelöst (...)« Der gesamte Brieftext (abgedruckt in: P. I. Čajkovskij, *Pis'ma k rodnym,* tom I, Moskva 1940, S. 89) läßt eine mehr ironisch-humorige Grundhaltung erkennen.

Zum Abschluß sei noch daran erinnert, daß Tschaikowsky am Moskauer Konservatorium lange Zeit Professor für Musiktheorie gewesen ist und als junger Mann lebendige und interessante Rezensionen über Konzert- und Opernaufführungen in der *Sovremennaja letopis'* und den *Russkie vedomosti* veröffentlicht hat.

SERGEJ TANEJEW

»ICH ZÄHLE OFFEN ALLES AUF, WAS MIR AN IHRER VIERTEN SINFONIE NICHT GEFÄLLT«

(EIN KRITISCHER BRIEF AN PETER TSCHAIKOWSKY UND DESSEN REAKTION)[210]

I

Tanejew an Tschaikowsky

Dünaburg[211], den 18. März 1878
gegen drei Uhr morgens
und Riga, den 22. März 1878

Ich bin auf dem Bahnhof und warte auf den Zug nach Riga, wo ich heute noch einen Klavierabend geben werde. Das Programm ist:

Bach	Präludium und Fuge (für Orgel) a-Moll
Schumann	4 Nachtstücke
Chopin	Nocturne E-Dur
	Impromptu Fis-Dur
	Vierte Ballade f-Moll
Pause	
Beethoven	Sonate op. 57
Liszt	Rigoletto-Paraphrase
	Valses caprices d'après Schubert
	Pesther Karneval

Daß ich erst wenige Stunden vor dem Konzert in der Stadt eintreffe und sofort, ohne mich ausruhen zu können, spielen muß, ist natürlich unangenehm. Der Brief,

[210] Der Briefwechsel zwischen Tschaikowsky und dem bekannten Moskauer Komponisten und Pianisten Sergej Tanejew (1856-1915) umfaßt mit insgesamt 227 Briefen die Jahre 1874 bis 1893 und wurde 1951 in Moskau veröffentlicht (*P. I. Čajkovskij/S. I. Taneev - Pis'ma*, Hrsg.: Vladimir Ždanov, Moskva 1951). [Bedauerlicherweise sind die Texte teilweise durch nicht ohne weiteres erkennbare Eingriffe der sowjetischen Zensur verfälscht, vgl. Anm. 235.] Die hier abgedruckten Briefe entsprechen den Nummern 31 und 32 der Gesamtzählung dieses Bandes. Für die Wiedergabe des Briefes von Tanejew wurde eine Teilübersetzung von Andreas Wehrmeyer (Berlin) herangezogen, dem wir für seine freundliche Unterstützung danken.

[211] Dünaburg: Stadt am Kreuzungspunkt der Bahnlinien Petersburg-Warschau und Riga-Vitebsk. Früher auch unter dem russischen Namen Dwinsk bekannt, trägt seit 1918 den lettischen Namen Daugavpils.

in welchem mir der Tag meines Konzerts mitgeteilt wurde, war auf der Post liegengeblieben - die Erklärung für meine verspätete Anreise. Dafür hatte ich aber noch die Möglichkeit, das Petersburger Konzert[212] von Nikolai Grigorjewitsch [Rubinstein] besuchen zu können. Sein Spiel war einfach phantastisch, und Ihr Klavierkonzert hatte großen Erfolg. Und das, obwohl das Orchester nicht sonderlich gut war (es handelte sich um das Ballett-Orchester, und weil an diesem Abend eine Oper angesetzt war, dirigierte Dawydow anstelle von Naprawnik) und einige Stellen in der Wiedergabe »unklar« blieben. Nikolai Grigorjewitsch war in seinem Spiel jedoch so überragend, daß nur derjenige, der dieses Konzert auswendig kennt, die Fehler des Orchesters bemerkt haben kann. Ich fand an Nikolai Grigorjewitschs Darbietung den Mittelteil im Andantino ganz besonders überzeugend: Er spielt ihn von Anfang bis Ende pianissimo ohne weitere dynamische Schattierungen. Das Orchester tat es ihm gleich, und es entstand eine erstaunliche Wirkung. Als ich später durch die Sitzreihen ging, hörte ich, wie Ihr Konzert im Publikum gelobt wurde.

Cui äußerte, kein anderes Ihrer Werke habe ihm so gefallen wie dieses Klavierkonzert: Es sei »nicht besonders tief, aber von ungewöhnlich frischer Inspiration«. Er ist allerdings der Meinung, drei Walzer seien zuviel, zwei hätten auch gereicht.[213]

Laroche gefällt das Konzert »mit jedem Mal besser«.[214] Fünf Tage zuvor hatte man hier in Petersburg Ihre *Francesca* gespielt.[215] Es war eine gute Aufführung, obgleich mir scheint, daß sie das Tempo für die Introduktion zu schnell genommen hatten, aber ich kann mich irren. Bei der Moskauer Aufführung[216] war ich seinerzeit nicht dabei, so daß ich nicht weiß, welches Tempo Sie selbst sanktioniert haben. Das Publikum war begeistert und rief Naprawnik immer wieder heraus. Man brachte ihm einen Korb mit Blumensträußen, die er dem Orchester zuwarf. Von den bekannten Musikern habe ich inzwischen folgende Meinungen gehört:

Cui gefällt die Introduktion am meisten, während er dem Beginn der »Erzählung« nur wenig abgewinnen kann: sie erinnere an ein russisches Volkslied, was überhaupt nicht hierher passe. Die weitere Musik der Erzählung findet er durchweg großartig, besonders dort, wo die Synkopen beginnen.

---

212 Gemeint ist das Konzert vom 16. März 1878 in Petersburg, in dem Nikolai Rubinstein unter der Stabführung von Karl Dawydow Tschaikowskys Erstes Klavierkonzert zu Gehör brachte.

213 Cuis Rezension nach der russischen Erstaufführung des Ersten Klavierkonzerts im Jahre 1875 (in der Zeitung *Sankt Peterburgskie Vedomosti*, Nr. 298/1875) war indessen äußerst zurückhaltend ausgefallen.

214 Laroches Rezension nach der russischen Erstaufführung 1875 (in der Petersburger Zeitung *Golos* vom 5. November 1875; deutsch in: Hermann Laroche, *Peter Tschaikowsky - Aufsätze und Erinnerungen*, Berlin 1993, S. 89/90) war ebenfalls äußerst zurückhaltend.

215 Tschaikowskys sinfonische Fantasie *Francesca da Rimini* op. 32 (1876), die Tanejew gewidmet ist, wurde am 11. März 1878 unter Eduard Naprawnik für Petersburg erstaufgeführt.

216 Die Uraufführung von *Francesca da Rimini* in Moskau hatte am 25. Februar 1877 unter Nikolai Rubinstein stattgefunden.

Naprawnik findet großen Gefallen an dem Stück und bemängelt lediglich, daß es zu lang sei: Fünfundzwanzig Minuten für eine Sinfonische Dichtung seien einfach zuviel.

Laroche habe ich noch vor dem Konzert die *Francesca* aus der Partitur vorgespielt. Ihn stört, daß alles zu sehr an Liszt erinnert, und er ist der Meinung, daß Sinfonische Dichtungen nicht Ihr eigentliches Feld sind. Ich glaube, daß er das nur deshalb sagt, weil er Programmusik generell nicht mag. Nach dem Konzert fragte ich bei ihm an, ob er die *Francesca* loben oder verreißen wird. Er antwortete, daß er mehr zum Lob neige.

Korsakow mißfallen die Themen, während er insgesamt von dem Stück einen sehr guten Eindruck hat.

Dawydow hält die *Francesca* nicht nur für das Beste unter Ihren Schöpfungen, sondern für die Krone des gesamten gegenwärtigen Musikschaffens.

Cui und andere sind der Meinung, daß an einigen Stellen der Einfluß von Wagners *Nibelungen* spürbar ist.

Ich habe mich in Petersburg insgesamt zwei Wochen aufgehalten und zum ersten Mal Serows Oper *Judith* gesehen. Mit Anatoli Iljitsch[217], der die Panajewa[218] vergöttert und sich ihretwegen fast umbringt, habe ich oft gemeinsam gefrühstückt und mit ihm Spaziergänge und Kutschfahrten unternommen, bei denen wir mehrmals auch bei Laroche vorbeigeschaut haben.

Bessel ist zutiefst betrübt: Sein kleines »Musikblatt« ist wegen zu geringer Abonnentenzahl eingegangen.[219] Er hatte die [Russische] Musikgesellschaft gebeten, ihm 200 Abnehmer zu garantieren, bekam jedoch keine Hilfe von dort. Folglich wird die Verbreitung von Informationen über das Musikleben zum Stillstand kommen und niemand mehr das Publikum für Musik interessieren. »Ich habe zum Beispiel in meiner Zeitschrift«, so Bessel, »alle Konzertprogramme abgedruckt. Somit wußte selbst jemand in Saratow bestens über die Petersburger Programme Bescheid, und sein Musikinteresse wurde wachgehalten.« Damit ist es nun vorbei!!

»Die Nachwelt wird darüber befinden, ob ich mit meiner Initiative im Recht war«, sagt Wassili Wassiljewitsch [Bessel], »die Geschichte wird darüber ihr Urteil sprechen.«

---

217 Gemeint ist Anatoli Iljitsch Tschaikowsky (1850-1915), der Bruder des Komponisten.

218 Gemeint ist die Laiensängerin Alexandra Walerianowna Panajewa-Karzowa (1853-1942), die in öffentlichen Konzerten und Opernaufführungen auftrat und mit Tschaikowskys Cousin George Pawlowitsch Karzow (1861-1931) verheiratet war. Tschaikowsky hat ihr seine Romanzen op. 47 gewidmet. Sie verfaßte auch Erinnerungen an Tschaikowsky (vgl. V. V. Protopopov (Hrsg.), *Vospominanija o Čajkovskom*, Leningrad 1980, S. 120-138). Vgl. auch Anm. 28.

219 Wassili Bessel hatte ab 1872 ein wöchentliches *Muzykal'nyj listok* [Musikblatt] herausgegeben. Von 1885 bis 1889 erschien dann in seinem Verlag die Zeitschrift *Muzykal'noe obozrenie* [Musikalische Umschau].

Lassen Sie mich nun auf Moskau zurückkommen und auf Ihre 4. Sinfonie, über die ich mich Ihnen gegenüber noch nicht geäußert habe, wofür ich Sie um Entschuldigung bitte. Obwohl es in ihr vorzügliche Stellen gibt, gefällt sie mir weniger als Ihre anderen Werke, beispielsweise die *Francesca.*

Ich zähle einmal alles offen auf, was mir daran nicht gefällt:

1) der erste Satz ist im Vergleich zu den übrigen Sätzen unmäßig lang; er erinnert an eine sinfonische Dichtung, zu der man zufällig drei Sätze hinzukomponiert hat, um daraus eine Sinfonie zu machen. Die Trompeten-Fanfaren[220], die in der Introduktion auftreten und von Zeit zu Zeit wiederholt werden, die Tempowechsel im zweiten Thema: all das zwingt zur Annahme, daß dieser Musik ein Programm innewohnt. Im übrigen liebe ich diesen Satz sehr. Es scheint, daß der Rhythmus

viel zu häufig wiederholt wird, was im Satz etwas ermüdend wirkt. Das Andante ist sehr ansprechend (das mittlere Thema gefällt mir nicht besonders). Das Scherzo ist wundervoll und klingt hervorragend. Das Trio darin mag ich nicht, denn es hat etwas Tanzartiges, wie aus einem Ballett.

Nikolai Grigorjewitsch [Rubinstein] gefällt das Finale am besten, womit ich selbst nicht übereinstimme. Da ich weiß, wie Sie das »Kranich«-Lied[221] verarbeitet haben und mir somit bekannt ist, was Sie aus einem russischen Thema herausholen können, erscheinen mir diese Variationen über das Lied »Stand ein Birkenbaum auf grünem Felde« (Vo pole berezyn'ka stojala) wenig bedeutend und kaum interessant.

Eine Unzulänglichkeit dieser Sinfonie, mit der ich mich niemals abfinden werde: Es gibt in jedem Satz etwas, das an Ballett-Musik erinnert - den Mittelteil im Andante, das Trio im Scherzo, der marschartige Teil im Finale. Beim Hören der Sinfonie muß ich unwillkürlich an Frau Sobestschanskaja[222] oder Hillert den Zweiten[223] denken, was mir die Stimmung verdirbt und mich daran hindert, die zahlreichen Schönheiten der Sinfonie zu genießen.

---

220 Das fanfarenartige Motiv in der Introduktion zum ersten Satz der *Vierten Sinfonie* Tschaikowskys erscheint zunächst in den Fagotten und Hörnern und wird erst dann von den übrigen Bläsern (einschließlich Trompeten) aufgegriffen.

221 Das ukrainische Volkslied *Žuravl'* [Der Kranich], das Tschaikowsky beim Besuch seiner Schwester in Kamenka kennengelernt und aufgezeichnet hatte, spielt die Hauptrolle im Finale seiner *Zweiten Sinfonie* c-Moll op. 17 (1872): Nachdem es in den Violinen zitiert wird, wandert es durch alle Stimmen und wird in meisterlichen Variationen verarbeitet.

222 Anna Ossipowna Sobestschanskaja (1842-1918), russische Ballett-Tänzerin am Moskauer Bolschoi-Theater.

223 Viktor (Stanislaw Feliksowitsch) Hillert (1851-1907), genannt Hillert der Zweite, polnischer Ballett-Tänzer, von 1875 bis 1879 am Moskauer Bolschoi-Theater, nach 1889 am Petersburger Marientheater, tanzte bei der Uraufführung von Tschaikowskys *Schwanensee* die Partie des Prinzen Siegfried.

Das ist meine *ehrliche* Meinung über diese Sinfonie. Möglicherweise sind meine Worte zu rigoros, aber seien Sie deshalb nicht böse auf mich. Es ist nicht verwunderlich, daß mir diese Sinfonie nicht »gänzlich« gefällt: Gäbe es nicht den *Onegin*, den Sie mir mit gleicher Post übersandten, wäre ich vermutlich über die Sinfonie in volle Begeisterung geraten. Sie sind also selbst schuld! Schuld deshalb, weil Sie eine Oper schufen, die alles weitere wesentlich weniger interessant erscheinen läßt, als es tatsächlich ist. Das Studium der Partitur des Onegin bereitete mir soviel Vergnügen, daß ich völlig unfähig bin, auch nur die kleinste Unzulänglichkeit in dieser Musik zu entdecken. Was für eine wunderbare Oper! Und da haben Sie noch die Stirn zu erklären, daß Sie mit dem Komponieren aufhören wollen. Im Gegenteil: Sie müssen jetzt noch viel mehr als früher komponieren. Sie waren noch nie so gut! Da Sie eine solche Vollendung erreicht haben, müssen Sie das auch nutzen.

Alles, was jetzt in Tinte geschrieben steht, habe ich am 22. März in Riga dazugeschrieben. Mein Klavierabend hat am Sonntag stattgefunden (er wurde um einen Tag verschoben), und es saßen vierzig Zuhörer im Saal, was einen Nettoverlust von 10 Rubeln bedeutet. Drei Rigaer Zeitungen brachten Rezensionen, in denen mein Spiel sehr wohlwollend besprochen wurde. Morgen gebe ich einen zweiten Klavierabend und fahre dann nach Mitau[224], von dort nach Petersburg, dann nach Reval[225] und Derpt[226].

Ich habe Ihnen nach San Remo den ersten Satz meiner neuen Sinfonie[227] geschickt. Sie ist doch nicht etwa verlorengegangen?

Die Arbeit an der Transkription Ihrer Sinfonie ist wegen meiner Reisen ins Stokken geraten. Ich benötige ungefähr noch vier Tage für den ersten Satz, um die Bearbeitung abzuschließen. Im Klavierauszug des ersten Aktes des *Eugen Onegin* habe ich einige Veränderungen vorgenommen. Mit liegt daran, daß Sie noch vor der Drucklegung nach Rußland kommen, um selbst noch einmal alles durchzusehen.

An der Stelle in Tatjanas Duett mit der Amme, wo sie diese bittet, den Brief an Onegin zu schicken, steht folgendes

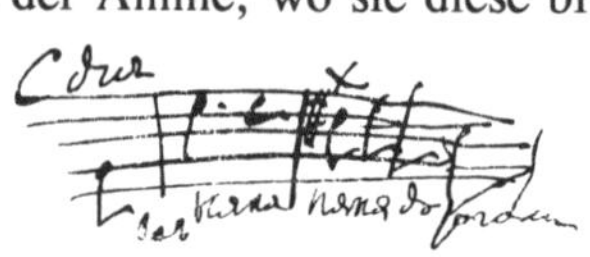

Tatjana singt »dis«, während das Vokalquartett bei der Wiederholung ein einfaches »d« singt. Wie ist es richtig?

Auf bald, Peter Iljitsch, mein Teurer!

Sergej Tanejew

224 Kreisstadt und wichtiger Bahnknotenpunkt in Lettland, russ. Name Mitawa, lettisch: Jelgava.

225 Estnische Hauptstadt, heutiger Name: Tallin.

226 Alter russischer Name der estnischen Stadt Dorpat [1893-1918 unter dem russischen Namen Jurjew], ab 1918 unter dem estnischen Namen Tartu.

227 Gemeint ist Tanejews *Zweite Sinfonie* (1877/78), vgl. Anm. 234.

P.S.: Diese Reise durch verschiedene Städte gefällt mir außerordentlich, und ich fühle mich dabei ausgezeichnet.

II.

Tschaikowsky an Tanejew

Clarens, den 27. März/8. April 1878

Lieber Serjosha,

ich habe Ihren Brief sehr interessiert und mit großem Vergnügen gelesen. Um ihn zu beantworten, müßte ich Ihnen eigentlich jetzt eine eingehende Kritik Ihrer Partitur zusenden, will das aber noch einige Tage hinausschieben. Ich habe die Partitur vor zwei Wochen erhalten, d.h. genau in dem Moment, als ich mein Violinkonzert zu schreiben begann, mit dessen Abschluß ich mich jetzt sehr beeile, um es noch zu meiner Abreise in der nächsten Woche vollständig fertigzustellen.[228] Ich habe Ihre Sinfonie schon einige Male durchgespielt, kann mich aber noch nicht entschließen, Ihnen hierzu eine feste Ansicht mitzuteilen. Sowie ich das Konzert vom Halse habe, werde ich mich ausschließlich mit Ihrer Sinfonie befassen und Ihnen dann ausführlich meine Meinung dazu übermitteln.

Ihre Sorge, Sie hätten sich mit Ihrer Meinung über meine Vierte Sinfonie etwas im Ton vergriffen, ist völlig unbegründet. Es handelt sich einfach um Ihre ehrliche Ansicht, und ich bin Ihnen sehr dankbar, daß Sie mir diese mitgeteilt haben. Gerade das brauche ich auch: eine ehrliche Ansicht und keine Dithyramben.

Dennoch hat mich vieles daran sehr verwundert. Ich kann beim besten Willen nicht begreifen, was in Ihren Augen Ballettmusik ist und warum Sie einer solchen Musik nichts abgewinnen können. Verstehen Sie etwa unter Ballettmusik jede fröhliche Melodie, die einen tänzerischen Rhythmus hat? Dann aber müßten Sie auch gegen die meisten Beethoven-Sinfonien voreingenommen sein, in denen sich auf Schritt und Tritt solche Melodien finden. Oder wollen Sie damit sagen, das Trio in meinem Scherzo sei im Stil von Minkus[229], Gerber[230] oder Pugni[231] komponiert?

---

228 Tschaikowsky hatte mit der Komposition seines Violinkonzerts op. 35 in den ersten Märztagen 1878 begonnen, war am 25. März ans Instrumentieren gegangen und konnte die Arbeit daran im April abschließen. Er widmete das Konzert zunächst Leopold Auer, änderte das jedoch, nachdem Auer abgelehnt hatte, das Konzert öffentlich aufzuführen. Der neue Widmungsträger wurde nun der Violinist Adolf Brodski (1851-1929), der 1879 in Wien der Solist der Uraufführung war. Leopold Auer hat später seine Haltung zu diesem Konzert geändert.

229 Ludwig (Leon) Minkus (eigentlich: Aloisius Ludwig, 1827-1890) war seit 1872 Ballettkomponist am kaiserlichen Theater in St. Petersburg und komponierte 16 Ballettmusiken.

230 Julij Gustavowitsch Gerber (1831-1883), russischer Violinist, Dirigent und Komponist, von 1869 bis 1882 Ballettdirigent und Ballettkomponist am Moskauer Bolschoi-Theater.

Das wäre aber meiner Ansicht nach unberechtigt. Überhaupt kann ich beim besten Willen nicht begreifen, wie mit dem Wort *Ballettmusik* irgendetwas *Negatives* verbunden sein soll! Denn immerhin gibt es ja nicht nur schlechte Ballettmusik, sondern auch wirklich gute: ich verweise nur auf *Sylvia*[232] von Léo Delibes. Falls Sie mir hierin zustimmen, ist es dann nicht völlig egal, ob nun die Sobestschanskaja danach tanzt oder nicht?

Mir bleibt folglich nur die Annahme, daß Ihnen die beanstandeten ballettartigen Stellen der Sinfonie nicht etwa deshalb mißfallen haben, weil sie ballettartig sind, sondern weil sie einfach schlecht sind. Möglicherweise haben Sie damit völlig recht, aber ich kann trotz allem nicht begreifen, warum eine Sinfonie nicht auch Episoden mit tänzerischen Melodien enthalten darf, selbst wenn diese bewußt den Anflug derber Komik haben. Ich verweise in diesem Zusammenhang wieder auf Beethoven, der häufig diesen Effekt verwendete. Dem sei noch hinzugefügt, daß ich bei dem Versuch, zu verstehen, *was* Sie denn Ballettartiges im Mittelteil des *Andante* gefunden haben mögen, zu keinem Ergebnis gekommen bin. Es bleibt für mich ein absolutes Rätsel.

Mit Ihrer Bemerkung, daß es sich bei meiner Musik um Programmusik handelt, bin ich völlig einverstanden. Ich kann nur nicht erkennen, warum Sie das für einen Mangel halten. Ich fürchte mich eher vor dem Gegenteil, d.h. ich möchte auf keinen Fall sinfonische Werke zu Papier bringen, die nichts zum Ausdruck bringen und lediglich aus einem leeren Spiel mit Akkorden, Rhythmen und Modulationen bestehen. Natürlich ist meine Sinfonie Programmusik, aber ihr Programm ist von einer Art, die eine Formulierung in Worten unmöglich macht.[233] Das würde nur die Spötter auf den Plan rufen und obendrein komisch wirken. Aber muß eine Sinfonie, die ja von allen musikalischen Formen die am meisten lyrische ist, nicht auch so sein? Muß sie denn nicht genau das ausdrücken, wofür es keine Worte gibt, was aber aus der Seele herausdrängt und geäußert werden will?

Indes, ich will mich Ihnen erklären: Ich hatte in meiner Naivität angenommen, daß der gedankliche Hintergrund dieser Sinfonie sehr verständlich und daß ihr Sinn, auch ohne das Programm zu offenbaren, im wesentlichen klar ist. Nun kommen Sie aber bitte nicht auf den Gedanken, ich wolle mich vor Ihnen mit großer Gefühlstiefe und grandiosen, nicht formulierbaren Gedanken aufspielen. Mir war es nicht darum zu tun, irgendeinen neuen Gedanken zum Ausdruck zu bringen. Im Grunde ist meine Sinfonie eine Nachempfindung der Fünften von Beethoven, allerdings

---

231 Cesare Pugni (1805-1870), italienischer Komponist, seit 1851 Ballettkomponist am kaiserlichen Theater in St. Petersburg. Pugni komponierte etwa 300 Ballettmusiken (außerdem 10 Opern und 40 Messen).

232 Gemeint ist Léo Delibes Ballett *Sylvia ou La nymphe de Diane* aus dem Jahre 1876.

233 Tschaikowsky hatte jedoch bereits 10 Tage früher das Programm seiner Vierten Sinfonie in einem Brief an Nadeshda von Meck ausführlich formuliert (vgl. Brief vom 17. Februar/1. März 1878, deutsch in: *Teure Freundin - P. I. Tschaikowsky in seinen Briefen an Nadeshda von Meck*, herausgegeben von Ena von Baer und Dr. Hans Pezold, Leipzig 1964, S. 156-159).

nicht in Bezug auf deren einzelne musikalische Gedanken, sondern auf deren Grundidee.

Was meinen Sie, gibt es ein Programm in Beethovens Fünfter Sinfonie? Aber selbstverständlich, und es ist sogar unstrittig, *was* dieses Programm ausdrücken will.

Ungefähr dasselbe liegt auch meiner Sinfonie zugrunde. Und wenn Sie mich nicht verstanden haben, ist daraus lediglich zu folgern, daß ich kein Beethoven bin - woran ich allerdings auch nie gezweifelt habe. Dem sei noch hinzugefügt, daß es in meiner Sinfonie keine einzige Zeile gibt, die ich nicht auch erfühlt habe und die nicht zumindest einen Nachhall aufrichtiger Seelenbewegungen darstellt. Eine Ausnahme hiervon bildet höchstens der Mittelteil des ersten Satzes, bei dem manches künstlich herbeigezogen ist und der einige Nähte und Flicken aufweist - kurz, man spürt eine gewisse Unnatürlichkeit. Ich weiß, daß Sie beim Lesen dieser Zeilen lachen werden, denn Sie sind ein Skeptiker und gehören zu den Spöttern. Mir scheint, daß Sie trotz Ihrer Liebe zur Musik nicht daran glauben, daß man aus einem inneren Äußerungsbedürfnis heraus komponieren kann. Warten Sie nur ab! Die Reihe kommt auch an Sie. Irgendwann einmal, möglicherweise schon sehr bald, werden Sie auch beginnen, nicht deshalb zu komponieren, weil andere Sie dazu auffordern, sondern weil *Sie selbst* das Bedürfnis danach haben. Und erst dann werden auf den prachtvollen Boden Ihres Talentes (eine etwas geschwollene Wortwahl, die aber inhaltlich zutrifft) jene Samen fallen, aus denen herrliche Früchte reifen. Einstweilen aber wartet dieser Boden noch auf den, der ihn bestellen wird.

Übrigens werde ich Ihnen hiervon in meinem nächsten Brief schreiben. In Ihrer Partitur gibt es wunderbare Details, jedoch fehlt..., aber ich eile schon wieder voraus. In meinem nächsten Brief[234] will ich mich ausschließlich Ihnen widmen.[235]

Es war für mich überaus interessant, etwas von den Meinungen über *Francesca* zu erfahren. Cui ist das nicht selbst eingefallen, daß das erste Thema einem russischen Volkslied ähnelt. Er hat das im letzten Jahr von mir gehört. Hätte ich es ihm nicht gesagt, wäre es ihm auch nicht aufgefallen. Die Bemerkung, ich habe unter dem Eindruck der *Nibelungen* komponiert, *entspricht genau den Tatsachen*. Ich habe das selbst während der Arbeit gespürt. Wenn ich mich nicht irre, ist das besonders auffallend in der Introduktion. Ist es nicht merkwürdig, daß ich dem Einfluß eines Kunstwerkes nachgegeben habe, das mir eigentlich überhaupt nicht sympathisch ist?

234 Diesen Brief mit einer ausführlichen Analyse des ersten Satzes von Tanejews [unvollendeter] Zweiter Sinfonie B-Dur [1877/78, Erstveröffentlichung 1977 in einer durch Wladimir Block vollendeten Fassung] schrieb Tschaikowsky am 4./16. April 1878 aus Clarens.

235 Der folgende Absatz wurde aus der in Anm. 210 zitierten Ausgabe des Tanejew-Tschaikowsky-Briefwechsels von der sowjetischen Zensur gestrichen, ohne daß eine solche Streichung im Text kenntlich gemacht wurde. Die Rekonstruktion des Absatzes erfolgt nach der Ausgabe *P. I. Čajkovskij, Polnoe sobranie sočinenij, literaturnye proizvedenija i perepiska*, tom VII, Moskva 1962, S. 202.

In mir hat sich vieles geändert, seit ich Ihnen einst geschrieben habe, daß ich keine Hoffnung mehr habe, weiter komponieren zu können. Ganz unverhofft hat der Teufel meinen Komponistenehrgeiz stärker als jemals angestachelt.

Serjosha, ich bitte Sie, aus der Rechtfertigung meiner Sinfonie keinerlei Unbehagen heraushören zu wollen. Natürlich würde ich wünschen, daß alles von mir Komponierte auch Ihnen gefällt, aber ich bin vollauf zufrieden mit der wohlwollenden Aufmerksamkeit, die Sie mir gegenüber immer zum Ausdruck gebracht haben. Welche Freude es mir bereitet hat, daß Ihnen der *Onegin* gefällt, werden Sie kaum glauben.

Ich gebe sehr, sehr viel auf Ihre Meinung. Je offener Sie diese Meinung zum Ausdruck bringen, umso wertvoller ist sie für mich. Somit sage ich Ihnen noch einmal von ganzem Herzen Dank und bitte Sie, keine Furcht davor zu haben, sich möglicherweise *im Tonfall zu vergreifen*. Ich möchte von Ihnen gerade diese zugespitzt ausgedrückte Wahrheit hören, ganz gleich, ob sie angenehm oder unangenehm ist.

Ihr P. Tschaikowsky

P. S.: Grüßen Sie bitte die Ihrigen und die Maslows[236].

---

236 Familie von Moskauer Juristen und Gutsbesitzern, mit denen Tånejew und Tschaikowsky befreundet waren.

ALEXANDER GLASUNOW[237]

MEINE BEKANNTSCHAFT MIT PETER TSCHAIKOWSKY[238]

Tschaikowskys Bekanntschaft machte ich im Herbst 1884[239] auf einem Abend bei Mili Balakirew, der bekanntlich das Haupt der sogenannten Neuen Russischen Schule war. Zu jener Zeit war sein Kreis nicht sehr zahlreich: Er umfaßte bekannte russische Komponisten und Musiker, die den Prinzipien dieser Schule nacheiferten, sowie deren Verehrer, unter denen es häufig auch Personen gab, die weder mit dieser Schule noch mit der Kunst überhaupt das geringste zu tun hatten.

Obwohl Balakirews Kreis Mitte der 80er Jahre nicht mehr die ideelle Geschlossenheit und Sonderstellung wie früher aufwies, hielten wir Tschaikowsky nicht für einen der Unsrigen. Nur einige seiner Werke wie *Romeo und Julia*, *Der Sturm*, *Francesca da Rimini* und das Finale der Zweiten Sinfonie fanden in unserem Kreis Anerkennung. Seine übrigen Schöpfungen waren uns entweder unbekannt oder fremd geblieben. Balakirew selbst hatte eine sehr hohe Meinung von Tschaikowskys Begabung und dessen späterer tonsetzerischer Meisterschaft, die er uns oft zum Vorbild machte, obwohl er auch die nach seiner Meinung in Tschaikowskys Schaffen vorhandenen Mängel kritisierte. Es gab Zeiten, in denen Balakirew wie ein Despot in Kunstfragen mit gleichsam väterlicher Umsorgung Tschaikowsky dazu drängte, für seine Kompositionen Stoffe zu wählen, die er, Balakirew, für die Natur Tschaikowskys geeignet fand. So geschah es einst mit der Ouvertüre *Romeo und Julia* und später mit der *Manfred*-Sinfonie.[240]

Wir, d.h. besonders die jüngeren Mitgliedern des Balakirew-Kreises, erwarteten die bevorstehende Begegnung mit Tschaikowsky, der - wie gesagt - nicht zu den Unsrigen gehörte, mit einem geradezu unerklärlichen Interesse. Zur festgesetzten Stunde fanden wir uns alle bei Balakirew ein und harrten erregt der Ankunft Tschai-

237 Über Glasunow vgl. Anm. 41.

238 Erstveröffentlichung in: Igor Glebov [= Boris Asaf'ev] (Hrsg.), *Čajkovskij - Vospominanija i pis'ma* (Tschaikowsky - Erinnerungen und Briefe), Leningrad 1924, S. 5-12.

239 Es handelte sich offensichtlich um den 28. Oktober 1884, wie sich aus einem Brief Wladimir Stassows an seinen Bruder Dmitri vom Folgetage rekonstruieren läßt (vgl. V. V. Stasov, *Pis'ma k rodnym*, tom 2, Moskva 1958, S. 172/173). Der Grund für Tschaikowskys Petersburger Aufenthalt war die Inszenierung seiner Oper *Eugen Onegin* am Petersburger Marien-Theater (Premiere am 19./31. Oktober 1884).

240 Die Anregung zur Ouvertüre *Romeo und Julia* hatte Tschaikowsky im Oktober 1869 von Balakirew erhalten. Das Programm zur *Manfred*-Sinfonie hatte Balakirew 1868 zunächst Berlioz angeboten. 1882 äußerte Balakirew in einem Brief an Tschaikowsky die Meinung, daß dieser Stoff eigentlich für ihn genau passend wäre (Brief vom 28. Oktober 1882). Erst zwei Jahre später (am 30. Oktober 1884) gelangte das Programm der *Manfred*-Sinfonie, geschrieben von der Hand Wladimir Stassows mit Anmerkungen Balakirews, an Tschaikowsky (per Brief vom 30. Oktober 1884). Tschaikowsky komponierte die Manfred-Sinfonie von April bis September 1885.
Vgl. auch die Briefe Balakirews an Tschaikowsky im vorliegenden Band.

kowskys. Da er nicht zu unserem Lager gehörte, diskutierten wir die Frage, welche Haltung wir ihm gegenüber einnehmen sollten: am besten wohl die äußerster Zurückhaltung. Das Erscheinen Tschaikowskys beendete sofort die Gezwungenheit unter den Anwesenden, besonders unter der Jugend. In seiner Person vereinten sich Schlichtheit mit Würde, und er machte mit seinen gepflegten, rein europäischen Umgangsformen auf die meisten der Anwesenden den allerbesten Eindruck. Wir begannen alle, erleichtert aufzuatmen. Peter Iljitsch brachte mit seinem Gespräch frischen Wind in unsere etwas angestaubte[241] Atmosphäre und sprach völlig ungezwungen über Gegenstände, über die wir zum Teil aus Ehrfurcht vor der Autorität[242] Balakirews und anderer Mitglieder des Kreises zu schweigen pflegten.

Trotz der für ihn typischen Gastfreundschaft und Herzlichkeit liebte es Balakirew, Anwesende [auf den Abenden des Kreises] tüchtig aufzuziehen, mitunter auch recht bissig und verletzend. An jenem Abend, von dem hier die Rede ist, erlaubte sich Balakirew gegenüber Tschaikowsky eine ziemlich ausfallende Bemerkung über einen Moskauer Musiker und dessen Gattin[243], mit denen Tschaikowsky freundschaftlich verbunden war. Tschaikowsky verstand es jedoch, diese peinliche Situation sofort ins Scherzhafte zu wenden und parierte etwas burschikos mit der Frage, ob er, Balakirew, mit diesen beiden persönlich bekannt sei.[244] Auf die ausweichende Antwort Balakirews, daß über die beiden überall geredet wird, erwiderte Tschaikowsky, daß man Gerüchten nicht glauben dürfe. Balakirew wurde verlegen, begann nervös mit den Augen zu rollen und gab zu verstehen, daß er seine Taktlosigkeit einsehe. Seine Attacken hatten damit ein Ende.

Der Abend verlief äußerst lebhaft. Man redete über Musik und - inwieweit ich mich erinnere - über Tschaikowskys gerade fertiggestellte *Manfred*-Sinfonie.[245] Wenn mich nicht alles täuscht, wurden an diesem Abend Stücke von Ljapunow und mir gespielt.[246] Tschaikowsky ging als erster, und danach zog bei uns wieder die alte gewohnte Atmosphäre ein. Viele von den jüngeren, darunter auch Anatoli Ljadow und ich, verließen Balakirew an jenem Abend unter dem Eindruck der persönlichen Ausstrahlung Tschaikowskys und gingen noch in eine Gastwirtschaft, um uns über die neuen Eindrücke auszutauschen.

---

241 In Glasunows Manuskript sind an dieser Stelle die Worte *drückend* und *dumpf* durchgestrichen.

242 In Glasunows Manuskript sind an dieser Stelle die Worte »angesichts des Glaubens an die Autorität Balakirews« durchgestrichen.

243 Gemeint sind offensichtlich Nikolai und Alexandra Hubert.

244 Im Manuskript sind die folgenden Worte gestrichen: »... und wenn nicht, dann habe er auch nicht das Recht zu diesen Äußerungen. Wie könne er denn Gerüchten Glauben schenken?«

245 Offensichtlich ein Irrtum Glasunows. Möglicherweise sprach man über das Programm einer *Manfred*-Sinfonie, denn wie oben erwähnt hat Balakirew erst am 30. Oktober, d.h. 2 Tage nach diesem Abend, dieses Programm an Tschaikowsky gesandt.

246 Aus dem bereits zitierten Brief Wladimir Stassows an seinen Bruder Dmitri vom 29. Oktober 1884 läßt sich entnehmen, daß Glasunow an diesem Abend seine Zweite Sinfonie fis-Moll op. 16 und die Klaviersuite über das Thema S-A-S-C-H-A op. 2 vorgestellt hatte.

Später hatte ich Gelegenheit, Tschaikowsky noch näher kennenzulernen, und bald entwickelte sich zwischen uns eine enge Freundschaft, die bis an sein Lebensende anhielt. Unsere Begegnungen fanden zumeist in Petersburg statt, wo er zu Aufführungen seiner Opern und Ballette sowie wegen seiner Konzertauftritte weilte. Er blieb aber niemals länger in Petersburg, denn das hauptstädtische Leben empfand er bald als bedrückend, hatte er hier doch nicht die Möglichkeit, sich voll auf sein Schaffen zu konzentrieren. Beim Komponieren war er stets Feuer und Flamme, selbst wenn seine Ideen noch nicht ausgereift waren. Mir gegenüber hat er mehrmals geäußert, er brauche nur auf sein Dorf zu fahren und schon zwei bis drei Tage später überkomme ihn die Inspiration. Die ersten Tage konnten natürlich oft auch peinigend sein. Die Arbeit des Instrumentierens bereitete ihm hingegen - wie er sich äußerte - nicht die geringsten Schwierigkeiten, wodurch sich auch seine hohe Arbeitsgeschwindigkeit und die stets termingemäße Fertigstellung seiner Werke erklären läßt.

Gerade in der schicksalhaften Woche vor seinem Ableben war ich viel mit ihm zusammen. Ich erinnere mich an unseren gemeinsamen Nachhauseweg vom Konzert der Russischen Musikgesellschaft am 16. Oktober 1893, in dem die Sechste Sinfonie unter seiner Leitung uraufgeführt worden war. Er beklagte sich mir gegenüber bitter über den geringen Anklang des Werkes beim Publikum und offensichtlich sogar bei den Musikern.[247] In diesem Zusammenhang meinte er, auch er selbst sei immer enttäuscht, wenn er die erste Aufführung eines seiner Werke erlebe, doch diesmal sei er mit seiner Schöpfung zufrieden gewesen.

Das letzte Mal sah ich Tschaikowsky dann am Mittwoch, d.h. vier Tage vor seinem Tode. Er hatte nach mir geschickt, und ich traf gegen fünf Uhr in seiner Wohnung in der uliza Gogolja (Gogol-Straße) ein. Da es ihm aber schon sehr schlecht ging, bat er mich, wieder zu gehen und meinte, möglicherweise habe er wirklich die Cholera, obgleich er selbst nicht daran glaube, denn ähnliche Anfälle habe er schon öfter gehabt. Am nächsten Tag wurde es zur Gewißheit, daß er todkrank war und niemand wurde mehr zu ihm vorgelassen.

Wollte ich versuchen, das Schaffen der großen russischen Komponisten im einzelnen zu charakterisieren, würde ich Borodin mit einer Heldengestalt aus der vormoskowitischen Zeit, Mussorgsky mit einem gedankenvollen Landbewohner, Rimsky-Korsakow mit einem Zauberer aus den russischen Heldenepen und Tschaikowsky mit einem russischen Gutsbesitzer etwa der Mentalität Turgenjews vergleichen. Tschaikowsky vergötterte das Dorf, liebte das Volk auf seine Weise und kannte es gut aus eigener Erfahrung. Er verstand es, mit Leuten aus dem Volke umzugehen und war überall beliebt. Ich kam 1895 nach Klin, um das Haus zu besichtigen, in dem er einmal gewohnt hatte. Ich werde nie vergessen, wie sich die Kutscher am Bahnhof fast um diese Fahrt geprügelt hätten, als ich ihnen mein Ziel nannte. Ich wählte dann unter ihnen denjenigen mit dem Spitznamen »der Totschlä-

[247] Vgl. hierzu die Erinnerungen Ljadows und Rimsky-Korsakows im vorliegenden Band.

ger«. Äußerst gesprächig, erwies er sich obendrein als genauer Beobachter, der mir von Tschaikowskys Spaziergängen auf der Hauptstraße berichtete, bei denen der Komponist ein »Büchlein in der Hand« gehalten hatte, in das er von Zeit zu Zeit seine Notizen eintrug. Der Kutscher wurde nicht müde, Tschaikowskys Güte zu preisen. Als wir uns verabschiedeten, stellte mir der »Totschläger« plötzlich die Frage, ob es wahr sei, daß ich Tschaikowsky persönlich gekannt habe und der Verblichene der »Schöpfer der Musik von ganz Rußland« sei? So wie er die Frage stellte, klang es, als müßte es wohl auch so sein, so daß ich ohne zu zögern bejahte.

Von einem anderen Fall hat mir meine inzwischen verstorbene Tante berichtet. Sie befand sich auf der Eisenbahnstation Podsolnetschnaja in der Nähe von Klin und hatte an einem kleinen Tisch Platz genommen. Während sie dort auf den Zug wartete, fiel ihr, wie sie sich ausdrückte, ein grauhaariger gutaussehender Greis auf, der es sich in einer Ecke bequem gemacht hatte. Sie rief den Stationsvorsteher, den sie schon lange kannte, um ihn nach dem Namen des Herrn zu fragen. Der Bahnbeamte erklärte ihr, es handele sich um den berühmten Tschaikowsky, der hier in Podsolnetschnaja ein Anwesen kaufen wolle. Meine Tante bat den Vorsteher, Tschaikowsky auszurichten, daß sie gern seine Bekanntschaft machen würde. Hierauf erhielt sie zur Antwort: »Wo denken Sie hin, Gnädigste, *seinesgleichen* ziehen es vor, sich mit unsereins zu unterhalten!«, so daß die Bekanntschaft nicht zustande kam.

Tschaikowsky verhielt sich sehr zurückhaltend gegenüber den Lobeshymnen, mit denen er förmlich überschüttet wurde, konnte sich aber auch Kritiken in der Presse, die für ihn unangenehm waren, sehr zu Herzen nehmen. Auf die Stimmungen in seiner Umgebung pflegte er sehr sensibel zu reagieren. So war er am Tag nach der Premiere seiner *Zauberin*[248], die keinen Erfolg gehabt hatte, Gast bei Rimsky-Korsakow. Da den meisten der dort Anwesenden die Oper offensichtlich nicht gefallen hatte, ging Peter Iljitsch in die Offensive und enthob den Gastgeber und seine Gäste aller Peinlichkeiten mit der Erklärung: »Meine Oper ist durchgefallen, und ich würde darum bitten, heute nicht darüber zu reden.«

In den 80er Jahren und auch später zeigten die Komponisten des allmählich auseinanderfallenden Balakirew-Kreises wie Balakirew selbst, Borodin, Cui und Rimsky-Korsakow[249] gegenüber Tschaikowsky eine - wie bereits von mir erwähnt - nur aus reinem Parteidenken zu erklärende Zurückhaltung, die Anhänger des Kreises sogar eine gewisse Feindseligkeit und Unduldsamkeit. Es gab allerdings Ausnahmen. Nikolai Rimsky-Korsakow, der später viel von Tschaikowskys Oper *Pique Dame* zu halten begann und sie aufrichtig mochte, äußerte mir gegenüber einmal sein Bedauern darüber, daß er das Tschaikowsky selbst nicht mehr habe sagen

---

[248] Die Premiere von Tschaikowskys *Zauberin* hatte unter der Leitung des Komponisten am 20. Oktober 1887 am Petersburger Marientheater stattgefunden.

[249] Mussorgsky habe ich im Kreis nicht mehr erlebt: Er war bereits 1881 verstorben (**Anm. v. Alexander Glasunow**).

können. Dem fügte er noch hinzu: »Sicherlich hätte er sich über meine Meinung zu dieser Oper, die zweifellos seine beste ist, sehr gefreut.«

Tschaikowsky seinerseits verhielt sich gegenüber den Schöpfungen der Neuen Russischen Schule wie auch zu den Werken Liszts und Wagners in gewisser Weise teilnahmslos, da er von seiner Natur her deren Richtung und deren Schaffensprinzipien fremd gegenüberstand.[250] Nach meinem Eindruck stand ihm der Sinn mehr nach den Schöpfungen von Anton Rubinstein, wenngleich er auch hier häufig die Mängel der Faktur und Nachlässigkeiten in der Setzweise kritisierte. Trotz allem fand Tschaikowsky lobende Worte für das *Papageienlied* aus *Boris Godunow*, hatte eine sehr hohe Meinung vom ersten Satz der Zweiten Sinfonie Borodins sowie dem *Chor der Landleute* aus dessen Oper *Fürst Igor* und war äußerst angetan von der kompositorischen Meisterschaft Rimsky-Korsakows. Zu den Musikwerken César Cuis hatte Tschaikowsky eine eher ablehnende Haltung und mochte ihn weder als Komponisten noch als Musikkritker, immer eingedenk, wie dieser ihm nicht wenig zugesetzt hatte.[251]

Was mich selbst betrifft, sei hier eingeflochten, daß meine eigenen Kunstansichten mit denen Tschaikowskys differierten. Dennoch habe ich beim Studium seiner Schöpfungen darin viel Neues und für uns als damals noch junge Musiker Lehrreiches gefunden. Es fiel mir auf, daß Tschaikowsky, der doch vor allem Lyriker und Melodiker war, opernhafte Elemente in die Sinfonie einbrachte. Ich bewunderte weniger das thematische Material seiner Schöpfungen als vielmehr die inspirierte Entfaltung seiner Gedanken, sein Temperament und die Vollkommenheit der Faktur.

Mein eigenes Schaffen verfolgte Tschaikowsky mit Interesse, bemerkte und begrüßte entsprechende Erfolge, erwartete aber von mir Größeres in der Zukunft. Da meine Bekanntschaft mit ihm nur kürzere Zeit (insgesamt neun Jahre) und unsere engere Freundschaft noch weniger gedauert hatte, hat er nur wenige meiner Werke bis hin zum Ersten Konzertwalzer [D-Dur op. 47], an dem er Gefallen fand, kennenlernen können. Wohl noch am ersten Abend unserer Bekanntschaft hatte mir

[250] Diese etwas zu sehr pauschalisierende Aussage Glasunows muß vor dem Hintergrund eigener Äußerungen Tschaikowskys (vgl. dessen *Interview für die Zeitschrift »Peterburgskaja Žizn'« vom November 1892* [abgedruckt im vorliegenden Band]) relativiert werden.

[251] In Tschaikowskys *Autobiographischer Beschreibung einer Auslandsreise im Jahre 1888* sind zum Beispiel die folgenden Worte auf Cui gemünzt:
»Ein sehr bekannter Musikkritker, der in seinen Urteilen über mich noch nie Maß und Ziel gekannt und einst mein erstes Auftreten als Komponist mit den Worten begrüßt hatte: 'Herr Tschaikowsky taugt nichts, er hat keinen Funken Begabung', dieser selbe strenge, aber heuchlerischer Richter aus der Petersburger Redaktionsstube, konnte nun diesmal die Wahrheit nach der anderen Richtung hin verzerrend, nicht oft genug wiederholen, daß ich ein 'vorzüglicher Kapellmeister' sei. Aber ich glaubte ihm das ebensowenig wie damals die Bescheinigung meiner absoluten Talentlosigkeit.« (deutsch zitiert aus: Peter Tschaikowski, *Erinnerungen und Musikkritiken*, herausgegeben von Richard Petzoldt und Lothar Fahlbusch, Leipzig 1974, S. 36)
Über das Verhältnis von Tschaikowsky zu Cui vgl. auch: Marek Bobéth, *Čajkovskijs Zeitgenossen aus der Sicht des Komponisten bei besonderer Berücksichtigung der Beziehungen zum »Mächtigen Häuflein«*, in: *Tschaikowsky-Studien*, Band 1, Mainz (Schott), angekündigt für 1994.

Peter Iljitsch gesagt, er habe mein soeben im Druck erschienenes Erstes Streichquartett durchgesehen, und in dessen drittem Satz hätte ihm eine Episode derart gefallen, daß er einige Takte[252] davon in sein Notizbuch übertragen habe. Er kannte auch meine Dritte Sinfonie, die ihm gewidmet ist. Vieles in ihr fand seine Zustimmung, und ich habe ihm mehrmals auf seine Bitte hin das Scherzo aus der Sinfonie auf dem Klavier vorgespielt. Auf meine Frage, worin er den wichtigsten Mangel in meinen Werken sehen würde, meinte er: »Einige Längen und das Fehlen von Pausen.« Später, als Peter Iljitsch schon längst nicht mehr unter den Lebenden weilte, habe ich mich stets an seine Worte erinnert und mich in meinem weiteren Schaffen immer bemüht, sie zu beherzigen.

---

[252] Gemeint ist Glasunows Erstes Streichquartett D-Dur op. 1 (im Druck erschienen 1882). Tschaikowsky hatte über seinen angenehmen Eindruck von dem Quartett am 12. September 1883 in einem Brief an seinen Bruder Modest berichtet.

ANATOLI LJADOW[253]

PETER TSCHAIKOWSKY - EIN MANN VON UNGEWÖHNLICHER BESCHEIDENHEIT[254]

Ich war mit Peter Tschaikowsky lange Jahre befreundet und habe mich stets über die ungewöhnliche Bescheidenheit gewundert, die Tschaikowsky gegenüber seinen, für einen russischen Komponisten geradezu sensationellen Erfolgen an den Tag legte. Nach der Uraufführung seiner *Sechsten Sinfonie*, die unter seiner eigenen Leitung am 16. Oktober 1993 im Gebäude der Adelsversammlung stattfand, ging ich zu ihm ins Künstlerzimmer und erschien dort gerade in jenem Moment, als Andronik Klimtschenko[255], damals einer der Direktoren der Kaiserlichen Russischen Musikgesellschaft, unter einer Fülle von Liebenswürdigkeiten andeutete, daß ihm die Sinfonie mißfallen habe.

»Anatoli hat die Sinfonie jedoch gefallen«, wandte sich Tschaikowsky an mich, denn er hatte sehr wohl gespürt, daß das Publikum trotz allen Beifalls seinem neuen Werk recht kühl begegnet war. Ich konnte meine Meinung reinen Herzens sagen, denn seine neue Sinfonie hatte bereits damals bei mir einen starken Eindruck hinterlassen.

Viele Musiker, die im Konzert gewesen waren, trafen sich damals noch zu einem Essen in Palkins Restaurant. Es wurde über die jungen Komponisten gesprochen, und Tschaikowsky, der stets etwas für die Jugend übrig hatte, sprach voller Herzlichkeit und sogar mit Begeisterung über Georgi Conus[256]. Die Atmosphäre während des Essens war überaus lebhaft, und es entstand sogar eine ausgelassene Stimmung - niemandem der Anwesenden kam in den Sinn, daß dieses Zusammentreffen mit Tschaikowsky das letzte sein könnte und schon neun Tage später dieser bescheidene, zuvorkommende Mann und überragende russische Komponist nicht mehr unter uns weilen würde.

---

253 Anatoli Konstantinowitsch Ljadow (1855-1914), bekannter russischer Komponist, gehörte zu den jüngeren Mitgliedern des Balakirew-Kreises und seit den 1880er Jahren zum Beljajew-Kreis.

254 Veröffentlicht unter dem Titel *P. I. Čajkovskij - neobyčajnyj skromnik* in Nr. 44/1913 der Wochenzeitung *Sol'nce Rossii* (Die Sonne Rußlands), die der 20. Wiederkehr des Todestages Tschaikowskys gewidmet war. Ljadows kurzer Artikel ist in sowjetischer Zeit nicht mehr nachgedruckt worden.

255 Andronik Michailowitsch Klimtschenko (1831-1909), stellvertretender Vorsitzender der Petersburger Abteilung der Russischen Musikgesellschaft und Inspektor des Petersburger Konservatoriums.

256 Georgi Eduardowitsch Conus (1862-1933), russischer Komponist und herausragender Musiktheoretiker, entwickelte die *Theorie der Metrotektonik.* 1902 Professor an der Schule für Musikdramatik bei der Moskauer Philharmonischen Gesellschaft (1904 bis 1905 Direktor dieser Schule), 1912 bis 1919 Kompositionsprofessor des Konservatoriums Saratow (1917-1919 dessen Rektor), ab 1920 Professor am Moskauer Konservatorium.

Welcher Art war das Verhältnis zwischen Tschaikowsky und Anton Rubinstein? Rubinstein verhielt sich den Schöpfungen Tschaikowskys gegenüber kühl und zurückhaltend (lediglich über den 1. Satz der *Fünften Sinfonie* hat er sich mir gegenüber anerkennend geäußert), worunter Peter Iljitsch sehr gelitten hat. Seine eigene Einstellung zu Anton Rubinstein war hingegen stets die von begeisterter Zustimmung. Nach einem Essen im »Hotel Europa«, das nach einem Sinfoniekonzert der Kaiserlichen Russischen Musikgesellschaft stattgefunden hatte, wurden die beiden einmal gezwungen, Bruderschaft zu trinken. Doch auch danach wagte Tschaikowsky noch nicht, seinen großen Lehrer mit »Du« anzureden.

NIKOLAI SOLOWJOW[257]

»OBWOHL TYPISCH RUSSISCH, WIRD SEINE MUSIK AUF DER GANZEN WELT VERSTANDEN«[258]

Tschaikowsky ist der erste unserer großen russischen Komponisten, der als Schüler des seinerzeit bekannten Theoretikers Nikolai Zaremba[259] sein schwieriges Tätigkeitsfeld auch voll gerüstet mit konsequent angeeigneten theoretischen Kenntnissen antreten konnte.

Tschaikowsky muß als der erste auch theoretisch gebildete russische Komponist angesehen werden, denn sowohl der große Glinka als auch die hochbegabten Komponisten Serow, Dargomyshski und Rubinstein hatten in ihrer Jugend keine Gelegenheit, sich unter Anleitung eines erfahrenen Professors die einschlägigen Kenntnisse systematisch und über eine längere Zeit anzueignen.

Welchen Aufgaben sich Tschaikowsky als Komponist auch immer stellte, man spürte stets und in allem seine Erfahrung und Meisterschaft. In Bezug auf seine kompositorische Begabung gehörte Tschaikowsky zu den sehr seltenen Erscheinungen, die talentvolle Melodiker sind und sowohl allgemein in der musikalischen Faktur als auch speziell in der Harmonik einen feinen Geschmack beweisen.

Als Komponist von Instrumentalmusik hat Tschaikowsky Wertvolles geleistet, und seine Werke werden noch lange als herausragende Musterbeispiele unseres russischen Musikschaffens gelten. Obwohl in ihrem Charakter typisch russisch, wird Tschaikowskys Musik auf der ganzen Welt verstanden.

Der Instrumentalkomponist Tschaikowsky steht über dem Opernkomponisten. Tschaikowsky hat lange und hartnäckig um Meisterschaft in der Opernkomposition gerungen, und dennoch läßt sich sogar von seinen besten Opern *Eugen Onegin* und *Pique Dame* nicht sagen, daß sie in jeder Hinsicht als mustergültig anzusehen sind. Beide enthalten herrliche Stellen von seltener Schönheit und sogar ganze Szenen und Bilder, die in ihrer Geschlossenheit hervorragend sind, beispielsweise die Szene im Schlafzimmer der Gräfin und die Kasernenszene in der *Pique Dame*.

Leider läßt sich das nicht über den ersten Akt von *Pique Dame* und über einige Bilder von *Eugen Onegin* sagen.

---

[257] Nikolai Feoptemptowitsch Solowjow (1846-1916), russischer Komponist und Musikkritiker, unterrichtete von 1874 bis 1906 Musiktheorie am Petersburger Konservatorium (von 1885 bis 1909 Kompositionsprofessor daselbst). Ab 1905 Leiter der Hofsängerkapelle.

[258] Veröffentlicht unter dem Titel *P. I. Čajkovskij - enciklopedist v muzyke* in Nr. 44/1913 der Wochenzeitung *Sol'nce Rossii* (Die Sonne Rußlands), die der 20. Wiederkehr des Todestages Tschaikowskys gewidmet war. Solowjows kurzer Artikel ist in sowjetischer Zeit nicht mehr nachgedruckt worden.

[259] Nikolai Iwanowitsch Zaremba (1821-1879), Komponist und Musiktheoretiker, Professor am Petersburger Konservatorium und in den Jahren 1867-1871 dessen Direktor.

Tschaikowskys Arbeitseifer war geradezu sprichwörtlich, und es gab unter den russischen Komponisten seiner Zeit nur einen einzigen, der es hierin mit ihm aufnahm: Nikolai Rimsky-Korsakow. Tschaikowskys Schaffen erstreckte sich auf die verschiedenen Genres: die Sinfonik, die Kammermusik, Instrumentalkonzerte, Musik für Kinder, Oper und Ballett sowie geistliche Musik. Wenngleich er hier auch keine strenge Religiosität an den Tag legte, war es ihm doch gegeben, den geistlichen Gesängen beachtlichen chorischen Glanz zu verleihen. Tschaikowsky hat sich nicht nur aufs Komponieren beschränkt, sondern auch ein Lehrbuch der Harmonielehre verfaßt und Gevaerts Instrumentationslehre[260] ins Russische übersetzt - Bücher, die heute [1913] leider eine bibliographische Seltenheit geworden sind.

Das wäre in kurzen Zügen alles, was ich über diesen genialen und großartigen russischen Komponisten mitteilen kann und mir zur Veröffentlichung in der Presse notwendig erscheint.

260 Gemeint ist Tschaikowskys Übersetzung von François Auguste Gevaerts *Traité général d'instrumentation* (Genf 1863) ins Russische (1865), die als Neudruck im Band IIIb der Beihefte zur russischen Tschaikowsky-Gesamtausgabe 1961 in Moskau erschienen ist.

SERGEJ RACHMANINOW[261]

TSCHAIKOWSKY UND MEINE OPER »ALEKO«[262]

Im Jahre 1892 absolvierte ich das Moskauer Konservatorium und konnte mich bereits im nächsten Jahr dank der Hilfe Tschaikowskys ganz unerwartet zu geradezu unglaublichen Höhen aufschwingen. Für meinen Operneinakter *Aleko* nach einem Libretto, das 1892 allen Absolventen in der Klasse Freie Komposition für eine Examensoper[263] vorgegeben war, hatte ich die Goldmedaille erhalten, und Tschaikowsky war auf meine Oper aufmerksam geworden. Sein Einfluß in russischen Musikkreisen war so stark, daß man sofort seinem Rat folgte und die Oper am Kaiserlichen Bolschoi-Theater zur Aufführung angenommen wurde. Das war natürlich ein außerordentliches Ereignis, dessen Ungewöhnlichkeit nur noch dadurch übertroffen wurde, daß die Großmutter des jungen Komponisten bei der Premiere in einer Loge des Zwischenrangs anwesend war.

Der gewaltige Erfolg der Oper war jedoch - wie mir scheint - eher dem jugendlichen Alter des Komponisten zuzuschreiben, der sich mit ungeschickten Verbeugungen vor dem heftig applaudierenden Publikum verbeugte. Ein noch größerer Anteil daran war offensichtlich dem Einfluß Tschaikowskys zu verdanken.

Doch ach: Der so überwältigende Erfolg erwies sich als kurzlebig. Mein *Aleko* hatte 1893 kurz vor der Sommerpause Premiere.[264] Die Herbstsaison begann erst wieder am 1. September, d.h. nach einer spielfreien Zeit von vier Monaten.

Tschaikowsky wünschte, mein *Aleko* möge am Bolschoi-Theater zusammen mit seinem Einakter *Jolanthe* an einem Abend gegeben werden. Sowohl er selbst als auch die Theaterdirektion äußerten mir gegenüber, daß ein solcher Opernabend mit

261 Sergej Wassiljewitsch Rachmaninow (1873-1943), berühmter russischer Komponist und Pianist, lebte nach 1917 außerhalb Rußlands (ab 1935 in den USA). Zur Meinung Tschaikowskys über Rachmaninows Opernerstling Aleko vgl. auch Tschaikowskys Presseinterview vom 6. Dezember 1892 [abgedruckt im vorliegenden Band].

262 Aus: Sergej Rachmaninov, *Vospominanija* (Erinnerungen), in: Zarui Apetjan (Hrsg.), *Sergej Rachmaninov - Literaturnoe nasledie*, tom 1, Moskva 1978, S. 53/54.

263 Das Libretto nach dem bekannten Puschkin-Poem *»Die Zigeuner«* stammte von Wladimir Nemirowitsch-Dantschenko und wurde den drei Prüflingen (außer Rachmaninow noch Nikita Morosow und Lew Conus) am 15. März 1892 ausgehändigt. Nach dem Abschlußexamen am 7. Mai wurden auf der Abschlußfeier am 31. Mai 1892 neben dem Intermezzo aus Rachmaninows Oper auch Ausschnitte aus den *Aleko*-Vertonungen der beiden anderen Absolventen aufgeführt. Tschaikowsky, der Mitglied der Prüfungskommission war, hatte Rachmaninow die Note »5« (= sehr gut) erteilt und mit vier Pluszeichen umrahmt (vgl. auch Sergej Rachmaninov, *Vospominanija, zapisannye Oskarom fon Rizemanom*, Moskva 1992, S. 43 [= russ. Version von: *Rachmaninoff's Recollections, told to Oskar von Riesemann*, London 1934].

264 Die Premiere von Rachmaninows Operneinakter *Aleko* am Moskauer Bolschoi-Theater, bei der Tschaikowsky anwesend war, hatte am 27. April 1893 stattgefunden.

beiden Einaktern zum ersten Mal für Dezember 1893 vorgesehen war. Am 25. Oktober 1893 ist Tschaikowsky dann verstorben.[265]

Meine Laufbahn als Komponist, die mit der Hilfe Tschaikowskys so vielversprechend begonnen hatte, fand mit seinem Tode vorerst eine jähe Unterbrechung. Tschaikowskys *Jolanthe* kam zwar wie vorgesehen im Dezember am Bolschoi-Theater heraus, aber nicht mit meinem *Aleko*, sondern mit irgendeiner anderen Oper[266]. *Aleko* aber erschien nie mehr auf der Bühne des Moskauer Bolschoi-Theaters.[267]

265 In seiner Erschütterung über den Tod Tschaikowskys begann Rachmaninow sofort mit der Komposition seines *Trios élégiaque* op. 9 (»Zum Gedenken an einen großen Künstler«), das am 31. Januar 1894 in Moskau uraufgeführt wurde.

266 Die Moskauer Premiere von Tschaikowskys *Jolanthe* hatte am 11. November 1893 stattgefunden. Die zweite Oper des Opernabends war Ruggiero Leoncavallos *Pagliacci*.

267 Rachmaninows Angaben seien hiermit präzisiert: Die Oper *Aleko* wurde tatsächlich zunächst abgesetzt. Ihre Wiederaufnahme am Bolschoi-Theater fand dann aber in der Spielzeit 1903/1904 statt, in der sie achtmal gegeben wurde.

WASSILI BESSEL

»DIE MOSKAUER VERLAGSFIRMA WAR STÄRKER ALS WIR« (ERINNERUNGEN EINES MUSIKVERLEGERS) [268]

In einer Zeit, in der in Petersburg eine musikalische Ausbildung, d.h. Klavierunterricht bei einem guten Lehrer (der fast immer ein Ausländer war), zu den seltenen Luxusgütern gehörte, und in der in Rußland die Beschäftigung mit *Musiktheorie* gute Fremdsprachenkenntnisse (vor allem der deutschen Sprache) zur Vorraussetzung hatte, denn dieses damals seltene Fach wurde ausschließlich von Ausländern unterrichtet (Hunke[269], Decker[270] und Stiehl[271]) - in dieser also für unsere Musik traurigen Zeit entstand 1858 in Petersburg aus den Trümmern der früheren »Sinfonischen Gesellschaft« (d.h. auf der Basis ihrer veränderten Satzung) die »Russische Musikgesellschaft«, die sofort nach ihrer Gründung daranging, verschiedene Musikklassen ins Leben zu rufen, zu denen auch eine Klasse mit »Vorlesungen zur musikalischen Kompositionstheorie« gehörte.

Für die letztgenannte Klasse war es der neuen Musikgesellschaft gelungen, in der Person von Nikolai Zaremba[272] (einem Schüler des berühmten Berliner Professors Adolf Bernhard Marx[273]) eine Lehrerpersönlichkeit zu gewinnen, deren Bedeutung

---

268 Wassili Wassiljewitsch Bessel (1842-1907), Begründer und Miteigentümer eines Musikverlages in Petersburg, Mitschüler Tschaikowskys am Petersburger Konservatorium, Violaspieler, Musikkritiker und einer der ersten Verleger der Werke Tschaikowskys.
Die Erinnerungen Bessels, die wir aus Platzgründen nur auszugsweise wiedergeben können, sind im *Ežegodnik Imperatorskich teatrov* (Jahrbuch der Kaiserlichen Theater), Spielzeit 1896/97, Band 1, Petersburg 1898, S. 19-43 erschienen [auch als Separatdruck]. Bessels Erinnerungen wurden in sowjetischer Zeit nicht nachgedruckt.

269 Josef Frantisek (Ossip Karlowitsch) Hunke (1801-1893), tschechischer, in Rußland ansässiger Komponist und Musiktheoretiker, ab 1834 in Petersburg Violinist und Organist im Orchester der Kaiserlichen Theater, ab 1864 Lehrer für Musiktheorie an der Hofsängerkapelle, 1872 Bibliothekar am Petersburger Konservatorium.

270 Konstantin Decker-Schenk (1810-1878), österreichischer, in Rußland ansässiger Pianist, Komponist und Musiktheoretiker, Professor des Petersburger Konservatoriums. Sein damals international als Gitarren- und Mandolinenvirtuose bekannter Bruder Johann Decker-Schenk (1825-1899) besaß in Petersburg ein Operettentheater und ist auch als Komponist von komischen Opern und Operetten hervorgetreten.

271 Heinrich Franz Daniel Stiehl (1829-1886), deutscher, zeitweilig in Rußland ansässiger Orgelvirtuose und Komponist, 1853 bis 1866 Organist an der Sankt-Petri-Kirche in Sankt Petersburg, 1874 bis 1878 Direktor des Cäcilienvereins in Belfast, 1878 Klavierlehrer in Hastings, danach bis zu seinem Tode Organist und Direktor der Singakademie in Reval.

272 Nikolai Iwanowitsch Zaremba (1821-1879), Komponist und Musiktheoretiker, Professor am Petersburger Konservatorium und in den Jahren 1867-71 dessen Direktor.

273 Adolf Bernhard Marx (1795-1866), deutscher Musiktheoretiker und Komponist, Universitätsmusikdirektor in Berlin. Seine *Lehre von der musikalischen Komposition*, die in vier Bänden 1837

aufgrund ihrer hohen Bildung, ihrer tiefen Ergebenheit für die Musik und ihrer prachtvollen Vortragsgabe gar nicht hoch genug gewürdigt werden kann. Für die besagten »Vorlesungen zur musikalischen Kompositionstheorie« hatten sich nur wenige einschreiben lassen, die aus den verschiedensten Gesellschaftsschichten stammten, unter ihnen auch der Verfasser dieser Zeilen (der damals bereits das Violinspiel als Beruf ausübte) und der Beamte aus dem Justizministerium Peter Tschaikowsky. Andere Hörer dieser Vorlesungen, die später als Musiker bekannt wurden, waren die beiden Pianisten Iwan Rybassow[274] und Gustav Kross[275], die beide inzwischen schon verstorben sind.

In der ersten Zeit blieb der äußerst sensible, zurückhaltende und sogar schüchterne Tschaikowsky ziemlich isoliert: keiner der Mitstudenten suchte seine Bekanntschaft oder versuchte, sich mit ihm anzufreunden. Einziger Gesprächspartner für ihn war sein Bekannter, der sich gleichzeitig mit ihm für diese Vorlesungen eingetragen hatte: der Offizier Mossolow. Im ersten Winter fanden diese Vorlesungen in einer Privatwohnung statt, später dann im Michailow-Palais, und zwar im Erdgeschoß jenes Flügels, in dem die Großfürstin Jelena Pawlowna[276], die Hohe Schirmherrin der Russischen Musikgesellschaft und des »künftigen Konservatoriums«, ihre Wohngemächer hatte.

Am 8. September 1862, dem Tag der Tausendjahrfeier Rußlands, wurde dann das Konservatorium in Petersburg eröffnet. Von allen Zaremba-Schülern wurden Kross, Rybassow, Tschaikowsky und ich am Konservatorium immatrikuliert.[277] Die ersten beiden (die Pianisten) und der Verfasser dieser Zeilen (ein Violinist), d.h. alle drei »Instrumentalisten«, ließen sich für zwei Hauptfächer eintragen, während Tschaikowsky (obgleich damals ein hervorragender Pianist) nur ein einziges Hauptfach wählte, und zwar die Kompositionstheorie, so daß wir alle Musiktheorie- und Instrumentationsklassen mit Tschaikowsky gemeinsam besuchten. In jener Zeit kam es auch zu einer ersten Bekanntschaft zwischen mir und Peter Tschaikowsky, der sich als sympathischer und herzensguter Gefährte erwies.

In den über drei Jahren unserer gemeinsamen Studienzeit verbrachten wir nicht wenig Zeit in heiteren, stets interessanten und geistvollen Gesprächen, und zwar nicht nur in den Räumen des Konservatoriums (das sich damals noch im Eckhaus

---

bis 1847 in Leipzig erschienen war, bildete für Generationen von Musikern in und außerhalb Deutschlands die Grundlage ihrer Ausbildung.

274 Iwan Jossifowitsch Rybassow (1841-1875), russischer Pianist, Dirigent und Musiklehrer, unterrichtete Klavier am Petersburger Konservatorium (1866-1871) und wirkte ab 1870 als Dirigent des Orchesters am Petersburger Alexandrinski-Theater.

275 Gustav Gustavowitsch Kross (1831-1885), russischer Pianist, Komponist und Musiklehrer, ab 1867 Professor am Petersburger Konservatorium, Solist der russischen Erstaufführung von Tschaikowskys Erstem Klavierkonzert am 1. November 1875 in Petersburg.

276 Die russische Großfürstin Jelena Pawlowna (1806-1873) war von 1859 bis zu ihrem Tode Schirmherrin und Präsidentin der Russischen Musikgesellschaft.

277 Natürlich wurden noch einige weitere Personen, die nicht Zarembas Schüler gewesen waren, ins 1. Studienjahr aufgenommen. **(Anm. v. W. Bessel)**

Mojka/Demidow-Gasse befand und in dem wir fast täglich mehrere Stunden - manchmal auch am Abend - zubrachten), sondern auch an anderen Orten, an denen wir uns in unserer Freizeit oft zu froher Runde zusammenfanden. Ein ganz zufälliger Umstand hatte mich Tschaikowsky noch nähergebracht: Peter Iljitsch machte mir als einem Schüler von Professor Wieniawski[278] das Angebot, ich solle seinem Bruder Anatoli[279] (der damals noch Zögling der Rechtsschule war und bei seinem Vater[280] - damals Direktor des Technologischen Instituts - wohnte) zu Hause Violinstunden erteilen.

Im Konservatorium wurde Peter Tschaikowsky sehr bald (d.h. nach einem halben Jahr) vom weiteren Besuch des Pflichtfaches Klavier bei Professor Herke[281] befreit, bei dem er bereits als Zögling der Rechtssschule Klavierstunden hatte. 1863 stiftete Anton Rubinstein[282], der unvergeßliche Gründer und Direktor des Konservatoriums, aus eigenen Mitteln zwanzig Stipendien für eine unentgeltliche Ausbildung im Blasinstrumentenspiel, um so schnell wie möglich aus Konservatoriumsschülern ein Orchester bilden zu können. Diese Gelegenheit nutzte übrigens auch Peter Iljitsch, um das Flötenspiel zu erlernen. Er machte dabei so erstaunliche Fortschritte, daß er, als das Orchester nach einem oder anderthalb Jahren gebildet wurde, ohne weiteres die Partie der ersten Flöte übernehmen konnte. Neben Tschaikowskys eigenem Naturtalent mag zu diesem Erfolg auch seine Freundschaft zu dem Flötisten Ciardi[283], einem der sympathischsten Professoren am Konservatorium, beigetragen haben. Die Proben dieses Konservatoriumsorchesters, die direkt unter seinem Gründer Anton Rubinstein stattfanden und an denen einige Studenten beteiligt waren, die im späteren Musikleben sehr bekannt geworden sind[284], werden mir immer im Gedächtnis bleiben. Zweifellos ist Tschaikowsky sein gründliches

278 Henryk Wieniawski (1835-1880), berühmter polnischer Violinvirtuose und Komponist, lebte von 1859 bis 1872 in Rußland.

279 Anatoli Iljitsch Tschaikowsky (1850-1915), jüngerer Bruder des Komponisten, Jurist (Unteruschungsrichter, Staatsanwalt am Gericht in Tiflis), Vizegouverneur in Tiflis, Reval und Nishni Nowgorod, später Senator.

280 Ilja Petrowitsch Tschaikowsky (1795-1880), Vater des Komponisten, Bergbauingenieur, war von 1858 bis 1863 Direktor des Technologischen Instituts in Petersburg.

281 Anton (Otton) Awgustowitsch Herke (1812-1870), berühmter russischer Pianist und Klavierpädagoge, ab 1862 Professor des Petersburger Konservatoriums. Über den hier beschriebenen Vorgang vgl. ausführlicher Hermann Laroche, *Erinnerungen an Peter Tschaikowsky (1893)*, in: Hermann Laroche, *Peter Tschaikowsky - Aufsätze und Erinnerungen*, Berlin 1993, S. 175.

282 Anton Grigorjewitsch Rubinstein (1829-1894), Komponist, Pianist und Dirigent, Begründer des Petersburger Konservatoriums und einer der Organisatoren der Russischen Musikgesellschaft.

283 César Ciardi (1818-1877), italienischer, in Rußland ansässiger Flötenvirtuose und Komponist für sein Instrument.

284 Die Klarinette wurde beispielsweise von dem heute als Pianisten und Konservatoriumsprofessor bekannten Wiktor Tolstow geblasen, an den Pauken saß Hermann Laroche, in der Cello-Gruppe spielte der heutige Orgelprofessor unseres Konservatoriums Louis Homilius usw. (**Anm. v. W. Bessel**)

Flötenstudium später sehr zugute gekommen: Vielen seiner Partituren ist die genaue Kenntnis dieses vom ihm so geliebten Instrumentes deutlich anzumerken.

Die Konservatoriumsklasse für praktische Komposition und Instrumentation hatte Anton Rubinstein selbst übernommen. Da er seine Gedanken auf sehr bemerkenswerte Weise wiederzugeben verstand und bereits damals über eine erstaunliche Kompositionserfahrung verfügte, war seinem Unterricht ein großes Interesse sicher: Jeder der Studenten hielt es fast für ein Unglück und einen unersetzlichen Verlust, wenn er eine von Rubinsteins Unterrichtsstunden versäumen mußte. Tschaikowskys Arbeiten unterschieden sich zunächst kaum von denen seiner Mitstudenten, doch schon bald wurde seine überragende Begabung offenbar: das sinfonische Allegro, seine Arbeit für das Abschlußexamen, ließ bereits sein herausragendes Kompositionstalent deutlich erkennen. Tschaikowskys Kompositionen zeigten allerdings auch einen gewissen Einfluß seines Lehrers Rubinstein, besonders was die Klarheit der Form und die Klangfülle durch die Instrumentierung betraf. Als Konservatoriumsstudenten hatte man Tschaikowsky, seit er Partituren lesen konnte, häufig in der engen Konservatoriumsbibliothek (hierfür diente die halbdunkle Küche der Wohnung, in der das Konservatorium untergekommen war) auf einem unbequemen Stuhl beim Partiturstudium sitzen sehen.

Da Tschaikowsky sich nun der Musik als seiner Lieblingsbeschäftigung noch viel intensiver widmen wollte, sah er sich bald veranlaßt, den Dienst im Justizministerium zu quittieren, so daß die Frage seines Karrierewechsels endgültig und für alle Zeiten entschieden war. In der ersten Zeit befand sich Tschaikowsky in einer äußerst schwierigen materiellen Situation, und er konnte deshalb einfach nicht absagen, wenn ihm wenig attraktive Nebenverdienste angeboten wurden, beispielsweise Auftritte als Klavierbegleiter seines Flötenprofessors Ciardi (wenn dieser seine Konzerte hatte) oder manchmal auch anderer Instrumentalisten und Sänger.

Noch vor Beendigung seines Studiums am Konservatorium bekam Tschaikowsky das Angebot, am Konservatorium die Pflichtstunden in Harmonielehre zu unterrichten. Als er dann im Dezember 1865 sein Studium abgeschlossen hatte, erhielt er im Herbst 1866 eine Berufung als Professor an das neueröffnete Moskauer Konservatorium. Nach seinem Umzug nach Moskau schloß Peter Iljitsch enge Freundschaft mit Nikolai Grigorjewitsch Rubinstein, dem Direktor und Begründer des dortigen Konservatoriums, der ihm in der ersten Zeit sogar in seiner Wohnung Quartier gab. Die enge Freundschaft zu diesem hochbegabten Musiker hat die Entwicklung der Begabung Tschaikowskys gewaltig beeeinflußt. Sein kompositorisches Schaffen entfaltete sich nun sehr schnell: Nach der wenig erfolgreichen sinfonischen Fantasie *Fatum*, die 1868 in Petersburg aufgeführt worden war, und der Oper *Undine*, die die Direktion der Kaiserlichen Theater nicht zur Aufführung in Petersburg angenommen hatte, gelang es ihm 1869, seine zweite Oper *Der Wojewode* in Moskau zur Aufführung zu bringen. Darüber hinaus komponierte er seine unsterbliche Fantasie-Ouvertüre *Romeo und Julia*. Der Mißerfolg seiner Oper in Moskau und die kühle, zurückhaltende Aufnahme der Fantasie-Ouvertüre *Romeo und Julia* in Petersburg schwächten ihn jedoch nicht, sondern beflügelten ihn geradezu in seiner Schaffenskraft: Er beginnt sofort mit der Komposition einer großen Sinfonie (c-Moll)[285] und einer neuen Oper *Der Wojewode*. Selbst die Tatsache, daß er für diese Oper keinen Verleger findet (die Einstudierung erfolgte nach handgeschriebenen Klavierauszügen), kann seine Energie nicht schwächen: Er komponiert gleichsam wie auf höheren Befehl und ist nicht in der Lage, nicht zu komponieren - der Erschaffung von Musik gehört sein ganzes Leben, seine ganze Existenz!

Tschaikowsky kam nun nur noch selten (hauptsächlich in den Ferien und in der unterrichtsfreien Zeit) nach Petersburg, und zwar ausschließlich, um sich mit seinen Verwandten zu treffen. Im Herbst 1869 (d.h. also bald, nachdem ich zusammen mit meinem Bruder Iwan Wassiljewitsch Bessel unseren Musikverlag gegründet hatte) erneuerte[286] sich unser freundschaftliches Verhältnis: Ich war einem Rat von Mili Balakirew gefolgt und hatte Tschaikowsky gebeten, Anton Rubinsteins neues Orchesterbild *Iwan Grosny* sowie später auch dessen Orchesterhumoreske *Don Quixote*[287] für Klavier zu vier Händen einzurichten. Tschaikowsky erkannte bereits an den ersten Schritten unserer Firma auf dem Gebiet des musikalischen Verlagswesens die von uns eingeschlagene Richtung und pflegte zu mir trotz der großen räumlichen Entfernung zwischen uns enge freundschaftliche Beziehungen, da wir im Gegensatz zur gesamten damaligen Petersburger Kritik ihm und seinem Schaffen zuvorkommendste Beachtung und größtes Vertrauen entgegenbrachten.

Die erfolgreiche Aufführung einiger russischer Opern am Petersburger Marientheater, die von jungen, noch am Anfang ihrer Laufbahn stehenden Komponisten stammten, hatte natürlich auch in Tschaikowsky den Wunsch erweckt, eine Aufführung seiner neuen Oper in Petersburg zu versuchen. Nachdem frühere Kontaktaufnahmen zur Direktion der Kaiserlichen Theater wenig erfolgreich gewesen waren, zwang ihn jetzt sein Ehrgeiz als Komponist zu dem Versuch, sein Ziel auf anderem Wege zu erreichen. Da er indes wußte, daß meine eigenen Beziehungen zur Direktion der Theater geradezu vorzüglich waren und daß unsere Firma alle neuen russischen Opern nacheinander herauszubringen begonnen hatte (Dargomyshskis *Steinerner Gast* und Rimsky-Korsakows *Pskowitjanka* waren gerade erschienen, Mussorgskys *Boris Godunow* wurde zum Druck vorbereitet), wandte sich Peter Iljitsch direkt an mich und übertrug mir als seinem Freund und Gefährten alle mit der In-

285 Die Tonart von Tschaikowsky Sinfonie Nr. 1 op. 13 »*Winterträume*« ist g-Moll, möglicherweise liegt hier eine Verwechslung mit der c-Moll-Ouvertüre vor (Partitur in Band 21 der russischen Gesamtausgabe), die ebenfalls 1866 entstanden ist.

286 Seit unserer Konservatoriumszeit waren wir beide per »Du«, was sich bis an sein Lebensende auch nicht änderte. Zum letzten Mal sprach ich ihn in der Pause jenes Sinfoniekonzertes (im Künstlerzimmer des Gebäudes der Adelsversammlung), als er seine geniale 6. Sinfonie am 17. Oktober 1893 zur Uraufführung brachte. (**Anm. v. W. Bessel**)

287 Gemeint sind Anton Rubinsteins musikalische Charakterbilder für Orchester *Iwan Grosny* op. 79 (1869) und *Don Quixote* op. 87 (1870).

szenierung seiner neuen Oper *Der Opritschnik* auf der Bühne des Marientheaters verbundenen Angelegenheiten.[288] (...)

Tschaikowskys Ansehen als Komponist, das er sich im Konzertsaal erworben hatte, begann sich nach dem Erfolg des *Opritschnik* auf der Opernbühne mehr und mehr zu festigen: Er wurde geradezu populär. Nun mußte er nicht mehr nach einem Verleger suchen, im Gegenteil - seine Kompositionen wurden zum »Zankapfel« zwischen zwei Verlagsfirmen[289], die ihm in gleicher Weise zugetan waren und seinen kompositorischen Interessen in gleicher Weise zu Diensten sein wollten. Die Moskauer Firma erwies sich natürlich als stärker, denn der überaus gütige Peter Iljitsch lebte schließlich in Moskau, so daß seine Werke auch dort zu erscheinen begannen. Somit kamen unsere Geschäftsbeziehungen, die Korrespondenz und die seltenen persönlichen Begegnungen fast ganz zum Erliegen, was natürlich auch zu einer gewissen Abkühlung in unseren Beziehungen führte. Außerdem spielten hier zweifellos auch gewisse Einflüsse von außen eine Rolle. Dennoch waren unsere Begegnungen stets von gegenseitiger Liebenswürdigkeit und Aufrichtigkeit gekennzeichnet. 1883 hatte Tschaikowsky eine Revision seiner Zweiten Sinfonie[290] begonnen und aus Italien eine gänzlich überarbeitete, d.h. neue Partitur mitgebracht. Ich zeigte mich in dieser Hinsicht sofort bereit, seinen Wünschen zu entsprechen: Wir brachten eine Neuausgabe der Transkription für Klavier zu vier Händen und ließen sofort die Partitur und Orchesterstimmen neu drucken. Im September 1885 begegneten wir uns beide in Moskau, und er brachte mir gegenüber sein Wohlgefallen an der von uns herausgebrachten Orchesterpartitur von Rimsky-Korsakows Oper *Snegurotschka* zum Ausdruck (damals war noch keine einzige von Tschaikowskys Opern als Partitur im Druck erschienen). Weiterhin äußerte er seine Hochachtung über die Instrumentierungskunst dieses Komponisten und spach davon, wieviel Nützliches er hier für sich selbst gefunden habe. Schließlich äußerte er die Bitte, ihm diese Partitur nach Klin zu schicken, wo er damals wohnte.

---

288 Wassili Bessel war nicht der erste Verleger Tschaikowskys - eine von Tschaikowskys Romanzen (Mezza Notte) war beispielsweise Anfang der 60er Jahre im Petersburger Verlag von J. Leibrock erschienen. Der notarielle Akt zur Übertragung der Autorenrechte an Tschaikowskys Oper *Der Opritschnik* an Bessel wurde am 8. April 1874 beim Notar Utin in Petersburg unterzeichnet. Bereits vor dieser Oper hatte Bessel 1870 und 1873 die ersten beiden Fassungen von Tschaikowskys Ouvertüre *Romeo und Julia* (die dritte Fassung erschien im Berliner Verlag Bote & Bock) sowie die *Sechs Romanzen* op. 16 und die *Six morceaux composés sur un seul thème* op. 21 herausgebracht. Die späteren Werke Tschaikowskys mit Ausnahme der *Zweiten Sinfonie* erschienen fast alle im Verlag Jürgenson, einige nachgelassene Werke im Leipziger Verlag M. P. Belaieff.

289 Die zweite Firma war der Moskauer Verlag von Pjotr Jürgenson.

290 Tschaikowskys *Zweite Sinfonie* c-Moll op. 17 war 1872 entstanden und im Verlag Bessel erschienen. Die Überarbeitung dieser Sinfonie erfolgte bereits 1879/80.

Anfang 1886 kam es zwischen uns beiden aufgrund eines Artikels im *Muzykal'noe obozrenie* (Musikalische Umschau) zu ernsthaften Spannungen[291], die zwar dank der freundlichen Vermittlung unseres inzwischen verstorbenen gemeinsamen Freundes Nikolai Hubert[292] wieder beigelegt werden konnten, trotz allem aber eine tiefe Spur in unseren persönlichen Beziehungen hinterließen. Seitdem sahen wir uns noch seltener und nur rein zufällig. Zum letzten Mal begegnete ich meinem teuren Freund und Gefährten in jenem bemerkenswerten Sinfoniekonzert der Russischen Musikgesellschaft am 17. Oktober 1893, in dem er so voller Hingabe und mit einem wirklich leidenden Ausdruck seine sechste (und letzte) Sinfonie dirigierte, die er »dem Gedenken eines verstorbenen Freundes« gewidmet hatte.[293] Ich werde nie jenen Eindruck vergessen, den diese großartige Sinfonie auf mich gemacht hat - es war der erschütternde Schwanengesang unseres unvergeßlichen Komponisten! Sofort als die Sinfonie verklungen war, hatte ich mich ins Künstlerzimmer begeben, mit heißem Empfinden die Hand des Urhebers dieses Eindrucks gedrückt und ihm meinen herzlichen Dank für diese neue und überragende Schöpfung gesagt. Er war sehr blaß, aufs äußerste erregt, und trotz des großen Erfolges der Sinfonie und der völligen Befriedigung seines kompositorischen Ehrgeizes überaus besorgt und unruhig.

Am folgenden Montagmorgen (d.h. am 19. Oktober) entnahm Tschaikowsky aus der Zentralen Musikbibliothek der Kaiserlichen Theater die Partitur des ersten Aktes seiner Oper *Opritschnik*, weil er im Finale einige Veränderungen vornehmen wollte, die er der Genossenschaft der Russischen Opernsänger zugesagt hatte (die in jener Spielzeit im Kononow-Saal auftrat und sich mit der Absicht trug, in allernächster Zeit den *Opritschnik* mit persönlicher Unterstützung des Komponisten und in seiner Anwesenheit auf die Bühne zu bringen). Das Schicksal war jedoch unerbittlich und ließ ihm nicht mehr die Zeit für diese Überarbeitung: Am Mittwoch,

---

291 Zu den von Bessel erwähnten Spannungen kam es nicht am Jahresanfang, sondern erst gegen Ende 1886. Auslöser war César Cuis Artikel *Po povodu 50-letnogo jubileja »Žizni za Carja«* [Aus Anlaß des 50jährigen Jubiläums der Aufführung von Glinkas Oper »Ein Leben für den Zaren«] im *Muzykal'noe obozrenie* vom 4. Dezember 1886 (einer Zeitschrift, die im Verlag Bessel erschien). Cui hatte in seinem Artikel behauptet, der Kapellmeister Eduard Naprawnik, dem er eine grundsätzlich ablehnende Haltung gegenüber russischer Musik unterstellte, hätte Tschaikowsky 1877 dringend von einer Petersburger Aufführung der Oper *Eugen Onegin* angeraten. Tschaikowsky verlangte eine Gegendarstellung, die dann am 24. Dezember 1886 erschien, allerdings mit redaktionellen Kürzungen und einem Kommentar von Bessel. Bessel behauptete hierin, für die entsprechenden Äußerungen Naprawniks Beweise zu haben, und warf Tschaikowsky Vergeßlichkeit vor (vgl. *P. I. Čajkovskij, Polnoe sobranie sočinenij, literaturnye proizvedenija i perepiska*, tom XIII, Moskva 1971, S. 525-528 und 545/546).

292 Nikolai Albertowitsch Hubert (1840-1888), Professor für Musiktheorie am Moskauer Konservatorium, von 1881 bis 1883 dessen Direktor, enger Freund Tschaikowskys.

293 Offensichtlich eine Verwechslung mit Tschaikowskys *Klaviertrio*, das die Widmung »A la mémoire d'un grand Artiste« trägt und unter dem Eindruck des Ablebens Nikolai Rubinsteins entstanden ist. Die *Sechste Sinfonie* hingegen hat Tschaikowsky seinem Lieblingsneffen »Bobik« (= Wladimir Lwowitsch Dawydow; 1871-1906) gewidmet.

dem 21. Oktober, fühlte sich Peter Iljitsch sehr krank. Die Krankheit besiegte alsbald seine Kräfte, und bereits in wenigen Tagen, am Sonntag, dem 25. Oktober 1893, verstarb er in der Wohnung seines Bruders Modest im Kreise seiner Verwandten und nahen Freunde. Nach seinem Ableben kehrte die von ihm unberührt gebliebene Partitur des *Opritschnik* wieder in die Direktion der Kaiserlichen Theater zurück, so daß auch die Wiederaufnahme dieser Oper am Marientheater[294] nach der früheren und nach wie vor gültigen Fassung von 1874 stattfinden wird.

Unsere in den letzten Jahren abgekühlten persönlichen Beziehungen hatten natürlich auf meine aufrichtige und tiefe Verehrung der kompositorischen Begabung Tschaikowskys nicht den geringsten Einfluß, denn meine freundschaftliche Sympathie für ihn, die noch in unserer gemeinsamen Konservatoriumszeit wurzelte, konnte durch keinerlei Alltagsverwicklungen verdunkelt werden: Sie lebt auch noch heute in mir und wird nur mit mir selbst untergehen.

Petersburg, im April 1897 **Wassili Bessel**

[294] Diese Wiederaufführung fand am 2. September 1897 statt. (**Anm. v. W. Bessel**)
[Bessels Erinnerungen wurden bereits im April 1897 niedergeschrieben und erschienen 1898 im Jahrbuch der Kaiserlichen Theater sowie als Separatdruck.]

WLADIMIR POGOSHEW

EINE EPISODE IN MEINEN BEZIEHUNGEN ZU TSCHAIKOWSKY UND SEINEM VERLEGER JÜRGENSON[295]

(...) Es muß wohl im Mai 1890 gewesen sein, als meine Beziehungen zu Peter Tschaikowsky durch eine schwarze Katze getrübt wurden, die uns in Gestalt des Herrn Jürgenson[296] über den Weg lief... Für eine gebührende Wertung dieser Episode in unseren Beziehungen halte ich es für notwendig, auf zwei Umstände zu verweisen.

Erstens: Der erste Verleger von Werken Tschaikowskys war Wassili Bessel[297], der nach Aussage derjenigen, die dem Komponisten nahestanden, das geringe Gespür Tschaikowskys für praktische Dinge weidlich ausnutzte. Nach der Trennung von Bessel überließ Tschaikowsky die Rechte an all seinen Werken Pjotr Jürgenson, dem er in jeder Hinsicht vertraute. Jürgenson war in Personalunion der Verleger Tschaikowskys und - angesichts der freundschaftlichen Beziehungen zwischen beiden - auch dessen Bankier, so daß Tschaikowsky - so zumindest das hartnäckige Gerücht - von einer Abhängigkeit in eine andere, noch knechtendere geraten war, was der Komponist natürlich stets gereizt in Abrede stellte. In Anbetracht dieser Umstände war ich natürlich gegenüber jeglicher Vermittlertätigkeit Jürgensons in unseren Angelegenheiten mit Tschaikowsky irgendwie voreingenommen, ich hegte sogar, das sei hier nicht verhohlen, möglicherweise unbegründete Befürchtungen.

Der zweite dieser Umstände bestand in meiner damals fast kleinlichen Haltung in bezug auf die Komponistenautographe. Zu den von mir in den 80er und 90er Jahren auf den Weg gebrachten Veränderungen und Neuerungen im Petersburger Theaterwesen und beim Aufbau von Werkstätten, Zentralmagazinen und Fundusräumen bei den Theatern gehörten zwei Dinge, die mir ganz besonders am Herzen lagen, und

---

295 Auszug aus dem 7. Kapitel der Erinnerungen Wladimir Pogoshews an Tschaikowsky, die wir aus Platzgründen nur auszugsweise abdrucken können. Pogoshews 1922 niedergeschriebenen Erinnerungen wurden erstmalig von Igor Glebow (= Boris Assafjew) in dem Band *Čajkovskij. Vospominanija i pis'ma* (Tschaikowsky. Erinnerungen und Briefe), Leningrad 1924, S. 13-88, veröffentlicht. **Wladimir Petrowitsch Pogoshew** (1851-1935) war zunächst Offizier und Militärjurist. Ab 1881 diente er in der Direktion der Kaiserlichen Theater und verwaltete von 1882 bis 1907 die Abteilung der Petersburger Theater. Nach 1908 war er Beamter in anderen Behörden und wirkte nach der Revolution in verschiedenen Einrichtungen des Museumswesens und der Statistik. Verfaßte Erinnerungen an seine Begegnungen mit Persönlichkeiten des Opern- und Theaterlebens und trat mit Vorträgen über das Musikleben an die Öffentlichkeit. Während des Ersten Weltkrieges war Pogoshew Vorsitzender der Kommission, die ein »Wörterbuch zur Tilgung von Fremdwörtern aus der russischen Sprache« erarbeiten sollte.

296 Pjotr Iwanowitsch Jürgenson (1836-1903), russischer Musikverleger, gründete seinen Moskauer Musikverlag 1861 und war der Hauptverleger Peter Tschaikowskys.

297 Diese Aussage ist nicht ganz exakt. Vgl. hierzu Anm. 288.

zwar die beiden zentralen Bibliotheken, von denen die erste für das Sprechtheater und die zweite, später entstandene, eine Musikbibliothek war. Großen Anteil am Aufbau der letztgenannten Bibliothek hatten damals der Musikinspektor Jewgeni Albrecht[298], der Leiter des Notenkontors Nikolai Christoforow[299] und später Karel Kučera[300] als Leiter der Abteilung Orchester. Es begann eine große Suche in Lagerräumen, Theaterböden und Liegenschaften der Direktion, bei denen man auch fündig wurde und viele Noten sichern konnte, die teilweise bereits unter der Nässe gelitten hatten, teilweise aber auch schon von den Mäusen angefressen waren. Es fanden sich darunter auch wertvolle Stücke, wie beispielsweise, wenn ich mich nicht irre, Autographe von Paisiello[301], Sarti[302], Araja[303] u.a. Das alles wurde nun entstaubt, sortiert, einer ordentlichen Titelaufnahme unterzogen, in Mappen eingelegt und systematisch in die riesigen, neu gefertigten Schränke der Bibliothek eingeordnet. Der Stolz der in den Jahren 1890 bis 1892 noch im Aufbau befindlichen Bibliothek waren natürlich die Originalmanuskripte der Komponisten, so daß mit Einverständnis der Direktionsleitung folgende Grundsatzregelung getroffen wurde: Bei der Annahme musikalischer Bühnenwerke russischer Komponisten zur Uraufführung macht es die Direktion den Autoren zur Bedingung, die Originalhandschriften des Aufführungsmaterials (d.h. der Partituren und Klavierauszüge) der Zentralen Musikbibliothek zu übereignen. Diese Regel wurde zur Praxis. Soweit wie ich mich erinnere, versprach mir Tschaikowsky schon vor der Uraufführung seines Ballettes *Dornröschen*, diese Regelung immer dann zu befolgen, wenn er der Direktion Bühnenwerke zur Uraufführung an den der Direktion unterstellten Theatern der beiden Hauptstädte [Petersburg und Moskau] überläßt.

Im Lichte der beiden von mir beschriebenen Umstände ist auch verständlich, daß ich sofort an der Einhaltung dieses Versprechens durch Tschaikowsky zu zweifeln begann, als mir bekannt wurde, er habe das gesamte Aufführungsmaterial für *Pique Dame* unmittelbar an Jürgenson übergeben. Wie berechtigt meine Skepsis war,

298 Jewgeni Karlowitsch Albrecht (1842-1894), russischer Violinist, 1862-87 Mitgleid des Streichquartetts der Petersburger Abteilung der Russischen Musikgesellschaft, 1881-1886 Vorsitzender der Petersburger Philharmonischen Gesellschaft, 1877-1894 Musikinsprektor und ab 1892 Leiter der Musikbibliothek der Kaiserlichen Theater in Petersburg. Bruder des bekannten Cellisten und späteren Direktors des Moskauer Konservatoriums Konstantin (Karl Karlowitsch) Albrecht (1836-1896), der zu den engeren Freunden Tschaikowskys gehörte.

299 Nikolai Ossipowitsch Christoforow (1836-1892), russischer Cellist, von 1866-1892 Leiter des Notenkontors der Kaiserlichen Theater zu Petersburg.

300 Karel (Karl Antonowitsch) Kučera (1847-1915), tschechischer Dirigent und Gesangslehrer, lebte ab 1878 in Petersburg. 1879-1894 zweiter Kapellmeister am Marientheater, 1894-1910 musikalischer Inspektor der Kaiserlichen Theater.

301 Giovanni Paisiello (1740-1816), italienischer Komponist, war von 1776 bis 1784 Kapellmeister und Inspektor der beiden Italienischen Opern in St. Petersburg.

302 Guiseppe Sarti (1729-1802), italienischer Komponist, wurde 1784 als Nachfolger Paisiellos Komponist und Hofkapellmeister in Petersburg.

303 Francesco Araja (1709-1770), italienischer Komponist, begab sich 1735 mit einer italienischen Operntruppe nach St. Petersburg und blieb dort bis 1759.

sollte sich sehr bald herausstellen. Im Ergebnis sofort einsetzender Verhandlungen zwischen Jürgenson als Verleger und Christoforow als dem Leiter des Notenkontors über den Ankauf des *Pique Dame*-Materials durch die Direktion wurde mir klar, daß Jürgenson das von Tschaikowsky erhaltene Manuskript der Oper als sein persönliches Eigentum betrachtet. Mein Geschöpf hingegen, die künftige Zentrale Musikbibliothek, ginge bei einer solchen Sicht der Dinge völlig leer aus.

Ich entschied mich in diesem Fall, nicht direkt bei Jürgenson zu intervenieren, sondern Tschaikowsky selbst in diese Angelegenheit einzubeziehen. Wie sich aus nachfolgendem ergibt, war dieser Schritt einer meiner wirklich glücklichen diplomatischen Eingebungen, an die ich mich bis heute gern zurückerinnere. Jürgenson war in den Verkaufsverhandlungen mit Christoforow mit seinen Forderungen etwas zu weit gegangen: er hatte darauf bestanden, daß die Direktion zwei komplette Sätze des Aufführungsmaterials erwirbt - einen Satz für Petersburg, den anderen für Moskau. Das war sein Fehler, denn diese Forderung war völlig unbegründet: Von einer Aufführung der *Pique Dame* am Moskauer Bolschoi-Theater war überhaupt noch keine Rede gewesen.

Mit der Bezahlung von Tantiemen an den Komponisten für jede einzelne Aufführung und mit dem Ankauf des Aufführungsmaterials beim Verleger erwarb die Direktion natürlich auch das Recht zu einer Aufführung in Moskau, falls sie das wünschte bzw. hierin eine Notwendigkeit erblickte. In diesem Falle wäre dann entweder bei Jürgenson ein weiterer Satz des Aufführungsmaterials zu erwerben oder man hätte mit eigenen Kopisten im Notenkontor die Partitur sowie die Chor- und Orchesterstimmen abzuschreiben und müßte nur die Klavierauszüge ankaufen. Darüber hinaus bestand auch noch die Möglichkeit, nach einer Absetzung der *Pique Dame* in Petersburg das gesamte Aufführungsmaterial dem Moskauer Kontor der Kaiserlichen Theater zur Verfügung zu stellen. In diesem Sinne instruierte ich Christoforow.

Jürgenson hatte nichts Eiligeres zu tun, als sich über mich bei Wsewoloshski[304] zu beschweren, der, da er sich Wirtschafts- und Finanzfragen völlig vom Halse hielt, ihn seinerseits wieder an mich verwies. Bei einer persönlichen Begegnung gab sich Jürgenson sehr erregt, sprach in herausforderndem Ton und ließ sich sogar dazu hinreißen, in unangemessener Weise über die Direktion zu sprechen, so daß ich ihn in die Schranken weisen mußte. In unserem Gespräch unterließ ich tunlichst jede Erwähnung des Autographs und sprach lediglich davon, daß von einem Ankauf des Materials für Moskau keine Rede sein konnte. Nach dem Weggang Jürgensons beauftragte ich sofort Christoforow, Tschaikowsky über diese Angelegenheit zu unterrichten und ihn zu bitten, zur Regelung dieser Frage beizutragen, wobei ich ganz nebenbei einfließen ließ, daß das Manuskript der Oper - wie er ja versprochen

[304] Iwan Alexandrowitsch Wsewoloshski (1835-1909), von 1881 bis 1899 Direktor der Kaiserlichen Theater, trat auch als Librettist für Tschaikowskys *Dornröschen* hervor und schuf für dieses Ballett, das ihm gewidmet ist, die Figurinen.

hatte - der Musikbibliothek zu übergeben sei. Diese Übergabe war im Grunde genommen auch der Hauptzweck meines Manövers.

Hierauf erhielt ich den folgenden Brief Tschaikowskys, der in erregtem, sogar etwas gereizten Ton abgefaßt war:

»24. Mai 1890

Lieber Wladimir Petrowitsch,

Nikolai Christoforow schreibt mir, Sie hätten Jürgensons Bedingung nicht akzeptiert, daß das von ihm gelieferte Aufführungsmaterial der *Pique Dame* nur für Petersburg verwendet wird. Darüber hinaus teilt er mir mit, Sie hätten die Bitte geäußert, ich selbst solle die Angelegenheit regeln, und falls es mir nicht gelingt, der Direktion Partitur und Klavierauszug unter Umgehung meines Verlegers der Direktion vorlegen. Meine Einmischung in diese Sache wäre mir aber äußerst unangenehm und es fiele mir schwer, Jürgenson hier zu einem Entgegenkommen zu überreden, denn ich halte seine Konditionen für völlig legitim. Er hat die Rechte an der *Pique Dame* erworben und mir hierfür ein ordentliches Honorar ausbezahlt. Darüber hinaus hat er viel Geld investiert, um den Klavierauszug stechen zu lassen, und er gibt weiterhin viel Geld aus, um die Orchesterstimmen zu lithografieren, so daß seinerseits der Wunsch nur natürlich ist, die einzigen beiden großen russischen Opernhäuser sollten dadurch, daß sie beide dieses Material für sich erwerben, es ihm zumindestens teilweise ermöglichen, diese Ausgaben wieder hereinzubekommen.

Nehmen wir einmal an, ich würde ihn zu einem Entgegenkommen zu überreden versuchen, er jedoch starrköpfig auf seiner Position bestehen - wie könnte ich in diesem Fall an ihm vorbei dem Theater Partitur und Klavierauszug vorlegen? Erstens befindet sich der Klavierauszug gar nicht mehr bei mir: das Manuskript liegt bei Jürgenson und ist bereits gestochen, so daß ich bei einer Ablehnung Jürgensons einen völlig neuen Klavierauszug anfertigen müßte, wozu ich jetzt einfach nicht in der Lage bin. Ein Teil der Partitur ist ebenfalls bereits bei ihm. Wie soll ich aber den restlichen Teil vorlegen, nachdem ich ihm bereits die Rechte daran verkauft habe?

Das alles verwirrt mich sehr, verdirbt mir die Laune und betrübt mich.

Darüber hinaus ist mir auch das eigentliche Wesen des Streits überaus unangenehm! Soll das etwa bedeuten, daß Sie der *Pique Dame* dasselbe Schicksal wie meiner *Zauberin* voraussagen? Soll das etwa heißen, daß auch diese Oper zum endgültigen Durchfallen nach Moskau verbannt wird? Nein! Ich hoffe stark darauf, daß (später) für Moskau ein gesondertes Aufführungsmaterial notwendig sein wird, und es betrübt mich sehr, daß Sie das Gegenteil erwarten.

Christoforows Brief sende ich jetzt an Jürgenson nach Moskau und werde gleichzeitig - soweit es meine Beredsamkeit vermag - auf ihn einwirken, damit er sich zu einem Entgegenkommen bereiterklärt. Er wird Ihnen in dieser Angelegenheit antworten.

Was mein persönliches Versprechen betrifft, Ihrem Wunsch entsprechend das Originalautograph dem Opernhaus zu übereignen, so werde ich dieses Versprechen strikt einhalten.[305] Nur warten Sie um Gottes Willen damit, bis die Oper fertig ist, die Kopisten ihre Arbeit beendet haben, die Stimmen lithografiert sind und damit alles geschlossen vorliegt.

Auf bald, lieber Wladimir Petrowitsch!

Ihr P. Tschaikowsky«

Die juristischen Überlegungen Tschaikowskys waren ebenso unrichtig wie die Forderung Jürgensons unbegründet. Tschaikowskys Vertrag mit seinem Verleger konnte die Rechte dritter Personen, d.h. der Direktion, nicht einschränken und sie nicht verpflichten, das Aufführungsmaterial nur an einer bestimmten Stelle zu erwerben. Andererseits lag es nicht im Interesse der Direktion, mit einem allseits verehrten und stets entgegenkommenden Komponisten einen Streit zu beginnen. Deshalb erklärte ich unmittelbar nach Erhalt des Briefes Tschaikowskys, als ich mich in der Frage des Manuskripts für die Zentrale Musikbibliothek[306] beruhigen konnte, mit anderen Worten, als also das, was ich eigentlich beabsichtigte, erreicht war,

---

305 Das Originalautograph der *Pique Dame* befindet sich auch heute noch in der Zentralen Musikbibliothek beim Petersburger Marientheater (in der sowjetischen Zeit Staatliches Opern- und Ballett-Theater »S. M. Kirow«).

306 Die Fortsetzung dieser Episode fand ihren Widerhall in Tschaikowskys Brief an Jürgenson vom 18. März 1892.

»Ich kann mich nicht erinnern, Dir jemals versprochen zu haben, meine Manuskripte nicht aus der Hand zu geben, und ich will ein solches Versprechen auch nicht abgeben, denn es gibt Fälle, in denen ich zur Schenkung von Manuskripten sehr gern bereit bin, beispielsweise an die Theaterdirektion oder im vorliegenden Fall. Überhaupt ist es mir irgendwie unangenehm, mich des Rechtes beraubt zu sehen, über das zu verfügen, was mir zweifellos gehört. Bei der Übertragung der Eigentumsrechte an meinen Werken an den Verleger wünsche ich, daß mir die Rechte am Manuskript erhalten bleiben. Der Vorwurf, ich würde bei meinen Schenkungen *wahllos* vorgehen, ist unberechtigt. Die Theaterdirektion, der ich meine gute materielle Situation verdanke, ist es wert, ihr für ihre vorzüglich eingerichtete Bibliothek ein Manuskript zu stiften. Dasselbe betrifft auch die Direktion der Russischen Musikgesellschaft in Petersburg, die ein Konservatorium gegründet hat, an dem ich einmal studiert habe und wo man mich immer überaus wohlwollend behandelt und geradezu verhätschelt hat.« [vgl. *P. I. Čajkovskij, Polnoe sobranie sočinenij, literaturnye proizvedenija i perepiska*, tom XVI-B, S. 61]

Auch Tschaikowskys Briefe an Jürgenson vom Vorjahr (vom 24. Mai und 4. Juni 1890) verweisen auf diese Auseinandersetzungen um das Aufführungsmaterial und die Partiturhandschrift der *Pique Dame* [vgl. *P. I. Čajkovskij, Polnoe sobranie sočinenij, literaturnye proizvedenija i perepiska*, tom XV-B, S. 155 und 172].

Besonders charakteristisch für die diplomatischen Bemühungen des Komponisten, der es sich weder mit Jürgenson noch mit der Theaterdirektion verderben wollte, ist sein Brief an Jürgenson vom 24. Mai 1890, der am gleichen Tag wie der im Text zitierte Brief an Pogoshew geschrieben wurde. **(Anm. v. Igor Glebow [= Boris Assafjew])**

sofort damit einverstanden, das Aufführungsmaterial nur für Petersburg anzukaufen und dadurch Jürgenson den möglichen Ankauf eines zweiten Aufführungsmaterials für Moskau in Aussicht zu stellen. Natürlich gab ich Tschaikowsky sofort Kenntnis von dem glücklichen Ausgang unserer Meinungsverschiedenheiten. Zur Antwort erhielt ich von ihm folgenden Brief:

»Frolowskoje bei Klin, den 31. Mai 1890

Lieber Wladimir Petrowitsch,

ich danke Ihnen für Ihr überaus freundliches Schreiben, das mich wieder vollauf beruhigt hat. Es ist mein Herzenswunsch, daß alles zur allgemeinen Zufriedenheit geregelt werden kann. Jürgenson ist ein grober Klotz, und in diesem Fall muß ich eingestehen, daß er sich zu unangemessenen Äußerungen hinreißen ließ. Er ist aber eine ehrliche Haut und ein guter Mensch.

In einigen Tagen beende ich die Partitur der *Pique Dame*.

Wenn Sie an Iwan Alexandrowitsch [Wsewoloshski] schreiben, richten Sie ihm meine Grüße aus. Ich drücke Ihnen kräftig die Hand.

Hochachtungsvoll, Ihr aufrichtig ergebener

P. Tschaikowsky«

IGOR GLEBOW (= BORIS ASSAFJEW)

NOTWENDIGE ERGÄNZUNG ZU POGOSHEWS SCHILDERUNG »EINE EPISODE IN MEINEN BEZIEHUNGEN ZU TSCHAIKOWSKY UND SEINEM VERLEGER JÜRGENSON«[307]

Die aufschlußreiche Korrespondenz, die zwischen dem Chef des Notenkontors der Petersburger Theaterdirektion Nikolai Christoforow, dem Komponisten der Oper Peter Tschaikowsky, dem Verleger Jürgenson und schließlich auch dem Abteilungsleiter der Direktion Wladimir Pogoshew entstand, läßt sich anhand des Archivs der Zentralen Musikbibliothek heute [1924] fast vollständig verfolgen. Ein Teil dieser Korrespondenz, der Brief Tschaikowskys vom 24. Mai 1890, ist bereits in Pogoshews Erinnerungen zitiert worden.

Initiator des Ganzen war offensichtlich Jürgenson, und zwar nicht erst aus Anlaß der *Pique Dame*, sondern bereits wegen des Aufführungsmaterials zum Ballett *Dornröschen*. So schrieb Jürgenson beispielsweise am 17. Januar 1890 an Christoforow die folgenden Zeilen:

»Falls sich die Originalpartitur des Balletts *Dornröschen* bei ihnen befindet, bitte ich Sie, diese an Ossip Iwanowitsch [Jürgenson][308] zu übergeben, der sie dann an mich weiterreichen wird; Falls sich die Partitur bei Herrn Kapellmeister Drigo[309] befindet, seien Sie bitte so nett und holen Sie sie von ihm, um sie ebenfalls an Ossip Iwanowitsch zu übergeben. Wenn Sie dieser meiner ergebendsten Bitte entsprechen, würden Sie mich sehr verpflichten, denn die Partitur des erwähnten Balletts Tschaikowskys wird von mir äußerst dringend benötigt.

Mit vorzüglicher Hochachtung

P. Jürgenson«

Hier ist also noch mit keinem Wort die Rede von dem Recht des Verlegers auf das Autograph des Komponisten. Erst Jürgensons nächster Brief vom 22. Januar 1890 enthält einen entsprechenden Vorstoß in dieser Richtung:

---

307 Veröffentlicht in: *Čajkovskij - Vospominanija i pis'ma. Pod redakciej Igora Glebova* [Tschaikowsky - Erinnerungen und Briefe. Herausgegeben von Igor Glebow], Leningrad 1924, S. 89-97, unter dem Titel *Dobavlenie k vospominanijam V. P. Pogoževa - Spor o notnom materiale opery »Pikovaja Dama«* [Ergänzung zu den Erinnerungen W. P. Pogoshews - Der Streit um das Aufführungsmaterial der Oper »Pique Dame«].

308 Ossip (Jossif) Iwanowitsch Jürgenson (1829-1910), Bruder des Moskauer Verlegers Pjotr Iwanowitsch Jürgenson, Inhaber eines Notengeschäftes in Petersburg und Petersburger Vertreter des Musikverlages Jürgenson.

309 Riccardo Drigo (1846-1930), italienischer Ballettkomponist, war seit 1878 Opern-, später Ballettkapellmeister am Kaiserlichen Theater in St. Petersburg.

»Sehr geehrter Herr Nikolai Ossipowitsch,

aus Ihrem Brief vom 19. d.M. geht hervor, daß sich die Originalhandschrift der *Dornröschen*-Partitur in der Direktion der Kaiserlichen Theater befindet. Ich habe indes mit dem Erwerb des genannten Werkes natürlich auch dessen Autograph erworben, so daß also die Originalpartitur mir gehört und nicht der Direktion, die offensichtlich zufällig in ihren Besitz gelangt ist, weil seinerzeit vergessen wurde, sie zu bitten, sich eine Kopie anzufertigen. In diesem Sinne richte ich jetzt an Sie die ergebendste Bitte, von der Partitur des Balletts *Dornröschen* eine Kopie zu fertigen. Sie würden mich sehr zu Dank verpflichten, wenn Sie es ermöglichen könnten, mir bald das Original zurückzugeben und die Kopie bei der Direktion zu belassen.

Mit vorzüglichster Hochachtung!

P. Jürgenson«

Der Verleger hatte also somit entschieden, selbst Eigentümer des Manuskripts zu sein. Auseinandersetzungen waren jetzt unausweichlich, traten jedoch offensichtlich nicht ein, bzw. ich habe keine Spuren davon finden können. Ich neige allerdings zu der Annahme, daß die Auseinandersetzungen deshalb ausblieben, weil Jürgenson am Ende seines Schreibens nicht mit gehörigem Nachdruck auf seinem Anspruch beharrt hatte. Eine Kopie der Partitur wurde zwar angefertigt, das Autograph jedoch in der Zentralen Musikbibliothek der Direktion belassen, wo es sich auch gegenwärtig noch befindet. Tschaikowsky, damals nicht in Rußland, befand sich in Florenz, um die *Pique Dame* zu komponieren. Es ist jedoch nur natürlich, daß um das Aufführungsmaterial der Oper noch stärkere Auseinandersetzungen ausbrechen mußten. Der erste von mir gesichtete Brief, der die Frage des Aufführungsmaterials der *Pique Dame* berührt, datiert vom 19. April 1890 und stammt von Jürgenson.

Dieses Schreiben hat die Form eines Hinweises an Christoforow (»Um den Sängern die Möglichkeit zu geben, in der Zeit der Sommerpause die Musik der neuen Tschaikowsky-Oper *Pique Dame* kennenzulernen, bitte ich Sie ergebendst, die Adressen ihrer Sommeraufenthalte zu erfassen, damit ich bei Erscheinen des Klavierauszuges[310] diesen den Sängern, die an der Aufführung der Oper beteiligt sein werden, zusenden kann...«) und enthält neben Angaben über Kostenvoranschläge für die Herstellung des gesamten Aufführungsmaterials auch einen Verweis darauf, daß Tschaikowsky nach seiner Rückkehr aus dem Ausland am 23. April in Petersburg erwartet wird und daß die Adressen dann an ihn zu übergeben seien.

Jürgensons nächster Brief vom 23. April enthält einen Vermerk darüber, daß die Kostenvoranschläge für die Herstellung des Aufführungsmaterials der *Pique Dame* bereits an Christoforow abgesandt wurden. Dasselbe findet sich auch im Brief vom

---

310 Tschaikowsky hatte den Klavierauszug der *Pique Dame* am 26. März 1890 in Florenz fertiggestellt. **(Anm. v. Igor Glebow)**

27. April mit dem zusätzlichen Hinweis, daß die »Solopartien für die Sängerdarsteller nicht vor Ende Mai geliefert werden können. Wenngleich der Notenstich der Oper schon beendet ist, kommt es doch noch zu Verzögerungen durch die Korrektur dieser Partien, die sich der Komponist selbst vorbehalten hat«. - Zu den strittigen Punkten findet sich einstweilen kein Wort.

In die Zwischenzeit jedoch, die fast einen Monat (d.h. vom 27. April bis zum 24. Mai) andauerte, fielen wahrscheinlich alle jenen diplomatischen Gespräche und Manöver, von denen Pogoshew in seinen Erinnerungen berichtet. Es ist völlig eindeutig, daß Pogoshews Instruktion an Christoforow nach dessen Gespräch mit Jürgenson, Tschaikowsky über den »Sachstand« mit dem Aufführungsmaterial zu unterrichten - und nebenbei an das Autograph zu erinnern -, bei Tschaikowsky dessen drei Briefe vom 24. Mai ausgelöst hat: einen an Jürgenson, einen an Pogoshew und einen an Christoforow. Der Brief an Jürgenson findet sich abgedruckt (übrigens gekürzt) in Modest Tschaikowskys großer Biographie des Komponisten (russische Ausgabe, Band 3, S. 371). Der Brief an Pogoshew kommt im vorliegenden Band zum Abdruck.[311] Den Brief an Christoforow, den ich in dessen Papieren, die zum Teil in der Zentralen Musikbibliothek aufbewahrt werden, vorgefunden habe, will ich jetzt zitieren:

»24. Mai 1890

Hochverehrter Nikolai Ossipowitsch,

ich habe ihren Brief an Pjotr Iwanowitsch [Jürgenson] gesandt und ihm geraten, zurückzustecken, und zwar hauptsächlich deshalb, weil ich voll mit dem Erfolg der *Pique Dame* rechne und nicht den geringsten Zweifel hege, daß für Moskau ein gesondertes Aufführungsmaterial benötigt werden wird. An Wladimir Petrowitsch [Pogoshew] habe ich geschrieben, daß ich Jürgensons Forderungen für gerechtfertigt halte und nicht im Ernst darauf bestehen kann, daß er zurücksteckt. Wie könnte ich denn überhaupt dem Ansinnen Pogoshews entsprechen, Klavierauszug und Partitur unter Umgehung Jürgensons vorzulegen. Den Klavierauszug habe ich gar nicht mehr, denn das Manuskript ist bereits aus Italien an Jürgenson gesandt worden. Ich könnte natürlich auf eigene Kosten die notwendige Anzahl gedruckter Exemplare erwerben, aber auch das geht nicht ohne Jürgenson. Auch über die Partitur kann ich kaum noch verfügen, weil die Rechte zur Weitergabe der Partitur durch Jürgensons Ankauf des Werkes bereits an ihn übergegangen sind. In keinem Falle werde ich irgend etwas tun, womit ich Jürgenson kränken oder seine legitimen Rechte verletzen könnte.

Das einzige, was ich zu tun versprochen habe und auch halten werde, ist, die Originalhandschrift dem Theater zu übereignen. Doch soweit ist es noch nicht. Zu-

311 Vgl. S. 124/125 des vorliegenden Bandes.

nächst muß die Instrumentierung abgeschlossen und abgewartet werden, bis das gesamte Aufführungsmaterial fertiggestellt ist.

Der Streit um das Aufführungsmaterial zu *Pique Dame* ist mir sehr unangenehm.

Ihr aufrichtig ergebener

P. Tschaikowsky«

Dieser Brief ist, verglichen mit dem Brief an Jürgenson vom selben Tag und mit den Aussagen, die sich in Pogoshews »Erinnerungen« finden, ein überaus wichtiges Glied in der Kette der Auseinandersetzungen. Tschaikowskys Bitte, die Manuskriptfrage einstweilen zu vertagen, konnte jedoch den weiteren Verlauf des Streits nur unwesentlich aufhalten. Der Notenstich stand offensichtlich kurz vor dem Abschluß, so daß der strittige Punkt von neuem auf die Tagesordnung kam: Man mußte das einmal gegebene Versprechen einhalten. Deshalb ist es nur natürlich, daß Tschaikowsky aus Frolowskoje in seinem Brief an Jürgenson vom 4. Juni 1890 seinerseits einen entsprechenden diplomatischen Schritt unternimmt, wobei er versucht, die ganze Angelegenheit so darzustellen, als gäbe es für den ganzen Streit überhaupt keinen Gegenstand (»meinen Manuskripten messe ich nicht den geringsten Wert bei«) und daß lediglich die moralische Pflicht gegenüber dem Opernhaus (dem er, Tschaikowsky, sein Ansehen als Komponist und sein materielles Wohlergehen verdanke) ihn dazu bewegt, das Autograph »der soeben erst in eine mustergültige Ordnung gebrachten Bibliothek zur Aufbewahrung« zu übergeben.

»Sollte Dir das unangenehm sein, so tut es mir sehr, sehr leid, doch ich bitte Dich, sich jeglichen Versuches zu enthalten, mich zum Wortbruch überreden zu wollen. Sollte ich nach dem Gesetz (was mir allerdings völlig unbekannt ist) nicht berechtigt sein, neben dem Verleger über mein Manuskript zu verfügen, so bitte ich Dich als meinen Freund, mir dieses einzige Mal ein solches Recht einzuräumen. Ich könnte Dir anbieten, das Honorar nach Belieben zu kürzen, doch ich spüre, daß Du nicht darauf eingehen wirst. Solltest Du aber auf Deinem Recht beharren und mir nicht gestatten, dem Theater das Manuskript zu übereignen, bleibt mir nichts anderes übrig, als die Partitur abzuschreiben, was mich ungefähr drei Monate Zeit kosten würde...«[312]

Jürgensons Brief vom 11. Juni 1890 an Christoforow läßt erkennen, daß der Verleger sich offensichtlich mit der Entscheidung des Komponisten abgefunden und die Partitur nach Petersburg gesandt hatte:

»Ich hoffe, daß Sie inzwischen die am Sonnabend per Bahnpost mit Hauszustellung an Sie abgegangene Originalpartitur der *Pique Dame* erhalten haben. Ich bitte Sie ergebenst, für mich zwei Kopien zu fertigen, von denen die eine ans Theater

312 Vgl. Modest Tschaikowskys große Tschaikowsky-Biographie, russische Ausgabe, Band 3, S. 371-372. (**Anm. v. I. Glebow**)

geht. Die andere bitte ich mir über Ossip Iwanowitsch [Jürgenson] zukommen zu lassen. Die Originalhandschrift hat der Komponist für die Bibliothek der Theaterdirektion gestiftet...«

Anschließend folgen noch verschiedene Details über das Aufführungsmaterial der *Pique Dame* und eine überaus wichtige Mitteilung über die Partitur der Oper *Eugen Onegin*, aus der hervorgeht, daß Tschaikowsky für die Neuveröffentlichung der Partitur dieser Oper[313] die *Fassung der Petersburger Aufführung* berücksichtigte. So teilt Jürgenson beispielsweise mit: Der *Pique Dame*-Partitur habe ich die Partitur des *Eugen Onegin* beigelegt. Hierzu hat Peter Iljitsch die Bitte, Sie mögen sie mit dem Exemplar, das Herr Naprawnik zum Dirigieren hatte, vergleichen und die notwendigen Korrekturen vornehmen. Danach senden Sie bitte das entsprechend korrigierte Exemplar wieder an mich zurück«...

Die nächsten beiden Briefe Jürgensons an Christoforow vom 15. Juni und vom 24. August enthalten hochinteressante, allerdings rein technische Details für das Kopieren und den Druck der Orchesterstimmen der *Pique Dame*, welche das hier anstehende Thema der Auseinandersetzungen nicht mehr berühren. In der Zeit zwischen den beiden Briefen Jürgensons an Christoforow schrieb auch Tschaikowsky an Christoforow (Brief vom 4. August 1890 aus Frolowskoje). Ich halte es für erforderlich, diesen Brief hier vollständig wiederzugeben:

»Frolowskoje, den 4. August 1890

Hochverehrter Nikolai Ossipowitsch,

vor meiner Abreise[314] ist es mir noch in den Sinn gekommen, zwei Tage auf die Durchsicht des Klavierauszuges der *Pique Dame* zu verwenden, die Jürgenson im Herbst in einer zweiten Auflage drucken will. Um jegliche Irrtümer in den Tempi zu vermeiden, habe ich mich übrigens entschlossen, die ganze Oper mit *Metronom-Angaben* zu versehen. Hierbei hat sich herausgestellt, daß ich bei der Festlegung der Tempi in der ursprünglichen Fassung unzählige Male danebenlag und mit der Angabe von Tempoveränderungen viel zu sparsam war. Die zweite Ausgabe wird in dieser Hinsicht makellos sein. Was aber mache ich mit den *Partituren*, in denen die Tempi in allen Einzelheiten denen des Klavierauszuges entsprechen müssen? Morgen bringe ich ein Exemplar der Oper mit allen Korrekturen zu Pjotr Iwanowitsch

---

313 Bereits in seinem Brief an Wladimir Lwowitsch Dawydow vom 22. Juli 1891 schreibt Tschaikowsky von Korrekturen an der *Onegin*-Partitur, die er für eine vom Verlag Jürgenson vorbereitete Neuausgabe vorzunehmen hat (**Anm. v. I. Glebow**). [vgl. *P. I. Čajkovskij, Polnoe sobranie sočinenij, literaturnye proizvedenija i perepiska*, tom XVI-A, Moskva 1978, S. 179-180]

314 Tschaikowsky wollte in den Kaukasus reisen. Unterwegs machte er bei den Dawydows in Kamenka Station (bis zum 9. September) und fuhr von dort nach Tiflis, wo er bis zum 22. Oktober blieb. (**Anm. v. I. Glebow**)

[Jürgenson] und werde mit ihm absprechen, was zu tun ist, damit Sie so schnell wie möglich die genauen und richtigen Tempobezeichnungen mit den Metronomangaben bekommen. Möglicherweise gelingt es mir auch, für Sie noch heute alle meine Veränderungen aufzuschreiben und Ihnen unverzüglich zuzuschicken. In jedem Falle bitte ich Sie, lieber Nikolai Ossipowitsch, mir erstens nicht übelzunehmen, daß ich Ihnen und Ihren Mitarbeitern hiermit zusätzliche Arbeit bereite, und zweitens, in die kopierten Teile der Partitur *alle meine Veränderungen und Metronomangaben* einzutragen. Es ist unbedingt nötig, daß Eduard Naprawnik nach seinem Urlaub die Partitur mit den *richtigen Tempoangaben* in die Hand bekommt. Ich bitte Sie auch, den Herren *Chordirigenten*, die in Kürze mit den Chorproben beginnen, zur Kenntnis zu geben, daß Sie über die genauen Metronomangaben verfügen und daß es gut wäre, diese schon bei der Einstudierung zu berücksichtigen.

Ich bitte Sie noch einmal für das alles um Nachsicht.

Hochachtungsvoll, Ihr aufrichtig ergebener

P. Tschaikowsky«

P.S.: In meiner Zerstreutheit habe ich diesen Brief auf einem Blatt geschrieben, auf dem schon etwas anderes geschrieben stand.[315] Auch hierfür erbitte ich Ihre Nachsicht.«

Aus diesem Brief, aber auch aus Tschaikowskys Briefen an Wsewoloshski und aus seinen Briefen an Naprawnik geht hervor, daß Tschaikowsky wegen der bevorstehenden Inszenierung der *Pique Dame* sehr in Unruhe war und seinerseits alles versuchte, um in musikalischer Hinsicht unnötigen Schwierigkeiten, denkbaren Störungen und möglichen Mißverständnissen vorzubeugen. Deshalb sorgte er einerseits für eine genaue Fixierung seiner Absichten und zeigte sich andererseits gegenüber Wünschen der Sängerdarsteller (beispielsweise dem Ehepaar Figner)[316] entgegenkommend, wenngleich widerstrebend: »Zu meinem großen Bedauern mußte ich für Figner die Arie des Hermann aus dem letzten Bild [um einen Ganzton tiefer] transponieren.«[317] In seiner Hoffnung auf den Erfolg der Oper war Tschaikowsky offensichtlich bestrebt, auch das geringste zu vermeiden, was dem Eindruck von dieser Oper, von deren ungewöhnlicher Ausdruckskraft er überzeugt war, abträglich sein konnte. Aufgrund seiner bitteren Erfahrung mit der *Zauberin* bemühte er sich jetzt darum, für die bevorstehende *Pique Dame*-Inszenierung auch in die letzten Einzelheiten Klarheit zu bringen.

[315] Auf dem unteren Teil der Seite, gleichsam auf dem Kopf stehend, findet sich ein Briefanfang, ebenfalls an Christoforow gerichtet, der von Tschaikowsky durchgestrichen wurde. (**Anm. v. I. Glebow**)

[316] Vgl. Anm. 50 und 194.

[317] Vgl. Modest Tschaikowskys große Tschaikowsky-Biographie, russische Ausgabe, Band 3, S. 386. (**Anm. v. Igor Glebow**)

Dieses Mal wurden die Erwartungen des Komponisten nicht enttäuscht: Die Inszenierung und der von der Aufführung ausgehende Eindruck verschafften ihm volle Genugtuung.

Die Erwartungen Tschaikowskys wurden auch in der Hinsicht erfüllt, daß seine *Pique Dame* bald zum festen Repertoire der Kaiserlichen Theater in Petersburg zählte, so daß eine »Verbannung« der Oper nach Moskau nicht mehr zu befürchten war. Die Direktion mußte für die Moskauer Aufführung tief in die Tasche greifen und ein gesondertes Aufführungsmaterial ankaufen, d.h. genau das tun, worauf der Verleger der Oper von Anfang an hinzuwirken versuchte. Deshalb gab es auch noch im Jahre 1891 eine Fortsetzung der Korrespondenz über das Aufführungsmaterial. Aus zwei Briefen Jürgensons an Christoforow (vom 11. Februar und vom 6. März 1891) geht hervor, daß Jürgenson das *Pique Dame*-Material für Moskau bereits Anfang Februar zur Übergabe vorbereitet hatte und hierbei die Notwendigkeit entstand, die Partitur noch ein weiteres Mal zu kopieren. Die Moskauer Erstaufführung der *Pique Dame* fand dann am 4. November 1891 statt.

Der verlegerische Ehrgeiz und die Eigentümerrechte Jürgensons wurden dennoch nicht gänzlich befriedigt. Offensichtlich hatte sich die Geschichte mit dem Autograph der *Pique Dame*-Partitur in Jürgensons Gedächtnis fest eingeprägt, denn als Tschaikowsky, ohne Jürgenson zu unterrichten, wieder eines seiner Manuskripte aus der Hand gab und dieses Mal der Bibliothek der Russischen Musikgesellschaft übereignete, ging der alte Streit von neuem los. Ich habe den Brief Tschaikowskys vom 18. März 1892 an Jürgenson bereits teilweise zitiert [im Text der Anmerkung 306], den Tschaikowsky als Antwort auf entsprechende Vorwürfe geschrieben hatte und den ich hier nicht noch einmal wiedergeben will. Es sei nur darauf verwiesen, daß Tschaikowsky seine Position noch einmal bekräftigte (»überhaupt ist es mir irgendwie unangenehm, mich des Rechtes beraubt zu sehen, über das zu verfügen, was mir zweifellos gehört«) und, sogar bei Eingeständnis eines unabsichtlichen Eigenverschuldens (»ich dachte, daß Du einfach als Freund meine Manuskripte niemandem anderen gönnst und habe Dein ärgerliches Murren über die *wenigen Fälle*, in denen die Manuskripte nicht an Dich gelangt sind, nicht als eine Verletzung Deiner Rechte aufgefaßt.«), letztlich trotz allem bei seiner Meinung blieb: »Ich halte mich nicht für unberechtigt, meine Manuskripte zu verschenken«....

EDUARD NAPRAWNIK[318]

PETER TSCHAIKOWSKY UND SEINE OPER »EUGEN ONEGIN«[319]

Tschaikowsky war äußerst sensibel, wenn es um den Erfolg seiner Opern ging. Die kühle Aufnahme seiner Oper *Der Schmied Wakula* (1876) in Petersburg hatte bei ihm im Künstlerzimmer seinerzeit Weinkrämpfe ausgelöst. Darum wollte er sich unter keinen Umständen von mir dazu überreden lassen, den *Onegin* in Petersburg aufzuführen, und zwar umso weniger, als er selbst der Ansicht war, diese Oper sei für eine große Bühne ungeeignet.

Um dennoch die Zustimmung Tschaikowskys für eine Aufführung seines *Onegin* zu bekommen, nutzte ich die folgende Gelegenheit: Zar Alexander III., ein großer Verehrer Tschaikowskys, hatte schon in seiner Zeit als Thronanwärter[320] Ausschnitte aus dem *Onegin* auf den Musikabenden der Gräfin Adlerberg[321] kennengelernt. Bei einem Gespräch konfrontierte mich der Zar mit der Frage, warum Tschaikowskys *Onegin* auf unserer Bühne nicht aufgeführt wird. Ich antwortete ihm: »Tschaikowsky fürchtet sich vor einem Mißerfolg und verweigert deshalb die Zustimmung zu einer Aufführung der Oper. Wenn jedoch Euer Majestät die Inszenierung befehlen, wird sich der Komponist natürlich nicht verweigern.« »Richten Sie Herrn Tschaikowsky in Meinem Namen aus, daß Ich den *Onegin* auf unserer Bühne zu sehen wünsche«, sagte der Zar daraufhin.

Voller Freude übermittelte ich Tschaikowsky die Worte des Zaren, und der Komponist gab sein Einverständnis. So wurde diese Oper, von der Tschaikowsky selbst der Meinung war, sie sei für eine große Bühne ungeeignet, unter meiner Leitung einstudiert. Die Premiere war am 19. Oktober 1884 am Marientheater[322]. Seitdem ist Tschaikowskys *Eugen Onegin* wohl die erfolgreichste unter allen russischen Opern. Von den (ca.) 20.000 Rubeln, die die Tschaikowsky-Erben jedes Jahr an Tantiemen (in Form von Zahlungen pro Aufführung) erhalten, stammt der Löwenanteil von Aufführungen des *Eugen Onegin*.

---

318 Vgl. Anm. 39.

319 Veröffentlicht unter dem Titel *P. I. Čajkovskij i »Onegin«* in Nr. 44/1913 der Wochenzeitung *Sol'nce Rossii* (Die Sonne Rußlands), die der 20. Wiederkehr des Todestages Tschaikowskys gewidmet war. Naprawniks kurzer Artikel ist in sowjetischer Zeit nicht mehr nachgedruckt worden.

320 Alexander III. war von 1881 bis 1894 Zar von Rußland.

321 Gattin des Hofministers Alexander Wladimirowitsch Adlerberg (1818-1888).

322 Naprawnik schreibt irrtümlicherweise: Bolschoi-Theater.

HANS VON BÜLOW

»ER IST BEINAHE SCHON WEISSHAARIG, ABER VOLL GEISTIGER JUGEND«

Aus einem Schreiben an an Hermann Wolff vom 22./10. Januar 1885[323]

St. Petersburg, den 22./10. Januar 1885.

(...) Eugen Onägin mit großem Interesse und Vergnügen neulich gehört. Chöre und Orchester süperb. Naprawnik first rate conductor. Sänger médiocre. Haus ausverkauft (14. Vorstellung). - Componist kam heute Vormittag direkt vom Bahnhofe in unsre Probe seiner ziemlich schwierigen Suite Nr. 3 (Max Erdmannsdörfer dedizirt), die »aber« ganz prächtig ist. Um wieviel Nasenlängen ist uns nicht Ost und West voraus! Selbst Massenet's *Roi de Lahore* ist Manna gegen eine sogenannte deutsche Oper, sei es von einem Wagnerianer oder Antisolchen. (...)

Aus einem Brief an Richard Strauss vom 18./30. März 1886[324]

(...) R[ubinstein]'s russische Sinfonie hat mir viel Beschwerden gemacht, nämlich harten Kampf gegen die unzweideutigste und leider sehr begreifliche Unlust des Orchesters, das nur gute Musik gut spielen will. Letztere muß ich mir aber immer durch Concessionen an das Asiatenthum erkaufen. Doch sind in letzterem einzelne Weizenkeime, z.B. Alex. Glasunoff, dessen E dur-Sinfonie Op. 5 (Leipzig Belaieff Kistner) verdient von Ihnen examinirt zu werden. Der Autor kennt Brahms genauer als irgend einer seiner Landsleute, er ist ein wirklich ernster, vertiefungsfähiger Künstler - vielleicht höchstens 3 Jahre älter als - Rich. Str.

Tschaikowsky war einen Tag hier und brachte mir seine Manfredsinfonie (Partitur 287 S.), die ich nur erst anzublättern Zeit gefunden, die aber mehr Musik zu enthalten scheint als sämmtliche Orchester-opera A. R[ubinstein]'s. Der Verfasser ist persönlich einer der allerliebenswürdigsten Menschen, denen ich je in diesem Leben begegnet, dabei so tolerant und lobesfreudig für seine Collegen, kurz ein Prachtexemplar. 1840 geb., beinahe schon weißhaarig, aber voll geistiger Jugend; wenn er componirt, vergräbt er sich in die absoluteste Einsamkeit; ist er fertig mit der Arbeit, so erfreut er durch seinen herzlichen Verkehr alle ihm sympathischen Mitwesen.(...)

---

323 Aus: Hans von Bülow, *Briefe, VI. Band, Meiningen 1880-1886*, Leipzig 1907, S. 343.

324 Aus: Hans von Bülow, *Briefe, VII. Band, Höhepunkt und Ende, 1886-1894*, Leipzig 1908, S. 32-33.

DONAT DANIELSON

DIE RETTUNG DER FÜNFTEN SINFONIE TSCHAIKOWSKYS DURCH ARTHUR NIKISCH[325]

Gern erzählte Nikisch, wie er die *Fünfte Symphonie* Tschaikowskys vor der Vernichtung bewahrte.

Tschaikowsky war kein guter Dirigent! Bei der Erstaufführung der Fünften wurde diese in Petersburg in nicht mißzuverstehender Weise abgelehnt. Kurze Zeit nach diesem Ereignis hatte Nikisch eine Einladung nach Petersburg angenommen, er sollte ein Konzert zum Besten der Kaiserlichen Kapelle dirigieren. Auf die Anfrage des Vorstandes, welche Symphonie er zu leiten wünschte, gab er die Antwort: »Die Fünfte von Tschaikowsky.« Darüber großes Entsetzen und lange Erklärungen, warum das nicht angängig. Nikisch hörte die Herren ruhig an und erwiderte, er wünsche trotzdem die Fünfte zu dirigieren, und bei einer ferneren Weigerung müßten die Herren auf seine Mitwirkung verzichten. Das wirkte - und nun schilderte Nikisch den Hergang bei der ersten Probe. Die Geiger mißmutig und nachlässig auf ihren Plätzen sitzend, die Blech- und Holzbläser lebhaft gestikulierend und wütend. Nikisch ließ alle ruhig gewähren und gab das Zeichen. Die schlechte Einstudierung durch Tschaikowsky löste er bald durch seine eindringliche und unvergleichliche Art aus, und schon nach kurzer Zeit bemerkte er, wie die Geiger, Interesse nehmend, sich geradesetzten, die Bläser immer aufmerksamer wurden, und so groß wurde ihr Verlangen, daß sie stundenlang probierten. Nie hatte Nikisch in seinem späteren Leben - das sind seine eigenen Worte - eine größere Genugtuung empfunden, als nach beendigter Probe das Orchester ihm die stürmischen Huldigungen bereitete und als nach der am Konzertabend mit großem Jubel aufgenommenen Symphonie Tschaikowsky zu ihm kam, ihn umarmte und ihm versicherte, daß er nach der Ablehnung des Werkes im Begriff stand, die Fünfte ins Feuer zu werfen.

Der Aufforderung, auch die Sechste (Pathétique) im folgenden Jahre zu leiten, kam Nikisch gern nach. Doch wurde dieser Tag ein Tag der Trauer. In der furchtbaren Choleraepidemie, die zu dieser Zeit in Petersburg herrschte, beging Tschaikowsky die Unvorsichtigkeit, von dem verseuchten Newawasser zu trinken, und mußte das mit dem Tode büßen. Am Tage des Konzerts war die Bestattung des Meisters, und unvergeßlich blieb es Nikisch, wie das Publikum abends nach der Aufführung der Pathétique unter vielfachem Weinen und Schluchzen den Saal verließ.

---

325 Auszug aus: H. Behrens (Hrsg.), *Arthur Nikisch - Leben und Wirken*, Berlin 1922, S. 209-210. Über die Bewunderung Arthur Nikischs durch Tschaikowsky vgl.: Peter I. Tschaikowski, *Erinnerungen und Musikkritiken*, Leipzig 1974, S. 58-60.

IWAN LIPAJEW

TSCHAIKOWSKY IN DER ERINNERUNG EINES ORCHESTERMUSIKERS[326]

Im Großen Saal der Moskauer Adelsversammlung sollte am frühen Vormittag des 27. Januar 1891 die Probe zu dem am Abend bevorstehenden Sinfoniekonzert unter Edouard Colonne[327] beginnen. Es war gegen neun Uhr. Die fahle Helligkeit des späten Wintermorgens schien durch die großen Fenster, als wollte sie gegen das strahlende Kerzenlicht an den Notenpulten ankämpfen. Die bizarren Lichtreflexe auf den weißen korinthischen Säulenreihen, die sich allmählich im morgendlichen Halbdunkel verloren, dann die bald ersterbenden, bald wild tönenden Klänge aus Tschaikowskys Sinfonischer Dichtung *Der Sturm*, dazu die angestrengten Gesichter der sich konzentriert auf ihr Spiel vorbereitenden Orchestermusiker - das alles fügte sich zu einem irgendwie ungewöhnlichen, geradezu phantastischen Gesamteindruck.

Plötzlich hörte ich ganz in der Nähe leise Schritte: Ein Mann, sehr schlicht, aber geschmackvoll gekleidet, lehnte inzwischen wie ein Schatten an einer der Marmorsäulen. Es war Tschaikowsky, der Komponist, dessen sinfonische Dichtung heute geprobt werden sollte. Gleichsam einer Gewohnheit gehorchend, glitt er mit der rechten Hand über sein silbriges Haar und lenkte nach einem flüchtigen Blick in meine Richtung seine ganze Aufmerksamkeit auf das Orchester. Dort schien einiges im argen zu liegen. Die Orchestermitglieder erhoben sich nach und nach von ihren Stühlen, tuschelten über irgend etwas und schenkten dem Dirigenten, der ungeduldig mit dem Taktstock aufs Pult klopfte, nicht die geringste Beachtung. Plötzlich kam jedoch Bewegung in das Ganze, und die Bläser intonierten ein Fanfarenmotiv, dem auch die Streicher eifrig sekundierten. Das Gedröhn wurde so stark, daß man jeden Augenblick fürchten mußte, die massiven, dicken Säulen würden dem Ansturm der Klangmassen nicht standhalten, unter der Decke nachgeben und die Musiker sämtlichst unter sich begraben, und zwar in derselben Geschlossenheit, wie diese jetzt in die Begrüßungsfanfare für Peter Iljitsch eingestimmt hatten.

Tschaikowsky begann schon von fern sich verlegen zu verneigen, mußte sich aber bei einem derart feurigen Willkommensgruß trotz aller Schüchternheit zur Bühne begeben. Angesichts der Herzlichkeit, mit der Tschaikowsky die Musiker begrüßte und ihnen freundlich zulächelte, aber auch angesichts ihrer strahlenden

326 Iwan Wassiljewitsch Lipajew (1865-1942), russischer Violinist, danach Posaunist, Musikerzieher, Musikkritiker und Publizist. Von 1903 bis 1931 (mit Unterbrechungen) am Moskauer Bolschoi-Theater, von 1912 bis 1921 Lehrbeauftragter am Konservatorium Saratow (1917 Professor), im Jahre 1903 einer der Mitbegründer der Gesellschaft der Gegenseitigen Hilfe für Orchestermusiker, deren Vorsitzender er wurde. Lipajew ist außerdem mit Broschüren über Skrjabin, Rachmaninow und Tanejew hervorgetreten.
Erstveröffentlichung in der Zeitschrift *Russkaja starina*, September 1896, S. 545-552.

327 Edouard Colonne (1838-1910), französischer Dirigent.

Gesichter beim Anblick Tschaikowskys, ließ sich unzweifelhaft feststellen, daß das Verhältnis zwischen dem schaffenden Künstler und seinen nachschaffenden Kollegen das allerbeste und aufrichtigste war.

Vor diesem Tag hatte ich Tschaikowsky kaum näher gekannt. Natürlich hatten wir einander schon einmal die Hand gegeben, allgemeine Höflichkeitsfloskeln gewechselt und, wenn wir uns sahen, einander freundlich zugenickt. Das alles trug jedoch mehr den Zufallscharakter einer oberflächlichen Bekanntschaft und änderte sich erst, als Prjanischnikows[328] Operngenossenschaft im Frühjahr 1892 von Kiew nach Moskau kam. Das Anliegen dieser Genossenschaft, in Moskau russische Opern aufzuführen, wurde von Tschaikowsky aufs lebhafteste unterstützt. Er erklärte sich beispielsweise gern bereit, unentgeltlich die Dirigate für drei Opern zu übernehmen: für seinen eigenen *Eugen Onegin*, Anton Rubinsteins *Dämon* und für Gounods *Faust*.

Ich selbst hatte damals eine Stelle als Orchestermusiker bei der Genossenschaft und nutzte nun die Gelegenheit, Tschaikowsky auch näher kennenzulernen. Eines Tages, es war während einer Aufführung von Borodins *Fürst Igor*, ließ mich Herr Pribik[329], der ständige Dirigent unserer Genossenschaft, zu sich rufen und brachte mich dann in die Büroräume des Opernhauses, wo sich mir folgendes Bild bot: In der Mitte des Zimmers stand Tschaikowsky und zog, während er sich mit Walentina Serowa[330] unterhielt, gierig an seiner Zigarette. Als Pribik und ich auftauchten, ging die Serowa ins Nebenzimmer, und Tschaikowsky blickte erstaunt zuerst auf mich und dann auf Pribik, um daraufhin in lautes Lachen auszubrechen:

»Aber Jossif Wjatscheslawowitsch! Ihn kenne ich doch längst, wir sind schon eine Ewigkeit miteinander bekannt!«

Pribik verabschiedete sich alsbald, und ich blieb mit Tschaikowsky allein. Er rauchte die Zigarette schnell auf, holte eine zweite aus der Schachtel und bot mir auch eine an:

»Ich habe ein wichtiges Anliegen an Sie, sogar ein sehr wichtiges«, sagte er. »Hier ist nicht die Zeit und auch nicht der geeignete Ort, darüber zu sprechen. Seien Sie so gut und kommen Sie in nächster Zeit zu mir, möglichst in den Mor-

---

[328] Ippolit Petrowitsch Prjanischnikow (1847-1921), russischer Sänger (Bariton), Opernregisseur und späterhin Gründer der ersten russischen Operngenossenschaft, die 1889-1892 in Kiew und 1892 bis 1893 in Moskau bestand.

[329] Josef (Jossif Wjatscheslawowitsch) Pribik (1855-1937), tschechischer, in Rußland ansässiger Komponist und Dirigent.

[330] Walentina Semjonowna Serowa, geb. Bergmann (1846-1924), Schülerin und Gattin des Komponisten Alexander Serow (1820-1871), Mutter des berühmten russischen Malers Walentin Serow (1865-1911).
Walentina Serowa betätigte sich als Komponistin und Musikkritikerin, komponierte mehrere Opern, vollendete gemeinsam mit dem Petersburger Komponisten Nikolai Solowjow die unvollendet hinterlassene Oper ihres Gatten *Des Feindes Macht* und gab weitere Werke ihres Gatten heraus. Von ihrem umfangreichen musikpublizistischen Werk (u.a. Erinnerungen an Tschaikowsky [1895]) ist in sowjetischer Zeit nichts veröffentlicht worden.

genstunden, gegen acht Uhr oder noch früher: ich bin zu so früher Stunde schon auf den Beinen.«

Nach diesem Gespräch vergingen einige Tage, an denen ich dieser Aufforderung einfach nicht Folge leisten konnte, denn wir probten den *Eugen Onegin*, was dem Dirigenten Tschaikowsky sehr viel Kraft kostete. Es mußte häufig unterbrochen werden, so daß die Proben bis spät in die Nacht gingen. Aus diesem Anlaß trat Tschaikowsky auf einer dieser Proben noch einmal direkt an mich heran und fragte:

»Ist das immer so?« - Ich antwortete ihm: »Eigentlich ist es sonst noch viel schlimmer. Ihre Oper ist ja allgemein bekannt und auch an der Disziplin bei den Sängern ist im Grunde nichts auszusetzen.«

»Aber warum muß dann das ganze Orchester ständig unbeschäftigt herumsitzen oder den Sängern bei der Einstudierung helfen?« ließ er nicht locker.

An dieser Stelle sei eingeflochten, daß Tschaikowsky angesichts seiner Nervosität nicht lange auf einem Platz sitzen mochte: Er dirigierte im Stehen, und zwar nicht nur auf der Probe, sondern auch bei der Aufführung. In seiner Wohnung lief er ständig auf und ab und tat alles, wenn er schon einmal Platz genommen hatte, um die Sitzhaltung fortwährend zu ändern.

Beim Dirigieren, ganz gleich, ob es sich um seine eigene Oper oder um die eines anderen Komponisten handelte, war er immer ungewöhnlich aufgeregt. Der kleinste Schnitzer auf der Bühne oder im Orchester verursachte bei ihm gleichsam physischen Schmerz. In solchen Fällen wurde er entweder leichenblaß oder sein Gesicht bedeckte sich mit roten Flecken, die dirigierende Hand begann zu zittern, sein Blick wurde unstet und er griff häufig zum Wasserglas.

Nach dem Ende der Onegin-Aufführung legte Peter Iljitsch den Taktstock aufs Pult. Ohne auf die nun einsetzenden Herausrufe und den Beifall des Publikums zu achten, seufzte er deutlich hörbar: »Was für eine Quälerei!«

Beim Ausgang aus dem Orchestergraben zur Bühne begegneten wir einander, und ich erkannte ihn fast nicht wieder, so sehr schien er erschöpft, blaß und unsäglich abgespannt. Sein schweißnasses Taschentuch zitterte in der Hand, und der ganze Körper schien wie im Fieber.

»Wann werden Sie mich nun aufsuchen?« fragte er mich.

Bereits am darauffolgenden Tag war ich bei ihm. Peter Iljitsch bewohnte damals zwei Zimmer im Moskauer Grand-Hotel gegenüber dem Duma-Gebäude. Es war noch früh - gegen halb acht Uhr morgens. Während die schlaftrunkene Aufwartefrau noch gar nicht recht ansprechbar war, saß Tschaikowsky bereits im Morgenmantel am Teetisch. Die Luft im Zimmer war von beißendem Zigarettenrauch erfüllt. Auf dem Diwan lagen die Morgenzeitungen und auf dem Tisch die letzten Hefte verschiedener Zeitschriften.

Peter Iljitsch empfing mich überaus zuvorkommend und liebenswürdig. Er bot mir ein Glas Tee und wollte gerade das Gespräch beginnen, als ein Telegrammbote mit der Nachricht ins Zimmer trat, die Gesellschaft der Berufsmusiker von Odessa habe ihn, Tschaikowsky, zu ihrem Ehrenmitglied gewählt.

An jenem Vormittag kamen wir noch gar nicht dazu, die Angelegenheit zu besprechen, die der eigentliche Anlaß für meinen Besuch gewesen war. Während er noch von der Gesellschaft in Odessa sprach, klopfte es bereits wieder, und ein General trat ins Zimmer. Ihm folgte der Direktor irgendeiner Provinzoper, danach deren Bühnenbildner und ihr Dirigent. Mit jedem von ihnen sprach Peter Iljitsch ausführlich. In diesen Gesprächen zeigte sich seine erstaunliche Belesenheit: Es gab keine einzige Kunstgattung, in der er sich nicht wenigstens teilweise auskannte. Er vermied allerdings sorgfältig, über Musik und Musiker zu sprechen, wenngleich manche Gesprächspartner durch entsprechende Fragen ihm dieses Thema aufdrängen wollten.

Es sollte noch über ein Monat vergehen, bis wir endlich Gelegenheit hatten, unser eigentliches Anliegen zu besprechen. Während dieser Zeit wurde ich Zeuge verschiedener charakteristischer Ereignisse im Leben Tschaikowskys. Tschaikowsky besaß ein hervorragendes Gedächtnis und pflegte nicht eine einzige der zahlreichen Bitten zu vergessen, mit denen er überhäuft wurde. Sofort nach der Rückkehr von einer Konzertreise besuchte Peter Iljitsch im Konservatorium oder anderenorts die entsprechenden Leute aufzusuchen, die bei der Verwirklichung einer derartigen Bitte irgendwie helfen konnten. Damals beschrieb er mir in rührendster, zu Herzen gehender Weise das Schicksal einer »jungen Begabung«, die man ihm empfohlen hatte und die in der Provinz zum Untergang verurteilt war.

»Wie schade, daß wir in unserem Land nur zwei Konservatorien haben«, äußerte er, »wo es doch so viele Lernwillige gibt. Es bleibt nichts weiter übrig, als ihnen abzusagen. Viele von ihnen wären sicherlich gute Musiker geworden.«

Man kann sich den Kummer Tschaikowskys gar nicht vorstellen, der ihn befiel, wenn es auch ihm nicht gelang, einer solchen »jungen Begabung« zu helfen. Ich erlebte beispielsweise, wie ihn einmal eine ältere Frau im Hotelzimmer aufsuchte. Als er sie sah, erblaßte er förmlich vor Überraschung.

»Seien Sie gegrüßt, Peter Iljitsch! Erkennen Sie mich?«

»Wie könnte ich denn nicht!?« entgegenete er völlig verwirrt. »Nehmen Sie doch Platz...«

Die Frau setzte sich und begann zu erzählen. Es stellte sich heraus, daß sie aus Kiew kam. Ihre achtjährige Tochter hatte Tschaikowsky auf dem Klavier vorgespielt und den Komponisten so stark beeindruckt, daß er der Mutter versprach, das kleine Mädchen - selbstverständlich unentgeltlich - am Konservatorium unterzubringen. Die Mutter hatte lange auf eine Benachrichtigung gewartet. Inzwischen hatte er ihr geschrieben und sie davon in Kenntnis gesetzt, daß das Mädchen nicht unentgeltlich aufgenommen werden kann. Diese Benachrichtigung hatte aber die Mutter nicht erreicht, denn sie war schon auf dem Wege nach Moskau, weil sich ihr eine entsprechende Reisegelegenheit geboten hatte.

»Um Gottes willen«, schüttelte Tschaikowsky bedauernd den Kopf, »jetzt haben Sie sich wegen dieser Reise in Unkosten gestürzt!«

Nun war es an der Frau, den Komponisten zu beruhigen, was sie auch nach Kräften versuchte. In diesem Moment brachte man einen Brief aus Petersburg.

»Schauen Sie, lesen Sie nur!« rief Tschaikowsky erfreut und gab den Brief an die bedrückte, später aber überglückliche Frau weiter. Ihre Tochter war aufgenommen worden. Es läßt sich gar nicht beschreiben, in welch kindlicher Freude jetzt das Antlitz des Komponisten strahlte.

Gegenüber jungen Künstlern zeigte sich Tschaikowsky immer sehr aufmerksam und anteilnehmend. Durch seine Fürsorge beflügelte er sie und lenkte sie auf dem dornigen Pfad, der zur Kunst führte. Ich war selbst zweimal dabei, als er per Post Manuskript-Sendungen von Komponisten erhielt, die er durchsehen sollte, um seine Meinung dazu zu sagen. Hierzu war er stets bereit und nahm sich sogar die Zeit für Verbesserungen, obwohl Zeit auch für ihn selbst knapp war. So traf ich ihn einmal dabei, als er mit blauem Stift in Notenblättern korrigierte, leise irgendwelche Melodiewendungen summte und sein Urteile laut vor sich hin sprechend abwägte.

Auch zu Orchestermusikern verhielt sich Tschaikowsky überaus aufmerksam. Man konnte häufig von ihm etwa folgendes hören:

»Sie müssen so viel arbeiten und bekommen dafür ein geringes Entgelt. Das ist einfach ungerecht. Man schaue nur auf die Sänger: Sie erhalten oft riesige Summen, ohne sie auch wirklich verdient zu haben. Läßt sich hier gar nichts verändern?«

Tschaikowsky ließ sich gern darauf ein, bei den verschiedenen Gesellschaften der gegenseitigen Hilfe von Musikern Mitglied zu werden. Er überredete auch andere dazu, Mitglied solcher Gesellschaften zu werden, und wurde nicht müde, den edlen Gedanken der Solidarität zu preisen. Kurz: Er versuchte, wenigstens in der ihm möglichen Weise die Orchestermusiker zu unterstützen.

Ich persönlich war Zeuge, als an einem Vormittag der Konzertmeister des Orchesters einer Privatoper an Peter Iljitsch mit der Bitte herantrat, ihm in kurzen Worten seine musikalischen Leistungen zu attestieren. Tschaikowsky erklärte sich sofort bereit, setzte sich an den Tisch und wiederholte mehrmals:

»Aber mit Vergnügen!«

Kaum hatte Tschaikowsky eine entsprechende Kurzcharakteristik geschrieben, als bereits der nächste Musiker mit derselben Bitte an ihn herantrat. Tschaikowsky setzte sich erneut an den Tisch, um zu schreiben, als sich bereits der dritte und vierte ansagten.

»Sie sind aber dann der letzte?«, fragte Tschaikowsky.

»Hm..., eigentlich nicht. Dort warten noch mehr.«

In diesem Moment ging die Tür auf, und man konnte im Korridor in der Tat noch acht bis neun Musiker sehen, die sich bereits angestellt hatten. Jetzt konnte Peter Iljitsch nicht länger an sich halten und brach in ein gutmütiges Lachen aus.

»Aber, aber meine Herren«, sagte er, »wenn das so ist, werde ich die gewünschten Attestate für morgen vorbereiten.«

Hierbei schrieb er sich Name, Vorname und Stimmgruppe der entsprechenden Orchestermitglieder auf, die eben erst noch unter seiner Leitung musiziert hatten, und bat sie alle, ihre Attestate am nächsten Tag abzuholen.

Es waren also bereits einige Monate vergangen, bis wir endlich Gelegenheit fanden, über die Tschaikowsky bewegende Angelegenheit zu sprechen.

»Sie haben einen Aufsatz[331] über das Leben der Orchestermusiker drucken lassen«, sagte er, wobei er lange über irgend etwas nachdachte und sich die Stirn rieb, »und ich muß bekennen, daß ich ihn mit großem Interesse gelesen habe. Mich hat das Leben dieser fleißigen Leute schon immer interessiert, denn von ihrem Wohlergehen hängt der musikalische Fortschritt ab. Ein Orchester ist eine Art Instrument, und für ein gutes Instrument geizen wir ja auch nicht mit Mitteln und Fürsorge. Das alles tun wir für das stumme Holz oder Metall, aus dem dieses Instrument gefertigt ist. Warum sollten wir da nicht einem lebenden Instrument, wie es das Orchester nun einmal ist, auch die ihm gebührende Fürsorge angedeihen lassen? Das ist doch etwa Ihre Meinung?«

»Aber natürlich!«

»Möglicherweise ist mein Vergleich etwas unglücklich gewählt, aber darum geht es gar nicht. Sie beklagen in ihrer Veröffentlichung, daß es unter Orchestermusikern kaum Gesellschaften der gegenseiten Hilfe gibt. Das ist völlig richtig. Derartige Gesellschaften bieten für jeden Menschen die Garantie der Lebensverbesserung, besonders aber für Künstler. Haben Sie einmal versucht, ihre Vorstellungen in die Praxis umzusetzen?«

Ich entgegnete ihm, ich hätte es noch nicht versucht. Nun trat ein längeres Schweigen ein. Peter Iljitsch dachte erneut nach und fragte mich dann:

»Würden Sie sich einer solchen Aufgabe widmen wollen?«

Ich bejahte, verwies aber auf die vielen Hemmnisse, die der Verwirklichung eines solchen Traumes im Wege ständen.

»Was heißt hier Hemmnisse!«, unterbrach er mich ungeduldig. »Sie benötigen Geld und Beziehungen - ich bin zu allem bereit...«

Er verfiel erneut in Schweigen. In diesen Minuten erkannte ich Tschaikowsky einfach nicht wieder: War er sonst mehr oder weniger ruhig und ausgeglichen, erschien er jetzt aufs äußerste erregt.

»Man muß einfach einmal damit anfangen«, nahm er seinen Gedanken wieder auf, »fassen Sie sich ein Herz! Ich selbst habe keine Zeit dafür, mich drücken noch viele andere Sorgen.«

Das waren seine letzten Worte, und unser Gespräch war damit eigentlich auch beendet. Ich begann Material von überall her zu sammeln, um die Satzung für eine »Gesellschaft der gegenseitigen Hilfe unter Orchestermusikern« zu erarbeiten. Als

---

331 Tschaikowsky spielte wahrscheinlich auf Lipajews Schrift *Očerki byta orkestrovych muzykantov* (Aus dem Alltag der Orchestermusiker) an, die 1891 in Moskau als Broschüre erschienen war [überarbeitet 1903 und in Fortsetzungen veröffentlicht in der *Russkaja muzykal'naja gazeta*; als Broschüre Petersburg 1904].

ich Tschaikowsky später daraus vorlas, tat ich das, um einen ganz bestimmten vereinsrechtlichen Organisationstyp vorzuschlagen. Er war jedoch nicht zufrieden mit meinem Vorschlag.

Im Frühjahr 1892 reiste er ins Ausland. Er hatte versprochen, mir von dort zur Anleitung Satzungen deutscher Vereine zuzusenden. Ich wartete lange darauf, aber es kam nichts bei mir an. Ich mußte mich damals in Petersburg aufhalten, wo ich eine Stelle beim Sinfonieorchester des »Aquariums« angenommen hatte. Dieses Orchester wurde in jener Zeit von Robert Kajanus[332] und Reinhold Engel[333] dirigiert. An einem Abend, der ausschließlich Werken russischer Komponisten gewidmet war, hatte Engel Tschaikowskys *Nußknacker-Suite* aufs Programm gesetzt, die damals in Petersburg zum ersten Mal aufgeführt wurde.[334] Wie groß war meine Freude, als ich den Komponisten im Saal erblickte, der extra gekommen war, um bei dieser Aufführung zugegen zu sein. In der Pause wollte ich in den Saal und traf schon an der Tür auf ihn.

»Ha!«, rief er, »welch' ein Vergnügen, Sie hier zu treffen...«

Wir gingen gemeinsam in den Garten und stahlen uns unbemerkt in einen der vielen stillen Winkel, um ungestört miteinander zu reden.

»Bitte machen Sie mir keinen Vorwurf. Ich habe nach diesen Satzungen gesucht, aber es ist nichts Vernünftiges dabei herausgekommen. Ich glaube, daß wir das auf den Herbst verschieben müssen.«

Ich beruhigte ihn, so gut ich konnte, und berichtete ihm von meinen Versuchen, eine entsprechende Satzung selbständig und ohne Zuhilfenahme eines Musters zu erarbeiten. Während wir noch miteinander redeten, kündigte die Glocke bereits wieder das Ende der Pause an. Wir verabschiedeten uns voneinander und ich eilte zurück ins Orchester.

Tschaikowsky hatte sich durch die dichte Publikumsmauer hindurchgearbeitet und in einer Ecke Platz gefunden, wo ihn jedoch Nikolai Rimsky-Korsakow entdeckt hatte und wieder in die Sesselreihen zurückbegleitete. Die *Nußknacker-Suite* kam so stark beim Publikum an, daß fast jeder einzelne Satz vom Orchester wiederholt werden mußte. Nachdem der letzte Ton verklungen war, sprang Tschaikowsky auf und wollte zum Ausgang. Man verstellte ihm jedoch den Weg, so daß er die Tür nicht erreichen konnte. Irgendjemand begann mit dem Ruf nach dem Komponisten, in den dann Hunderte von Stimmen einfielen und danach verlangten, der Komponist solle sich dem Publikum zeigen.

---

332 Robert Kajanus (1856-1933), finnischer Dirigent und Komponist. Bildete 1882 das erste finnische Sinfonieorchester in Helsinki, das er bis 1932 leitete. Von 1897 bis 1926 Musikdirektor und Professor an der Universität Helsinki.

333 Reinhold Fjodorowitsch Engel, russischer Violinist und Dirigent deutscher Abstammung. Bekannt geworden als Dirigent des Orchesters des Aquarium-Sommergartens in Petersburg.

334 Ein Irrtum von Lipajew: Tschaikowskys Nußknacker-Suite erklang in Petersburg zum ersten Mal am 7. März 1892 unter der Leitung des Komponisten. Die Aufführung unter Engel am 9. Juli desselben Jahres war bereits die zweite Petersburger Aufführung.

Etwa vier Männer griffen Tschaikowsky machtvoll unter die Arme und schleiften ihn förmlich auf die Bühne. Völlig verdattert und verwirrt begann Tschaikowsky sich zu verneigen, woraufhin ein unvorstellbarer Lärm losbrach und sich mit einem Tusch des Orchesters sogar noch weiter verstärkte. Die Damen rissen Blumen aus den Gebinden und warfen sie Tschaikowsky zu. Als die Ovationen ein wenig abzuflauen begannen, kam Peter Iljitsch, schweißgebadet und schwer atmend, zu uns ins Künstlerzimmer. Er bedankte sich bei den Orchestermusikern für die hervorragende Aufführung und ging von einem zum anderen, um Küsse auszutauschen.

Anschließend begaben er und ich uns wieder gemeinsam in den Garten. Einige aus dem Publikum erkannten ihn und begannen, ihm auch hier zu applaudieren. Tschaikowsky verlor nun gänzlich die Fassung, eilte blitzartig zum Haupteingang, warf sich in eine Kutsche und entfloh.

Es muß etwa zwei Tage später gewesen sein, als ich auf dem Newski-Prospekt spazierte und plötzlich irgendjemand meinen Namen rief. Ich drehte mich um und erkannte Peter Iljitsch. Er hatte vor, wieder ins Ausland zu reisen und versprach hoch und heilig, von dort Vereinssatzungen mitzubringen. Weitere Nachrichten über Tschaikowsky erfuhr ich dann bis zum Herbst nur aus den Zeitungen, danach hörte ich gar nichts mehr von ihm.

Zu einer erneuten Begegnung kam es dann erst im Herbst 1893 in Moskau. Er begrüßte mich mit den Worten:

»Ach diese Satzungen! Stellen Sie sich nur vor...«

Inzwischen benötigte ich jedoch die Satzungen nicht mehr und konfrontierte ihn mit dem fertigen Satzungsentwurf für die künftige Gesellschaft[335].

Peter Iljitsch zeigte sich hierüber hocherfreut:

»Gießen Sie nur Tee ein, ich lese inzwischen...«

Mit diesen Worten entwand er mir das Papier und konzentrierte sich mit leuchtendem Gesicht voll und ganz auf das Lesen. Zunächst las er schweigend und ruhig, kam jedoch dann in Erregung, sprang auf, ging zum Schreibtisch und begann hastig mit dem Bleistift Textstellen anzustreichen und sie bald mit Fragezeichen, bald mit Ausrufezeichen zu markieren. Aus all seinen Anmerkungen erkannte man die grenzenlose Güte und Menschlichkeit dieses Mannes.

»Peter Iljitsch«, sagte ich, »was haben Sie denn nun im Entwurf der Satzung stehenlassen?«

»Es reicht erst einmal!... Hier muß man einen Juristen konsultieren, denn es gibt viele Fragen, die nur er beantworten kann.«

Nach diesen Worten rückte er das Glas mit dem bereits eingegossenen Tee in seine Nähe und verfiel wieder ins Nachdenken.

»Wie kompliziert das doch alles ist!«, entfuhr es ihm. Ihn beschäftigte bereits, wen man alles als Gründungsmitglieder ansprechen müßte, und er begann bereits

335 Zur Gründung der Gesellschaft der Gegenseitigen Hilfe für Orchestermusiker kam es jedoch erst im Jahre 1903 (vgl. hierzu: Michail Ippolitow-Iwanow, *Meine Erinnerungen an 50 Jahre russischer Musik*, Berlin 1993, S. 184-188).

einige Namen zu nennen. Als ich mich dann verabschieden wollte, holte er eine Visitenkarte hervor, kritzelte auf die Rückseite schnell einige Zeilen und fügte hinzu:

»Geben Sie die Karte meinem Bekannten, dem Juristen Schadurski[336]! Er wird sich den Satzungsentwurf einmal ansehen.«

Es war dann bereits im Spätherbst - Nieselregen, heulender Wind und Matschwetter. Gegen sechs Uhr abends, d.h. schon zu etwas ungewöhnlicher Zeit, begab ich mich zu Tschaikowsky und traf ihn auch wirklich zu Hause an.

Er freute sich sehr über meinen Besuch und anscheinend noch mehr darüber, daß ich in sein Alleinsein eine gewisse Abwechslung brachte. Irgendwie erschien er bedrückt, und auch unser Gespräch wollte nicht so recht in Gang kommen. Als er mich beim Abschied wieder zur Tür geleitete, meinte er in einer gleichsam unnatürlichen Geschäftigkeit:

»Wir werden uns möglicherweise nicht mehr sehen... Ich fahre für einige Zeit nach Petersburg, komme übrigens in einem Monat wieder zurück. Wenn Sie den Satzungsentwurf fertig haben, schicken Sie ihn mir bitte zu! Ich werde mich um alles kümmern. Adressieren Sie an die Hauptdirektion der Kaiserlichen Theater oder zu Händen von Herrn Jürgenson.«

Wir verabschiedeten uns. Während des ersten Sinfoniekonzertes erreichte Safonow das Telegramm mit der Nachricht von der Erkrankung Tschaikowskys, die sich dann wie ein Lauffeuer nicht nur unter den Musikern, sondern auch im Publikum verbreitete. Man fragte Wassili Safonow fortwährend nach dem Befinden Tschaikowskys. Zwei Tage später war ich im Konservatorium und erfuhr, daß Tschaikowsky an Cholera erkrankt sei. Diese schreckliche Nachricht wurde bald telegrafisch aus Petersburg bestätigt. Unter den Orchestermusikern verbreitete sich eine gedrückte Stimmung, die alsbald in Verzweiflung überging: Tschaikowsky war verstorben!...

Das erste Orchester, dem ich diese traurige Nachricht überbrachte, war das des Schelaputin-Theaters. Man sagte mir, hier habe bereits eine Trauerfeier stattgefunden. Ich sah erste Tränen in den Gesichtern der Orchestermusiker, denen der unvergeßliche Peter Iljitsch ja den Rest seiner Tage widmen wollte. Man kann nur darauf hoffen, daß Tschaikowskys segensreiche Gedanken und die ersten Versuche ihrer Umsetzung nicht spurlos vorübergehen werden. Sie wären das schönste Denkmal für diesen großen Menschen und Musiker unseres Landes.

---

336 Lew W. Schadurski, Mitschüler Tschaikowskys in der Rechtsschule.

JOSEF PALEČEK[337]

TSCHAIKOWSKY UND DIE OPERNREGIE[338]

Ich habe Tschaikowsky sehr nahegestanden. Dieser warmherzige und bezaubernde Mann mochte mich ebenso wie ich ihn. Ich habe fast alle Uraufführungen seiner Opern inszeniert, darunter den *Eugen Onegin*, die *Pique Dame* und seine *Zauberin*. Wenn eine seiner Opern zur Inszenierung vorbereitet wurde, ließ Peter Iljitsch es sich nicht nehmen, selbst auf den Proben anwesend zu sein und Hinweise zu geben, die oft bis ins Kleinste gingen. An der Gestaltung jeder einzelnen melodischen Phrase konnte er Anstoß nehmen. Seine penible Strenge hierbei war durchaus geeignet, die allgemein verbreitete Vorstellung von seiner grenzenlosen Güte Lügen zu strafen.

Eduard Naprawnik und ich waren seine engsten Assistenten. Zu dritt erarbeiteten wir mit den Sängerdarstellern jeden einzelnen Schritt, jede Nuance und jede Bewegung. Wir ließen uns von der Musik leiten, studierten genauestens ihren Charakter und begannen dann erst mit der Regiearbeit.

Ich muß einfach eingestehen, daß Tschaikowsky als begnadeter Schöpfer wunderbarer Melodien auch bei der Inszenierung seiner Opern die Hauptrolle spielte. Und es ist sicherlich nicht übertrieben, wenn ich seine Hinweise für so gewichtig halte, daß letztlich er selbst auch als Regisseur seiner Opern gelten kann.

Ehrlich gesagt, wenn ich mir heute die »Wiederaufnahmen« einiger Tschaikowsky-Opern betrachte, tut es mir in der Seele weh. Die meisten Anweisungen, die noch von Tschaikowsky selbst stammen, werden überhaupt nicht mehr beachtet. Viele Szenen, an denen wir einst lange gesessen und die wir sorgfältig erarbeitet hatten, gehen heute völlig unter, denn sie entsprechen weder dem Charakter der Musik Tschaikowskys noch den Vorstellungen des Komponisten über ihre Inszenierung. Mit anderen Worten, die persönlichen, von Komponisten selbst bei den Uraufführungen verwirklichten Wünsche bleiben heute oft unberücksichtigt.

Eine derartige Mißachtung der Absichten des Autors scheint mir gegenwärtig [1913] durchaus verbreitet zu sein: Jeder macht, was er will. Häufig versuchen auch musikalisch völlig inkompetente Leute, eine Oper in Szene zu setzen. Dabei kommt dann etwas heraus, was man bestenfalls ein Experiment mit genialen Musikwerken zu Nutz und Frommen des jeweiligen Regisseurs nennen kann.

---

337 Josef (Ossip Ossipowitsch) Paleček (1842-1916), tschechischer Opernsänger (Baß), ab 1870 in Petersburg engagiert, arbeitete ab 1882 als Opernregisseur an den Petersburger Bühnen und wurde 1888 Professor der Opernklasse am Petersburger Konservatorium.

338 Veröffentlicht unter dem Titel *P. I. Čajkovskij - prekrasnyj režisser* (Tschaikowsy - ein wunderbarer Regisseur) in Nr. 44/1913 der Wochenzeitung *Sol'nce Rossii* (Die Sonne Rußlands), die der 20. Wiederkehr des Todestages Tschaikowskys gewidmet war. Palečeks kurzer Artikel ist in sowjetischer Zeit nicht mehr nachgedruckt worden.

Wir haben hier in Rußland keine Tradition in der Frage, wie schöpferische Genies angemessen zu ehren sind. In Deutschland wird das viel besser gehandhabt. Wenn Sie dort beispielsweise Wagners Musikdramen an drei verschiedenen Opernhäusern sehen, haben Sie wahrhaftig den Eindruck, die Inszenierung wäre detailgetreu von einem Opernhaus auf das andere übertragen worden. Das Werk Wagners wird dort hochgehalten. Hierzulande hingegen schätzt man weder Tschaikowsky noch seine persönlichen Ansichten als Komponist.

Tschaikowsky, dieser große Sänger der Schönheit, hat nach seinem Tode ein reiches Erbe hinterlassen. Mit seinen Opern *Eugen Onegin* und *Pique Dame* hat er sich selbst die besten Denkmäler errichtet.

IPPOLIT PRJANISCHNIKOW

PETER TSCHAIKOWSKY ALS DIRIGENT[339]

(Ein Brief an den Herausgeber der *Russkaja Muzykal'naja Gazeta*)

Das Augustheft der *Russkaja Muzykal'naja Gazeta* brachte den Nachdruck eines Tschaikowsky-Briefes aus der Zeitung *Odesskij listok*, den der Komponist einst an mich nach Kiew geschrieben hatte, als ich dort Leiter der Russischen Oper war. Der *Odesskij listok* hat diesen Brief offensichtlich von einem meiner Bekannten bekommen, dem ich den Brief als Autograph unseres berühmten Komponisten zum Geschenk gemacht hatte. Möglicherweise wäre es für die *Russkaja Muzykal'naja Gazeta* interessant, die nachstehend von mir geschilderten und unmittelbar mit dem Brief zusammenhängenden Fakten aus den letzten Lebensjahren des Komponisten zu veröffentlichen. Anhand dieser Schilderungen wird deutlich, daß Tschaikowsky dank seiner allbekannten Güte und kraft seines Einfühlungsvermögens in alle Fragen der Kunst unseres Landes sich dazu durchgerungen hatte, seine Entscheidung, nicht selbst als Operndirigent aufzutreten, zu revidieren. Darüber hinaus wird sicherlich die kaum bekannte Tatsache interessant sein, daß Peter Iljitsch über einen kurzen Zeitraum als ständiger Dirigent eines Opernhauses gewirkt hat.

Der erwähnte Brief Tschaikowskys an mich war im Herbst 1890 verfaßt worden. Tschaikowsky hatte das darin gemachte Versprechen in der Tat wahrgemacht und kam sofort nach der Petersburger Inszenierung seiner *Pique Dame* nach Kiew, wo er sich etwas länger als zwei Wochen[340] aufhielt und bei allen Orchesterproben sowie bei den ersten drei Aufführungen zugegen war, wenngleich er selbst diese Aufführungen nicht dirigierte. Auf dieses Stichwort hin sei noch eingeflochten, daß der Erfolg der *Pique Dame* in Kiew überwältigend war und wir mit dieser Oper mit Verlauf von etwas mehr als einem Monat achtzehn Mal ein ausverkauftes Haus hatten: etwas, was für Kiew geradezu unvorstellbar ist.

Unser Opernunternehmen wurde auf genossenschaftlicher Grundlage geführt, so daß ich selbst kein selbständiger Unternehmer, sondern Leiter dieser Genossenschaft war. Ähnliche Bühnengenossenschaften hatte es zuvor nur unter Schauspielern gegeben, und unsere Genossenschaft war der erste Versuch in Rußland, dieses Prinzip auch im Opernwesen einzuführen. Peter Iljitsch verfolgte diesen Versuch mit großem Wohlwollen und unterstützte uns nach Kräften. Jedes Mal, wenn er in

---

339 Ippolit Petrowitsch Prjanischnikow (1847-1921), russischer Sänger, gründete und leitete die erste genossenschaftlich organisierte Oper in Rußland, eng mit Tschaikowsky befreundet.
Die vorliegenden Erinnerungen wurden erstmalig in der *Russkaja Muzykal'naja Gazeta*, Nr. 9/1896, Spalte 1001-1008, veröffentlicht.

340 Prjanischnikow ist mit dieser Angabe etwas unpräzise: Tschaikowsky weilte anläßlich der Kiewer *Pique Dame*-Inszenierung vom 11. bis 22. Dezember 1890 in Kiew.

Kiew war, weilte er einige Tage in unserem Kreis und interessierte sich für alles, was bei uns vorging.

Bei einem dieser Besuche[341] hatte er uns angeboten, die *Pique Dame* gleichzeitig mit Petersburg herauszubringen und die ersten Aufführungen selbst zu dirigieren. Aus dem in der *Russkaja Muzykal'naja Gazeta* veröffentlichten Brief ist ersichtlich, daß er später sein Angebot noch einmal überdachte und anstelle des Operndirigats anbot, zu einem späteren Zeitpunkt ein Konzert mit eigenen Werken in Kiew zu dirigieren. Nach der Kiewer Inszenierung der *Pique Dame* war Tschaikowsky den ganzen Winter über im Ausland auf Konzertreise, so daß das uns in Aussicht gestellte Konzert erst in der nächsten Spielzeit stattfinden konnte. In der Tat kam dann Tschaikowsky im Herbst 1891 nach Kiew, dirigierte in unserem Opernhaus dieses Sinfoniekonzert und hatte damit einen überwältigenden Erfolg.[342]

Dieses Mal blieb er ziemlich lange in Kiew[343] und weilte in der Familie unserer Genossenschaft. Damals war bereits klar, daß das Kiewer Opernhaus von einem anderen Unternehmer übernommen wird, so daß die Genossenschaftsmitglieder übereinkamen, mit dem gesamten Inventar, Chor und Orchester und natürlich auch mit dem erarbeiteten Repertoire nach Moskau überzusiedeln, jedoch zunächst erst einmal unmittelbar nach Ostern 1892 dort einen Monat lang versuchsweise zu gastieren. Die Frage wurde heiß diskutiert, woran sich auch Peter Iljitsch überaus lebhaft beteiligte. Er bewertete unser Vorhaben sehr skeptisch und glaubte nicht daran, daß sich eine russische Privatoper auf Dauer in Moskau behaupten könne.

Tschaikowskys Befürchtungen wurden durch das spätere Schicksal unserer Operngenossenschaft, die sich nur einen Frühlingsmonat und danach noch eine Spielzeit mit Mühe und Not in Moskau halten und dann aufgeben mußte, leider nur zu bald bestätigt.

Als unsere Übersiedlung nach Moskau bereits beschlossene Sache war, äußerte Peter Iljitsch mir gegenüber bei einer Gelegenheit:

»Ich fürchte für Ihr Vorhaben und glaube nicht daran, aber das spornt mich umso mehr an, Ihnen dennoch zu helfen. Wissen Sie, was mir hierfür eingefallen ist? Ich könnte, wenn Sie wollen, bei Ihnen dirigieren, und zwar nicht nur eine, sondern gleich mehrere Aufführungen. Möglicherweise kann Ihnen mein Name von gewissem Nutzen sein«, fügte er mit der für ihn sprichwörtlichen Bescheidenheit hinzu.

»Was reden Sie da von einem gewissen Nutzen, Peter Iljitsch! Wenn Sie das wirklich tun würden, wäre die Moskauer Frühjahrssaison für uns gesichert und wir können Ihnen nur noch aus vollem Herzen für Ihre Güte Dank sagen. Aber Sie würden damit Ihre Entscheidung, nie wieder Opern zu dirigieren, die Sie mir im vergangenen Jahr brieflich mitgeteilt hatten, natürlich revidieren.«

---

341 Offensichtlich ist Tschaikowskys Kiewer Aufenthalt vom 1. bis 3. September 1890 gemeint (vgl. Tschaikowskys Brief aus Kiew an Jürgenson vom 2. September 1890).

342 Hierbei handelte es sich um zwei Konzerte, die am 21. und 22. Dezember 1891 in Kiew stattfanden.

343 Tschaikowsky weilte vom 17. bis 23. Dezember 1891 in Kiew.

»Das ist wohl wahr! Jedoch für eine so gute Sache und angesichts der lebhaften Anteilnahme, die ich an Ihrer Genossenschaft nehme, mache ich gern eine Ausnahme. Wissen Sie was? Wir können das noch einfacher machen: Sie geben mir einfach eine feste Anstellung in der Genossenschaft, natürlich ohne Gehalt.«

»Wie soll ich das verstehen?«

»Ganz einfach: Ich trete in der Moskauer Frühjahrsspielzeit als Dirigent bei Ihnen meinen Dienst an.«

»Das ist mir immer noch nicht ganz klar!«

»Aber was ist daran nur schwer zu verstehen? Pribik[344] (unser ständiger Dirigent) und ich teilen zwischen uns die Opern auf, die für die Inszenierung in Moskau vorgesehen sind. Ich dirigiere alle Aufführungen der mir zugeteilten Opern, und er dirigiert seinen Teil. Ich werde allen Verpflichtungen eines Operndirigenten nachkommen, und Sie können sicher sein, daß ich das gewissenhaft tun werde. Sie sollten mich also in das Verzeichnis der Genossenschaftsmitglieder aufnehmen und in der Werbung für Moskau mich als einen ihrer beiden Dirigenten bezeichnen.«

Man kann sich die allgemeine Begeisterung und unsere Dankbarkeit für die Güte von Peter Iljitsch leicht vorstellen.

Aus dem großen Repertoire unserer Operngenossenschaft schlug ich Tschaikowsky seine eigenen Opern zum Dirigieren vor, doch er hatte gerade dagegen Einwände und meinte, daß ihm die eigenen Opern inzwischen schon über seien und er unter Beweis stellen wolle, daß er auch anderes dirigieren könne (so seine eigenen Worte).

Peter Iljitsch wählte dann schließlich drei von den insgesamt acht für Moskau vorgesehenen Opern: eine eigene - den *Eugen Onegin* - und zwei fremde, die jedoch, wie er sich ausdrückte, seine Lieblingsopern waren - Rubinsteins *Dämon* als russische und Gounods *Faust* als ausländische Oper. Gerechterweise muß hier gesagt werden, daß er eine gewisse Furcht davor hatte, weniger bekannte Opern wie beispielsweise Borodins *Fürst Igor* oder Rubinsteins *Maccabäer* zu dirigieren.

Auf der Ankündigung unserer Moskauer Spielzeit im Schelaputin-Theater war dann auch auf der Besetzungsliste zu lesen: *Dirigenten - Peter Tschaikowsky und Jossif Pribik.*

Heute kann ich mich nicht mehr daran erinnern, wie oft genau die drei von Peter Iljitsch dirigierten Opern im Verlauf dieses Monats aufgeführt wurden, jede jedoch mindestens dreimal[345]. Es muß wohl nicht extra hervorgehoben werden, daß bei jeder Aufführung, an der er mitwirkte, das Haus überfüllt war und ihm nicht nur das Publikum, sondern auch die Mitwirkenden stürmischen Beifall zollten.

Die Proben seiner Opern mit Klavier oder Orchester leitete Tschaikowsky alle selbst als ein äußerst bemühter Kapellmeister, der noch pünktlicher als die Sänger-

344 Vgl. Anm. 329.

345 Anhand von Angaben in der damaligen Presse sind drei Dirigate Tschaikowskys im April 1892 für Prjanischnikows Operngenossenschaft in Moskau bekannt: am 12. April dirigierte er Gounods *Faust*, am 22. Rubinsteins *Dämon* und am 26. seinen eigenen *Eugen Onegin*.

darsteller zu den auf meinen Aushängen genannten Proben- und Aufführungsanfängen erschien.

Es kann allerdings sein, daß Tschaikowsky früher - wie er übrigens selbst in dem an mich gerichteten Brief schreibt - beim Operndirigieren mitunter die Übersicht verloren hatte - möglicherweise deshalb, weil er, wie er das auch gewöhnlich zu halten pflegte, beim Dirigieren der eigenen Opern nur die letzte oder die beiden letzten Orchesterproben selbst leitete und die ganze Einstudierungsarbeit anderen überließ, so daß er natürlich die Kräfte des Orchesters nur ungenügend kannte und vor allem bei den Sängern nur wenig über die Besonderheiten jedes einzelnen wußte. Ich wage hier die Behauptung, daß Peter Iljitsch bei uns, wo er selbst alle Proben mit Klavier und Orchester abhielt und sich gründlich mit den Sängerdarstellern vertraut machte, auch völlig sicher und für die Sängerdarsteller durchaus annehmbar nicht nur seine eigene, sondern auch die fremden Opern dirigierte. Ich bin überzeugt, daß ihn lediglich Bescheidenheit und mangelndes Zutrauen sich selbst gegenüber davon abhielten, auch schwierigere Opern zu übernehmen. Ich gehe sogar noch weiter und weise darauf hin, daß er in solchen bekannten und bereits fest im Repertoire verankerten Opern wie *Dämon* und *Faust* mit völlig neuen und künstlerisch höchst plausiblen Interpretationsnuancen hervortrat. Auf entsprechende Bemerkungen pflegte er stets zu sagen: »Möglicherweise wird diese Stelle sonst anders interpretiert, aber ich empfinde diese Phrase eben so und nicht anders.«

An dieser Stelle sei noch auf eine weitere Besonderheit des Dirigenten Tschaikowsky hingewiesen: er dirigierte alle Proben und Aufführungen immer im Stehen, so daß extra für ihn das Podest abgesenkt werden mußte und er sogar darum bat, den Stuhl vor dem Pult völlig wegzunehmen. Er erklärte das aus seiner Praxis als Konzertdirigent und meinte, im Sitzen fühle er sich irgendwie gehemmt vor dem Orchester und könne sich nicht mehr voll auf seine Aufgabe konzentrieren.

Ich erinnere mich an einen Zwischenfall bei einer von ihm geleiteten Aufführung, der zwar nichts mit der musikalische Betätigung Tschaikowskys zu tun hat, aber dennoch interessant ist, weil er Tschaikowskys Gelassenheit und Besonnenheit in Gefahrensituationen veranschaulicht.

Zur Erklärung sei hier eingeflochten, daß es im Gebäude des Schelaputin-Theaters nur einen einzigen kleinen Ausgang aus dem Orchestergraben gab, der obendrein noch unter die Bühne führte und derart eng war, daß bei einem Brand den Musikern und ihrem Dirigenten größte Gefahr gedroht und sich kaum jemand hätte retten können. Und so geschah es ausgerechnet bei einer Aufführung unter der Leitung Tschaikowskys, und zwar im dritten Akt von Gounods *Faust*, daß sich von irgendwo her im überfüllten Zuschauerraum Brandgeruch verbreitete. Zunächst blieben die Zuhörer noch ruhig und schauten sich nur gegenseitig fragend an, doch zu allem Unglück standen zwei Herren in der ersten Reihe auf und strebten zum Ausgang, andere folgten ihnen, und bald war das ganze Parkett-Publikum in Unruhe geraten. Irgend jemand rief plötzlich »Feuer!« und alle drängelten sich in Panik zu den Ausgängen.

Ehe es mir nun gelang, von der Bühne her das Publikum mit der Erklärung zu beruhigen, es gäbe überhaupt kein Feuer und der von irgendwoher rührende Brandgeruch wäre eine zufällige Verkettung von Umständen, und ehe dann das Publikum und die Musiker wieder ihre Plätze einnahmen, war geraume Zeit verstrichen. Während dieser ganzen Panik hatte Peter Iljitsch seinen Platz überhaupt nicht verlassen. Mit dem Gesicht zum Publikum und verschränkten Armen wartete er in aller Ruhe ab, bis sich der ganze Lärm gelegt hatte und ich ihm das Zeichen gab, mit der Aufführung fortzufahren.

PAWEL PTSCHELNIKOW[346]

MEINE ERINNERUNGEN AN TSCHAIKOWSKY[347]

Seit uns am 25. Oktober [1893] die schreckliche Nachricht vom Ableben unseres unvergeßlichen Komponisten Peter Tschaikowsky erreichte, sind inzwischen sieben Jahre vergangen. (...)

Ich selbst bin nicht mehr der jüngste und kann so auch ohne weiteres für mich in Anspruch nehmen, in meinem Leben manchen Leuten begegnet zu sein, die aufgrund von Talent oder außergewöhnlichen Fähigkeiten in der Gesellschaft eine exponierte Stellung innehaben. Nie jedoch habe ich jemanden kennengelernt, der mich derart bezaubert hätte wie der inzwischen verstorbene Peter Tschaikowsky.

Als hochbegabter und kluger Mann hat er sogar auf dem Gipfel seines Ruhms sich immer eine reine Seele bewahrt. Neben hoher Bildung (und nicht nur auf seinem engeren Fachgebiet, sondern auch in allgemeiner Hinsicht) eignete ihm erstaunliche Bescheidenheit und eine überaus kritische Haltung zu sich selbst und zu seinen Handlungen. (...)

Nach meiner Meinung bestand wohl der einzige Mangel im Charakter Tschaikowskys darin, daß er in einer Weise, die ans Pathologische grenzte, Kränkungen gegenüber empfindlich war. Da ich diese Besonderheit an ihm kannte, blieb mir nichts weiter übrig, als bei allen dienstlichen Gesprächen mit ihm jedes einzelne Wort sehr sorgfältig abzuwägen. Seine Schüchternheit, die bei ihm sehr oft in die Furcht, aufdringlich oder grobschlächtig zu erscheinen, umschlagen konnte, führte für gewöhnlich dazu, daß er in Verhandlungen, die seine eigenen Interessen berührten, nur selten seinen Wünschen oder Bitten Ausdruck gab und sich zumeist auf überaus nebulöse Anspielungen beschränkte, wobei er es dem Gesprächspartner überließ, aus diesen Anspielungen geeignete Schlußfolgerungen zu ziehen. In seinen Briefen hielt es Peter Iljitsch jedoch genau umgekehrt: Hier war er bestrebt, seine Wünsche so genau wie möglich deutlich zu machen.

Den bereits von mir genannten Eigenschaften Tschaikowskys ist noch hinzuzufügen, daß Peter Iljitsch anderen gegenüber unendlich gütig und nachsichtig war. Ich habe ihn im Laufe unserer zehnjährigen Bekanntschaft niemals etwas Negatives über andere sagen hören, selbst wenn diese ihm vorsätzlich Unannehmlichkeiten bereiteten. (...)

Wenn sich Peter Iljitsch in einer Gesellschaft erst einmal heimisch fühlte, glänzte er durch Scharfsinn, wenngleich in seinen Äußerungen stets der Anflug von Traurigkeit spürbar blieb. (...)

---

346 Pawel Michailowitsch Ptschelnikow (1851-1913), von 1882 bis 1898 Leiter der Moskauer Kanzlei in der Verwaltung der Kaiserlichen Theater.

347 Erstveröffentlichung in der Zeitung *Moskovskie Vedomosti* vom 27./28. Oktober 1900. Der Text kann hier aus Platzgründen nur gekürzt wiedergegeben werden.

Ich werde nie vergessen, wie ich Tschaikowsky in einer Gesellschaft traf, in der es als wichtigstes Zeichen von Bildung angesehen wurde, respektlos über religiöse Fragen zu reden. Diese in ihrer Absurdität geradezu kuriose Einstellung brachte es mit sich, daß alles, was irgendwie mit Religion zu tun hatte, in dieser Gesellschaft unbarmherzig dem Spott ausgeliefert wurde. Peter Iljitsch, der das erste Mal in diesem Hause zu Gast war, tat erst gekränkt und erklärte dann, als er es nicht mehr aushielt, daß es ihm geradezu peinlich sei, sich Witzeleien mit anhören zu müssen, die sich auf Gegenstände beziehen, denen er gewöhnlich mit Ehrfurcht zu begegnen pflegt. Er bitte deshalb um Verständnis, daß er sich nun aus dieser Gesellschaft entfernen müsse. Um ihn zurückzuhalten, blieb dem Gastgeber nichts weiter übrig, als die Anwesenden dringend aufzufordern, alle entsprechenden Bemerkungen zu unterlassen. Die Erklärung von Peter Iljitsch wirkte in der Folgezeit geradezu segensreich: Allein sein Erscheinen genügte, um alle unangemessenen Späßchen über religiöse Themen verstummen zu lassen.

Ich erinnere mich auch, als wäre es heute, wie ich Peter Iljitsch zum ersten Mal begegnete. Es war unmittelbar vor der Uraufführung seiner Oper *Mazeppa*[348]. Ich hielt es für notwendig, ihn selbst zuvor die hierfür geschaffenen Bühnendekorationen und Figurinen in Augenschein nehmen zu lassen und seine Meinung zu erfragen.

Peter Iljitsch äußerte volle Zustimmung, mitunter sogar Begeisterung. Die einzige Bitte, die er mir vortrug, betraf den Austausch der Kostüme für die Kosaken im ersten Akt, denn er hatte vor, die Tänzer durch Tänzerinnen ersetzen zu lassen. Später bekam ich dann heraus, daß das eine Idee des Ballettmeisters war und Peter Iljitsch wegen dieser untergeordneten Frage keine unnötigen Debatten auslösen wollte.

Wenn Peter Iljitsch in Streitfragen, die nichts mit der Kunst zu tun hatten, auch sehr nachgiebig war, so vertrat er jedoch seine künstlerischen Ansichten mit erstaunlicher Hartnäckigkeit. Soweit ich mich erinnere, gab er stets sehr viel auf die Meinung von Iwan Wsewoloshski[349], des ehemaligen Direktors der Kaiserlichen Theater, dessen hohe Autorität in Kunstfragen er vorbehaltlos anerkannte. Ich erinnere mich auch an einen Fall, der für die Strenge Tschaikowskys gegenüber sich selbst geradezu typisch war: Aufgrund einer Erkrankung des Kapellmeisters Altani[350] wurde die Inszenierung von Tschaikowskys *Pantöffelchen* immer wieder verschoben, so daß ich mich dafür entschied, Tschaikowsky einen Brief zu schreiben und anzufragen, ob er das Dirigat seiner neuen Oper nicht einem anderen anvertrauen wolle. Ich erhielt alsbald in ziemlich kategorischer Form zur Antwort, daß er das Schicksal seiner neuen Oper niemand anderem als Altani anvertrauen könne.

348 Die Uraufführung von Tschaikowskys *Mazeppa* fand am 15. Februar 1884 am Moskauer Bolschoi-Theater statt.

349 Vgl. Anm. 304.

350 Ippolit Karlowitsch Altani (1846-1919), russischer Dirigent, von 1882 bis 1906 Chefdirigent des Moskauer Bolschoi-Theaters.

Nach Peter Iljitschs Worten war Altani ein »wunderbarer und erfahrener Kapellmeister, auf den unsereins *sich wirklich verlassen kann* und von denen es bei uns so wenige gibt, daß ich außer Naprawnik und Altani niemanden kenne, den ich noch nennen könnte«. Deshalb hatte er auch auf die Dienste wenig erfahrener, wenngleich auch begabter Dirigenten verzichtet und sich entschlossen, die Genesung Altanis abzuwarten. Altanis Krankheit zog sich jedoch in die Länge, so daß Peter Iljitsch schließlich sich selbst erbot, die Oper zu dirigieren, und zwar sowohl bei der Einstudierung als auch bei den Aufführungen.

In dem Briefwechsel, den wir beide aus diesem Anlaß führten, finden sich die folgenden sehr charakteristischen Zeilen:

»Wenn Sie meinen Vorschlag für geeignet halten, würde ich versuchen, der Direktion und mir dadurch zu helfen, daß ich selbst ans Dirigentenpult trete. Ich fühle mich zwar hierfür nicht berechtigt, denn als Kapellmeister bin ich völlig unbegabt, würde es aber dennoch versuchen. Falls es mißlingt, könnten Sie mir, sollte ich noch einmal mit einem solchen Vorschlag an Sie herantreten, ohne große Erklärungen absagen.«[351]

Wer Opernaufführungen unter Tschaikowskys Leitung erlebt hat, wird verstehen, wie sehr die zitierten Zeilen die erbarmungslose Strenge illustrieren, mit der er sich zu seiner eigenen Tätigkeit verhielt.

Aufgrund dieser übertrieben selbstkritische Einstellung war er beim Dirigieren und bei den ersten öffentlichen Aufführungen seiner Werke immer fürchterlich aufgeregt.

Man mußte Tschaikowsky schon näher kennen, um seine Bescheidenheit würdigen zu können, denn mitunter konnte er sich auch völlig unerwartet in einige seiner eigenen Werke verlieben, was beispielsweise mit seiner Oper *Die Zauberin* geschah. Nach einer gewissen Zeit sah er dann ein, daß seine Verliebtheit in dieses Werk übertrieben war.

Die Premiere der *Zauberin*[352], die Peter Iljitsch in Petersburg selbst dirigierte, war von lärmenden Beifallsäußerungen und zahlreichen Herausrufen des Komponisten begleitet. Es besteht nicht der geringste Zweifel daran, daß sich das alles direkt auf die Persönlichkeit des Komponisten von *Eugen Onegin* bezog, die vom Petersburger Publikum geradezu vergöttert wurde. *Die Zauberin* blieb hingegen ein Mißerfolg. Dennoch versäumte Peter Iljitsch keine Gelegenheit, immer wieder, wenn das Gespräch auf die *Zauberin* kam, ausdrücklich zu betonen, er bereue »keine einzige Note darin«.

Man muß davon ausgehen, daß sich seine Verliebtheit in dieses Werk später legte, denn als er an der Oper *Pique Dame* arbeitete, finden sich in einem Brief an mich die folgenden Zeilen:

---

351 Zitat aus Tschaikowskys Brief an Ptschelnikow vom 8. Dezember 1885.

352 Die Uraufführung der *Zauberin* hatte am 1. November 1887 am Petersburger Marientheater stattgefunden.

»Hab' der Herrgott sie selig, diese *Zauberin*! Ich bin jetzt voll und ganz davon erfüllt, eine neue *erfolgreiche Oper* geschrieben zu haben, und dieses Bewußtsein ist mir überaus angenehm. Es fragt sich nur, ob ich mich nicht geirrt habe. Obwohl, nein: es scheint, ich irre mich nicht!«[353]

Wenn Peter Iljitsch zu einigen seiner eigenen Werken eine besondere Schwäche hatte, so gab es aber auch solche, die er rundheraus haßte. Allein ihre Erwähnung schlug sich sofort auf seine Stimmung nieder. In die Reihe dieser unglücklichen Schöpfungen, wenn man sie so nennen will, gehörte auch seine Oper *Der Opritschnik*. Ich hegte seit eh und je den Traum, diese Oper am Bolschoi-Theater herauszubringen, wußte aber nichts von der Abneigung des Komponisten ihr gegenüber. So ist es auch zu erklären, daß die entsprechende Frage von mir mehrmals aufgeworfen wurde. Als ich wieder einmal, es muß wohl fast das zehnte Mal gewesen sein, das Thema unseres Gespräches auf diese Frage brachte, entgegnete mir Tschaikowsky, nun bereits fast zornig, in allem Ernst:

»Wenn Sie mich mögen und mir folglich eine tödliche Kränkung ersparen wollen, dann werfen Sie nie wieder die Frage auf, den Opritschnik auf die Bühne bringen zu wollen.« Natürlich blieb mir nach einer derart kategorischen Erklärung nichts weiter übrig, als von diesem Vorhaben endgültig Abstand zu nehmen.[354]

Merkwürdig war Tschaikowskys Leidenschaft für die leichte italienische Musik. Immer wieder besuchte er Vorstellungen von *La Traviata*, von *Il barbiere di Siviglia* und besonders von *Lucia di Lammermoor*, in der ihm vor allem das bekannte Sextett gefiel. Oft verließ er das Opernhaus unmittelbar nach diesem Sextett. Wenn alle Parkettplätze ausverkauft waren, machte es ihm auch nichts aus, eine Karte für einen Platz in den oberen Rängen zu erwerben. Nach dem Besuch solcher Vorstellungen sprach er stets von dem Wunsch, eine komische Oper auf einen russischen Stoff aus der Zeit Peters des Großen zu komponieren.

Ich erinnere mich auch an eine sehr komische Episode, die Peter Iljitsch während der Inszenierung seines *Eugen Onegin* in Prag erlebt und mir dann selbst erzählt hatte.

Hier muß man einflechten, daß schon bei der Petersburger Inszenierung des *Eugen Onegin* Iwan Wsewoloshski, der damalige Direktor der Kaiserlichen Theater, es für überaus wünschenswert erachtet hatte, zur Verstärkung der Bühnenwirksamkeit in den Akt mit der zweiten Ballszene einige Tänze einzufügen, und diesen Wunsch auch dem Komponisten mitteilte. Peter Iljitsch gab sein Einverständnis und komponierte auf den Rat des Direktors hin die Musik für einen Tanz, der unter dem Titel *Écossaise* bekanntgeworden ist. Diese Tanzeinlage wurde auch für die Moskauer Inszenierung verwendet.

353 Aus Tschaikowskys Brief an Ptschelnikow vom 31. Mai 1890.

354 Zur Wiederaufnahme von Tschaikowskys *Opritschnik* durch das Moskauer Bolschoi-Theater kam es erst sechs Jahre nach dem Ableben des Komponisten, und zwar am 4. Februar 1899.

Als der *Onegin* in Prag herauskommen sollte, hatte man Tschaikowsky als Dirigenten eingeladen.[355] Während die Kostümproben bereits begannen, ließ man dem Komponisten mitteilen, daß ihn beim letzten Akt auf der Bühne eine kleine Überraschung erwarte. Man kann sich die Verblüffung Tschaikowskys vorstellen, als er die Tänzer seiner *Écossaise* in der Nationaltracht schottischer Bergbewohner erblickte. Wenngleich Tschaikowsky auch sofort auf das Unpassende dieser Maskerade protestierend hinwies, war er dennoch gerührt, daß man ihm hiermit eine Freude machen wollte.

Einen überaus interessanten Bericht über die Uraufführung von Tschaikowskys Ballett *Schwanensee* erhielt ich von Stepan Rjabow[356], dem anerkannten Kapellmeister des Moskauer Balletts, der die Uraufführung 1877 in Moskau dirigiert hatte. Eine bekannte Ballerina[357] des Moskauer Balletts hatte *Schwanensee* für ihre Benefizvorstellung gewählt. Verwirrt durch die Musik, die sich völlig vom Routinehaften unterschied, und ohne großes Vertrauen zur Begabung des damaligen Moskauer Ballettmeisters Reisinger[358], wandte sich die Benefiziantin nach Petersburg an Marius Petipa, bat ihn um eine Choreographie für ein Pas-de-deux und um die entsprechende Musik dazu. Petipa entsprach ihrem Wunsch und gab ihr eine Musik von Minkus[359]. Wieder nach Moskau zurückgekehrt, erklärte die Ballerina dem Kapellmeister, sie habe sich ein Pas-de-deux besorgt, das sie in den dritten Akt von Schwanensee einschieben möchte. Als Tschaikowsky davon hörte, erhob er sofort energischen Protest und verwies auf die Peinlichkeiten, die durch die Hereinnahme fremder Musik in sein Ballett entstünden:

»Mag mein Ballett nun gut oder schlecht sein,« sagte er, »die Musik dazu möchte ich jedoch gern allein verantworten.«

Nach langem Hin und Her versprach Tschaikowsky schließlich, für die Benefiziantin ein neues Pas de deux zu komponieren.

Jetzt entstanden jedoch ernsthafte Schwierigkeiten: Die Tänzerin wollte nichts an Petipas Choreographie ändern, andererseits aber auch nicht noch einmal nach Petersburg fahren.

Die einzige Möglichkeit, das Problem zu lösen, bestand nun darin, zu einer fertigen Choreographie eine neue Musik zu komponieren. Diesen Weg wählte auch

355 Die Prager Premiere von *Eugen Onegin* unter Tschaikowskys Leitung fand am 24. November/6. Dezember 1888 statt.

356 Stepan Jakowlewitsch Rjabow (1831-1919), ab 1850 Dirigent der Ballettaufführungen am Moskauer Bolschoi-Theater.

357 Gemeint ist Anna Ossipowna Sobestschanskaja (1842-1918), russische Ballerina, ab 1862 am Moskauer Bolschoi-Theater.

358 Julius Reisinger (auch Wenzel bzw. Vaclav Reisinger; 1828-1892), böhmischer Tänzer und Ballettmeister, wirkte von 1842 bis 1864 in Prag, von 1864-1872 in Leipzig und 1871 bis 1878 in Moskau (ab 1873 Leiter des Ballettensembles am Bolschoi-Theater). Danach (1883-1884) Erster Ballettmeister am Prager Nationaltheater.

359 Vgl. Anm. 229.

Peter Iljitsch: Er erbat sich die Musik von Minkus und versprach eine neue Musik, die Takt für Takt und Note für Note mit der Musik von Minkus abgestimmt sei.

Kurz: Er versprach einen solchen Pas de deux, auf dessen Musik Petipas Choreographie unverändert paßte, so daß nicht einmal neu geprobt werden mußte.

Diese neue Musik wurde sehr schnell fertig und gefiel der Benefiziantin so sehr, daß sie Tschaikowsky noch um weitere Variationen[360] bat, die er dann auch für sie komponierte. Während der Benefizaufführung waren diese beiden Nummern dann auch beim Publikum überaus erfolgreich.

Interessant ist auch das weitere Schicksal dieser interessanten Kompositionen. Als nach dem Tode Tschaikowskys *Schwanensee* 1895 am Marientheater herauskam, wozu man die Musik mit verschiedenen kleineren Stücken Tschaikowskys ergänzt hatte, waren diese beiden wirkungsvollen Nummern völlig außer Acht gelassen worden. Tschaikowskys Pas de deux befindet sich gegenwärtig im Musikarchiv der Moskauer Theater, während die vom Komponisten als Violinensolo angelegten Variationen in Moskau bei der Wiederaufnahme von [Pugnis][361] Ballett *Das gebuckelte Pferdchen* in der Introduktion für dessen zweiten Akt Verwendung fanden.

---

360 Diesen russischen Tanz (Variationen für Solovioline) komponierte Tschaikowsky allerdings für die Ballerina Pelageja Michailowna Karpakowa (1845-1920) [russische Ballerina, ab 1865 bis in die 80er Jahre am Moskauer Bolschoi-Theater].
1878 wurde dieser russische Tanz von Tschaikowsky zu einem Klavierstück umgearbeitet und als Nr. 10 in die *Zwölf Stücke mittlerer Schwierigkeit* op. 40 (1879) aufgenommen.

361 Vgl. Anm. 231.

MARIUS PETIPA

AUS MEINER ZUSAMMENARBEIT MIT PETER TSCHAIKOWSKY UND ALEXANDER GLASUNOW[362]

(...) Choreographie und Inszenierung eines großen Balletts sind ein überaus schwieriges Unterfangen: Nach der Festlegung von Szenarium oder Programm muß über die Konzeption jeder einzelnen Figur genauestens nachgedacht werden. Sind dann die Arbeiten an Mimik und Sujet des Balletts beendet, müssen die entsprechenden Tänze, Schritte und Variationen erdacht, choreographiert und an die Musik angepaßt werden. Diese Arbeit gerät jedoch zu wahrer Freude, wenn man einen so fachkundigen und begabten Berater, wie es Herr Wsewoloshski[363] gewesen ist, zum Direktor hat und mit einem so genialen Komponisten wie Tschaikowsky zusammenarbeiten kann.

Alle Dekorationen, Kostüme und Accessoires hatte Herr Wsewoloshski stil- und epochengetreu sowie dem Sujet entsprechend selbst erdacht und hierzu auch alle Entwürfe gefertigt, wodurch natürlich allen mit der Aufführung Betrauten die Aufgabe wesentlich erleichtert wurde. Dieser Mäzen und Direktor hatte es verstanden, eine so große Kapazität wie den genialen russischen Komponisten Tschaikowsky für dieses Genre zu interessieren, der dann insgesamt drei Ballette (*Dornröschen*, *Schwanensee* und *Nußknacker*) komponierte. Unter Wsewoloshskis Direktorat begann auch der begabte Glasunow Ballette zu komponieren, von denen inzwischen *Raymonda*, *Les Ruses de L'Amour* und *Die Jahreszeiten* aufgeführt worden sind. Das alles war erst vor relativ kurzer Zeit, und ich durfte diesen herausragenden Komponisten sowohl würdiger Mitarbeiter als auch aufrichtiger und neidloser Verehrer sein.

Wie sich diese Beziehungen im einzelnen gestalteten, läßt sich am Beispiel eines Briefes des genialen Tschaikowsky beurteilen, der sicherlich von allgemeinem Interesse ist. So schrieb er mir noch vor unserer Inszenierung von *Dornröschen* die folgenden Zeilen:

---

362 Marius [Iwanowitsch] Petipa (eigentlich Alphonse Victor Marius; 1822-1910), französischer Tänzer und Choreograph, wirkte von 1858 bis 1904 am Petersburger Marientheater und am Bolschoi-Theater in Moskau.
Der hier vorgestellte Text ist ein Auszug aus den (ursprünglich französisch verfaßten) Memoiren Petipas, die erstmalig in einer russischen Version 1906 in Moskau erschienen. Unsere Übersetzung folgt einer neueren russischen Version in: A. Nechendzi (Hrsg.), *Marius Petipa - Materialy, vospominanija, stat'i*, Leningrad 1971, S. 54-56.
Hingewiesen sei auch auf eine deutschsprachige Ausgabe von Texten Petipas: *Marius Petipa. Meister des klassischen Balletts. Selbstzeugnisse, Dokumente, Erinnerungen*, Berlin (Ost) 1975 und Wilhelmshaven 1980, die für unsere Übersetzung jedoch nicht berücksichtigt worden ist.
363 Vgl. Anm. 304.

»Tiflis, den 26. April 1889

Lieber und hochverehrter Mitarbeiter!

Ich habe die Kompositionsskizzen zum 5. Bild des Balletts *Dornröschen* fast fertig. Spätestens zum 1. Juni wird alles unter Dach und Fach sein. Es würde mich jedoch interessieren, ob es der Wahrheit entspricht, was ich gerade in einer russischen Zeitung[364] gelesen habe. Dort wird mitgeteilt, daß die Inszenierung *unseres* Balletts auf die Spielzeit 1890/91 verschoben wird und in der bevorstehenden Saison die Wiederaufnahme von [Pugnis] Ballett *Das gebuckelte Pferdchen* beabsichtigt ist.

Falls diese Nachricht stimmt, könnte ich mir mit der Instrumentierung von *Dornröschen* Zeit lassen, denn ich hätte dafür noch ein ganzes Jahr oder sogar länger zur Verfügung. Handelt es sich jedoch um eine *Zeitungsente*, muß ich mich unverzüglich an die Arbeit machen, um die Partitur des ganzen Balletts bis September fertigzubekommen.

Seien Sie so nett, lieber Herr Petipa, mich zu informieren, ob ein Beschluß der Direktion, unser Ballett auf die Spielzeit 1890/91 zu verschieben, wirklich gefaßt worden ist.[365] Ich fahre in einigen Tagen von hier ab und rechne darauf, mich ungefähr am 10. Mai in meiner Behausung auf dem Lande eingerichtet zu haben. Am 25. Mai möchte ich für zwei Tage nach Petersburg kommen und hoffe, falls ich Sie dort noch antreffe, auf das Vergnügen einer Begegnung mit Ihnen.

Auf bald, lieber Freund und Mitarbeiter!

Ihr aufrichtig ergebener P. Tschaikowsky«

Am 6. Dezember 1900 schrieb mir Herr Glasunow:

»Lieber Herr Petipa,

Es tut mir in der Seele leid, daß ich mich schriftlich an Sie wenden muß, weil ich nun schon einige Tage krank bin. Soeben habe ich aus Moskau einen Brief von Herrn Korestschenko[366] bekommen, mit dem ich Sie ja bereits bekanntgemacht hatte. Er bat mich, bei Ihnen nachzufragen, ob Sie ihm am Sonntag, den 10. Dezember, zwei Stunden für ein Gespräch über das Ballett, das die Direktion bei ihm

---

[364] Gemeint war eine Nachricht in der Zeitung *Novoe vremja* vom 25. April 1889.

[365] Wsewoloshski teilte dann in seinem Brief an Tschaikowsky vom 3. Mai 1889 dem Komponisten mit, daß es sich bei dieser Zeitungsnachricht nur um die Wiedergabe von Gerüchten gehandelt hatte. Die Premiere von *Dornröschen* fand am 3./15. Januar 1890 statt.

[366] Arseni Nikolajewitsch Korestschenko (1870-1921), russischer Komponist, Pianist, Dirigent und Musikkritiker. Leitete neben seiner kompositorischen Tätigkeit von 1894 bis 1896 das musikalische Feuilleton der Zeitung *Moskovskie Vedomosti* (verfaßte über 200 Rezensionen und Musikkritiken) und entfaltete eine umfangreiche pädagogische Tätigkeit.

als Kompositionsauftrag für das Marientheater bestellt hat, zur Verfügung stehen könnten. In Erwartung Ihrer geschätzten Antwort, die ich Herrn Korestschenko telegrafisch mitteilen werde, nutze ich die Gelegenheit, Ihnen noch einmal die aufrichtigen Gefühle meiner Ergebenheit auszudrücken.

A. Glasunow«

Man kann verstehen, daß mit solchen Komponisten und bei einem Direktor wie Herrn Wsewoloshski die meisten von mir inszenierten Ballette große Erfolge wurden und das Petersburger Ballett aufblühte. Tschaikowskys *Schwanensee* war zuerst in Moskau inszeniert worden und hatte dort keinen Erfolg. Als ich davon erfuhr, begab ich mich zum Direktor und erklärte ihm, daß ich es für völlig unmöglich erachte, den Grund für den Mißerfolg etwa in der Musik Tschaikowskys suchen zu wollen. Es konnte nicht an der Musik, sondern nur an der Inszenierung und den Tänzen liegen. Ich bat den Direktor um die Genehmigung, dieses Werk Tschaikowskys in meiner Weise zu deuten und das Ballett in Petersburg herauszubringen.

Herr Wsewoloshski war sofort mit mir einverstanden, und wir wandten uns mit diesem Anliegen an Tschaikowsky, dessen »Schwanensee« dann bei uns ein Riesenerfolg[367] wurde.

Tschaikowsky war begeistert und äußerte, daß er mit niemand anderem als mit Petipa Ballette herausbringen will. Wem aber hätten wir das verdanken sollen, wenn nicht Herrn Wsewoloshski? (...)

367 Nach der mißglückten Moskauer Uraufführung beabsichtigte Wsewoloshski 1886, einen Akt des Balletts in einem Petersburger Vorort (Krasnoje selo) herauszubringen. Möglicherweise ist diese Aufführung gemeint. Seinen Triumphzug durch die großen Opernhäuser Rußlands und der ganzen Welt begann das Ballett erst in der choreographischen Neufassung durch Marius Petipa und seinen Mitarbeiter Lew Iwanow, die nach dem Tode Tschaikowskys am 15. Januar 1895 in Petersburg zur Aufführung kam.

MICHAIL FOKIN

TSCHAIKOWSKY UND DAS BALLETT[368]

Peter Tschaikowsky gehört zu den Großen in der Musik. Über die Vielfalt seiner Begabung kann man sich nicht genug wundern, sie ist allumfassend. Betrachtet man eine seiner Sinfonien genauer, möchte man meinen, die Sinfonik wäre sein Spezialgebiet und gerade Sinfonien würden ihm am besten gelingen. Hört man jedoch Tschaikowskys Romanzen und Lieder, glaubt man, seine eigentliche Berufung läge eher in diesem Bereich, denn die entsprechenden Schöpfungen offenbaren eine Fülle an Lyrik und Eleganz, eine hervorragende Kenntnis der menschlichen Stimme und ein tiefes Wissen um die menschliche Seele. Als Opernzuschauer fragt man sich: »Wer war wohl überzeugender als Tschaikowsky dazu fähig, sich der Opernform zu bedienen?«

Ist man jedoch erst Tänzer eines Tschaikowsky-Balletts, gibt es gar keinen Zweifel mehr: Die wirkliche Berufung Tschaikowskys war das Ballett! Tschaikowsky war nicht nur in der Lage, sich von Anfang an aller Finessen der Technik des Balletts zu bemächtigen, sondern er hat auch mit seinen ersten Schritten in dieser Gattung alle anderen Ballettkomponisten überflügelt und ihm gänzlich neue Wege eröffnet. Ich selbst bin in all seinen Balletten, die bei uns aufgeführt wurden, als Tänzer aufgetreten: in *Dornröschen*, im *Nußknacker* und im *Schwanensee*. Wieviel Edelsinn und Schönheit liegt in dieser Musik, welche Freude bereitet es, sich ihr hinzugeben! Tschaikowsky ist einer der ganz Großen, und zwar in jeder Hinsicht. Das bezieht sich auch auf das Ballett. Es gab eine Zeit, in der man meinte, Tschaikowskys Musik wäre nicht hinreichend tanzbar. Man behauptete, seine Ballette enthielten zuviel an einer Musik, die sich selbst genügte. Diese Ansicht hat sich inzwischen soweit verändert, daß sogar Liszts Sinfonische Dichtung *Les Préludes* und ähnliche Werke für eine choreographische Umsetzung als geeignet angesehen werden.

368 Michail Michailowitsch Fokin (1880-1942), berühmter russischer Tänzer und Ballett-Choreograph. Wirkte von 1909 bis 1914 für die russischen Ballett-Aufführungen in London. Lebte ab 1918 außerhalb Rußlands (ab 1921 in den USA).
Veröffentlicht unter dem Titel *P. I. Čajkovskij i balet* in Nr. 44/1913 der Wochenzeitung *Sol'nce Rossii* (Die Sonne Rußlands), die der 20. Wiederkehr des Todestages Tschaikowskys gewidmet war.

ALEXANDER BENOIS

MEINE EINDRÜCKE VON DER PREMIERE DER OPER »PIQUE DAME«[369]

(...) Nachdem ich bereits von der Musik zum Ballett *Dornröschen* hellauf begeistert war, erwartete ich voller Ungeduld Tschaikowskys neue Oper [*Pique Dame*]. Schon lange vor der Premiere waren über sie die verschiedensten Gerüchte im Umlauf. Ursprünglich war die Premiere schon für November angesetzt, mußte dann aber um einige Wochen verschoben werden: Nikolai Figner[370], für den Tschaikowsky die Rolle des Hermann bestimmt hatte und für den die Oper eigentlich auch in Auftrag gegeben war, hatte einen Unfall (Schlüsselbeinbruch). Er erholte sich jedoch rasch, und die Plakate mit dem Datum der Premiere konnten erscheinen.

Ich hatte mir rechtzeitig für die Premiere Karten besorgt, und auch alle anderen Freunde ließen es sich nicht nehmen, an diesem Abend im Theater zu sein. Neben mir saß Waletschka[371], näher zum Orchester hin Dima Filosofow[372] und Serjoscha

---

369 Aus der ersten vollständigen Ausgabe der umfänglichen »Erinnerungen« von Alexander Benois, (5 Bücher in zwei Bänden): Aleksandr Benua, *Moi vospominanija v pjati knigach*, Moskva 1980, tom 1, S. 651-658.

Alexander Nikolajewitsch Benois (1870-1960), russischer Maler, Bühnenbildner, Kunsthistoriker und Kunstkritiker, Mitbegründer und Ideologe der Künstlergruppe und Zeitschrift *Die Welt der Kunst*, von 1918 bis 1926 Direktor der Eremitage in Petrograd, ab 1926 in Paris.

Benois trat ab 1900 auch als Bühenbildner in Erscheinung (u.a. für die Pariser Opern- und Ballettauffführungen Djagilews) und wurde 1919 ständiger Bühnenbildner und Direktoratsmitglied des Akademischen Opern- und Ballett-Theaters in Petrograd (ehemals Marientheater), an dem er sich auch erfolgreich als Opernregisseur betätigte (z.B. *Pique Dame*-Inszenierung 1921).

370 Nikolai Nikolajewitsch Figner (1857-1918), berühmter russischer Sänger (Tenor), von 1887 bis 1907 am Petersburger Marientheater, von 1910 bis 1915 Direktor der Operntruppe des Volkshauses in Petersburg. Figner war der Erstinterpret der Hermann-Partie in Tschaikowskys *Pique Dame*. Ihm waren auch Tschaikowskys *Sechs Romanzen* op. 73 gewidmet.

371 Gemeint ist Walter Fjodorowitsch Nouwel, ein enger Freund Alexander Benois'.

Walter Fjodorowitsch Nouwel (1871-1949), russischer Komponist, Pianist, Literat. Er wurde 1898 Präsident der Künstlervereinigung *Mir iskusstva* [Die Welt der Kunst] und war später Initiator der Petersburger »Abende für zeitgenössische Musik«, denen auch Igor Strawinsky nahestand. Nouwel lebte seit Ende der 20er Jahre außerhalb Rußlands und war Igor Strawinsky bei der Abfassung seiner Erinnerungen (*Chroniques de ma vie*, 2 Bände, Paris 1935/36, inzwischen in viele Sprachen übersetzt) behilflich und darüber hinaus bis 1929 der musikalische Berater Sergej Djaghilews. Gemeinsam mit Arnold Haskel verfaßte er 1935 die erste verläßliche Djaghilew-Biographie (*Diaghileff, His Artistic and Private Life*, London 1935).

372 Dmitri Wladimirowitsch Filosofow (1872-1940), russischer Literatur- und Kunstkritiker. Leitete zur Jahrhundertwende den literarischen Teil der Zeitschrift *Die Welt der Kunst* und stand darüber hinaus als Mitarbeiter der religionsphilosophischen Zeitschrift *Novyj put'* dem Kreis um die Schriftsteller Dmitri Mereshkowski (1865-1941) und Sinaida Hippius (1869-1945) nahe. Ab 1920 lebte und wirkte Filosofow in Warschau.

Djagilew[373], hinter uns die beiden Somows[374] und irgendwo befanden sich auch Mitja Pypin[375] und Pawka Korebut[376]. In den ersten Reihen sah man gleich neben den Brüdern Stassow meinen Onkel Mischa Cavos[377] und dessen Freund Anatoli Polowzew[378]. Ein oder zwei Tage vor der Premiere hatte Pypin direkt vom Verleger den noch nicht im Verkauf befindlichen Klavierauszug besorgt. Beim Durchspielen zu Hause hatte die Musik auf ihn keinen besonderen Eindruck gemacht, so daß er, als er abends bei mir war, schon die ganze Oper schlechtzumachen begann. Lediglich für die Arie der Lisa (Szene neben dem Kanal am Winterpalais: »Hab Tag und Nacht wartend verbracht«) war er bereit, eine Ausnahme zu machen: »Die Arie mag ja noch irgendwie hingehen«, brummte der liebe Mitja schüchtern, »aber alles übrige ist nur die Wiederholung dessen, was man schon kennt. Was soll man denn auch von Tschaikowsky noch erwarten, er hat sich ausgeschrieben, ist ganz und gar leer und kann sich nur noch selbst wiederholen!«

Etwa die gleiche Ansicht vertrat die Mehrheit der »Musikkenner« sowohl in Moskau als auch in Petersburg. Hieran war nichts Verwunderliches: Ein solches Gemecker begleitet immer den Schaffensweg eines herausragenden und noch mehr den eines genialen Künstlers, bis dieser dann seinen »festen Platz im Parnaß« eingenommen hat. Der Kult um Tschaikowsky hatte jedoch gerade erst begonnen, und auch der Komponist selbst war sich noch längst nicht darüber klar, wie sehr sein Volk seiner bedurfte und wie groß seine Bedeutung eigentlich war. In Kreisen der musikalischen Avantgarde gereichte es Tschaikowsky zum Schaden, daß er irgendwie außerhalb des *Mächtigen Häufleins* stand. Die seriösen Musikkenner stellten die Komponisten des Mächtigen Häufleins schon damals über alle anderen und hielten sich für verpflichtet, in Tschaikowsky so etwas wie einen Abtrünnigen zu sehen: einen Meister, der zu sehr vom Westen abhängig war. Diese Einstellung wurde später auch von den meisten französischen Musikern übernommen, die das *eigentliche Wesen* der Musik Tschaikowskys überhaupt nicht begriffen.

Diese Stimmung einer gewissen Feindseligkeit und einer Art Mißtrauens war dann auch deutlich auf der Premiere der *Pique Dame* spürbar. Man spendete gern

[373] Sergej Pawlowitsch Djaghilew (1872-1929), russischer Theaterunternehmer, gehörte 1898 zu den Gründern der Künstlervereinigung *Die Welt der Kunst* und zur Redaktion der gleichnamigen Zeitschrift (1899-1904). Erlangte später Berühmtheit durch die Veranstaltung russischer Opern- und Ballettaufführungen in Paris.

[374] Konstantin Andrejewitsch Somow (1869-1939), russischer Maler und Grafiker, gehörte zu den Mitbegründern der Künstlergruppe *Die Welt der Kunst*.

Andrej Iwanowitsch Somow (1830-1909), bekannter russischer Kunsthistoriker, Direktor der Petersburger Eremitage und dilettierender Maler, Vater von Konstantin Somow.

[375] Dmitri Alexandrowitsch Pypin, Sohn des berühmten russischen Historikers Alexander Pypin(1833-1904).

[376] Pawel Georgijewitsch Korebut-Kubitowitsch (gest. 1940), Cousin von Sergej Djagilew und Dmitri Filosofow.

[377] Michail Albertowitsch Cavos, Onkel von Alexander Benois.

[378] Anatoli Wassiljewitsch Polowzew, Beamter im »Kabinett Seiner Majestät«.

Beifall für die bekannten Sängerdarsteller, aber die stürmischen Ovationen für den Komponisten blieben aus: Er wurde nicht mit den bei uns in solchen Fällen üblichen Begeisterungsstürmen herausgerufen. Ganz im Gegenteil, ich erinnere mich noch sehr gut an die Pausengespräche im Foyer und in den Gängen des Marientheaters: Dort konnte man alles hören, nur keine Zustimmung oder gar Entzücken.

Ich selbst war vor Begeisterung ganz aus dem Häuschen. Gleich nach dem ersten Akt eilte ich zu Onkel Mischa Cavos, unseren Familienanwalt, und hoffte, ihn in ähnlicher Stimmung zu finden. Statt dessen hörte ich ihn nur ironisieren: »pas mal, pas mal ce petit Chodowiecki«[379] - eine Anspielung darauf, daß ihn die Gruppe der Spaziergänger im Sommergarten bestenfalls an die Stiche des berühmten Berliner Illustrators erinnerten. Während der Szene im Schlafzimmer der Gräfin hatte ich mit Waletschka sogar eine kleine Auseinandersetzung, denn mir schien, daß er »nicht richtig mitgeht«. Den Chor der Zofen und Gesellschafterinnen hatte er beispielsweise überhaupt nicht verstanden, denn er flüsterte mir ärgerlich zu: »Das ist doch nun aber völlig idiotisch!«, während ich hingegen die Preisung der vom Ball zurückgekehrten Gönnerin durch die alten Gesellschafterinnen für eine besonders glückliche »Eingebung« hielt. Nichts anderes war so geeignet, den Schrecken der nachfolgenden Szene vorzubereiten wie dieses zarte, einschmeichelnde, in seinem Rhythmus leicht tänzelnde Liedchen, aus dem aber auch schon gewisse Stimmungen herauszuhören sind, die an eine Totenfeier denken lassen - als handele es sich um die Trauergesänge der Klageweiber. Ich muß allerdings Waletschka (den ich sofort mit einem zornigen Zischen einen Idioten und Spinner genannt hatte) dahingehend Gerechtigkeit widerfahren lassen, daß er nach der Todesszene der Gräfin seine Verächterpose aufgab und im weiteren ganz und gar meine Begeisterung teilte.

Ich will hier nicht die ganze Oper analysieren und die Aufführung in allen Einzelheiten beschreiben. Beispielsweise war ich unzufrieden mit der heroischen Arie des Fürsten Jelezki (die von dem gutaussehenden Jakowlew[380] hervorragend dargeboten wurde). Später habe ich sie dann als etwas ironische Charakterisierung dieses unglücklichen Liebenden schätzen gelernt. Andererseits konnte ich mit der »Italomanie« (in unseren Kreisen damals ein ausgesprochenes Schimpfwort) in der Szene am Kanal neben dem Winterpalais, in der Lisa ihrer Verzweiflung Ausdruck gibt (»So ist es Wahrheit: einem Mörder hab ich mein Schicksal anvertraut!«), nicht das geringste anfangen. Der an dieser Stelle völlig unangebrachte Stil wurde von Medea Figner[381] noch dadurch besonders herausgestellt, daß sie die Arie nicht eigentlich sang, sondern in der für den russischen Volksgesang üblichen Singweise herausbrachte - Tschaikowsky selbst hätte angeblich darauf bestanden.

379 Frz.: »Chodowiecki, aber nicht mehr!«

380 Leonid Georgijewitsch Jakowlew (1858-1919), russischer Sänger (Bariton), von 1887 bis 1906 am Petersburger Marientheater, Erstinterpret der Partie des Fürsten Jelezki in Tschaikowskys Oper *Pique Dame*.

381 Vgl. Anm. 194.

Das einzige, was beim großen Publikum wirklich Eindruck gemacht hatte, war das Intermezzo mit dem Schäferspiel, das man sogar zu wiederholen versuchte. Mir hingegen erschien dieses Intermezzo als eine ziemlich oberflächliche, fast süßliche Mozart-Imitation (abgesehen von der göttlichen Sarabande im Pianissimo, die Petipa[382] wunderbar choreographiert hatte und die mit unvergleichlicher Meisterschaft getanzt wurde). Aber sind solche Details angesichts der vielen *absolut erstaunlichen* und einzigartigen Schönheiten in dieser Oper überhaupt einer Erwähnung wert? Der gesamte Opernanfang [der Chor der Kinderfrauen und Gouvernanten, die Ballade des Grafen Tomski, der Schwur Hermanns (bei dröhnendem Donnerrollen), das Erscheinen der Zarin auf dem Ball und die bereits erwähnte Sarabande] bildet eine wunderbare Vorbereitung für alles weitere. Anschließend folgen Szenen, für die es in der gesamten Musikliteratur nichts Vergleichbares gibt: die Szene im Schlafzimmer der Gräfin, die Szene in der Kaserne und die Szene am Kanal neben dem Winterpalais.

Nörgler und Neunmalkluge setzten die Ansicht in die Welt, der Stoff wäre albern, für eine Oper ungeeignet und verstoße ununterbrochen gegen den guten Geschmack; die Puschkin-Verehrer wiederum zeigten sich darüber gekränkt, daß der Librettist Modest Tschaikowsky die Handlung eigenmächtig in eine andere Epoche verlegt hatte und damit von der Vorlage des großen Dichters abgewichen war. Was wurde damals nicht alles geredet und genörgelt! Mich ärgerte besonders die Zurückhaltung der Presse, die lediglich eine totale, beinahe abschätzige Ablehnung andeutete. Allein der Kritiker Findeisen[383] analysierte die neue Oper mit Wohlwollen und sogar einer gewissen Begeisterung, doch - wenn mich mein Gedächtnis nicht trübt - erschien seine Rezension erst etwas später als Broschüre und blieb fast unbemerkt.

Es steht außer jeden Zweifel, daß sich der Komponist selbst dessen *bewußt* war, daß ihm mit dieser Oper etwas Herrliches und Außerordentliches *gelungen* war, etwas, in dem seine ganze Seele und sein Weltempfinden ihren Ausdruck fanden. In diese Musik hatte er sein ganzes Verständnis des eigentlichen Wesens russischer Vergangenheit eingebracht - einer Vergangenheit, die zwar noch nicht völlig in die Ewigkeit entrückt, jedoch bereits erkennbar dem Untergang geweiht war. Er konnte mit Recht erwarten, daß ihm seine Landsleute hierfür Dank sagen, doch statt dessen bekam er Beckmessereien oder herablassende Zustimmungen zu hören, die noch stärker als jedes Schimpfwort kränken.

---

382 Marius Petipa (1822-1910), französischer Choreograph, seit 1847 in St. Petersburg. Vgl. seinen Beitrag im vorliegenden Band.

383 Nikolai Fjodorowitsch Findeisen (1868-1928), russischer Musikkritiker und Musikhistoriker, ab 1899 Korrespondierendes Mitglied der Internationalen Musikgesellschaft zu Berlin, 1911 Vorsitzender der Russischen Gesellschaft der Musikfreunde, ab 1909 Mitglied der Hauptdirektion der Russischen Musikgesellschaft. Nach der Revolution zunächst Leiter der Abteilung Musikbibliotheken im Volkskommissariat für Unterrichtswesen und Volksbildung, 1920 Leiter des Musikhistorischen Museums in Petrograd. Benois meint hier Findeisens Rezension über *Pique Dame*, die in dessen Sammelband *Muzykal'nye očerki i eskizy* (Musikalische Essays), Petersburg 1891, aufgenommen wurde.

Meine eigene Begeisterung über Tschaikowskys *Pique Dame* war durchaus von einem solchen *Gefühl der Dankbarkeit* begleitet. In den Klängen der Oper eröffnete sich mir tatsächlich vieles von jenem Geheimnisvollen, das ich um mich herum spürte: Jetzt schien mir die Vergangenheit Petersburgs plötzlich zum Greifen nahe. In der Zeit zuvor war ich mir der seelischen Verbundenheit mit meiner Heimatstadt nicht so klar bewußt, und ich wußte auch nicht, daß hierin viel Anrührendes und Wertvolles für mich verborgen lag. Ich genoß die Schönheiten Petersburgs und die eigenartige Romantik dieser Stadt, ohne mir darüber eigentlich Rechenschaft abzugeben, andererseits aber gefiel mir auch vieles nicht, manches hatte sogar aufgrund seiner formalistischen Strenge und Schablonenhaftigkeit ganz und gar nicht meinem Geschmack entsprochen. Jetzt aber öffnete mir die Begeisterung für *Pique Dame* die Augen. Das, was mich unmittelbar umgab, erhielt plötzlich einen neuen Sinn. Überall fand ich jetzt jene anmutige Poesie, von der ich früher nur die unbestimmtesten Ahnungen hatte.

Übrigens hatte der Theaterdirektor Iwan Wsewoloshski[384], der »Auftraggeber« und »Anreger« Tschaikowskys, großen Anteil daran, daß diese Poesie der Petersburger Vergangenheit deutlich werden konnte. Hätte dieser wahrhafte Aristokrat in der Würde seines Alters nicht auch ein persönlich-sentimentales Verhältnis zu Petersburg gehabt, wäre es dem »Moskauer« Tschaikowsky wahrscheinlich nicht möglich gewesen, das Poetische der nördlichen Hauptstadt an der Newa in so hohem Maße zu erspüren. Es war Wsewoloshski, der die Handlung des ersten Aktes in den Petersburger *Letnij Sad* [Sommergarten] verlegte, damit der Ball genau einem Ball der Zeiten Katharinas II. gleichen und im Schlafzimmer der Gräfin alles auf die vergangene Pracht der Elisabethanischen[385] Epoche verweisen würde, darüber hinaus in der Kasernenszene aber auch jener ausgesprochene Kadavergehorsam deutlich wird, so daß ein hier eindringendes »Element aus dem Jenseits« besonders stark wirken mußte. Schließlich war auch die Idee, im vorletzten Bild den Ort der Handlung an einen für die Stadt überaus typischen »romantischen« Winkel zu verlegen [ich meine den Kanal am Winterpalais am Fuß jener Brücke zum Palast, die an die Seufzerbrücke in Venedig erinnert], eine wunderbare Eingebung Wsewoloshskis. Tschaikowskys starkes künstlerisches Empfinden versetzte ihn in die Lage, alle an ihn herangetragenen Anregungen zu etwas Eigenem umzuformen, so daß die Oper von seiner künstlerischen Handschrift geprägt war, gleichzeitig aber auch so etwas wie eine Illustration bzw. Bühnenversion der Puschkin-Erzählung blieb.

Ich persönlich sah mich durch Tschaikowskys *Pique Dame* buchstäblich *um den Verstand gebracht* und zeitweilig in einen Visionär verwandelt: Tief in mir schlummernde Ahnungen über die Vergangenheit wurden plötzlich lebendig. Es be-

[384] Iwan Alexandrowitsch Wsewoloshski (1835-1909), von 1881 bis 1899 Direktor der Kaiserlichen Theater, trat auch als Librettist für Tschaikowskys *Dornröschen* hervor und schuf für dieses Ballett, das ihm gewidmet ist, die Figurinen.

[385] Die Zarin Elisabeth von Rußland (1709-1761) herrschte von 1741 bis 1761, Katharina II. (1729-1796) von 1762 bis 1796.

gann bei mir sogar eine Art *Vergangenheitskult.* Diese Neigung spiegelte sich später in der gesamten Tätigkeit unserer Künstlergruppe wider und fand ihren Niederschlag in unseren damaligen Publikationen der Zeitschrift *Mir iskusstva* [Die Welt der Kunst], den Sammelbänden *Chudožestvennye sokrovišča Rossii* [Die Kunstschätze Rußlands] sowie der Monatsschrift *Starye gody* [Längstvergangene Jahre][386], aber auch in unseren Büchern: Djaghilews Lewizki-Monographie[387] und in meinem eigenen Buch[388] über die Stadt Zarskoje Selo. Dieser unser »Passéismus«[389] (ich entschuldige mich noch einmal für die Verwendung eines so unförmigen, andererseits aber bequemen Begriffes) bestimmte eine wesentliche Richtung in unserem Schaffen. Durch meinen »Passéismus« habe ich nicht nur diejenigen meiner Freunde infiziert, die wie Somow[390], Dobushinski[391] und Lanceray[392] bereits dafür anfällig waren, sondern auch einen so aktiven und im Alltag verwurzelten Mann wie Djaghilew. Und noch eins muß ich dazu sagen: Wenn schon Puschkins *Pique Dame* als eine russische *Hoffmanniade* gelten kann, so muß Tschaikowskys *Pique Dame* in noch größerem Maße als eine solche [speziell Petersburger] *Hoffmanniade* angesehen werden. Mir stand die spezifische Atmosphäre der Welt E. Th. A. Hoffmanns sehr nahe, so daß ich in der *Pique Dame* etwas finden konnte, das für mich besonders wertvoll war.

Die Musik zu *Pique Dame* hatte für mich geradezu beschwörende Kraft, mit deren Hilfe ich in die seit langem lockende Welt der Schatten vordringen konnte. Vielen (wahrscheinlich der überwiegenden Mehrheit) mag diese Welt als etwas Fantastisches, Irreales, Versunkenes und für immer Vergangenes erscheinen, ich hingegen erlebte sie (besonders damals) als noch lebendig und höchst existent. Wie oft mußte ich später im Leben den Vorwurf hören, meine Hinwendung zur Vergangenheit wäre etwas Ungesundes und Falsches. Manche hielten ein derartiges Sich-Versetzen in die Vergangenheit für geradezu verrückt. Doch dieser bewußte Passéismus ließ ja nicht nur mit der *Geschichte* einen selbständigen Wissenschaftszweig

---

386 Die Zeitschrift *Mir iskusstva* erschien von 1898 bis 1904 in Petersburg, die Sammelbände *Chudožestvennye sokrovišča Rossii* von 1901 bis 1903, die Zeitschrift *Starye gody* (Monatszeitschrift für Kunst- und Antiquitätenfreunde) erschien von 1907 bis 1916 in Petersburg.

387 Dmitri Grigorjewitsch Lewizki (1735-1822), russischer Porträtmaler. Djaghilews Lewizki-Monographie erschien 1902 im ersten Band des russischsprachigen Sammelwerkes *Die russische Malerei im 18. Jahrhundert.*

388 Gemeint ist Alexander Benois' Buch *Carskoe Selo v carstvovanii imperatricy Elizavety Petrovny (materialy dlja istorii iskusstva v Rossii v XVIII veke)* [Die Stadt Zarskoje Selo zu Zeiten der Zarin Elisabeth von Rußland (Materialien zur Geschichte der Kunst des 18. Jahrhunderts in Rußland)], Petersburg 1910.

389 Wortbildung nach frz. »passéisme«: Vergangenheitskult.

390 Vgl. Anm. 374.

391 Mstislaw Walerianowitsch Dobushinski (1875-1957), russischer Maler und Grafiker, Mitglied der Künstlervereinigung *Mir iskusstva*, lebte ab 1925 außerhalb Rußlands.

392 Jewgeni Jewgenjewitsch Lanceray (1875-1946), russischer Maler und Grafiker, Mitglied der Künstlervereinigung *Mir iskusstva.*

entstehen, er hat auch eine Vielzahl herrlicher Werke der Kunst und Literatur hervorgebracht... (...)

Ich möchte hier die Schilderung meiner Eindrücke von Tschaikowskys *Pique Dame* nicht beenden, ohne noch einige Worte über die Aufführung selbst gesagt zu haben. Vom Schauwert her bot die Inszenierung die für das Kaiserliche Theater üblichen Vorzüge und Mängel: Sorgfalt, künstlerische Meisterschaft und Üppigkeit verbanden sich mit erstaunlicher Geschmacklosigkeit und stellenweise sogar mit unübersehbaren Absurditäten.[393] Allerdings war die *Pique Dame*-Aufführung wesentlich weniger mit Mängeln behaftet als andere Inszenierungen der Kaiserlichen Theater, so daß sie im wesentlichen als die beste und ausgeglichenste Leistung unter der Direktorenschaft Wsewoloshskis anzusehen ist. Wsewoloshski selbst hatte an ihr ein irgendwie besonderes Gefallen gefunden und sorgfältig darauf geachtet, daß sämtliche Anweisungen umgesetzt wurden. Ihm war es zu verdanken, daß alle für die Szene im *Letnij Sad* benötigten Kostüme und Uniformen so täuschend echt aussahen und sich meinem Onkel Mischa Cavos sofort dieser Vergleich mit Chodowiecki aufdrängte, aber auch die Kostüme in der Ballszene waren authentisch und überaus prachtvoll usw. usw. Die Ausstattung für das Schlafzimmer der Gräfin war derart stimmig und vom Bühnenmaler Iwanow[394] mit so überragender Meisterschaft nachempfunden worden, daß ich selbst [als mir die Ehre zufiel, 1920 anstelle der endgültig verschlissenen ursprünglichen Inszenierung eine Neuinszenierung der *Pique Dame* herauszubringen] den Entschluß traf, den Bühnenplan und den Gesamtcharakter der Ausstattung Iwanows beizubehalten und ihr lediglich noch größeren Glanz zu verleihen sowie den Rastrelli-Stil[395] in der Architektur noch strenger durchzuhalten.

Die Besetzung der Rollen war bei der Premiere 1890 überaus glücklich gewesen. In meiner eigenen Inszenierung stellte ich mir dann das Ziel, den ursprünglichen Inszenierungsplan (der den Komponisten immerhin zufriedengestellt hatte) im wesentlichen beizubehalten und nur das zu eliminieren, was dem Stil jener Inszenierung widersprach. In meinem Bemühen, die Dekoration des *Letnij Sad* anspruchsvoller zu gestalten [auch unter Beachtung der dort gesetzten Baumgruppen], ging ich davon aus, daß die Handlung im April spielt und achtete darauf, daß das Blätterwerk der Bäume spärlich blieb und damit der Jahreszeit entsprach. In Lisas

[393] Als ein Beispiel dafür möchte ich nur darauf verweisen, daß in Iwanows wunderbarem Bühnenbild des Schlafzimmers der Gräfin die Wände mit Gobelins behangen waren, auf denen Motive aus allgemein bekannten Bildern moderner französischer Künstler (Adolphe William Bugero, Alexandre Cabanel u.a.) zu sehen waren. **(Anm. v. A. Benois)**

[394] Konstantin Matwejewitsch Iwanow (1853-1916), Bühnenbildner der Petersburger Kaiserlichen Theater, schuf das Bühnenbild für das 4. und 6. Bild bei der Uraufführung von Tschaikowskys *Pique Dame*.

[395] Graf Bartolomeo Carlo Rastrelli (1675-1744) und sein Sohn Bartolomeo Francesco Rastrelli (1700-1771), italienische Barock-Baumeister, die 1716 auf Einladung Peters des Großen nach Petersburg übersiedelten und hier wichtige Bauwerke und Denkmäler schufen.

Zimmer betonte ich mehr den »Jungmädchen-Charakter«, während mein »großer Ballsaal« an die grandiosen Prunkgemächer des Potemkin-Palais erinnerte.[396] In der Kaserne betonte ich die Freudlosigkeit des Soldatenalltags, während die Szene am Kanal neben dem Winterpalais in die Zeit der weißen Nächte verlegt wurde, offensichtlich aber doch unberechtigt, denn der in der Regieanweisung zum 6. Bild vorgeschriebene Mondschein ist in Petersburg schon ab Mai kaum mehr zu sehen. Beim letzten Bild (»Im Spielklub«), das in der ursprünglichen Inszenierung am wenigsten gelungen war, achtete ich auf eine gewisse, für die bevorstehende Konfliktlösung notwendige Festlichkeit.

Bei der Premiere von 1890 paßte die damals bereits etwas gealterte Medea Figner[397] aufgrund ihrer Körperfülle äußerlich allerdings kaum noch für die Rolle des unglücklichen, zerbrechlichen aristokratischen Fräuleins - wie ich mir die Lisa vorstellte - und auch ihr Vortragsstil war zu stark am Italienischen ausgerichtet, doch alles das trat sofort in den Hintergrund, wenn der Zauber ihrer starken und unverbrauchten Stimme zu wirken begann. Das von Flöte und Klavier begleitete Duett, von ihr zusammen mit der Dolina[398] (die eine geradezu göttliche Kontraalt-Stimme besaß) vorgetragen, ist mir bis heute deutlich als eine triumphale Leistung in Erinnerung geblieben. Der Held der ganzen Aufführung war zweifellos Nikolai Figner - auch zuvor schon der Liebling des Publikums -, der sich mit der Gestaltung der Rolle des Hermann größte Anerkennung erwarb. Sogar sein etwas gepreßtes Timbre war hier am Platze, denn es verstärkte den Eindruck von etwas Fatalem, das dem Untergang geweiht war. Figners Gestalt hatte überhaupt etwas Düsteres, die sonst oft übliche Süßlichkeit traditioneller Tenöre fehlte ihm völlig, und diese Düsterkeit kam in der *Pique Dame*-Inszenierung noch durch seine schwarze Husarenuniform und die Maske besonders zur Geltung. Figner hatte sich für diese Rolle sogar entschlossen, seinen Bart abzunehmen und nur den Schnurrbart zu belassen (auf diese letzte Zierde seines Gesichtes wollte er nun doch nicht verzichten), und so wurde der Hermann von einem Ingenieur (der er bei Puschkin ist) zu einem Kavalleristen, denen das Tragen von Schnurrbärten im 18. Jahrhundert per Dienstvorschrift vorgeschrieben war. Unter den verschiedenen Husarenregimentern wählte man die Husaren von Neshin, die eine schwarze Uniform trugen. Figner gestaltete seine Rolle so überzeugend und leidenschaftlich, daß er völlig mit ihr zu verwachsen schien: Einige Stunden lang war er mit der von ihm verkörperten Gestalt völlig identisch. Einen solchen Hermann, wie er von Figner kreiert wurde, habe ich später nie mehr gesehen oder gehört, ja ich kann mir auch gar nicht vorstellen, daß es irgendeinem Opernhaus gelingen könnte, einen Sängerdarsteller zu finden, der in vergleichbarer Weise für die Rolle geeignet wäre.

---

[396] Gemeint sind die Paradesäle des Taurischen Palais in Petersburg, der 1783 bis 1789 für den Fürsten Grigori Potemkin errichtet worden war.

[397] Vgl. Anm. 194.

[398] Maria Iwanowna Dolina (geb. Sojuschkina; 1868-1919), russische Sängerin (Kontraalt), Erstinterpretin der Polina-Partie in Tschaikowskys *Pique Dame*.

So ideal wie die Darstellung des Hermann war auch die Gestaltung der Rolle der alten Gräfin durch die Slawina[399], die damals eine noch ganz junge Schönheit war und alles aus sich herausholte, um diese »alte Schachtel«, Ruine von einem Menschen und hexengleiche Gestalt adäquat darzustellen. Das Zusammenspiel dieser beiden Sängerdarsteller im Schlafzimmer der Gräfin hatte eine Wirkung, daß einem der kalte Schauer über den Rücken lief. Besonders überzeugend war die Slawina im Moment des Einschlummerns dieser ehemaligen »Venus Moscovite«. Während man sie in den Sessel bettet und mit Kissen umgibt, erinnert sie sich an die Empfänge in Versailles, an die Marquise de Pompadour »persönlich« und singt jene Arie aus *Richard Coeur-de-Lion*, die sie einst vor dem König gesungen hatte. Nur eine Darstellerin mit ausgezeichnetem künstlerischen Gespür konnte jene fast ersterbende Art des Sprechgesangs treffen, die die Slawina hierfür gefunden hatte. Man spürte förmlich, daß die alte Frau schon am Rande des Grabes stand und von dort noch einmal auf jene einst glanzvolle Welt zurückblickte, die nun in eine undeutliche Ferne entrückt war.[400]

Noch ein weiterer Sängerdarsteller hatte zum Glanz der Uraufführung von *Pique Dame* seinen Beitrag geleistet: Der alte Melnikow[401], der stimmlich schon längst nicht mehr auf der Höhe war, aber nach wie vor die Tradition bester Sangeskultur verkörperte. Die von ihm kreierte Gestalt des Grafen Tomski war ebenfalls absolut überzeugend. In der ursprünglichen Version war Tomski nicht Hermanns Regimentskamerad, sondern ein typischer russischer Gutsbesitzer, der sich gern mit jungen Leuten umgab. Seinem Stande und seinem Alter gemäß war er solide und schlicht gekleidet und machte dennoch untrüglich den Eindruck eines Aristokraten. Diese Auffassung der Tomski-Gestalt versuchte ich in meiner *Pique Dame*-Inszenierung 1920 wieder zu rekonstruieren, und der Pawel Andrejew[402] war auch in der Lage, diese Aufgabe so zu verstehen und ausgezeichnet umzusetzen...

---

399 Maria Alexandrowna Slawina (1858-1951), russische Sängerin (Mezzosopran), von 1877 bis 1917 am Petersburger Marientheater, 1919 bis 1920 Professor am Konservatorium in Petrograd, ab 1920 außerhalb Rußlands.

400 Ärgerlich war nur, daß sich hier ein Anachronismus ergab. Grétrys Oper *Richard Coeur-de-Lion* war in einer Zeit entstanden, als die Marquise und ihr königlicher Liebhaber schon längst das Zeitliche gesegnet hatten. Doch solche historischen Fehlgriffe tolerierte man gern, wenn man die Slawina beim Einschlummern die folgende Stelle singen hörte: »Je crains de lui parler la nuit, j'écoute trop tout ce qu'il dit« [Frz.: »Ich scheue mich, zu ihm von der Nacht zu sprechen. Ich höre zuviel aus dem heraus, was er sagt.«] **(Anm. v. A. Benois)**

401 Iwan Alexandrowitsch Melnikow (1832-1906), russischer Sänger (jugendlicher Heldenbariton), von 1867 bis 1892 am Petersburger Marientheater (1890 bis 1892 auch als Regisseur). Melnikow war an vielen wichtigen Uraufführungen der russischen Operngeschichte beteiligt und ist auch mit einer aufschlußreichen Autobiographie (veröffentlicht 1906 in Fortsetzungen in: *Russkaja Muzykal'naja Gazeta*) an die Öffentlichkeit getreten.

402 Pawel Sacharowitsch Andrejew (1874-1950), russischer Sänger (Baßbariton), von 1909 bis 1948 am Petersburger Marientheater (bzw. seiner Nachfolgeeinrichtungen: dem Akademischen Opern- und Ballett-Theater in Petrograd und späteren Kirow-Theater in Leningrad).

Ich muß immer wieder bedauern, daß die Theaterkunst aufgrund ihres Wesens so kurzlebig ist. Ich wollte eine *mustergültige* Inszenierung meiner Lieblingsoper zustandebringen, und ich glaube, daß mir das auch in hohem Maße gelungen ist, denn auch vom Publikum wurde sie begeistert aufgenommen. Doch bereits zehn Jahre später verpflichtete man für eine neue *Pique Dame*-Inszenierung irgendeinen »genialen« Neuerer aus der Gruppe der jungen Meyerhold-Adepten[403], und dieser Künstler veranstaltete einen solchen Blödsinn [d.h. eine modernistische Karikatur], daß dessen Inszenierung bald wieder abgesetzt und durch eine vernünftigere und sinnvollere ersetzt werden mußte. Möglicherweise war man wieder auf meine Inszenierung zurückgekommen.[404]

[403] Gemeint ist die Inszenierung, die von Meyerhold selbst stammt und am 25. Januar 1935 an der Kleinen Oper in Leningrad [MALEGOT] Premiere hatte. Diese Inszenierung gehörte zu den spektakulärsten in der Geschichte der russischen Opernregie und wurde namentlich von Dmitri Schostakowitsch überaus geschätzt. Fünf Tage nach der Premiere fand in Leningrad ein Streitgespräch über diese Inszenierung statt, bei dem u.a. auch Dmitri Schostakowitsch, Iwan Sollertinski und Wsewolod Meyerhold das Wort nahmen. Auszüge aus ihren damaligen Diskussionsbeiträgen sind inzwischen veröffentlicht worden [vgl. *Sovetskaja muzyka*, Heft 6/1990, S. 55-67].

[404] Die Wiederaufnahme der Oper *Pique Dame* am Leningrader Akademischen Opern- und Ballett-Theater griff in der Tat auf die Ausstattung von Benois zurück und kam 1939 zustande.

LEON BAKST[405]

TSCHAIKOWSKYS BALLETT »DORNRÖSCHEN«[406]

Diese Geschichte liegt lange zurück. Mehr als 25 Jahre sind inzwischen vergangen. Ich selbst war damals noch ein Milchbart, vergötterte aber bereits das Theater.

Die Generalprobe für die lang erwartete Premiere von Tschaikowskys Ballett *Dornröschen* fiel auf einen trüben und kalten Novembertag.[407] Doch wenn man sehr jung ist, was bedeutet einem schon das Wetter? Besonders wenn man eine Eintrittskarte in der Tasche hat, die einem durch Beziehungen zum Chefregisseur der Kaiserlichen Oper[408], einem verehrten und älteren Freund, zugefallen ist.

In solchen Fällen war es damals üblich, zunächst in sein Arbeitszimmer zu kommen, bevor man sich in den bereits gefüllten Zuschauerraum begab. Hier fand man ihn, den Chefregisseur, mit seinem weißen Methusalem-Bart und seinem persischen Käppchen einem echten Pascha vergleichbar, beim Rauchen und bei seinem ewigen Glas Tee unter den Starsängern und -tänzern. Sein großer Arbeitsraum war ein beliebter Treffpunkt.

Die Minuten in diesem Zimmer habe ich zeitlebens in Erinnerung behalten. Ich hatte die Galoschen abgestreift und den Schnee vom Pelzkragen abgeschüttelt, verharrte aber noch einen Moment unschlüssig... ob ich hier eintreten darf? In der Tiefe des weitläufigen, mit persischen Teppichen geschmückten Raumes konnte ich zwei Sihouetten erkennen, um die herum sich alles gruppierte. Aus der Ehrerbietigkeit, mit der die Künstler sich diesen beiden zuwandten, schloß ich, daß es sich bei diesen um »wichtige Personen« handeln müsse.

Der eine von beiden, ein hochgewachsener, aber etwas gebeugt stehender Herr mit Adlernase und einem umgänglichen, aber hinterlistigen Lächeln, trug die blaue Uniform des Direktors der Kaiserlichen Theater mit dem Wladimir-Stern auf der linken Brust.[409]

---

405 Leon Bakst (eigentlich Lew Samoilowitsch Rosenberg; 1867-1924), aus Rußland stammender und ab 1909 ständig in Paris ansässiger Maler und Grafiker, Mitglied der Künstlervereinigung *Die Welt der Kunst*, wurde vor allem durch seine farbenprächtigen Kostüm- und Ausstattungsentwürfe für Djagilews russische Ballettaufführungen bekannt.

406 Erstveröffentlichung in französischer Sprache in der Pariser Zeitschrift *Comedia* vom 9. Oktober 1921.

407 Ein Irrtum des Autors: Die Generalprobe zu *Dornröschen* hatte am 2. Januar 1890 stattgefunden.

408 Gemeint ist Gennadi Petrowitsch Kondratjew (1834-1905), ein russischer Sänger (Bariton), der von 1872 bis 1900 Chefregisseur der Kaiserlichen Petersburger Theater war und in dieser Eigenschaft auch als Regisseur der Uraufführung von Tschaikowskys *Pique Dame* in Erscheinung getreten ist.

409 Es handelte sich um Iwan Alexandrowitsch Wsewoloshski (1835-1909), der von 1881 bis 1899 Direktor der Kaiserlichen Theater war. Wsewoloshski war auch der Librettist und Autor der Kostümentwürfe für Tschaikowskys Ballett *Dornröschen*, das ihm auch gewidmet ist.

»Das kann nur bedeuten, daß irgend jemand aus der Zarenfamilie anwesend ist«, dachte ich bei mir (Zar Alexander III. war tatsächlich anwesend). Der zweite Herr, weißhaarig und mit schlohweißem Bart, war von etwas niedrigerem Wuchs und zeigte ein freundlich-schüchternes Gesicht mit ausgesprochen rosiger Gesichtsfarbe. Er war deutlich nervös und bemühte sich merklich um Selbstbeherrschung.

Wer mochte das sein? Ich bemühte mich um Blickkontakt zu meinem älteren Freund, der mich schließlich unter den vielen Ballettröckchen bemerkt hatte...

»Ljowuschka, komm her, ich möchte Dich Peter Iljitsch Tschaikowsky vorstellen - unserer Berühmtheit, auf die wir sehr stolz sind!«

Rot vor Aufregung muß ich als kleiner rothaariger Wicht mit kurzgeschnittenem Haar, aber in weißen Handschuhen, die mir damals sehr elegant erschienen, und in meiner Uniform als Zögling der Malschule ein komisches Bild abgegeben haben. Mich mutig aus meiner angenehmen Gefangenschaft zwischen den Ballettröckchen befreiend, streckte ich dem berühmten Komponisten als erster meine Hand entgegen.

»Schauen Sie nur«, fuhr der inzwischen in die Jahre gekommene Chefregisseur unter allgemein wohlwollendem Lächeln fort, »dieser Junge vergöttert das Theater und macht bereits Bühnenbildentwürfe. Vor ein paar Tagen hatte er bei Freunden in einer Teestunde von Ihrem *Dornröschen* geschwärmt und, hierin seinem eigenen Geschmack folgend, Bühnendekorationen dafür entworfen. Wo sind die Entwürfe übrigens geblieben?« Er wühlte vergebens im Schubfach seines Schreibtisches.

»Ich halte die Musik zu *Dornröschen* für eine gute Musik!« schrie ich mit einer mir vor Aufregung fast wegbleibender Stimme zur Verwunderung aller Anwesenden, die bald darauf in ein ungezügeltes Gelächter umschlug.

»Oh! Das heißt, Sie kennen mein Ballett bereits?« wunderte sich Tschaikowsky, ohne mit dem Lachen aufzuhören, und sein fragender Blick wandte sich dem Patriarchen-Bart des Chefregisseurs zu...

Es war ein unvergeßlicher Tag! Drei Stunden lang lebte ich wie im Zaubertraum, berauscht von Feen und Prinzessinnen, üppigen goldschimmernden Palästen und dem Zauber des Märchens... Mein ganzes Wesen wurde gleichsam zur Resonanz dieser Rhythmen und dieses strahlenden Flusses prächtiger, bereits vertrauter Melodien... An jenem Abend, so scheint mir, verspürte ich endgültig meine Berufung.

WASSILI JASTREBZEW

AUS MEINEN ERINNERUNGEN AN TSCHAIKOWSKY[410]

Das erste Mal sah ich Peter Iljitsch in dem Konzert der Philharmonischen Gesellschaft vom 5. März 1887. Das Programm bestand ausschließlich aus seinen eigenen Werken, die er selbst dirigierte. Nach dem Ende des Konzertes gelangte ich auf die Bühne und konnte - um es ganz einfach zu sagen - seinen Taktstock stibitzen, der sich bis heute [1899] als materieller Beweis jener tiefen künstlerischen Begeisterung, die die genialen Klänge der *Francesca da Rimini* in mir ausgelöst hatten, in meinem Besitz befindet.

Das, was ich nachfolgend beschreiben werde, bezieht sich auf meine beiden Begegnungen mit Tschaikowsky in den Jahren 1887 und 1893.

In der Pause des ersten Russischen Sinfoniekonzertes, das Mitrofan Beljajew[411] am 24. Oktober 1887 zum Gedenken an Alexander Borodin veranstaltet hatte, gelang es mir, den Moment abzupassen, in dem Tschaikowsky schließlich allein war. Ich trat auf ihn zu, stellte mich vor und bat ihn um ein Autogramm, wozu Peter Iljitsch sofort liebenswürdigerweise bereit war, so daß er mich für den nächsten Vormittag zu sich bestellte. Es war noch vor halb neun, als ich dann anderntags an seiner Tür schellte (Tschaikowsky hatte damals im Eckhaus Fontanka/Bolschaja Italianskaja uliza[412] sein Petersburger Quartier). Auf mein Läuten erschien der Diener, der mich zunächst mit den Worten abwies: »Der Herr schläft noch!« Wenn ich ihn unbedingt aufsuchen wolle, müsse ich ein Stündchen später kommen. »Gestern«, so fügte er hinzu, »hat sich Peter Iljitsch erst spät schlafen gelegt, da es im Haus gebrannt hat.« Eine Stunde später stand ich dann wieder vor seiner Tür.

Dieses Mal wurde mir aufgetan, und ich wartete auf ihn in seinem Arbeitszimmer - einem geräumigen und hohen Raum, der prächtig eingerichtet und ganz mit Teppichen ausgelegt war. In der Mitte stand ein großer alter Schreibtisch mit Por-

---

410 Wassili Wassiljewitsch Jastrebzew (1866-1934), russischer Musikschriftsteller, enger Freund Nikolai Rimsky-Korsakows, ist besonders durch seinen großen Erinnerungsband an Nikolai Rimsky-Korsakow bekannt geworden (2 Bände, Leningrad 1959/1960, engl. Version New York 1985). Erstveröffentlichung des vorliegenden Textes unter dem Titel *Iz moich vospominanij o Čajkovskom* in: *Russkaja muzykal'naja gazeta* 10/1899, Spalte 306-310.

411 Mitrofan Petrowitsch Beljajew (1836-1903), russischer Holzindustrieller und Musikverleger. Gründete 1885 in Leipzig einen Notenverlag zur Verbreitung der Werke russischer Komponisten, der noch heute in Frankfurt/Main fortbesteht. Darüber hinaus ist mit seinem Namen der sogenannte »Beljajew-Kreis« verbunden, eine Gruppe von Komponisten, die sich zu regelmäßigen »Freitag-Abenden« in seinem Hause zusammenfanden. Die bekanntesten von ihnen waren neben Rimsky-Korsakow, Alexander Glasunow, Anatoli Ljadow, Joseph Wihtol und Nikolai Tscherepnin. Beljajew stiftete außerdem zur Förderung russischer Komponisten den *Glinka-Preis* (ab 1884), initiierte die *Russischen Sinfoniekonzerte* (ab 1885) und die *Russischen Streichquartett-Abende* (ab 1891).

412 Von 1923 bis 1991 umbenannt in *uliza Rakowa*.

träts und Bronzefiguren, auf dem alles mögliche Schreibzeug herumlag. An den Wänden standen mit teurem dunkelgrünen Stoff bezogene Polstermöbel und einige zum Teil leere, zum Teil mit Noten gefüllte Regale. Links vom Eingang befand sich ein elegantes Pianino, auf dem die Orchesterpartitur der *Zauberin* lag. An den Wänden Bilder in Goldrahmen. Außerdem hing über einem der Regale irgendeine Gipsmaske mit Lorbeerkranz.

Als Peter Iljitsch eintrat, begrüßte ich ihn und war drauf und dran, mich zum zweiten Male vorzustellen, doch er erinnerte sich ausgezeichnet an mich und hatte nicht nur meinen Nachnamen, sondern sogar Vor- und Vatersnamen im Gedächtnis behalten. »Sie werden entschuldigen«, begann ich ein wenig verlegen, »ich wollte Sie um eine Unterschrift auf Ihrem Bildnis bitten, konnte aber leider kein einziges beschaffen, weil es gestern nach dem Konzert schon zu spät war und heute früh, als ich auf dem Weg zu Ihnen war, die Geschäfte noch nicht geöffnet hatten.« - »In diesem Falle«, meinte Tschaikowsky, »nehmen Sie vielleicht mit einem Notenautograph vorlieb?« Ich bedankte mich. Peter Iljitsch griff nach einem Blatt und begann zu schreiben. Während er schrieb, brachte ich das Gespräch auf das gestrige Konzert und Borodins wunderbare *Zweite Sinfonie*, sodann auf dessen herrliche Romanze *Die schlafende Fürstentochter* und das ungewöhnlich originelle Tonbild *Eine Steppenskizze aus Mittelasien.*

Mitten im Gespräch unterbrach mich Tschaikowsky und sagte: »Übrigens, um es nicht zu vergessen, ich habe ja Fotografien von mir. Wenn Sie wollen, schenke ich Ihnen eine zur Erinnerung!« Angesichts solcher Aufmerksamkeit war ich natürlich aufs äußerste gerührt. Während er nach einem geeigneten Foto suchte, trat ich an den Tisch heran, auf dem u.a. auch ein wunderbares Porträt der französischen Schauspielerin Angélique[413] lag, und begann, das gerade von Tschaikowsky für mich geschriebene Autograph näher zu betrachten. Es stellte sich heraus, daß er hierfür einige Takte aus seiner neuen Oper, und zwar aus der Arie der *Zauberin* gewählt hatte.

Bald darauf kam Tschaikowsky wieder ins Zimmer und brachte mir die bereits mit seinem Namenszug gezeichnete Fotografie. Wir begannen ein Gespräch über alle möglichen musikalischen Tagesfragen, u.a. auch über Berlioz, seine Memoiren und sein unvergleichliches Instrumentierungsvermögen. Das veranlaßte Peter Iljitsch ganz nebenbei zu der folgenden recht interessanten Äußerung: »Bei ihm, aber auch bei mir ist die Faktur ziemlich kompliziert, wobei wir uns beide allerdings darin unterscheiden, daß seine Kompositionen, deren Einstudierung im ganzen riesige Schwierigkeiten bereitet, für den einzelnen Instrumentalisten leicht und bequem zu spielen sind. Meine Musik hingegen ist nicht nur für das Orchester insgesamt, sondern auch für jeden einzelnen Musiker kompliziert und durchaus nicht leicht auszuführen, ja sie verlangt sogar ein gehöriges Maß an Virtuosität. Natürlich *muß*

[413] Gemeint ist die Frau des französischen Schauspielers Lucien Guitry, mit dem Tschaikowsky eng befreundet war.

ein Musiker das spielen *können*, aber ich wiederhole, es ist schwierig und ermüdend. Für die Instrumente technisch schwer spielbar zu schreiben, ist wohl mein Hauptfehler, den ich trotz aller Mühe nicht überwinden kann. Hierin«, so schloß Tschaikowsky, »liegt zweifellos ein großes Manko meines Kompositionsstils.«

Es war für mich bereits an der Zeit zu gehen, und ich erhob mich, bedankte mich herzlich bei Peter Iljitsch für den liebenswürdigen Empfang und trat, von Tschaikowsky geleitet, ins Vorzimmer. Das letzte, was er sagte, war folgendes: »Sollten Sie in zwei bis drei Jahren etwas Größeres komponieren (ich hatte ihm zur Durchsicht und um seine Meinung zu hören einige meiner Romanzen mitgebracht), etwa ein Quartett oder eine Ouvertüre, so bringen Sie es nur vorbei, wenn ich wieder hier in Petersburg bin. Ich stehe Ihnen stets gern mit Rat und Tat zur Verfügung. So hoffe ich also, daß wir in musikalischen Dingen noch miteinander zu tun haben werden«... Man kann sich vorstellen, wie glücklich ich an jenem Vormittag gewesen bin.

Nach meinem ersten (und einzigen) Besuch bei ihm waren über fünf Jahre vergangen, als ich ihm ganz unerwartet am Abend des 9. Mai 1893 begegnete, dieses Mal unter völlig anderen Umständen, und zwar auf der Namenstagsfeier von Rimsky-Korsakow, der hierzu einige seiner engeren Freunde, darunter auch Tschaikowsky, eingeladen hatte. Wie bei solchen Gelegenheiten üblich, redete man über Gott und die Welt: über Alexander Serows kritische Aufsätze, die damals gerade als Buch erschienen, über Dargomyshskis *Steinernen Gast*, den Tschaikowsky so gar nicht mochte, über Glinkas *Ein Leben für den Zaren* und darüber, daß Peter Iljitsch entgegen der allgemein verbreiteten Meinung diese Oper nicht weniger als den *Ruslan* liebte. Tschaikowsky sprach ferner davon, daß er sich aufrichtig für die Musik von Serows *Judith* begeistere, und zwar umso mehr, als mit dieser Oper für ihn auch Erinnerungen an Jugenderlebnisse verknüpft sind.

Im weiteren berichtete Peter Iljitsch von seinen Auslandsreisen, während derer er mehrmals im wahrsten Sinne des Wortes gezwungen war, sich unter fremdem Namen zu verstecken, um wenigstens dadurch der Bekanntschaft mit allen möglichen, völlig zufälligen Verehrern zu entgehen. In solchen Fällen behauptete er stets, er selbst sei gar nicht Tschaikowsky, sondern würde diesem nur *fürchterlich ähneln*. Am Schluß des Abends wurde über die Russische Musikgesellschaft gesprochen, über die dringende Notwendigkeit, das Niveau ihrer Sinfoniekonzerte zu erhöhen. Seit dem Weggang von Hans von Bülow und Anton Rubinstein hätten diese Konzerte einen rasanten Niedergang erlebt und ihr einstiges Ansehen völlig verloren. Nur ein Mann mit wirklich großem Namen in der Musikwelt wie beispielsweise Tschaikowsky, Rimsky-Korsakow oder auch Balakirew könnten sie vor dem endgültigen Aus bewahren.

»Ihnen ist ja bekannt«, sagte Tschaikowsky, »daß ich durchaus kein Orchesterleiter bin, denn als Dirigent nur meiner eigenen Werke und der Neunten Sinfonie von Beethoven bin ich alles andere als erfahren genug für diese Sache. Doch selbst angenommen«, so fuhr er fort, »daß mir bei völliger Konzentration auf dieses neue

Gebiet diese schwierige und verantwortungsvolle Aufgabe nicht völlig mißlingt, was wäre damit denn schon erreicht? Sie glauben doch nicht etwa, daß ich es vermag, unser längst eingeschlafenes Petersburger Abonnement-Publikum wieder aufzuwecken und die musikalischen Interessen der Hauptstadt auf das notwendige Niveau zu bringen? Das ist doch absurd!.. Ich dürfte bestenfalls ganze Halbjahre aus meinem Leben streichen und mich selbst als Opferlamm darbringen. Und für wen? Etwa für irgendeinen Peterson[414], der mir natürlich dann tagtäglich ununterbrochen nahelegt, das eine oder andere der Werke der Herren Michail Iwanow[415] und Nikolai Solowjow[416] aufzuführen und dann noch geltend macht, ich würde anderenfalls den Interessen der Russischen Musikgesellschaft erheblichen (!) Schaden zufügen und ihr die Kritik (?!) auf den Hals hetzen? Schön und gut, aber ich persönlich«, so schloß Peter Iljitsch, »halte nun einmal Herrn Iwanow nicht für einen Komponisten und kann die Werke des Herrn Solowjow einfach nicht ausstehen, übrigens ebensowenig wie diejenigen von vielgepriesenen Scharlatanen in der Art von Ruggiero Leoncavallo oder Arrigo Boito, mit dem ich das Unglück hatte, an ein und demselben Tage von der Universität Cambridge ehrenhalber zum Doktor der Musik promoviert zu werden[417].«

Das letzte Mal (allerdings nur aus der Entfernung) sah ich Tschaikowsky am 16. Oktober desselben Jahres, als er im Gebäude der Adelsversammlung die neue *Sechste Sinfonie* dirigierte, die so unerwartet und rätselhaft tragisch mit den Klängen eines Adagios endet. Natürlich hatte sich niemand der Anwesenden beim Hören der geheimnisvoll-düsteren Posaunenakkorde im Schlußsatz vorgestellt, daß diese Minuten auch die letzten sein würden, die im Leben Tschaikowskys der Kunst gewidmet waren und daß wir uns mit diesem Beifall für den genialen Schöpfer der *Winterträume*, der Ouvertüren *Romeo und Julia*, *Der Sturm* und *Francesca da Rimini*, der *Manfred-Sinfonie* und der *Symphonie Pathétique* für immer und alle Zeit von ihm verabschieden würden, weil bereits in der Nacht vom 24. zum 25. Oktober der Tod auf ihn wartete!

Am 28. Oktober, dem Tag der Beisetzung, war ich auf dem Friedhof des Alexander-Newski-Klosters, ich war dabei, als man den Sarg in das frisch ausgehobene Grab senkte und ihn mit Erde und vielen Blumen bedeckte, doch alles, was sich vor meinen Augen abspielte, erschien mir wie ein böser und unwirklicher Traum. Übrigens sterben Menschen wie Tschaikowsky eigentlich nie, denn ihre Namen und Schöpfungen bleiben über Dutzende von Generationen lebendig!..

---

414 Gemeint ist Pawel Leontjewitsch Peterson (1831-1895), russischer Pianist und Mitglied der Direktion der Petersburger Abteilung der Russischen Musikgesellschaft.

415 Michail Michailowitsch Iwanow (1849-1927), russischer Komponist, Pianist und Musikkritiker. Trat auch mit Arbeiten zur italienischen Literaturgeschichte an die Öffentlichkeit und übersetzte Eduard Hanslicks Traktat *Vom Musikalisch-Schönen* ins Russische (1885). Lebte nach 1917 in Italien.

416 Nikolai Feopemptowitsch Solowjow (1846-1916), russischer Opernkomponist und Musikkritiker, ab 1885 Professor am Petersburger Konservatorium.

417 Vgl. hierzu die Erinnerungen von Hermann Klein im vorliegenden Band.

Zum Schluß erlaube ich mir, noch folgendes hinzuzufügen: Tschaikowsky als Komponist gehörte zweifellos zu den begabtesten Künstlern, die ihrer Epoche Ausdruck zu geben verstanden. In dieser Zeitbezogenheit seiner Musik, glaube ich, verbirgt sich auch die Hauptursache und möglicherweise sogar das Geheimnis seiner riesigen Popularität. Während Mussorgsky und Dargomyshski sich in einen extremen, nicht immer künstlerischen Naturalismus und ins Genrehafte verstiegen, Borodin sich in die vorgeschichtliche Sagenwelt mit ihren verlockenden Perspektiven altrussischer Heldenepen vertiefte, Rimsky-Korsakow, zweifellos der Größte der musikalischen Zeitgenossen, sich in eine ganz und gar eigene Welt des Alltags heidnischer Märchen, eigentlich eine »gespenstische« Welt voller feinster, fast ungreifbarer Schönheit und Poesie ziehen ließ und César Cui sich mit seinem erstaunlich talentvollen *William Ratcliff* in das uns völlig fremde Schottland versetzt hatte, blieb Tschaikowsky durch und durch vom Geist der Zeit durchdrungen und reagierte auf ihren Ruf mit aller Empfindsamkeit und Leidenschaft seiner zutiefst einfühlsamen Natur. Obschon er Figuren aus der Zeit unserer Großväter und Urgroßväter klangliche Gestalt gab, blieb er sich stets selbst treu und hat damit, ohne das möglicherweise selbst zu bemerken, »immer nur uns selbst dargestellt«, mit all unseren verborgenen Zweifeln, unserer Trauer und unseren Freuden.

HERMANN KLEIN

EINE BEGEGNUNG MIT TSCHAIKOWSKY IN ENGLAND[418]

Im Juni des Jahres 1893 kam Tschaikowsky nach England, um den Ehrentitel eines Doktors der Musik der Universität Cambridge entgegenzunehmen. Dieselbe Auszeichnung wurde gleichzeitig an drei andere berühmte Musiker vergeben: Camille Saint-Saëns, Max Bruch und Arrigo Boïto.[419] Durch einen glücklichen Zufall fuhr ich bei meiner Fahrt nach Cambridge im selben Eisenbahnwagen wie Tschaikowsky.

Solange der Zug im Bahnhof stand, war ich ganz allein im Abteil. Kurz vor Abfahrt öffnete sich die Tür und die Gepäckträger schoben einen ältereren Herrn mit seinem Gepäck unsanft ins Abteil. Mit einem Blick wußte ich, um wen es sich handelte. Ich bot ihm sofort meine Hilfe an. Nachdem der Maestro wieder zu Atem gekommen war, erinnerte er sich daran, daß ich ihm an einem Abend in der Philharmonie einmal vorgestellt worden war. Während der Fahrt ergab sich nun etwa für eine Stunde die Gelegenheit zu einem bemerkenswerten Gespräch.

Tschaikowsky äußerte sich ungezwungen über die musikalischen Verhältnisse in Rußland. Nach seiner Meinung hat die Musik dort in den letzten fünfundzwanzig Jahren eine phänomenale Entwicklung genommen. Die Gründe hierfür erblickte er erstens in der stark ausgeprägten Musikalität des Volkes, die jetzt ganz offen zu Tage tritt, zweitens in dem ungewöhnlichen Reichtum und der charakteristischen Schönheit der national-russischen Liedweisen und Volkslieder, und drittens in der prachtvollen Arbeit der beiden musikalischen Lehranstalten in St. Petersburg und Moskau. Er verbreitete sich besonders über das Moskauer Konservatorium und empfahl mir, es unbedingt zu besuchen, wenn ich irgendwann in dieser Stadt weilen werde.[420] Danach stellte er einige Fragen über England, und zwar speziell über Organisation und System der Ausbildung an der Royal Academy und am Royal College. Ich antwortete ihm ausführlich und informierte ihn darüber hinaus auch über die Guildhall School of Music und ihre dreitausend Studenten. Er war über-

---

418 Hermann Klein (1856-1934), englischer Musikkritiker, schrieb hauptsächlich für die Londoner *Sunday Times*. Der hier wiedergegebene Text ist eine Übersetzung der Seiten 343-350 aus seinem Buch *Thirty Years of Musical Life in London 1870-1900*, London 1903.

419 Die Cambridge University Musical Society beging 1893 den 50. Jahrestag ihrer Gründung mit Sonderkonzerten und Feiern, bei denen Sullivan, Saint Saëns, Bruch, Tschaikowsky und Boito ehrenhalber promoviert wurden und bei Aufführungen ihrer Werke teilweise selbst als Dirigenten mitwirkten, teilweise als Zuhörer anwesend waren. Die Ehrenpromotion von Arthur Sullivan (1842-1900) läßt Klein merkwürdigerweise unerwähnt.

420 Ich besuchte Moskau dann wirklich im Sommer 1898. Als ich mich im Konservatorium mit meiner Visitenkarte als ein englischer Freund des verstorbenen Komponisten vorstellte, wurde ich von den Offiziellen des Konservatoriums mit aller Aufmerksamkeit und Herzlichkeit empfangen. **(Anm. v. H. Klein)**

rascht, als er erfuhr, daß es in London eine musikalische Lehranstalt von derart gigantischen Dimensionen gibt.

»Ich weiß nicht«, fügte er hinzu, »ob ich England nun für eine musikalische oder für eine unmusikalische Nation halten soll. Manchmal denke ich das eine, dann wieder das andere. Es steht jedoch außer Zweifel, daß es hier ein Publikum für Musikwerke jeden Ranges gibt, und es erscheint mir wahrscheinlich, daß sich bald der größere Teil des englischen Publikums ausschließlich für erstrangige Musik interessieren wird.«

Anschließend erinnerte er sich daran, wie sein *Eugen Onegin* [in London] durchgefallen war[421], und fragte mich, worauf ich das zurückführen würde. Habe es etwa an der Musik, am Libretto, an der Inszenierung oder noch an irgendetwas anderem gelegen? Ich antwortete ihm, natürlich jegliche Schmeichelei vermeidend, daß selbstverständlich nicht die Musik daran schuld gewesen sei. Zum Teil lag es möglicherweise daran, daß der Stoff nicht dramatisch genug war. Ein noch wahrscheinlicherer Grund aber waren Mängel der Inszenierung und die Tatsache, daß die Raumverhältnisse des Theaters für diese Oper kaum geeignet waren.

»Vergessen Sie nicht«, fuhr ich fort, »daß Puschkins Poem in unserem Land unbekannt ist und wir Engländer in der Opernhandlung stets einen klaren Abschluß bevorzugen. Mit einem Opernschluß, bei dem der Held durch die eine Tür und die Heldin durch die andere verschwinden, können wir nichts anfangen. Von den sängerischen Leistungen her ist die prachtvolle Verkörperung des Onegin durch Eugène Oudin[422] das einzige, woran ich mich noch deutlich erinnern kann.«

»Von Oudin habe ich schon viel gehört«, erwiderte Tschaikowsky. Jetzt bot sich mir eine wunderbare Gelegenheit, die Vorzüge des amerikanischen Baritons ins Gespräch zu bringen. Tschaikowsky zeigte sich so stark interessiert, daß er versprach, nicht aus England abzureisen, ohne zuvor die Bekanntschaft von Oudin gemacht zu haben.

»Wollen Sie ihn denn nicht singen hören?« fragte ich ihn.

»Ich werde ihn mir nicht nur anhören, sondern ihn sogar nach Rußland einladen und ihn bitten, dort einige meiner Romanzen vorzutragen«, gab Tschaikowsky zur Antwort, als der Zug bereits Cambridge erreichte und wir uns zum Aussteigen bereit machten. Tschaikowsky wurde beim Direktor des Merton-College erwartet, und ich übernahm es, ihn sicher dorthin zu geleiten, bevor ich mich zu meinem eigenen Hotelquartier aufmachte. Ich gab also dem Kutscher Order, einen Umweg zu nehmen und nutzte die Gelegenheit, dem Komponisten die Sehenswürdigkeiten von Cambridge zu zeigen. Tschaikowsky schien die Fahrt sehr zu genießen. Als wir dann vor seinem College voneinander schieden, verabschiedete er sich mit einem

---

421 Die englische Erstaufführung von Tschaikowskys *Eugen Onegin* hatte am 17. Oktober 1892 unter Henry Wood in London stattgefunden.

422 Eugène Oudin (Espérance) (1858-1894), amerikanischer Bariton französischer Abstammung, der sich in England sehr für Tschaikowskys Werke eingesetzt hatte. Oudin hatte 1893/94 als Opernsänger in St. Petersburg großen Erfolg und ist auch als Liedkomponist hervorgetreten.

herzlichen Handschlag und sagte, er hoffe, daß wir bei seinem nächsten Englandbesuch mehr Zeit füreinander hätten. Leider sollte dieser freundliche Wunsch unerfüllt bleiben.

Auch Verdi und Grieg sollte der Ehrentitel eines »Doktors der Musik« in Cambridge verliehen werden, aber sie waren nicht in der Lage, der Einladung der Universität zu folgen.[423] Die verbliebenen vier Berühmtheiten bildeten auch ohne sie eine recht ansehnliche Gruppe, und das Konzert in der Cambridger Guildhall war von einem denkwürdigen Interesse. Saint-Saëns brachte seine prachtvolle, erst vor kurzem in Cairo komponierte Klavier-Fantaisie *Africa*[424] zum ersten Mal in England zur Aufführung. Max Bruch dirigierte eine Chorszene aus seinem *Odysseus*[425] und Boïto den Prolog seiner Oper *Mefistofele*[426] mit Georg Henschel[427] als Gesangssolisten. Zum Schluß des Konzertes dirigierte Tschaikowsky seine herrliche sinfonische Dichtung *Francesca da Rimini*, die bei dieser Gelegenheit ebenfalls zum ersten Mal in England erklang. Das Werk malt mit großer Gestaltungskraft den Höllensturm, in welchem Dante im »Zweiten Kreis« *Francescas* ansichtig wird und ihre traurige Geschichte erfährt (eine Episode aus dem fünften Lied des »Inferno« [der *Göttlichen Komödie*]). Man kann sich leicht vorstellen, welche Beifallsstürme jeden der Komponisten erwarteten. Einen oder zwei Abende später traf ich Boïto auf einem Empfang, der ihm zu Ehren von meinem Freund Albert Visetti gegeben wurde, und der berühmte Librettist und Komponist machte mir das Vergnügen, mich zum letzten Philharmoniekonzert der Saison zu begleiten, in dem Max Bruch einige Werke dirigierte und Paderewski[428] als Solist seines a-Moll Klavierkonzertes auftrat.

Tschaikowsky und Eugène Oudin sind sich dann wirklich begegnet. Oudin trug bei dieser Gelegenheit neben anderen Romanzen Tschaikowskys dessen *Sérénade de*

423 Edvard Grieg konnte 1893 krankheitshalber nicht teilnehmen und kam erst im nächstfolgenden Jahr. Von Verdi ist in diesem Zusammenhang nirgendwo außer in dem hier zum Abdruck gebrachten Auszug aus dem Buch von Hermann Klein die Rede.

424 Gemeint ist Saint-Saëns Fantaisie *Africa* op. 91 für Klavier und Orchester (1891), die am 25. Oktober 1891 in Paris zur Uraufführung kam.

425 Gemeint ist Bruchs seinerzeit sehr populäres Chorwerk *Odysseus* op. 41 (1871) (englische Aufführung bereits 1875 in Liverpool).

426 Arrigo Boitos Oper *Mefistofele* (nach Goethe) datiert aus dem Jahre 1868.

427 Georg Henschel (eigentlich Isidor Georg; 1850-1934), später in England naturalisiert und geadelt, Konzertsänger und Komponist.

428 Ignacy Jan Paderewski (1860-1941), polnischer Komponist und Pianist, gab 1915 die Konzerttätigkeit auf und widmete sich der Politik. 1917 bis 1919 Mitglied des Polnischen Nationalkomitees in Paris und dessen Vertreter in den USA, unterzeichnete im Juni 1919 als polnischer Außenminister den Vertrag von Versailles, begann 1922 wieder zu konzertieren und erhielt für sein künstlerisches Wirken die Ehrendoktorate vieler Universitäten (u.a. Oxford 1920, Cambridge 1926), 1940 Präsident der polnischen Exilregierung.
Sein Klavierkonzert a-Moll op. 17 datiert aus dem Jahre 1888.

Don Juan[429] vor und machte damit einen so starken Eindruck auf den Komponisten, daß dieser ihn sofort nach St. Petersburg und Moskau einlud. Über Oudins dortigen Erfolg und seine Trauer über den plötzlichen Tod Tschaikowskys erreichten mich seine folgenden Zeilen:

»Hotel de France, St. Petersburg,
8. November 1893

Mein lieber Klein!

Sie haben natürlich von dem schrecklichen, völlig überraschenden Ableben Tschaikowskys gehört und darüber geschrieben. Sie können sich vorstellen, wie das alles auf mich gewirkt hat! Ich hatte ihn bei meiner über Petersburg nach Moskau führenden Reise in Petersburg verpaßt und erhielt dann in Moskau die Nachricht, er würde zu meinem Moskauer Debüt unbedingt persönlich erscheinen. Doch statt dessen kam dann ein Telegramm, er sei plötzlich erkrankt, die Gefahr aber vorüber und sein Zustand zu Hoffnungen Anlaß gebend. Das war am vergangenen Sonnabend. Montag früh traf dann das Telegramm von seinem Ableben ein.

Am vergangenen Mittwoch war er noch gesund und wohlauf. Er trank ein Glas mit ungefiltertem Wasser aus der Newa und infizierte sich mit Cholera. Es ist einfach unfaßbar! Alle russischen Musikgesellschaften trauern um ihn, und das für 11. November (Sonnabend) angekündigte Konzert mit meinem Petersburger Debüt ist um eine Woche verschoben worden. Das ganze Konzert wird ausschließlich Werke Tschaikowskys enthalten. Ich werde das Arioso aus *Onegin* und einige seiner Romanzen zu Gehör bringen. Unser gemeinsames Konzert[430] wird dann am darauffolgenden Tag stattfinden.

Somit wird mein Aufenthalt hier unvorhergesehenerweise etwas länger dauern.

Mein Moskauer Debüt war ein großer Erfolg: Ich wurde immer wieder herausgerufen und mußte überaus viele Zugaben geben... Auch die Kritiken waren sehr gut.

Obwohl sehr in Eile, sende ich Ihnen noch viele Grüße und verbleibe

Ihr Eugène Oudin«

---

429 Die erste aus den *Sechs Romanzen* op. 38 (1878) auf einen Text von Alexej Konstantinowitsch Tolstoi.

430 Oudin hatte die Konzertreise gemeinsam mit seiner Frau, einer begabten Sängerin, angetreten, mit der er auch bereits in London häufig Konzerte gegeben hatte. Nach dem Tode Oudins zog sie sich von der Konzerttätigkeit zurück und widmete sich ausschließlich der gesangspädagogischen Arbeit. **(Anm. v. Klein)**

ABRAM KAUFMANN

MEINE BEGEGNUNGEN MIT PETER TSCHAIKOWSKY (1913)[431]

»Das Vergangene bedauern, auf die Zukunft hoffen und niemals mit dem Gegenwärtigen zufrieden sein, das ist es, was mein Leben ausmacht«, hatte Peter Tschaikowsky einmal in einem Brief an seinen Bruder geschrieben.

Wenn unser berühmter Komponist ständig seine Unzufriedenheit über das Gegenwärtige im Herzen trug, wenn auch seinem Ehrgeiz systematisch Nasenstüber versetzt wurden, so wurde doch seine Hoffnung auf ein Verständnis durch die Nachwelt nicht betrogen.

»Mit Glinka kann ich mich natürlich nicht vergleichen«, meinte Peter Iljitsch einmal im Scherz zu seinem Bruder, »aber Du wirst noch sehen, wer auf die Verwandtschaft mit mir stolz sein wird...«

Und es sind wahrhaftig nicht nur die Brüder, die auf die Verwandtschaft mit dem vor genau 20 Jahren unerwartet verstorbenen Schöpfer so vieler musikalischer Meisterwerke stolz sind. Heute wird der Name Peter Tschaikowsky in unserem ganzen Land mit Stolz und Ehrfurcht genannt. Und wenn Tschaikowsky, wie er einst sagte, auch mit dem »Gegenwärtigen« nicht zufrieden war, so sind Gründe hierfür auch darin zu suchen, in welcher Weise sich einige seiner Zeitgenossen sich ihm gegenüber verhielten.

Als einmal in meiner Anwesenheit der inzwischen verstorbene Lew Kupernik[432], ein seinerzeit berühmter Rechtsanwalt und Direktor der hiesigen Abteilung der Russischen Musikgesellschaft, sich gegenüber Tschaikowsky während dessen Aufenthaltes in Odessa über das gerade von Tschaikowsky dirigierte Sinfoniekonzert in überschwenglicher Begeisterung äußerte, entgegnete der Komponist:

»Ach, lassen Sie nur. Cui hatte mich seinerzeit auf Anhieb verrissen und in seiner Rezension des *Opritschnik* als völlig talentlos bezeichnet. Nach seinen Worten konnte eine solche Oper nur einem absolut unreifen, unentwickelten und musikalisch völlig ungebildeten Gymnasiasten aus der Feder geflossen sein. Noch kurz zu-

---

431 Abram Jewgenjewitsch Kaufmann (1855-1921), Publizist und Journalist in Odessa, Vorsitzender der dortigen Literatenvereinigung, 1919-1921 Redakteur der Zeitschrift *Vestnik literatury* in Petrograd. Kaufmann ist auch mit interessanten Veröffentlichungen über Stassow und die Komponisten des *Mächtigen Häufleins* hervorgetreten.
Der hier als Übersetzung zum Abdruck kommende Beitrag wurde zum ersten Mal in Nr. 44/1913 der Wochenzeitung *Sol'nce Rossii* (Die Sonne Rußlands), die der 20. Wiederkehr des Todestages Tschaikowskys gewidmet war, veröffentlicht. Ein auszugsweiser Nachdruck erschien im Anmerkungsapparat von: V. V. Protopopov (Hrsg.), *Vospominanija o Čajkovskom*, Leningrad 1980, S. 418-419.

432 Lew Abramowitsch Kupernik (1845-1904), Jurist, Schriftsteller und Theaterkritiker, Mitglied der Moskauer Abteilung der Russischen Musikgesellschaft und Mitglied von deren Direktion in Odessa.

vor hatte derselbe Cui zu einem Hieb gegen das Konservatorium ausgeholt, das solche unfähigen Musiker wie mich hervorbringe...«

Ich persönlich hatte Peter Tschaikowsky das erste Mal im Jahre 1892 in unserem Stadttheater erlebt. Er war zu uns nach Odessa eingeladen worden, um zwei Sinfoniekonzerte zu dirigieren und die Aufführung seiner Opern zu leiten. Als im Publikum bekannt wurde, der Komponist selbst sei in einer Loge zugegen, donnerte ein Beifallssturm los, der sich lange nicht beruhigen wollte. Tschaikowsky, der sich hinter den Rücken seiner Nachbarn zu verstecken versucht hatte, konnte nun nicht mehr anders als sich aus der Loge hinauszulehnen und sich zu verneigen. Allerdings gelang es Iwan Grekow[433], dem Opernunternehmer, beim besten Willen nicht, Tschaikowsky dazu zu bewegen, sich dem Publikum von der Bühne aus zu zeigen.

Schon während der ersten Aufenthaltstage Tschaikowskys in unserer Stadt hatte ich ihn in seinem Hotel aufgesucht, um ihm für seine Reaktion auf meinen Aufruf zu danken. Für einen literarischen Sammelband zugunsten der Hungernden (der dann von dem Verleger W. Nawrozki herausgebracht wurde und über 2.000 Rubel erbrachte) hatte ich 1891 Peter Iljitsch gebeten, mir ein Autograph von ihm zuzusenden, das als Reproduktion in den Anhang des Sammelbandes aufgenommen werden sollte. In seinem Antwortbrief[434] teilte Tschaikowsky mit der für ihn typischen Bescheidenheit mit, daß er sich mit seinem Autograph unter den führenden russischen Schrifstellern und herausragenden Persönlichkeiten, die zweifellos alle auf meinen Aufruf antworten werden, etwas deplaziert fühle, er mir aber angesichts der wohltätigen Ziele, die mit dem Sammelband verfolgt werden, sein Autograph in Gestalt einer Notenzeile mit Text zusenden wird. Dieses Autograph erschien dann auch als Faksimile in unserem Band.

Bei meinem Besuch traf ich in Tschaikowskys Hotelzimmer eine Schar von »Wunderkindern«, d.h. Violinisten und Pianisten, die sich der Komponist geduldig anhörte. Die ebenfalls im Raume befindlichen Eltern der angehenden Musiker wollten sich mit seinen mündlichen Ermunterungen jedoch nicht zufriedengeben und verlangten schriftliche Bestätigungen. Zähneknirschend setzte sich Tschaikowsky an den Schreibtisch, obgleich er für kleine Virtuosen eigentlich gar nichts übrig hatte.

»Aus diesen Wunderkindern«, erklärte mir Peter Iljitsch, »wird häufig überhaupt nichts. Durch Lob und Beifall verwöhnt, hören sie auf, an sich zu arbeiten und müssen dann ziemlich bald von der Bühne abtreten...«

Tschaikowsky zeigte sich stark betroffen, als ich ihm dann mitteilte, daß seine »Attestierung« der Leistungen eines jungen Geigers bereits als Werbung auf dem Plakat zu lesen sei, welches ein Konzert dieses Halbwüchsigen ankündigt.

433 Iwan Nikolajewitsch Grekow, Opernunternehmer in Odessa, der zuvor von 1879 bis 1891 Schauspieler am Moskauer Maly-Theater gewesen war.

434 In der russischen Gesamtausgabe der Tschaikowsky-Briefe fehlt der erwähnte Brief Tschaikowskys an Kaufmann.

Nur wenige werden genauer darüber im Bilde sein, in welchem Verhältnis Tschaikowsky einst zu den Brüdern Anton und Nikolai Rubinstein gestanden hat.

Anton Rubinstein sprach stets mit Stolz von Tschaikowsky als von seinem Schüler am Petersburger Konservatorium, einer Ausbildungsstätte, die bekanntlich er, Anton Rubinstein, einst selbst gegründet hatte. »Tschaikowsky war als Schüler so recht nach meinem Herzen«, äußerte er irgendwann bei einer Gelegenheit.

Tschaikowsky seinerseits bewahrte sich lange ein ehrfürchtiges Verhältnis zu seinem Lehrer und verteidigte Rubinstein in seinen »Musikalischen Feuilletons«, die in den 70er Jahren in den *Russkie vedomosti* erschienen, gegen den Vorwurf der Vielschreiberei.

Noch herzlicher war Tschaikowskys Verhältnis zu Nikolai Rubinstein, der - wie übrigens sein berühmter Bruder auch - Klavierwerke des jungen Tschaikowsky in seine Konzertprogramme aufnahm und ihn als Lehrkraft an das Moskauer Konservatorium holte.

Über die Gründe, die schließlich zur Abkühlung des Verhältnisses zwischen Tschaikowsky und Anton Rubinstein führten, sind verschiedene Annahmen und Mutmaßungen im Umlauf. Daß es zwischen beiden wirklich Spannungen gab, davon konnte ich mich persönlich überzeugen.

Auf meine und Lew Kuperniks[435] Initiative hin wurde anläßlich des Besuchs von Tschaikowsky in Odessa ein Bankett ihm zu Ehren veranstaltet. In der Lokalzeitung erschien eine entsprechende Mitteilung. Bei der Durchsicht der Teilnahmewünsche für das Bankett stieß ich auf die eigenhändige Unterschrift von Sofia Grigorjewna Rubinstein[436], die sich damals als Musiklehrerin betätigte und sich übrigens heute [1913] noch bester Gesundheit erfreut.

Tschaikowsky, dem ich davon erzählte, war hiervon offensichtlich völlig überrascht. Er befürchtete, daß es mit Sofia Grigorjewna, die ihren Bruder Anton sehr liebte und sehr wohl über die Spannungen zwischen beiden Komponisten unterrichtet sein mußte, zu peinlichen Situationen kommen könne. Sofia Grigorjewna erschien jedoch nicht auf dem Bankett, sondern hatte mit ihrer Unterschrift und der Entrichtung der Teilnahmegebühr lediglich ihre Hochachtung für Tschaikowsky bezeugen wollen.

Tschaikowsky äußerte sich auf dem Bankett in den allerehrerbietigsten Worten über die Schwester der beiden Rubinsteins und erinnerte liebevoll an Nikolai Rubinstein, indem er davon berichtete, wie dieser ihn in seiner Wohnung aufgenommen hatte, als er, Tschaikowsky, ohne jegliche Mittel nach Moskau gekommen war, und wie Nikolai Rubinstein ihm dort jenen zweireihigen Gehrock aufgedrängt hatte, den der geniale Wieniawski einst bei ihm zurückgelassen hatte.

---

435 Lew Abramowitsch Kupernik (1845-1905), Jurist, betätigte sich vornehmlich in Kiew und Odessa als Publizist, Musik- und Theaterkritiker; Mitglied der Direktion der dortigen Abteilungen der Russischen Musikgesellschaft.

436 Sofia Grigorjewna Rubinstein (1841-1919), Schwester von Anton und Nikolai Rubinstein, Gesangslehrerin in Odessa.

Die Spannungen in den Beziehungen zu Anton Rubinstein hinderten Tschaikowsky allerdings nicht daran, sich an der Ehrung seines Lehrers zu dessen 50jährigem Schaffensjubiläum zu beteiligen. Tschaikowsky dirigierte aus diesem Anlaß im Saal der Adelsversammlung Rubinsteins Oratorium *Der Thurm zu Babel*[437]. [Während der Proben zu dieser Aufführung] stürzte damals Peter Iljitsch mit hochrotem Gesicht ins Künstlerzimmer und konnte nur noch herausbringen: »Ich sterbe!«

Der Komponist Nikolai Solowjow[438], der sich damals zufällig dort aufhielt, befreite - wie er mir später erzählte - Tschaikowsky sofort von seiner Krawatte, knöpfte ihm das Hemd auf, bettete ihn auf eine Liege und öffnete das Fenster, holte ein Glas Selters und brachte den halbtoten Peter Iljitsch wieder zu Bewußtsein, womit er ihn möglicherweise vor einem Hirnschlag gerettet hatte.

Wie man später erzählte, erklärte sich dieser Anfall aus Tschaikowskys Aufregung und irgendeinem unangenehmen Wortwechsel. An dieser Stelle sei eingefügt, daß Tschaikowsky trotz seiner großen Begabung kein überragender Kapellmeister war und damals überhaupt zum ersten Mal als Dirigent auftrat.[439]

Am nächsten Tag nach dem Anfall berichtete Tschaikowsky seinem Freund, dem bekannten Musikkritiker Laroche, daß Solowjow ihm in großer Menschlichkeit beigestanden habe und er ihm möglicherweise sein Leben verdanke.

Um wieder auf das Bankett in Odessa zurückzukehren, sei hier ausdrücklich festgehalten, daß es dort überaus lebhaft zuging: Beteiligt waren Künstler der Operntruppe, Vertreter der örtlichen Abteilung der Russischen Musikgesellschaft, Musikfreunde und Verehrer Tschaikowskys. Kupernik würdigte in einer brillanten Rede die musikalischen Schöpfungen des Komponisten, und ich selbst brachte mit dem Hinweis, welch ein lebhaftes Interesse an der Oper Peter Iljitsch bei den Einwohnern unserer Stadt in kurzer Zeit erwecken konnte, den Wunsch zum Ausdruck, daß es bald in jedem Bürgerhaushalt Normalität sein möge, nicht nur das schon von Heinrich IV. für seine Untertanen erstrebte tagtägliche Suppenhuhn im Topf, sondern auch ein Musikinstrument im Hause zu haben.

---

437 Gemeint ist Anton Rubinsteins einaktige Geistliche Oper (Oratorium) *Der Thurm zu Babel* op. 80 (1869) nach einem Gedicht von Julius Rodenberg.
Anton Rubinstein beging sein 50jähriges Schaffensjubiläum vom 18. bis 20. November 1889. Die konzertante Aufführung seiner geistlichen Oper *Der Thurm zu Babel* unter Peter Tschaikowsky fand am 20. November statt. Auf dem Programm dieses Konzertes standen darüber hinaus noch die folgenden, ebenfalls von Tschaikowsky dirigierten Werke des Jubilars: die Ouvertüre zur Oper *Dmitri Donskoj*, das Lied *Russalka* für Kontraalt, Frauenchor und Orchester op. 63 und Tänze aus der lyrischen Oper *Feramors* (1862).

438 Vgl. Anm. 257.

439 Über die Schwierigkeiten und Aufregungen bei den von Tschaikowsky geleiteten Proben zu diesem Oratorium gibt es den ausführlichen Bericht eines Journalisten, der als Chorsänger unmittelbar daran beteiligt war (veröffentlicht 1893 in der Beilage zur Zeitung *Novoe vremja*, Nr. 6355 [Nachdruck in: V. V. Protopopov, *Vospominanija o Čajkovskom*, Moskva 1962, S. 169-174])

Tschaikowsky hielt Kuperniks Lobreden für übertrieben, während er meinen Wünschen durchaus zustimmte.

Von der Popularität Tschaikowskys im damaligen Odessa kann man sich leicht überzeugen, wenn man die Odessaer Zeitungen jener Tage aufschlägt, in denen der Name des Komponisten fast in jeder Spalte erscheint. Die Berichterstatter bemühten sich bei Tschaikowsky unaufhörlich um Interviews und belagerten ihn mit Fragen, die er, der größeren Genauigkeit halber, alle schriftlich beantwortete. Übrigens ließ er sich niemals von Presseleuten überrumpeln und wich entsprechenden Gesprächen mit der leutseligen Bemerkung aus, seine Meinung zu der gestellten Frage sei für niemanden von Interesse. Interviews rundheraus ablehnen, irgendjemandem Unannehmlichkeiten bereiten oder Gehässigkeiten zu verbreiten war jedoch nicht seine Art.

Ich erinnere mich an einen Wortwechsel zwischen Peter Iljitsch und dem Dirigenten Emanuel[440] während einer Opernprobe. Emanuel hatte an den Komponisten die folgenden Worte gerichtet:

»Wissen Sie, Peter Iljitsch, in der *Mazeppa* gibt es Stellen, die an *Eugen Onegin*, den *Opritschnik* und andere Opern erinnern.«

»Ach ja, Maestro«, gab Tschaikowsky im gleichen Ton zurück, »Sie wissen ja, daß sowohl *Mazeppa* als auch *Eugen Onegin* und der *Opritschnik* von mir stammen.«

Emanuel begriff, wie unangebracht seine Bemerkung war, und verstummte.

Vor seiner Abreise aus Odessa versprach Tschaikowsky dem Opernunternehmer Grekow, zur Inszenierung der *Jolanthe* wieder nach Odessa zu kommen. Dieses Versprechen wurde von ihm auch noch schriftlich bestätigt. Doch schon zwei Wochen, nachdem Tschaikowskys Brief in Odessa eingegangen war, ist er am 23. Oktober 1893[441] verstorben.

[440] Nathan B. Emanuel, Dirigent in Helsinki und am Moskauer Bolschoi-Theater.

[441] Tschaikowsky verstarb am 25. Oktober/6. November 1893.

HANS VON BÜLOW

»WIR KENNEN ZUR ZEIT NUR EINEN, DER GLEICH GLINKA UNERMÜDLICH "STREBEND SICH BEMÜHT"« (1874)[442]

(...) Es mangelt dem heutigen Rußland nicht an hochbegabten schöpferischen Talenten auf jedem Gebiete der Musik; wenn sie es jedoch verschmähen sollten, in blinder Überschätzung ihrer unbestreitbaren Naturkraft (die Kraft des Willens wird geboren, die des Könnens muß von jedem erst durch eigene Arbeit erworben werden) die rauhen und nicht per Dampf zum Ziele führenden Studienwege Glinka's zu wandeln, so dürfte es ihnen schwerlich gelingen, den Platz von Nachfolgern des Gründers ihrer vaterländischen Musik zu erobern.

Wir kennen zur Zeit nur einen, der gleich Glinka unermüdlich »strebend sich bemüht,« und dessen bisher gelieferte Arbeiten, obwohl noch nicht zu der seinem Talent entsprechenden völligen Reife gelangt, doch bereits die sicherste Bürgschaft in sich tragen, daß diese Reife nicht ausbleiben wird. Es ist dieß der in jugendlichem Mannesalter stehende Compositionsprofessor am kaiserlichen Conservatorium in Moskau, Hr. Tschaikowsky. Ein schönes Streichquartett von ihm hat sich bereits in vielen deutschen Städten eingebürgert; gleiche Beachtung verdienen viele seiner Claviercompositionen, zwei Symphonien und vor allem eine ungemein interessante, durch Originalität und blühenden Melodienfluß sich empfehlende Ouvertüre zu »Romeo und Julie«, welche unseres Wissens auch schon durch eine Musikalienhandlung in Berlin publicirt worden ist. Vermöge seiner Vielseitigkeit wird dieser Componist vor der Gefahr geschützt bleiben, einer Nichtbeachtung im Ausland anheimzufallen, wie sie dem mit vaterländischem Ruhme zufrieden gestellten Glinka zutheil geworden ist. (...)

---

442 Auszug aus einem Artikel für die *Allgemeine Zeitung* (1874 in Nr. 148 Beilage und Nr. 152 erschienen). Hier zitiert nach: Hans von Bülow, *Ausgewählte Schriften 1850-1892*, zweite, vermehrte Auflage, 2. Abteilung, Leipzig 1911, S. 145.

JOSEPH SITTARD[443]

PETER TSCHAÏKOWSKY ALS ORCHESTERKOMPONIST (1888.)[444]

---

443 Joseph Sittard (1846-1903), deutscher Komponist, Gesangslehrer und Musikkritiker, ab 1891 Professor. Setzte sich in Kritiken und Feuilletons für den *Hamburgischen Correspondenten* besonders für Liszt und Wagner ein und nahm auch zu musikästhetischen Fragen seiner Zeit Stellung.

444 Der vorliegende Text war zunächst Teil der Rezension eines Konzertes in Hamburg vom 20. Januar 1888, die am Folgetage im Feuilleton des *Hamburgischen Correspondenten* erschien. Sittard hat wenig später diese Konzertrezension stilistisch und orthographisch überarbeitet und unter obenstehendem Titel in seine Sammlung *Studien und Charakteristiken. Band II. Künstler-Charakteristiken. Aus dem Konzertsaal*, Hamburg und Leipzig 1889, S. 138-145, aufgenommen. In dieser Fassung wird diese Studie auch hier abgedruckt.

Für den Hinweis auf die ursprüngliche Fassung danken wir Thomas Kohlhase (Tübingen), von dem auch die in eckigen Klammern stehenden erläuternden Zusätze stammen.

Das erwähnte Konzert in Hamburg fand während Tschaikowskys erster großer Konzertreise durch Westeuropa statt. In seinem Tagebuch finden sich mit Datum vom 9./21. Januar 1888, d.h. dem Erscheinungstag der Rezension, die Worte: »Artikel von Sittard. Sehr erfreut.« Einen Tag später heißt es im Tagebuch: »Brief an Sittard. Besuch des Geigers Marwege, der mir sehr wohltat. Noch mehr rührte mich der unerwartete Besuch von Sittard (ich hatte meine Versprechen nicht gehalten und war nicht im Theater)...« (vgl. *Peter Tschaikowski - Die Tagebücher*, Berlin 1992, S. 243)

In seiner *Avtobiografičeskoe opisanie putešestvija za granicu v 1888 godu* (»Autobiographische Beschreibung einer Auslandsreise im Jahre 1888«) widmet Tschaikowsky dieser Begegnung mit Sittard einige Zeilen:

»Mit der gleichen Offenheit und dem gleichen Interesse [wie Avé-Lallement] begegnete mir Herr Sittard, der führende Hamburger Musikkritiker. Er besuchte sämtliche Proben, studierte genau die Partituren der aufgeführten Stücke und schrieb eine lange, ausführliche Kritik, in der er sich ganz entschieden sowohl gegen die von mir eingeschlagene Richtung als auch gegen meinen sinfonischen Stil aussprach, den er zu derb und zu wild fand und kurzweg als musikalischen Nihilismus bezeichnete. Dieselbe Meinung äußerte Sittard auch im persönlichen Gespräch mit mir; doch beide Male sprach sich in seinen Worten so viel Interesse und Wohlwollen für mein Schaffen aus, daß ich eine sehr angenehme Erinnerung an unsere kurze Bekanntschaft bewahre.« (deutsch zitiert nach: *Peter I. Tschaikowski, Erinnerungen und Musikkritiken*, Leipzig 1974, S. 69)

Der von Tschaikowsky in seinem Tagebuch erwähnte, in deutscher Sprache (!) verfaßte Brief an Sittard ist inzwischen veröffentlicht (vgl.: *P. I. Čajkovskij, Polnoe sobranie sočinenij, literaturnye proizvedenija i perepiska*, tom XVII, Moskva 1981, S. 244):

Hamburg, 22 Jan[uar] 1888.

Hochgeehrter Herr Sittard!

Verzeihen Sie mir, um Gottes willen, daß ich Sie betrogen habe. Ich konnte wahrhaftig nicht ins Theater gehen, obwohl ich möchte es recht gern thun. Ich mußte den ganzen Tag mit allerlei Sachen beschäftigt machen, und ich muß durchaus heute fahren.

Herzlichsten Dank für Ihre Freundlichkeit gegen mich! Ich werde nie vergessen, wie Sie für mich gut und liebenswürdig waren. Wollen wir hoffen, daß wir uns noch sehen werden. Grüßen Sie Frau Sittard und vergessen [Sie] mich nicht.

Von Leipzig schicke ich Ihnen mein Bild, aber à *charge de revanche*!!!

Ihr ergebener P. Tschaikowsky

Meine Adresse ist
Berlin, 37, Leipzigerstraße,
Bote u[nd] Bock

Es war eine ebenso gute wie löbliche Idee der Direktion der Hamburger philharmonischen Konzerte, Peter Tschaïkowsky nach der alten Hansastadt einzuladen, um einige seiner neuesten Orchesterwerke mit dem vortrefflichen Orchester der Philharmonie zur Aufführung zu bringen.

Peter Tschaïkowsky gehört zu den begabtesten und fruchtbarsten russischen Komponisten der Gegenwart. Derselbe ist am 25. Dezember 1840 geboren, studierte ursprünglich Jura, stand sogar einige Zeit lang im Staatsdienst, bis seine Liebe zur Kunst ihn bewog, das trockene römische Recht an den Nagel zu hängen und 1862 in das Petersburger Konservatorium einzutreten. Er absolvierte seine Studien in solch glänzender Weise, daß er bereits im Jahre 1866 als Lehrer der Komposition an letztere Anstalt berufen wurde. Seit 1877 lebt er nur noch der Komposition und seinen Kunstreisen. Sein musikalisches Können hat er auf allen Gebieten der Komposition erprobt, und es gibt keine Form, die er mit seiner Schaffenskraft nicht befruchtet hätte.

Wie alle Tonsetzer der jungrussischen Schule, welcher streng genommen Tschaïkowsky nur teilweise angehört, so ist auch sein Schaffen im wesentlichen von der nationalen Strömung beeinflußt. Hieraus erklärt sich auch das vorwaltend subjektive Element der ganzen Richtung, welches von einzelnen Vertretern derselben direkt in das künstlerisch Brutale hineingezwängt worden ist. Zu dieser einseitigen subjektiven Richtung tragen nicht wenig die vielen nationalen Weisen bei, von welchen die russischen Tonsetzer in ihrem Schaffen sich angezogen fühlen. Diesen Gesängen fehlt aber zum Teil die melodische Reichhaltigkeit und Mannigfaltigkeit jener andrer Kulturvölker, und die verhalten sich in ihren trockenen Wiederholungen eines und desselben Motivs einer thematisch reichen Ausgestaltung gegenüber etwas spröde. An Stelle der letzteren treten daher häufig der rein äußerliche Effekt, die regellos verbundenen exzentrischen Harmoniefolgen, das Bevorzugen seltsamer instrumentaler Kombinationen, eine einseitige orchestrale Virtuosität in den Vordergrund. Eine gewisse urwüchsige, wenn auch zuweilen zügellose und wilde Phantasie, sowie ein ausgesprochener Formensinn lassen sich den Orchesterkompositionen der modernen russischen Komponisten nicht absprechen, aber die Rasse tritt zu sehr und oft in unerquicklichster Weise hervor; sie ersteigen nicht jene freie geistige Höhe, wo die tiefsten Empfindungen der Menschenseele voll und rein sich austönen. Ihre Werke sind gewissermaßen durch eine geistige Grenzsperre von der deutschen Kunst geschieden, deren gesunde und kräftige Wurzel das innerlichste Erfassen des allgemein Menschlichen, für alle Zeiten Gültige ist.

Wie gesagt gehört Tschaïkowsky nicht zu jenen extremen Vertretern der jungrussischen Schule, welche ohne Maß und Ziel einem ungebändigten Naturalismus die freien Zügel schießen lassen, aber auch er läßt gar oft diejenigen ästhetischen Momente vermissen, welche ein Werk zum wirklichen Kunstwerk stempeln. Weder Originalität und Temperament, noch kühner Flug der Phantasie können ihm aberkannt werden, aber zuweilen setzt er doch über alle Hecken und Gräben, wenn der Geist seines Stammes über ihn kommt; dann wird alle Logik preisgegeben und ein Herensabbath von Tönen aufgeführt, daß uns Sehen und Hören, besonders aber letzteres vergeht. Geniale Lichtblitze wechseln ab mit musikalischen Banalitäten, feine, geistvolle Züge mit unschönen Effekten; in seinem Schaffen ist etwas Unvermitteltes, Sprunghaftes, Unstätes. Aber trotz aller Originalität seines Schaffens und der ungebundenen Leidenschaftlichkeit seines Empfindens, ist Tschaïkowsky doch wieder zu sehr Eklektiker, um Anspruch auf schöpferische Selbständigkeit im höchsten Sinne des Wortes erheben zu können. Die Originalität eines Künstlers besteht nicht darin, daß er uns Fremdes, uns Ungewohntes bringt; was die äußeren Sinne täuscht, befriedigt noch lange nicht den Geist; ein Kunstwerk kann unsren Verstand durch die Summe der darin neidergelegten Intelligenz interessieren, unser Empfinden, Herz und Gemüt aber kalt lassen. Jene künstlerische Schöpfung wird stets am höchsten stehen, welche den ganzen Menschen ergreift, jener Künstler uns als der vollkommenste erscheinen, welchem alle äußeren technischen Mittel nur dazu da sind, um die reine Schönheit in vollendetster Form vor unsrem Blick erstehen zu lassen.

Tschaïkowsky ist ein hochbegabter, fein gebildeter und interessanter Künstler, er ist ein Künstler, welcher uns durch seine Ideen anzuregen weiß; eine schöpferische Potenz in der hohen Bedeutung des Wortes ihn zu nennen, vermögen wir jedoch nicht. Dazu wurzelt sein Schaffen zu sehr in einer einseitigen nationalen Richtung; verläßt er aber diesen Boden, so tritt der Eklektiker zum Vorschein, welcher freilich die ihm gewordenen Einflüsse in durchaus eigenartiger Weise verwertet. Aber nicht was Tschaïkowsky sagt, ist neu, sondern *wie* er es sagt. Wir bemerkten bereits, daß er die jähen unvermittelten Sprünge liebt, sich von Augenblicksstimmungen hinreißen läßt und dieselben möglichst breit ausspinnt, pathetisch aufbauscht und den Mangel an wirklich großen, bedeutenden Gedanken durch blendendes Kolorit, ungewohnte harmonische Kombinationen und lebhafte, exotische Rhythmen zu überkleiden weiß. In diesen Faktoren sowie in der Leidenschaftlichkeit seiner Sprache beruht die Hauptmacht Tschaïkowskys als Orchesterkomponist, während seine Kammermusik-Werke, wie z. B. das Trio in A-moll op. 50 oder das Streichquartett in B-dur [recte: D-Dur - allerdings steht der berühmte langsame Satz, *Andante cantabile*, in B-Dur] op. 11, sich uns als viel abgeklärtere und reifere Produkte seiner künstlerischen Phantasie darstellen.

Schwankt Tschaïkowsky in der Serenade für Streichorchester op. 48 zwischen deutschen, französischen und russischen Einflüssen - so viel Schönes auch das Werk beitet -, so verletzt er in seinem B-dur-Konzert für Klavier [dem 1. Klavierkonzert b-Moll op. 23] die künstlerischen Grenzen fast durchgängig. Die Gesetze des Maßes, der Ordnung und des Wohlklanges sind hier zeitweilig vollständig aufgehoben. Es fehlt dem Konzert durchaus nicht an einzelnen schönen und hervorragenden Momenten, aber dem Ganzen gegenüber müssen wie uns doch ablehnend verhalten. Sowohl hier wie in den höchst interessanten, geistreich gearbeiteten und charakteristischen Variationen aus der G-dur-Suite für großes Orchester op. 55, sehen wir den Komponisten zuweilen mit musikalischem Dynamit arbeiten und mit der großen Trommel das Schicksal interpellieren.

In getragenen, feierlichen Akkorden beginnt die im Händelschen Stile gehaltene Einleitung der Serenade, deren Motiv ein Bruchstück jener russischen Nationalweise enthält, welche dem letzten Satze zu Grunde liegt. Das Hauptmotiv des ersten - Allegro Moderato - trägt einen energischen, leise an Schumann erinnernden Zug, während das zweite mehr humoristisch gefärbt ist. Tändelnd und kosend, in übermütiger Laune, zuweilen das Banale streifend, bewegt es sich zwischen dem ersten Motiv und jenem der Einleitung. Dieser Satz dürfte wohl der musikalische bedeutendste der Serenade sein. Der zweite Satz ist ein deutscher, von einigem französischen Esprit durchzogener Walzer, dessen graziöse Haltung hier und da etwas gewöhnlich zu werden droht. Eine weiche romantische Stimmung pulsiert in der »Elegia«; aber auch hier droht neben wirklich schönen und warm empfundenen Stellen das Triviale. So edel das erste Motiv erfunden ist, so wenig ist mit dem Charakter desselben das zweite zu vereinbaren, welches zuerst in den Primgeigen zu der Pizzikato-Begleitung der übrigen Streicher auftritt. Der originellste Satz ist der letzte, welchem ein kurzes russisches Tanzthema zu Grunde liegt; hier geht es über Stock und Stein, und alles wird von dem tollen Wirbeltanz mit fortgerissen; nicht immer zwar geht es erbaulich zu, aber originell, und an drolligen Späßen und außergewöhnlichen Scherzen fehlt es durchaus nicht.

Das von dem Streich-Quartett [= vom fünfstimmigen Streicherchor] leise intonierte Thema der zwölf Variationen aus der [Dritten Orchester-]Suite ist von solch melodischer Eigenartigkeit, daß wir wohl nicht fehlgehen, wenn wir dasselbe als unter nationalen Einflüssen entstanden uns erklären. Mit großer thematischer, kontrapunktischer und harmonischer Kunst, sowie mit dem Aufgebot aller orchestralen Kräfte und des instrumentalen Kolorits, weiß der Komponist der Melodie immer neue, wenn auch nicht immer schöne Seiten abzugewinnen. Aber es spricht aus den Variationen doch eine urwüchsige künstlerische Kraft. An jedes Instrument werden hohe Anforderungen gestellt. Ja die Variationen setzten, strenge genommen, ein Orchester von lauter Solisten voraus, und nur ein solch hervorragender instrumentaler Körper, wie ihn die Hamburger Philharmonie besitzt, vermag einer so schweren Aufgabe vollkommen gerecht zu werden.

In der ersten Variation übernimmt das Streichquartett pizzicato das Thema, während Flöten und Klarinetten dagegen kontrapunktieren. Leise auf- und abwogend und von Zweiunddreißigstel-Figuren umrankt, ertönt die Melodie in der zweiten Variation in den ersten Geigen; der übrige Chor der Streicher, vier Hörner und die Holzbläser bilden den harmonischen Hintergrund. In der dritten hat der Komponist den Holzbläsern: drei Flöten, zwei Klarinetten und zwei Fagotten ein schweres, aber dankbares und wirksames Vortragsstück geschaffen. Das Thema ist an die erste Flöte abgetreten; die zweite umspielt dasselbe mit einer Triolenfigur, welche von den übrigen Instrumenten imitiert wird. An der vierten partizipiert das ganze

Orchester. Zunächst wird das Thema von englisch Horn, Klarinette und Violoncell angestimmt, welche dasselbe den Flöten und Oboen abtreten, worauf es dann Fortissimo in den Oboen, englisch Horn, den Posaunen, Bratschen und Bässen erscheint, während Flöten und Geigen lustig darüber hinweg flattern; der Schluß entspricht dem Anfang. Die fünfte ist in fugierter, aber ganz freier Form gehalten, und zwar tritt das Thema sofort zwischen den Bratschen und Klarinetten, sowie den Flöten und ersten Violinen in der Engführung auf, später zwischen Fagotten und Bässen und den Oboen und zweiten Geigen; die übrigen Stimmen kontrapunktieren dagegen. Derselbe Prozeß wiederholt sich noch einigemale, nur daß das Klangkolorit stets variiert. Im folgenden Satz [Variation VI] tritt das ganze Orchester mit der großen Trommel auf; die Klarinetten, Fagotte, Bratschen und Celli übernehmen die Melodie und führen mit den übrigen Instrumenten einen tollen Wirbeltanz auf. Rein ästhetische Wirkungen kann der Komponist hier sicherlich nicht beabsichtigt haben, es sind schroffe Gegensätze, aber nach einer tieferen Verinnerlichung des Themas suchen wir vergebens.

Auf diesen Ausbruch folgen zwei Variationen [VII und VIII; die Variationen VII-XII gehen im übrigen attacca ineinander über], welche unbedenklich als Präludium zu einer Sitzung des heiligen Synod dienen könnten, so orthodox ist diese Musik. Ernst und feierlich klingt das von den Holzbläsern intonierte und in getragenen Akkorden durchgeführte Thema. Die Feierlichkeit der Stimmung wird gehoben durch den unvermittelten aber schönen Übergang von G-dur nach A-moll [Variation VIII], welch' letzteres die geteilten Geigen in höchster Lage leise vibrierend aufnehmen, während Bratschen und Celli in pianissimo Akkorden die harmonische Basis bilden und das englische Horn das Thema anhebt. Dieser stimmungsvolle und wirksame Satz gehört seiner melodischen und harmonischen Behandlungsweise nach der alten phrygischen Tonart an. Nun folgt aber [mit Variation IX] ein Bacchanale des vollen Orchesters mit der ganzen türkischen Musik, in welchem die einzelnen Instrumente wie trunken, aber nicht von süßem Weine, durcheinander jagen und über sich selbst stolpern. Schön ist es nicht, aber interessant. Aus diesen orchestralen Dynamit-Explosionen erlöst uns die wie ein Engel des Trostes erklingende Stimme der Sologeige, welche in einer loyalen Kadenz zu der zehnten Variation, einer Art von Capriccio überführt. Zwar die Fagotte können sich noch nicht recht beruhigen, und flüstern sich ihren Groll in unmutig auf- und absteigenden Quinten zu; sogar die idyllische Klarinette und die friedliche Flöte hegen noch allerlei radikale Hintergedanken, während das legetimistisch gesinnte englische Horn über die Verderbnis der Zeiten klagt. Nach und nach beschwichtigen sie sich indes alle, und die überzeugende wie beruhigende Stimme der Geige behält die Oberhand, und führt die Opposition zur Vernunft zurück, mit einer verbindlichen Geste zugleich die zehnte Variation in die elfte überführend, welche einen von den Bässen 38 Takte lang festgehaltenen Orgelpunkt H zur Unterlage hat. Über diesem Satz, welcher einer der schönsten des Werkes ist, schwebt etwas vom pikanten Parfüm einer Carmen. Die Einleitung zur

Schluß-Variation baut sich auf dem von den Bässen und den wirbelnden Pauken 36 Takte hindurch intonierten Fis auf. Was für Dinge da kommen werden, ahnen wir schon aus diesem Präludium [der Einleitung von Variation XII: Finale, Polacca], in welches die Posaunen und die Tuba in ihrer ungeschlachten Weise mit dem Thema hineinstolpern, bis endlich die Polacca vom Gesammt-Orchester angestimmt wird; dieselbe scheint uns aber mehr in Holzpantoffeln und Kosakenstiefeln, als in Ballschuhen getanzt zu werden.

Tschaïkowskys Schaffen vereinigt zwei Faktoren in sich, welche unser Interesse beanspruchen: originelle Gestaltungskraft und temperamentvolles Empfinden, sowie feurigen Schwung der Phantasie. Gelingt es ihm und der Schule, die er vertritt, die wilde und oft maßlose Ungezügeltheit des Schaffens immer mehr in künstlerische Grenzen abzudämmen und mit den Elementen des schönen Maßes zu erfüllen, gelingt es ihnen, mehr das allgemein Menschliche in ihren Werken zum Ausdruck zu bringen, als jeder Seitenbewegung des Denkens und Empfindens ungestüm zu folgen, dann wird die russische Schule eine Läuterung erfahren, welche der Gesamtkunst nur zum Nutzen gereichen wird. Vorab befindet sie sich noch in der Sturm- und Drangperiode; wo aber leidenschaftliches Gähren, da ist im Grunde auch ein gesunder, lebensfähiger Keim.

EDUARD HANSLICK[445]

DIE TSCHAIKOWSKY-REZENSIONEN (1876-1900)

I

TSCHAIKOWSKYS OUVERTÜRE ZU SHAKESPEARES »ROMEO UND JULIE« (1876)[446]

(...) Mit Spannung erwartete man eine Ouvertüre zu Shakespeares »Romeo und Julie« von *Tschaikowsky*. Der Componist gehört zu den Spitzen des musikalischen jungen Rußland; in Petersburg hat er mit einer Oper, mehreren Orchester- und Kammermusiken Erfolge errungen, in Deutschland wenigstens flüchtige Aufmerksamkeit durch einige pikante Claviersächelchen erregt. Wie das ganze junge Rußland (dem ja *Rubinstein* als ein halb überwundener Classiker gilt), so ist *Tschaikowsky* natürlich Zukunftsmusiker. Von vielen seiner Anhänger wird er als zweiter Beethoven begrüßt, ein Titel, mit welchem man seit Liszt recht freigebig zu werden beginnt. Wir haben schon einen zweiten solchen »zweiten Beethoven« aller Reussen in Herrn Rimsky-Korsakoff kennen gelernt - beide mit sehr gemischten Empfindungen. Gerne lassen wir uns Unform, Maßlosigkeit und alles gefallen, was zum brausenden Jugendmost gehört, gährt nur wirklich darin die echte Leidenschaft der Jugend. Aber nichts finden wir seltener als gerade das bei unseren neuesten Dichter-Maler-Musikern; sie sind nüchtern, prunkend und raffinirt. Auch in Tschaikowskys Ouvertüre qualmt dieser kalte, glänzende Rauch, tost dieser erhitzte Lärm und ertödtet die Empfindung für die Hauptsache, den Blick für das Wesentliche. Das alles soll »Romeo und Julie« vorstellen? rufen wir enttäuscht am Schlusse der Ouvertüre. Da ist ja jedes beliebige Adagio von Mozart oder Beethoven eine passendere Illustration zu Shakespeares Liebestragödie! Offenbar ist es Julias Begräbnis, womit Tschaikowskys Tongemälde anhebt, ein feierlich einherschreitendes, halb choral-, halb marschartiges Andante in Fis-moll, das schließlich in ein wildes H-moll-Allegro mündet. Wir meinen, es ist der Leichenschmaus, bei dem viel Spirituosen vertilgt und zahlreiche Püffe ausgetheilt werden. Für eine Illustration der Veroneser Familienfehde klingt das Allegro doch etwas zu - russisch; man hört förmlich die Knutenhiebe in wuchtigen, an keinen Tact sich bindenden Schlägen niederfallen. In Petersburg sagt man wahrscheinlich poetischer: »So pocht das Schicksal an die

---

445 Eduard Hanslick (1825-1904), österreichischer Musikkritiker und Musikforscher, wurde vor allem durch seine Schrift *Vom Musikalisch-Schönen* (1854, [17]1972, zahlreiche Übersetzungen) bekannt, in der er eine Theorie der absoluten Instrumentalmusik entwickelte.

446 Unveränderter Nachdruck aus: *Concerte, Componisten und Virtuosen der letzten fünfzehn Jahre (1870-1885), Kritiken von Eduard Hanslick*, Berlin 1896, S. 174-176.

große Trommel!« Acht besänftigende Tacte, mit welchen Bratsche und Englischhorn zu dem Gesangsthema in Des-dur hinüberlenken, sagen uns unzweideutig, daß wir vor der Liebesscene stehen - obendrein setzen die Geigen ihre Sordinen auf. Aber dieses aus dem Wechsel zweier dissonirender Accorde bestehende Motiv erinnert ungefähr an das Kratzen eines scharfen Messers auf einem Glasteller. Wie eine kalte Schlangenhaut läuft uns dieses Liebesglück über den Rücken. Zum Schluß vollführen Harfen-Accorde über einem monotonen Terzen- und Sextengezwitscher der Holzbläser eine Theater-Apotheose. Kaum brauchen wir ausdrücklich zu erwähnen, daß Tschaikowskys »Romeo«-Ouvertüre sich großartig ausdehnt, beinahe zu einer »symphonischen Dichtung« in *Liszt*schem Formate. Beiläufig gefragt, wie kommt es wohl, daß Shakespeares Liebestragödie dem symphonischen Geierblicke *Liszts* entgehen konnte? Vielleicht hielt rühmenswerthe Pietät für *Berlioz* ihn von diesem Stoff zurück? Oder wollte er seinen Jüngern doch eine und die andere berühmte Dichtung übrig lassen? Wir können das nicht entscheiden und wissen nur, daß wir während Tschaikowskys Ouvertüre an die »Romeo«-Symphonie von *Berlioz* wie an eine überirdische Erscheinung zurückdenken mußten. (...)

II

TSCHAIKOWSKYS VIOLINKONZERT OP. 35 (1881)[447]

(...) Einen günstigeren Stand hätte Mozarts Jugendwerk gehabt, wäre es unmittelbar nach dem *Tschaikowskyschen* Violin-Concert gespielt worden, statt *vor* demselben: wem eben Branntwein eingegossen worden, der heißt einen Trunk klaren Wassers gewiß willkommen. Der Violin-Virtuose *A. Brodsky* war übel berathen, indem er sich mit dieser Composition dem Wiener Publicum zuerst vorstellte. Der russische Componist Tschaikowsky ist sicherlich kein gewöhnliches Talent, wohl aber ein forcirtes, geniesüchtiges, wahl- und geschmacklos producirendes. Was wir von ihm kennen gelernt, hat (etwa mit Ausnahme des leichtfließenden pikanten D-dur-Quartetts) ein seltsames Gemisch von Originalität und Rohheit, von glücklichen Einfällen und trostlosem Raffinement. So auch sein neuestes, langes und anspruchsvolles Violin-Concert. Eine Weile bewegt es sich maßvoll, musikalisch und nicht ohne Geist, bald aber gewinnt die Rohheit Oberhand und behauptet sich bis ans Ende des ersten Satzes. Da wird nicht mehr Violine gespielt, sondern Violine gezaust, gerissen, gebläut. Ob es überhaupt möglich ist, diese haarsträubenden Schwierigkeiten rein herauszubringen, weiß ich nicht, wohl aber, daß Herr *Brodsky*, indem er es versuchte, uns nicht weniger gemartert hat, als sich selbst.

447 Unveränderter Nachdruck aus: Concerte, Componisten und Virtuosen der letzten fünfzehn Jahre (1870-1885), Kritiken von Eduard Hanslick, Berlin 1896, S. 295-296.

Das Adagio mit seiner weichen slavischen Schwermuth ist wieder auf besten Wege, uns zu versöhnen, zu gewinnen. Aber es bricht schnell ab, um einem Finale Platz zu machen, das uns in die brutale, traurige Lustigkeit eines russischen Kirchweihfestes versetzt. Wir sehen lauter wüste, gemeine Gesichter, hören rohe Flüche und riechen den Fusel. Friedrich *Vischer*[448] behauptet einmal bei Besprechung lasciver Schildereien, es gebe Bilder, »die man stinken sieht.« Tschaikowskys Violin-Concert bringt uns zum erstenmal auf die schauerliche Idee, ob es nicht auch Musikstücke geben könne, die man stinken hört. (...)

III

TSCHAIKOWSKYS ERSTES STREICHQUARTETT OP. 11 (1881)[449]

(...) Wie bekamen zum erstenmale ein Quartett von *Tschaikowsky* (D-dur) zu hören. Es ist das erste von drei Quartetten dieses in allen Musikgattungen fruchtbaren russischen Componisten, der, hochgeehrt in seinem Vaterlande, auch bereits in Deutschland und Frankreich Wurzel faßt. Eine leichtflüssige, ganz eigentlich pikante Composition, die in dem Andante, einer serenadenartigen Melodie über pizzikirten Bässen, ihre glänzendste Seite aufweist. Eine bedeutende, scharf ausgeprägte Individualität vermochten wir in dem Componisten derzeit noch nicht zu erkennen, wohl aber eine entschieden musikalische Natur, ein leicht gestaltendes Talent, dem es an guten Einfällen nicht fehlt. Vom echten Quartett-Styl, im Sinne unserer Meister, ist Tschaikowskys Composition freilich weit entfernt; wir vermissen die strenge Logik in der Entwicklung der Motive, ja selbst die organische Einheit der vier Instrumente, welche häufig wie durch Zufall aneinander gerathen, angezogen oder abgestoßen erscheinen. Jedenfalls sind wir für die Bekanntschaft mit einem Werke dankbar, welches sich nicht in den bekannten Redensarten anständiger Mittelmäßigkeit bewegt, sondern mit Lust und Liebe Eigenes zu sagen weiß. Schade nur, daß dies gerade im letzten Satz in gar zu derbem Russisch geschieht und der Componist auf diesem tieferen Niveau von uns Abschied nimmt. (...)

---

448 Friedrich Theodor Vischer (1807-1887), deutscher Politiker (1845 Abgeordneter der Deutschen Nationalversammlung), Dichter und Ästhetiker.

449 Unveränderter Nachdruck aus: *Concerte, Componisten und Virtuosen der letzten fünfzehn Jahre (1870-1885), Kritiken von Eduard Hanslick*, Berlin 1896, S. 305-306.

IV

TSCHAIKOWSKYS »SERENADE« FÜR STREICHORCHESTER OP. 48 (1892)[450]

(...) Eine andere Novität war die Serenade für Streichorchester op. 48 von *Peter Tschaikowsky*. Sie verrät keine starke schöpferische Kraft, wohl aber ein feines, eigenartiges und geschickt hantierendes Talent, das seine Anregung aus russischer Nationalmusik, seine Bildung aus deutscher Schule holt. Für die besten Sätze halten wir das erste, geistreich beflügelte Allegro, (von dem wir nur das einleitende und zum Schluß leider wieder auftauchende schwerfällige Andante fortwünschen,) dann den behaglich hinschlendernden graziäsen »Walzer« in G-Dur. In beiden Sätzen erprobt der Komponist seine Gewandtheit, ziemlich unbedeutende Themen durch Abwechselung der Instrumente, pikante Begleitungsfiguren und kontrapunktische Verwendung zu bereichern und wirksam zu steigern. Der stimmungsvolle dritte Satz, eine »Elegie« in h-Moll, ermüdet durch seine inhaltlich nicht gerechtfertigte Ausdehnung und die unablässigen Wiederholungen desselben Motivs. Dasselbe Bedenken erweckt auch das Finale, ein derber russischer Bauerntanz, dessen winziges Thema sich monoton wie ein Kreisel in atemversetzendem Wirbel herumdreht. Die Form der »Serenade« ist klar und übersichtlich, nicht von jener Zerrissenheit, welche Tschaikowskys größere Kompositionen, wie »Francesca da Rimini« u. dgl., so unverdaulich macht. Auch die Instrumentierung verdient ein besonderes Lob; Tschaikowsky hat so viel Abwechslung in den Klang zu bringen gewußt, als bei dem Ausschluß aller Blasinstrumente überhaupt zu erreichen ist. (...)

V

TSCHAIKOWSKYS SYMPHONIE PATHÉTIQUE (1895)[451]

(...) *Tschaikowskys* »Symphonie pathétique« hat im letzten Philharmonischen Konzert lebhaften Beifall errungen. Mag auch ein starker Anteil davon auf die großartige Leistung des Orchesters entfallen - der Erfolg der Komposition war mächtig genug, um nun auch anderen Werken dieses fruchtbaren Tondichters den Weg nach Wien zu bahnen. Man kennt hier nur wenig von ihm, und die Bekanntschaft war obendrein nicht glücklich eingeleitet. Die ersten, zugleich einzigen grö-

---

[450] Unveränderter Nachdruck aus: *Fünf Jahre Musik (1891-95), Kritiken v. Eduard Hanslick*, Berlin 1896, S. 181-182.

[451] Unveränderter Nachdruck aus: *Fünf Jahre Musik (1891-95), Kritiken v. Eduard Hanslick*, Berlin 1896, S. 300-303.

ßeren Orchester-Kompositionen Tschaikowskys, welche man in Wien aufgeführt hat - die Ouvertüre zu »Romeo und Julie« und ein Violinkonzert - sie sind beide entschieden abgefallen. Wirklichen Erfolg errang nur das von Rubinstein so entzükkend gespielte »Lied ohne Worte« in F-Dur - eine Kleinigkeit, aber eine reizende - und das anmutige Streichquartett in D-Dur. Nun ist, noch schwerer wiegend, als dritter Erfolg die h-Moll-Symphonie hinzugekommen. Sie frappiert zunächst durch ihre eigentümliche Form. Der erste Satz, der nach einem einleitenden Adagio sich in ein nervöses, leidenschaftliches Allegro stürzt, bleibt nicht bis zum Ende in diesem Tempo, sondern weicht bald einem schwärmerischen Andante in D-Dur, das sich ausbreitet, nach kurzer Unterbrechung wieder das Wort ergreift und bis zum Schluß behauptet. So geschieht es denn, daß in diesem ersten, dem »Allegro«-Satz, das *langsame* Tempo weitaus den größten Raum einnimmt. Eine Sonderbarkeit anderer Art ist das Scherzo, welches durchaus im Fünfvierteltakt geht. Diese unangenehme Taktart, eigentlich ein fortwährendes Schwanken zwischen geradem und ungeradem Takt, kommt bekanntlich sehr selten und dann nur episodisch vor (wie in der »Weißen Frau«, in Delibes' »Le roi l'a dit«, im dritten Akt von »Tristan und Isolde«). Konsequent festgehalten durch einen ganzen langen Symphoniesatz, beunruhigt der Fünfvierteltakt Hörer und Spieler. Das Gehör substituiert stets die ihm bequemeren Maße, zersetzt den Fünfvierteltakt in zwei und drei Glieder oder in drei und zwei - eine Prozedur, die, durch längere Zeit fortgesetzt, bis zur Unerträglichkeit unbequem wird. Für das Tschaikowskysche Scherzo scheint obendrein dieser Störenfried ganz überflüssig, denn ohne den mindesten Nachteil läßt sich das Stück leicht in den Sechsachteltakt einrichten. Die beiden folgenden Sätze stellen wieder die bisher allgemein festgehaltene Ordnung auf den Kopf. Der dritte Satz der Symphonie (Allegro molto vivace) hat vollständig den Charakter eines *Finale*: rauschend, heroisch, im Verlauf zu immer heftigerem Sturm, zum äußersten Aufgebot aller Orchestermittel anschwellend. Und nun der vierte Satz, das Finale? Ein »Adagio lamentoso«! Wir sind nicht so pedantisch, uns daran zu stoßen. Die gewöhnliche Aufeinanderfolge der vier Sätze einer Symphonie ist zwar psychologisch begründet und historisch anerkannt, immerhin aber keine eiserne Schranke, welche für ewige Zeiten jede Ausnahme oder Umwandlung verböte. Entscheidend bleibt immer, ob die gewählte Anordnung einen psychologischen Grund, einen inneren Zusammenhang nicht vermissen läßt. Der Tschaikowskyschen Symphonie liegt offenbar ein verschwiegenes poetisches Programm zu Grunde; gleich der erste Satz mit seinem rhapsodischen Wechsel von Adagio und Allegro, von Dur und Moll deutet auf eine leidenschaftliche Herzenstragödie. Den meisten Zuhörern wäre wahrscheinlich ein Programm erwünscht, das sie des Ratens überhebt; ich erblicke darin eher einen Beweis für die musikalische Natur des Komponisten, daß er seine Musik für sich sprechen und uns lieber raten läßt, als durch eine gebundene Marschroute sich selbst und uns zu vergewaltigen. Die »Symphonie pathétique« nimmt unter den uns bekannten Werken von Tschaikowsky auch dadurch eine eigene Stelle ein, daß sie gar kein national-russisches Kolorit aufweist. Welch traurige triviale Kosakenlustigkeit mußten wir uns in den Finales seiner Serenade op. 48, seines Violinkonzerts, seines D-Dur-Quartetts oder im dritten Satz seiner Suite op. 53 gefallen lassen! Nichts dergleichen in seiner Symphonie, welche im Charakter durchaus westeuropäisch, eine edlere Gesittung und innigeren Herzensanteil verrät. Insbesondere der erste und der letzte Satz, die mir weitaus die besten scheinen, enthalten Momente von rührender Empfindung und reiner Schönheit. Im zweiten Satz ist nichts außerordentlich, als der leidige Fünfvierteltakt; der dritte, glänzend und feurig in seiner größeren ersten Hälfte, verliert leider gegen den Schluß hin jedes Maß dafür, was ein normales Ohr an Lärm und Ausdehnung eines Stückes ertragen kann. Liszt und Rubinstein sind nicht ohne Einfluß darauf geblieben. Jedenfalls danken wir Herrn Hofkapellmeister Richter[452] für die Bekanntschaft mit diesem originellen und geistreichen Werk, welches trotz unschöner, rein opernmäßiger Züge und einer erbarmungslosen Länge doch eine starke Wirkung hervorgebracht hat. Der Erfolg, den Tschaikowskys Oper »Pique Dame« auch außerhalb Rußlands erzielt, dürfte unser Hofoperntheater auf diese Novität aufmerksam machen. (...)

VI

TSCHAIKOWSKYS OPER »EUGEN ONEGIN« (1897)[453]

(...) Peter Tschaikowsky, der begabteste und fruchtbarste Vertreter des musikalischen Jung-Rußland, ist uns in Wien bisher nur durch Instrumental-Kompositionen bekannt geworden. Davon haben nur die allerkleinste (das von Rubinstein gespielte Lied ohne Worte in F-dur) und die allergrößte (die Sinfonie pathétique) einen vollen, ungeteilten Beifall errungen. Die Opern Tschaikowskys, fünf an der Zahl, sind der deutschen Bühne so gut wie fremd geblieben; um so größeren Dank schulden wir der Hofoperndirektion für die Aufführung von »Eugen Onegin«. In Rußland Gegenstand einer beispiellosen Popularität, muß diese Oper auch da, wo die Voraussetzungen solcher Popularität fehlen, lebhaftes Interesse hervorrufen. Die Carriére derselben ist wunderlich genug. Wie E. Zabel[454] in seinem neuesten Buch über Rußland erzählt, hatte Tschaikowsky seinen Onegin ursprünglich nur einer Schülerproduktion am Moskauer Konservatorium zugedacht, für welche sein Freund, der Direktor Nikolaus Rubinstein, etwas Neues wünschte. Zufällig lernte

452 Hans Richter (1843-1916), deutscher Dirigent, bedeutender Brahms- und Wagner-Interpret, von 1875 bis 1897 Kapellmeister der Hofoper in Wien (1893 Erster Hofkapellmeister), 1897 bis 1911 in England, anschließend in Bayreuth.

453 Unveränderter Nachdruck aus: *Am Ende des Jahrhunderts. [1895-1899] (Der »Modernen Oper« VIII. Teil.), Musikalische Kritiken und Schilderungen von Eduard Hanslick*, Berlin 1899; S. 66-74.

454 Eugen Zabel (1851-1924), deutscher Schriftsteller, schrieb neben Theaterkritiken und Feuilletons auch Romane und Reiseberichte, vornehmlich über Rußland und seine Geschichte.

der verstorbene Kaiser von Rußland die Oper aus dem Klavierauszug kennen und befahl ihre Aufführung im Hoftheater für den Winter 1884. Damit wurde Tschaikowsky der beliebteste Komponist in Rußland. Diesen außerordentlichen Erfolg verdankte die Oper zunächst ihrem Sujet; genießt doch *Puschkins* Roman in Versen »Eugen Onegin« in Rußland ungefähr die Bedeutung und Verbreitung wie bei uns Goethes »Faust«.

Die meisten russichen Komponisten, jedenfalls die besten, folgten dem schönen Ehrgeiz, sich Stoffe aus den berühmtesten Dichtungen ihres Vaterlandes zu holen. Das war immerhin mehr patriotisch empfunden, als musikalisch überlegt. Allen voranleuchtend griff zuerst *Glinka* nach den Dichtungen *Puschkins*. Brandes'[455] Ausspruch, es sei erst mit Puschkin die russische Poesie eine selbständige Macht geworden, läßt sich vollständig auf Glinka und die russische Musik anwenden. Glinka schuf 1842 aus Puschkins Märchen »Rußlan und Ludmilla« eine Oper, deren himmelblaue Romantik allerdings nicht den Erfolg seines erzmoskowitischen »Leben für den Czar« erreichte. Puschkins »Russalka« und »Der steinerne Gast« lieferten den Stoff zu zwei Opern von *Dargomijski*, dessen jüngerer Kollege *Mussorgski* wieder den »Boris Godunow«, Puschkins einziges großes Drama, komponierte. Was *Tschaikowsky* betrifft, so hat er von Puschkin zwei Erzählungen aus dem modernen Gesellschaftsleben, »Die Pique-Dame« und »Eugen Onegin«, für seine Opern bearbeitet. Wenn es sich darum handelte, uns in Wien mit einer russischen Oper bekannt zu machen, so war Tschaikowskys Onegin unstreitig die beste Wahl. Dem Komponisten kommen wir bereits mit Vertrauen entgegen, und seine Oper ist nur so weit spezifisch russisch, als sie uns mit dem pikanten Reiz des Fremdartigen anspricht. Keineswegs stellt »Eugen Onegin« so starke Zumutungen an unser Verständnis oder unsern Köhlerglauben, wie die meisten anderen Opern russischer Herkunft.

Eugen Onegin, ein russischer Landedelmann, ist eine Art Don Juan des Ruhestandes; blasiert, den Weibern gefährlich und ihrer doch übersatt. Ein Mann von Geist, der jedoch nie etwas geleistet hat; ein Typus russischer Salonkultur mit dem einzigen Beruf, interessant zu sein. Puschkin hat Züge aus Lord Byrons Charakter und aus seinem eigenen in diese Figur verwebt. Onegin wird von seinem Freunde Boris Lenski, einem gutmütigen braven Jungen, bei Frau Larina, seiner Gutsnachbarin, eingeführt. Da sind zwei reizende Töchter, von denen die jüngere, Olga, mit Lenski verlobt ist. Ein musterhaft glückliches Liebespaar. Die ältere Schwester Tatjana, sinnend, träumerisch, durch die Einsamkeit des Landlebens und romantische Lektüre von unbestimmter Sehnsucht beunruhigt, schwärmt sofort für Onegin. Obwohl beider Gespräch im Garten keinerlei intime Wendung genommen, schreibt sie ihm nachts einen langen Liebesbrief voll naiver Hingebung. Am nächsten Morgen lehnt Onegin mit kühler Aufrichtigkeit ihre Neigung ab; sein Herz sei für Liebe

455 Georg Brandes (eigentlich: Cohen; 1842-1927), dänischer Literaturkritiker und -historiker sowie Philosoph und Ästhetiker, lebte von 1877 bis 1883 in Berlin.

abgestorben; sie möge vernünftig sein, sich überinden. Abends giebt es einen Hausball bei Frau Larina. Onegin langweilt sich und will sich für die Einladung zu diesem »faden Ball« an Lenski rächen. Auffällig bemüht er sich um Olga und tanzt nur mit ihr. Der zurückgesetzte Bräutigam gerät immer heftiger in Eifersucht, schmäht Onegin vor der ganzen Gesellschaft einen Verführer und fordert ihn, als beiderseits die Beleidigungen überlaufen, zum Zweikampf. In dem Duell, das sich vor uns in einem Wäldchen abspielt, fällt Lenski von der Kugel seines Freundes. Von reuevoller Unruhe getrieben, begiebt sich Onegin auf Reisen. Wir begegnen dem nach mehreren Jahren Heimgekehrten erst wieder in Petersburg auf einem Ball beim Fürsten Gremin. Dieser stellt den fremden Gast seiner jungen Frau vor - Tatjana! So sieht denn Onegin das einst von ihm verschmähte bescheidene Mädchen jetzt als Fürstin wieder, als glänzende gefeierte Schönheit. Er gerät unverweilt in Feuer und Flammen. Am nächsten Tage dringt er in ihr Empfangszimmer, wirft sich ihr zu Füßen und fleht leidenschaftlich um Gegenliebe. Zwar entringt er ihr das Geständnis, daß sie nie aufgehört habe, ihn zu lieben, aber ihr Pflichtgefühl siegt rasch über diese Aufwallung. Tatjana befreit sich aus seinen umklammernden Armen und entflieht. Onegin bleibt in wenig bendiedenswertem Zustande allein auf der Bühne. Der Vorhang fällt. Wirklich zum letzten, zum allerletzten Mal? So spät es schon geworden, die Zuschauer sehen einander doch zweifelnd an, ob man fortgehen oder noch bleiben soll? Der Abschluß ist unbefriedigend; übers Knie gebrochen möchte ich sagen, läge nicht in diesem Ausdruck etwas Energisches, Entschiedenes, was gerade der Schlußszene des »Onegin« so empfindlich fehlt. Der pikante Ausgang einer psychologisch zerfasernden Novelle, aber ein unmöglicher Opernschluß. Ich kenne kein zweites Beispiel in der Opernliteratur. Dieses ungeschickte Ende, eigentlich ein nervöses Ohnmächtigwerden der Handlung, schadet dem Totaleindruck der Oper um so empfindlicher, als bereits mit dem zweiten Aufzuge die so sympathischen Charaktere Olga und Lenski aus dem Stücke verschwunden sind.

Also »Ende gut, alles gut« können wir von Tschaikowskys Oper nicht sagen; wohl aber »Ende nicht gut« und trotzdem alles Frühere voll Reiz und Interesse. Wer im »Eugen Onegin« nicht ein stark bewegtes, dramatisch geschlossenes Bühnenstück erwartet, sondern wie der Komponist selbst gewollt, eine Reihe lyrischer Szenen, der wird seine Rechnung gewiß finden und, vielleicht etwas unbefriedigt vom ersten Hören, ein zweites nicht lange aufschieben.

Gleich das Vorspiel mit seiner weichen Schwermut und der die Scene eröffnende zarte Zwiegesang der beiden Mädchen führt uns unmittelbar in die landschaftliche Stimmung, welche den ersten Akt beherrscht. Wie frisch klingt der echt nationale Chor und Tanz der Schnitter, wie innig Lenskis Liebeserklärung an Olga! Die dazwischen liegenden Konversations-Scenen zerbröckeln allerdings den Gesang, zum Nachteil der Melodie und der Deutlichkeit des Wortes; dafür fesselt die einheitlich geführte, reizvolle Orchester-Begleitung fortdauernd unser Interesse. Die Scene verwandelt sich in Tatjanas Schlafgemach. Eine beklemmende Schwüle liegt in der Musik; sie wird von der ermüdenden Erzählung der alten Amme nur zeitweilig gelindert. Sobald sich letztere entfernt hat, bricht das Gewitter los: Tatjanas leidenschaftlicher Ausbruch ihrer Liebe zu Onegin. Sie beginnt, ihm zu schreiben. Die Briefscene dünkt uns die Perle der ganzen Oper. So weit dieser Monolog sich auch ausbreitet, er beschäftigt und fesselt ununterbrochen unser Hören und Mitfühlen. Wie entzückend die Orchestermelodie in D-moll, welche in Gruppen von je zwei herabgleitenden Noten zwischen Flöte, Klarinette und Horn verteilt, jeden Takt mit einem leisen Harfenakkord abschließt! Und dann, als Tatjana den unterbrochenen Brief wieder aufnimmt, die seelenvolle Des-dur-Melodie, die, zuerst von der Oboë und dem Horn angekündigt, Tatjanas Liebesklage begleitet: »Bist du mein Glück aus Himmelshöhen, bist du zum Leide mir ersehen?« Wir gelangen nun wieder in den Garten der Frau Larina und lauschen einem einfachen Mädchenchor von heiter nationalem Charakter. Onegin erteilt der ihm entgegen zitternden Tatjana seinen ablehnenden Bescheid und schließt den Akt mit einer Arie in schleppendem Zwölf-Achtel-Takt, welche nicht dazu beiträgt, ihn beonders interessant oder gefährlich erscheinen zu lassen. Aus der Naturstimmung und der zarten psychologischen Detailmalerei des ersten Aktes führt uns der Komponist in das bunte Gesellschaftleben russicher Landedelleute. Ein feiner Zug ist es, daß er das Vorspiel wieder mit dem sehnsüchtigen Motiv Tatjanas beginnt, welches allmählich in das Walzertempo mündet. Die teilweise vom Chor sekundierte Tanzmusik bringt frisches Leben auf die Bühne; ein Anklang an den Walzer aus Gounods »Faust« schadet ihr nicht allzusehr. Der Tanz und ein von Monsieur Triquet französisch gesungenes Strophenlied unterstützen die Porträt-Ähnlichkeit dieses russischen Gesellschaftsbildes vom Jahre 1830. Es erklingt eine rauschende Mazurka; in ihre Schlußtakte mischt sich der Streit zwischen Onegin und dem eifersüchtigen Lenski. Ihr leidenschaftlich aufstürmender Wortwechsel und die Herausforderung bedürften einer packenderen Musik; an dem Verpassen dieser in der ganzen Oper nicht wiederkehrenden Gelegenheit verrät und rächt sich der Mangel an dramatischer Energie bei Tschaikowsky. Auch das darauffolgende Duell hätte eine weit stärkere Wirkung vertragen; sie geht uns nur so weit an die Nerven, wie der Anblick eines jeden Pistolenduells mit seinem langsamen Avancieren, dem Signal zum Losschießen und dem jähen Tod eines der beiden Kämpfer. Eine empfindungsvolle, wenn auch nicht sehr originelle Cantilene Lenskis verrät, wie noch manch andere, Tschaikowskys nie ganz verwelkte Liebe zur italienischen Musik. (Man erinnere sich an Tatjanas Des-dur-Melodie »Sollt' ich auch untergeh'n«, an Lenskis Liebeserklärung im ersten Akt, an Onegins B-dur-Allegro im dritten u.s.w.) Der dritte Akt bringt als Gegenstück zu der ländlichen Tanzunterhaltung bei Frau Larina ein vornehmes Ballfest beim Fürsten Gremin in Petersburg. Die Polonaise rauscht farbenprächtig, Aug' und Ohr erfrischend, an uns vorüber. Eine Arie des Fürsten, der in dem salbungsvoll biederen Ton älterer französischer Couplets sein Eheglück preist, vermag uns ebenso wenig zu begeistern, wie Onegings kaltes Feuerwerk: »Es ist kein Zweifel mehr, ich liebe!« Die Scene in Tatjanas Empfangszimmer ist genau so disponiert wie die Schlußscene des vierten Aktes der »Hugenotten«: zuerst ein schmerzlich bewegter

Monolog der Fürstin, hierauf ihr Duett mit dem sie leidenschftlich bestürmenden Onegin. Hier stockt leider Tschaikowskys Erfindung. Wenn man mit einem Duett einen langen Akt schließt, geschweige denn eine ganze Oper, so muß dasselbe den musikalischen Reichtum und die gewaltige dramatische Triebkraft besitzen wie das Duett zwischen Raoul und Valentine[456]. Daß Tschaikowsky an diesem entscheidenden Punkt zurückgeblieben ist, er muß es an dem Totaleindruck seiner Oper büßen.

Und dennoch, dennoch - die Oper berührt uns ungemein sympathisch und entläßt uns, trotz zahlreicher Schwächen, mit dem Verlangen, sie wieder zu hören. Das vermag, im Zusammenhang mit Geist und Anmut, nur künstlerische Ehrlichkeit. Nichts ist dem bloßen Effekt zuliebe hingeschrieben. Der Komponist läßt überall seine natürliche zarte Empfindung sprechen. Wo sie nicht ausreicht, verschmäht er wenigstens, sie mit gemeinen Surrogaten zu fälschen. Tschaikowsky mahnt hin und wieder an italienische Cantilenen, an französische Konversationsmusik, an die selbständig singende Orchesterbegleitung Wagners. Aber nirgends kann man ihn direkter Nachahmung zeihen; er bleibt immer er selbst, giebt nur, was und wie er empfindet. Er ist voll schwermütiger Sehnsucht wie Tatjana, heiter und naiv wie Olga, herzenswarm wie Lenski. Nur für die ironische Überlegenheit des unwiderstehlichen Onegin fehlen ihm die entsprechenden Accente. Da muß allerdings die Persönlichkeit und das schauspielerische Talent des Darstellers stark nachhelfen. Überwältigende Wirkung liegt dieser Musik fern; sie ist keineswegs »dramatisch« in dem superlativen Sinn, den man heute mit dem Worte verbindet. Aber den feinen aromatischen Duft ihrer lyrischen Blüten schätzen wir höher und atmen ihn lieber, als die scharfe giftige Dramatik unserer modernsten Opern. Tschaikowsky teilt mit seinem Dichter Puschkin den angeborenen aristokratischen Zug. Er bewährt ihn in den Gesangspartien, noch mehr in der Instrumentierung, deren unvergleichlicher Beredsamkeit und Klangschönheit wir uns willig hingeben, wo stellenweise das auf der Bühne Gesungene nicht unser volles Interesse erringt.

Das Publikum hat bei der ersten Aufführung dem fremdartig anmutenden Werke so lebhaftes Interesse und Verständnis entgegengebracht, daß wir ein vorzeitiges Verschwinden des »Eugen Onegin« nicht zu befürchten haben. Die Aufführung der Novität gehört zu den glänzendsten des Hofoperntheaters. Der erste Dank dafür gebührt Herrn Direktor *Mahler*[457], dessen ruhiger, scharfer Blick gleicherweise das Orchester wie das Bühnenbild durchdringt und beherrscht. Von den Darstellern war es Fräulein *Renard*[458], welche als Tatjana den größten Triumph feierte. Das Publikum, das immer freudig aufgeregt scheint, wenn die Renard in einer neuen großen Rolle auftritt, ward nicht müde, sie bei offener Scene und nach jedem Aktschlusse auszuzeichnen. Vortrefflich als Sängerin und Schauspielerin, hat Fräulein Renard

456 Protagonisten in Meyerbeers *Hugenotten*.

457 Gustav Mahler (1860-1911), berühmter österreichischer Komponist und Dirigent, von 1897 bis 1907 an der Wiener Hofoper.

458 Marie Renard (1864-1939), österreichische Mezzosopranistin, von 1888-1901 an der Wiener Hofoper.

uns im »Onegin« überdies als graziöse unermüdliche Tänzerin überrascht. Die kleinere Gestalt der Olga umgiebt Fräulein *Michalek* mit dem Reiz ihrer natürlichen Anmut und unverbrauchten Jugend. Man hat sie noch in jeder Partie gern gesehen und gehört. »So oft sie kam, erschien mir die Gestalt - So lieblich wie das erste Grün im Wald,« heißt es bei Lenau. Herrn *Schrödters* erquickende Stimme und warmer seelenvoller Vortrag machten seinen Lenski zu einer überaus sympathischen Figur. (...)

VII

TSCHAIKOWSKYS FÜNFTE SYMPHONIE E-MOLL (1896)[459]

(...) Ein hochinteressantes Werk, in welchem eigenartiges Talent mit tüchtig erworbener musikalischer Bildung fast gleichen Schritt hält, ist *Tschaikowskys* E-moll-Symphonie Nr. 5. Sie könnte füglich ebenso gut wie die jüngst gehörte H-moll-Symphonie die »pathetische« heißen. Der bald in tiefste Melancholie, bald in wilde Verzweiflung überspringende, düster-leidenschaftliche Charakter ist beiden gemein. Auch hier lauert wie dort ein verschwiegenes Programm im Hintergrunde; zu manchen befremdenden Kontrasten, geheimnisvollen Vor- und Rückblicken fehlt uns der poetische Schlüssel; der musikalische schließt da nicht auf. Die »Pathétique« steht übrigens gegen die E-moll-Symphonie im Vorteil einer reicher quellenden Erfindung und gedrängteren Form. Der Einfall, ein und dasselbe Hauptmotiv in allen vier Sätzen wiederkehren zu lassen - er beherrscht auch *Dvoraks* amerikanische Symphonie - scheint in neuester Zeit sich zum System ausbilden zu wollen. Wir finden solche Reprisen, mehr angedeutet, schon bei Mendelssohn; konsequent, doch sehr maßvoll verwendet in Schumanns D-moll-Symphonie. Ein strafferes, einheitliches Zusammenfassen der vier Sätze wird damit allerdings erzielt; die Hauptsache bleibt jedoch immer, daß wir diese Wiederkehr des Themas als eine notwendige empfinden, nicht als einen willkürlichen, launischen Aufputz. Sobald diese Methode, wie wir sie bei Dvorak und Tschaikowsky kennen gelernt, zur *Mode* würde, wären ihr Zauber und ihre überzeugende Kraft auch gebrochen. In Tschaikowskys E-moll-Symphonie ist dieses Leitmotiv eine Art Trauermarsch. Das lange, den ersten Satz einleitende Andante beginnt damit; es mündet in ein Allegro im Sechs-Achtel-Takt. Das Hauptthema, mehr mürrisch als heldenhaft oder tragisch, wird durch den daktylischen Rhythmus sehr einpräglich; aber dieser Rhythmus hält den Komponisten fest umklammert, läßt ihn nicht los und macht uns endlich müde, überdrüssig. Der zweite Satz, ein H-moll-Andante im Zwölf-Achtel-Takt, versenkt uns in eine weichlich melancholische Stimmung, der man sich schwer entwindet, ja

---

459 Unveränderter Nachdruck aus: *Am Ende des Jahrhunderts. [1895-1899] (Der »Modernen Oper« VIII. Teil.), Musikalische Kritiken und Schilderungen von Eduard Hanslick,* Berlin 1899; S. 194-196.

um so williger hingiebt, als ein eigenartig poetisches Licht sie umfließt und manch reizender musikalischer Gedanke auftaucht. Diese beiden ersten Sätze erscheinen mir die bedeutendsten, sie haben am meisten überzeugende Logik und relativ auch den meisten melodischen Gehalt. Das Thema des Scherzos, ein »Walzer« in A-dur, ist nicht weit her, wirkt aber freundlich abspannend nach der tiefen Schwermut der früheren Sätze und nacht uns fähiger, den Verzweiflungsausbruch des letzten zu ertragen. Es ist der einzige Satz, der ohne eigentliche Heiterkeit doch nicht schroff pessimistisch klingt. Eine gefährliche Eigentümlichkeit des Komponisten, das unersättliche Wiederholen und Ausführen derselben Figur, stellt sich mehr oder minder ermüdend in jedem der vier Sätze ein. Auch der vierte beginnt mit einem Andante maëstoso; es geht in ein Allegro vivace über, das in trotzigem Kraftgefühl sich nicht genug thun kann. In seiner ersten Hälfte interessierend, auch imponierend, wird das Finale je weiter, desto betäubender und ermüdender. Da erinnert Tschaikowsky vielfach an seinen Lehrer Rubinstein, der in manchen Finalsätzen auch die Kraft bis zur Roheit, die Klangfülle zum Getöse steigert. Das Cyklopen-Spektakel, welches die Trompeten und Posaunen im Sturme gegen den Aufruhr der Streicher und Bläser vollführen, läßt sich nicht beschreiben; man muß es selbst hören, wofern man noch hören kann. Die Forte-Zeichen wachsen in der Partitur vom »f« und »ff« zum »fff« an, und endlich gar zum vierfach gepanzerten »ffff«! Abgesehen von dem stellenweise betäubenden Lärm, ist die Instrumentierung der ganzen Symphonie glänzend und charakteristisch. Sie verlangt ein Orchester von Virtuosen, und das hat sie in Wien gefunden. (...)

VIII

TSCHAIKOWSKYS KLAVIERTRIO A-MOLL OP. 50 (1899)[460]

(...) *Tschaikowskys* Klaviertrio in A-moll, op. 50 ist in Wien zum ersten Mal gespielt worden; aus den Mienen der Zuhörer sprach beinahe der Wunsch, es möchte auch das letzte Mal gewesen sein. Und doch trägt ein schöner Ernst dieses Werk und zieren es viele geistreiche Züge und glückliche Wendungen. Aber es gehört zu der Klasse der Selbstmörder unter den Kompositionen, zu jenen, welche durch unbarmherzige Länge sich selbst umbringen. Unter dem »großen Künstler«, dessen Andenken das Trio feiert, ist Nikolaus Rubinstein gemeint, der nebst seinem berühmteren Bruder Anton die musikalische Erziehung Tschaikowskys geleitet hat. Das Trio zerfällt in zwei große Hälften, die mir nicht organisch zusammen zu gehören scheinen, eher nachträglich aneinander gelötet. Der erste Satz, »Pezzo elegiaco« überschrieben, beginnt mit einer melancholischen Violoncellklage über schwerem

460 Unveränderter Nachdruck aus: *Am Ende des Jahrhunderts. [1895-1899] (Der »Modernen Oper« VIII. Teil), Musikalische Kritiken und Schilderungen von Eduard Hanslick*, Berlin 1899; S. 228-230.

Glockengeläut, das nach einigen Ermunterungsversuchen sich in ein heroisches E-dur-Allegro stürzt; eine anstrengende Kraftprobe für den Klavier-Virtuosen, der sich erst in den letzten sechzehn Takten wieder in der Mollklage ausruhen kann. Dieser erste Satz dauert sehr lange; der zweite ewig. Es sind Variationen über ein einfaches, volksliedmäßiges Andante-Thema; zum Teil schön erfundene und geistreich gesetzte Stücke, zum Teil pikante Klavier-Etüden (wie das Scherzo Nr. 3), zum Teil kindische, wie das cymbelartige Gehämmer der Cis-dur-Variationen auf den höchsten Takten des Klaviers. Endlich erklingt ein eleganter, hübscher Walzer. Man hält den Komponisten bereits für gründlich getröstet und von dem Begräbnis erholt: da intonieren Geige und Violoncell wieder in der neunten Variation eine Cis-moll-Elegie, über welche blitzschnelle Arpeggien des Klavier springbrunnartig auf und nieder spritzen. Das plätschert einförmig lange fort, bis eine flotte Mazurka uns aus der Monotonie erlöst. Nach dieser wären wir vollständig gesättigt: man muß nicht unbescheiden sein. Aber der Komponist scheint jetzt erst recht warm zu werden und sich bequem zu strecken; das Finale, das in schwierigen Klavier-Etüden für die Arbeit und den Ruhm des Pianisten sorgt, ist so lang, wie irgend ein ganzes und nicht kurzweiliges Trio. Spät, sehr spät erinnert sich der Komponist, daß er völlig die Totenklage vergessen habe. Das Klavier schlägt wieder schwere A-moll-Dreiklänge in Trauermarsch-Rhythmus an, über welchen Violine und Cello sich bescheidene Brocken vom Leichenschmaus zuwerfen. Der Satz war bei der Aufführung stark gekürzt, sogar die ganze Fuge gestrichen, dennoch konnte man der Langlebeigkeit dieses Totenopfers kaum stand halten. Nur das Interesse an den virtuosen Leistungen der drei Spieler blieb wach. Herr F. *Busoni*[461], ein großartiger, entzückender Pianist, glänzte in der schwierigen Klavierpartie und wurde von dem Primarius des »Böhmischen Quartetts«, Herrn Karl *Hoffmann*[462], und dessen Violoncellisten Herrn H. *Wihan*[463] vortrefflich unterstützt. (...)

461 Frederico Benvenuto Busoni (1866-1924), italienischer Komponist, Dirigent, Klaviervirtuose und Musikästhetiker, ab 1886 hauptsächlich in Deutschland ansässig.

462 Karel Hoffmann (1872-1936), tschechischer Violinist, Primarius des Böhmischen Streichquartetts.

463 Hanuš Wihan (1855-1920), bedeutender tschechischer Cellist, dem Cellokompositionen von Dvorak und Richard Strauss gewidmet sind. Das »Böhmische Quartett« wurde 1890 aus seinen Schülern in der Kammermusik-Klasse des Prager Konservatoriums gebildet. Ab 1895 vertrat Wihan den erkrankten Cellisten des Quartetts und wurde 1897 festes Mitglied des Ensembles.

IX

TSCHAIKOWSKYS DRITTE ORCHESTER-SUITE OP. 55 (1899)[464]

(...) Mit berauschendem Klangzauber ist Tschaikowskys dritte Orchester-Suite op. 55 gespielt und höchst beifällig aufgenommen worden. Das ist eine andere, unvergleichlich feinere Sorte russischen Musikcaviars, als die jüngst genossene von Rimsky-Korsakow. Keine Komposition mit einem schrittweis vorgezeichneten Zwangsprogramm und doch voll neuer poetischer Stimmungen, welche unserer aufhorchenden und nachträumenden Phantasie hinreichende Freiheit gönnen. *Tschaikowskys »Suite«* führt nur uneigentlich diesen Namen; sie hat Form und Umfang einer richtigen viersätzigen Symphonie. Der erste Satz, etwas an französische Manier erinnernd, ist eine idyllisch sanfte »Elegie«. Darauf folgt »Valse mélancolique«, ein wiegendes Allegro moderato von eigenartig exotischer Grazie; etwas herabsinkend im Trio. Dem effektvollen, aber rätselhaften Scherzo liegt wohl ein verschwiegenes Programm zu Grunde. Das Finale besteht aus zwölf geistreichen Variationen über ein echt russisches Thema, mit einer brillanten Polonaise als Schluß. Daß es in keinem dieser vier Sätze ohne irgend eine Probe ausgesuchten Raffinements abgeht, versteht sich von selbst; Tschaikowsky liebt es namentlich, den Hörer durch langatmige Wiederholungen erst zu ermüden, dann mit einem plötzlich dreinschlagenden Effekt zu überrumpeln. Ein wunderlicher Quälgeist ist zum Beispiel das der Schlußpolonaise vorausgehende Maëstoso: ein 36 Takte langer Orgelpunkt auf Fis, über welchem unermüdlich alles Mögliche sich herumtreibt, was nur überhaupt schlecht klingt. Aber wie prächtig, in hellstem Sonnenglanz erhebt sich daraus die majestätische Polacca! Wir hoffen, das durchwegs interessante, originelle Werk in der nächsten Saison wieder zu hören. Zwischen Tschaikowskys »Suite« und Mozarts »Haffner-Symphonie« in D-Dur stand ein recht schwaches Violinconcert in h-Moll von *Saint-Saëns*. Gespielt wurde es unübertrefflich von dem berühmten belgischen Geiger Emil *Sauret*[465], einem Schüler Bériots[466]. In den zwanzig Jahren, seit wir Sauret zuletzt in Wien gehört, hat sein Ton nichts von seiner Süßigkeit, seiner Reinheit verloren; sein Geschmack scheint uns noch wählerischer, seine Bravour noch glänzender geworden. (...)

---

[464] Unveränderter Nachdruck aus: *Am Ende des Jahrhunderts. [1895-1899] (Der »Modernen Oper« VIII. Teil), Musikalische Kritiken und Schilderungen von Eduard Hanslick*, Berlin 1899; S. 285-286.

[465] Emile Sauret (1852-1920), belgischer Violinvirtuose und Komponist für sein Instrument.

[466] Charles-Auguste de Bériot (1802-1870), berühmter belgischer Violinvirtuose und Komponist für sein Instrument.

X

DIE OUVERTÜRE »1812« (1899)[467]

(...) Den Beschluß machte ein symphonisches Tongemälde, das in jüngster Zeit auswärts viele Erfolge errungen hat: Tschaikowskys Ouvertüre »1812«. Diese Jahreszahl in Verbindung mit dem Namen des Komponisten verrät uns, daß hier Napoleons Belagerung von Moskau und der Sieg der Russen illustriert wird. In dem effektvollen, nur allzubreit ausgeführten Stück werden die Marseillaise und die russische Volkshymne geistreich verflochten und der welthistorische Kampf mit Aufgebot aller erdenklichen, mehr oder minder musikalischen Mittel (Kanonenschläge, Trommeln, Glockengeläute) geschildert. Die Novität, deren ganz außerordentliche Anforderungen von dem Orchester glänzend bewältigt wurden, machte eine starke, vorwiegend äußerliche Wirkung. Einen weit tieferen Eindruck dürfte sie in Paris machen, aber schwerlich den vom Komponisten gewünschten. Noch vor kurzem hat man dort freilich auch die russische Volkshymne abwechselnd mit der Marseillaise gespielt und bejubelt, aber *mit* einander, nicht *gegen* einander. Bei Tschaikowsky unterliegt die Marseillaise und veratmet kläglich unter den russischen Hörnern.

XI

DIE OPER »JOLANTHE« (1900)[468]

Berückt von dem poetischen Zauber der Königstochter Jolanthe, geblendet von einer Blinden, hat Tschaikowsky Henrik Hertzs[469] Drama zur Oper umgeschaffen. Er ist der erste nicht. Vor 50 Jahren ist im alten Kärntnerthor-Theater eine Oper »Jolanthe« von Johannes *Hager* aufgeführt und trotz mancher glücklicher Scenen rasch wieder beseitigt worden. Das war, als ganz Deutschland von dem rührenden Idyll des dänischen Dichters schwärmte. Nur zu leicht mochte ein junger gefühlvoller Komponist in der blinden Jolanthe ein Opern-Ideal erblicken. Es hatten sogar namhafte Kritiker in ihrer Beurteilung oder Verurteilung des Hertzschen Dramas auf das Operngebiet hingewiesen, indem Jolanthe kein dramatischer Charakter sei,

---

467 Unveränderter Nachdruck aus: *Aus neuer und neuester Zeit. (Der »Modernen Oper« IX. Teil). Musikalische Kritiken und Schilderungen von Eduard Hanslick*, Berlin 1900; S. 79-80.
468 Unveränderter Nachdruck aus: *Aus neuer und neuester Zeit. (Der »Modernen Oper« IX. Teil). Musikalische Kritiken und Schilderungen von Eduard Hanslick*, Berlin 1900; S. 30-33.
469 Henrik Hertz (eigentlich: Heymann; 1797-1870), dänischer Schriftsteller und erfolgreicher Bühnendichter. Sein romantisches, psychologisch angelegtes Drama »Kong Renés Datter« aus dem Jahre 1846 wurde auch in Deutschland bekannt.

sondern eine musikalische Seele. Sollte - so hieß es - die so rührende Geschichte nicht durch Musik unendlich gewinnen? Ja, drängt sie nicht geradezu nach musikalischer Verstärkung und Verklärung? Man übersah nur eines: daß die süße himmelblaue Monotonie, die auf dem Schauspiel lastet, gerade für die Oper verhängnisvoll werden mußte. Noch peinlicher empfinden wir hier den Mangel an kräftigen Gegensätzen, an vorwärtsdrängender Handlung. Die Musik braucht zur Entfaltung eines Dialogs oder Monologs doppelt so viel Zeit, als die gesprochene Rede; überdies wird der Komponist gar nicht loskommen aus dem langsamen Zeitmaß und der gleichmäßigen Rhythmik. Was an dem Drama des dänischen Poeten uns zumeist fesselt, sind die sinnigen Reden und Erörterungen über das Licht, das Sehen - geistreiche, poetische Gedanken, welches dieses Thema sowohl nach der Gefühlsseite, wie nach der psychologischen und pathologischen beleuchten. Davon kann das Wenigste in Musik rein aufgehen und wird das Meiste im Gesangsvortrag undeutlich verschwimmen.

Da hätten wir vorläufig und voreilig schon Entschuldigungsgründe vorgebracht, warum die Oper »Jolanthe« keinen großen Erfolg erzielen kann. Keinen Erfolg wie Tschaikowskys »Eugen Onegin«. Für diesen hege ich eine besondere Vorliebe; trotz der sehr ungleichen Erfindung und dem unglücklichen letzten Akt, der das Werk nicht abschließt, sondern abbricht. In »Onegin« erscheint uns der Komponist als eine geprägte Individualität, eine geistvolle, liebenswürdige Natur, deren westeuropäische Bildung die russische Nationalität trotzdem nicht verleugnet. Diese reizvollen nationalen Anklänge, welche der Musik zu »Onegin« ihre charakteristische Farbe geben, müssen wir in der provencalischen »Jolanthe« entbehren, und wir entbehren sie schwer. Gern hätten wir der neuen Oper einen ähnlichen tiefen Eindruck verdankt und nachgerühmt, wie jener älteren. Aber das will uns trotz mancher schönen Einzelheit in »Jolanthe« nicht gelingen. Es ist dem Komponisten diesmal nicht viel neues eingefallen; wohl uns, daß er diesem Mangel nicht durch Roheit und Bizarrerie abzuhelfen sucht, wie so viele seiner Landsleute. In Tschaikowskys »Jolanthe« herrschen überwiegend Natürlichkeit und zarte Empfindung, die manchmal zum Gewöhnlichen herabsinkt, manchmal aber sich zu schöner Anmut erhebt.

Man höre gleich die einleitenden idyllischen Scenen im Garten. Ein Gespräch Jolanthes mit ihrer Amme, zwischen Recitativ und Cantilene schwankend, wird von einer ungemein einfachen lieblichen G-dur-Melodie der Violinen und Harfen getragen. Daran schließt sich ein zartes Arioso der Jolanthe: »Warum kannte in früheren Tagen weder Thränen noch Kummer mein Sinn?« und ein heiterer Mädchenchor »Bringen dir Blumen«. Die naive, herzliche Melodie mit den jubelnden Vogelstimmen im Orchester wirkt in ihrer Reinheit ebenso köstlich wie das darauf folgende Schlummerlied in Es-dur. Es wird abwechselnd erst von zwei Solostimmen gesungen, denen sich dann die tiefere dritte und ein leise verhallender Mädchenchor anfügt. In diesen einleitenden idyllischen Scenen zeigt sich Tschaikowskys lyrisches Talent in voller sanfter Leuchtkraft. Alles etwas breit ausgesponnen, aber stimmungsvoll, in musikalisch schön gerundeter Form. Nun sind wir aber beinahe fertig mit den Scenen, die wir uneingeschränkt, so recht von Herzen loben können.

Jagdhörner verkünden das Nahen des Königs, der in Begleitung des maurischen Arztes Ebn-Jahia auftritt. Die Arie, in welcher der König das Unglück seiner Tochter beklagt, ist dankbar für den Sänger, aber stark an italienische Muster anklingend, von geringer Originalität. Charakteristischer erscheint unmittelbar darauf die Arie des Arztes in ihrer wunderlichen Monotonie. Das etwas steife Pathos der beiden Bassisten wird erfreulich abgelöst durch die kühn eindringenden jungen Freunde Tristan und Robert, deren Entzücken beim Anblick des herrlichen Gartens in reizenden Orchester-Effekten ausklingt. Ritter Robert preist in einer recht banalen Arie die Schönheit einer gewissen Mathilde, die wir leider nicht zu sehen bekommen: »Wer kann mit Mathilden sich messen an Macht, mit ihres schwarzblickenden Augenpaars Pracht?« Von der schrecklichen »Umdichtung« des Originals durch Herrn Hans Schmidt geben wir aufs Geratewohl noch zwei weitere Proben. Jolanthe singt: »O, um zu retten ihn, will gerne ich ertragen alles, denn mir wert ist er.« Worauf der König die großartige Entscheidung fällt: »So sei sie dein, mein Sohn, denn!«

Der Ritter Tristan (das ist nämlich »mein Sohn denn«) hat die schlafende Jolanthe erweckt. Nach einer stürmischen Liebeserklärung endeckt er allmählich, daß Jolanthe blind ist. Durch seine Fragen wird die bisher Ahnungslose zum erstenmal ihres Gebrechens inne. In dem ermüdend langen Duett der beiden leuchten einige feine Wendungen auf; wo aber die Melodie endlich in festem, breitem Bett sich zu sammeln beginnt (»Ist des Schöpfers erstes Werk«), verfällt sie der gewöhnlichen Opernphrase. Und doch steht die Scene hier auf ihrem Höhepunkt, wie der Komponist durch eine spätere Wiederholung des Themas bekräftigt. Wo aber die Kraft der originellen Melodie fehlt, da helfen alle Harfen der Welt nichts. Der König mit dem Arzte und den Dienerinnen Jolanthes eilen herbei, erschreckt über die Anwesenheit eines Fremden. Ein breiter, allmählich sich steigernder Ensemblesatz (»Er sprach zu mir vom Strahl der Sonne«) legt sich beruhigend auf die Erschütterung der Anwesenden. Dann fleht Jolanthe in einem leidenschaftlichen Allegro um Gnade für Tristan. Der Arzt entfernt sich mit Jolanthe, um ihre Heilung zu versuchen. Nach sehr kurzer Zeit kehren sie zurück; ein jubelnder Ausruf des Chors »Jolanthe sieht das Licht!« begrüßt die glücklich Errettete. Eine große dramatische Scene Jolanthes, welche allmählich ihre Umgebung erkennt, gipfelt in ihrem Gebet »O Herr zu dir!«, worauf ein kurzer Dank- und Preischor die Oper beschließt.

Das Publikum folgte der Oper sehr aufmerksam, mit mehr Andacht als Begeisterung. Das liegt in der Natur dieser Musik. Weder Meisterwerk noch Effektstück, wohl aber sorgfältige Arbeit eines vornehmen Künstlers. Die ersten Scenen mit den Mädchenchören, zahlreiche Feinheiten im Dialog, vor allem die Reize der charakteristischen Instrumentierung konnten von unserem Publikum nicht übersehen, nicht unterschätzt werden. Der Erfolg von »Eugen Onegin« hat der Wiener Hofoper das Recht, wohl auch die Pflicht gegeben, dem russischen Komponisten nochmals ihre

Pforten zu öffnen. Tschaikowsky hat kaum ein halbes Dutzend Opern geschrieben; sehr wenig, wenn man seine enorme Fruchtbarkeit auf dem Gebiete der Symphonie, der Kammermusik, des Liedes und des Klavierstückes dagegen hält. Für die Aufführung der »Jolanthe« sprach der Vorgang anderer deutscher Bühnen und die frühere Beliebtheit der Hertzschen Dichtung. Zwei große Opern: »Der Opritschnik« (nach einer Tragödie von Lajetschnikow[470]) und »Wakula, der Schmied« (nach einem Märchen von Gogol) haben selbst in Petersburg nur ein kurzes Leben gefristet; für deutsche Bühnen macht schon ihr Stoff sie unmöglich. Auch eine Einbürgerung von Tschaikowskys »Pique-Dame« auf deutschen Bühnen wird durch das Textbuch sehr erschwert. Der Stoff, einer sehr wunderlichen Novelle von *Puschkin* entnommen, ist durch die Opernbearbeitung noch unverständlicher und gewaltsamer geworden. Das ist sehr zu bedauern, denn die Musik zur »Pique-Dame« enthält große Schönheiten und ungleich mehr dramatisches Leben, als Jolanthe. Was von den hier noch unbekannten Bühnenwerken Tschaikowskys die meiste Aussicht auf Erfolg hätte, das sind seine *Ballette*: »Nußknacker«, »Der Schwanensee« und vor allem das reizvolle, graziöse Tanzmärchen »Dornröschen«.

470 Iwan Iwanowitsch Lashetschnikow (1792-1869), russischer Erzähler und Dramatiker.

HUGO RIEMANN[471]

EINLEITUNG ZU EINER EINFÜHRUNG IN TSCHAIKOWSKYS VI. SYMPHONIE H- MOLL OP. 74 (1911)[472]

Wer Tschaikoffsky persönlich gekannt hat, diese weiche, fast mädchenhafte und doch in ihrer Richtung so zielbewusste Künstlernatur, findet den Menschen Tschaikoffsky in allen seinen Werken wieder, ebenso im kleinen Klavierstück wie in der grossen symphonischen Dichtung; höchstens kann es ihn verwundern, wenn einmal der Stockrusse, der Halbbarbar, in ihm losbricht und mit dem ganzen Orchester oder auch nur einem unter Doppeloctavenpassagen brausenden und brüllenden modernen Flügel wie ein ungezügeltes Steppenross durchgeht; nicht der sanfte, träumerische, sondern der rohe erbarmungslos dreinschlagende Tschaikoffsky muss ihn in Erstaunen versetzen.

Tschaikoffsky ist mit der Musik unserer Klassiker innig vertraut; noch wenige Jahre vor seinem Tode huldigte er mit der Orchestersuite »Mozartiana« (op. 61) dem Genius des naivsten und formvollendetsten deutschen Meisters. Aber er hat sich gegen die durch die Romantiker angebahnten und durch die Neuromantiker oder »Neudeutschen« (die »Programmusiker«) weiter verfolgten und vielleicht bis an die Grenze der ästhetischen Berechtigung ausgebeuteten koloristischen Tendenzen nicht verschlossen, sondern vielmehr sich mutig in die vorderste Reihe der Vertreter der neuen Richtung gestellt und eine Anzahl charakteristischer Orchesterwerke geschrieben, welche zu den besten Programm-Symphonien gezählt werden müssen. Ob er damit nicht manchmal seiner Muse Gewalt angethan, die ihm auf minder dornigen Pfaden reichen Lorbeer verhiess, ist eine Frage, deren Erörterung wir der Nachwelt überlassen dürfen. Einstweilen steht unsere Zeit noch zu sehr unter dem Banne der neuen Farbenwirkungen, welche seit Berlioz und Liszt das früher gültige Dogma von der Korrektheit der Zeichnung stark erschüttert haben; erst wenn die Wirkungen solcher Farbenmischung anfangen werden zu versagen, wird man dieser Frage näher treten dürfen. Die sechste Symphonie Tschaikoffsky's, sein Schwanengesang, der nur kurze Zeit vor seinem verfrühten Dahinscheiden (5. November 1893, an der Cholera) beendet wurde, ist nicht eigentlich eine symphonische Dichtung, da sie die äussere Form der herkömmlichen Symphonie festhält, sowohl hinsichtlich der Gliederung in vier Sätze, als auch hinsichtlich des thematischen Aufbaues der einzelnen Sätze; sie hat auch kein ausgesprochenes Programm, denn die ziemlich allgemeine und vieldeutige Bezeichnung »pathétique«, welche schon Beethoven einer vollständig das herkömmliche Schema wahrenden Klaviersonate gab, involviert auch für den Hörer von Tschaikoffsky's Symphonie keinerlei Verzicht

---

471 Über Hugo Riemann vgl. Anm. 207.

472 Aus: Meisterführer Nr. 14, *Peter Tschaikowsky's Orchesterwerke*, Berlin 1911, S. 46-48.

auf die Logik des rein musikalischen formalen Aufbaues. Dagegen regt aber unzweifelhaft dieser Titel die Phantasie des Hörers in einer bestimmten Richtung, nämlich der des tragischen Pathos, an und unterstützt durch solche angeregte Phantasiethätigkeit die Wirkung der auf die Hervorbringung snaloger Empfindungen angelegten Tonbilder. Eine Art Programm bedingt daher jede solche Bezeichnung allerdings, aber nur in so unbestimmten Umrissen, dass weder des Komponisten Phantasie dadurch behindert, noch des Hörers Genuss durch die Kontrolle der Kongruenz zwischen Programm und Ausführung auf den Abweg fortgesetzten Kritisierens, das allen Genuss verdirbt, missleitet wird. Ganz auszuschliessen sind freilich beide Möglichkeiten auch selbst bei so allgemeiner Bezeichnung nicht, sofern doch die unerbittliche Logik des wirklich musikalischen Hörers für alle die Episoden, welche der die Überschrift realisierenden Grundstimmung allzu fremd sind, eine innere Beziehung, wenn auch nur die des Kontrastes fordert. Dabei sind Missgriffe sehr leicht möglich und bleiben dem feiner besaiteten Hörer nicht verborgen; gerade der hohe Kothurn des tragischen Pathos schliesst alles aus (auch als Kontrast), was ans Sentimentale im vulgären Sinne des Wortes, oder an das Banale auch nur streift - und nach dieser Richtung ist vielleicht die Symphonie pathétique nicht ganz einwandfrei. Die Kantilene des zweiten Themas ist wohl, wenigstens für deutsche Ohren, nicht genügend erhaben über der Sphäre der Alltäglichkeit, um im Rahmen der übrigen Themen nicht etwas aufzufallen. Doch bitte ich diesen Vorwurf nicht zu scharf zu nehmen; vor allem dürfen wir nicht vergessen, dass wir einen *russischen* Komponisten vor uns haben, der uns neu und interessant erscheint, wo er den Ton des Volksliedes seiner Nation trifft, aber vielleicht banal, wo er einen uns geläufigen Weg einschlägt, der *ihm* neu erscheint. Ähnliches ist bei Berlioz oft genug zu konstatieren und mehr oder minder bei allen Ausländern nachweisbar, ausgenommen etwa die Italiener, mit deren musikalischer Empfindungsweise uns die letzten 300 Jahre mehr als genügend vertraut gemacht haben. Ich halte es nicht für überflüssig, diesen Punkt einmal zu berühren, um für die dem Deutschen eigene Bewunderung des Fremdländischen als solchem den Schlüssel zu finden und zugleich auch einer schiefen Beurteilung der Ausländer, da wo sie deutsch zu sein glauben, vorzubeugen! (...)

PETER TSCHAIKOWSKY STELLT SICH DEN FRAGEN DER PRESSE

I

EIN INTERVIEW FÜR DIE MOSKAUER ZEITUNG »NOVOSTI DNJA« VOM APRIL 1892[473]

Heute Abend wird unser berühmter Komponist eine Opernaufführung dirigieren, die von Prjanischnikows Genossenschaft veranstaltet wird.[474] Das bietet mir Gelegenheit, über die beiden letzten Gespräche zu berichten, die ich mit Peter Iljitsch geführt habe.

Vor zwei Tagen traf ich Peter Iljitsch auf der Probe im Schelaputin-Theater. Im Zimmer des Theaterleiters Prjanischnikow spürte man überall die besondere Hochachtung, die hier unserem berühmten Komponisten entgegengebracht wird: An unübersehbarer Stelle hängt sein Porträt, umgeben von einem Lorbeerkranz, der am Eröffnungstage des Gatspiels Herrn Prjanischnikow überreicht worden war.

»Er gebührt ja auch eher ihm und nicht mir«, versucht der Leiter der Operngenossenschaft zu erklären.

»Jetzt scheinen Interviews auch bei uns schon in Mode zu kommen«, nahm nun Peter Iljitsch das Wort, als er von meinem Wunsch erfuhr, ihm einige Fragen zu stellen. »In Amerika wurde ich von Dutzenden Reportern umlagert. Versuchen Sie nur, sich einmal vorzustellen, wie schwierig es ist, Leuten etwas zu erklären, die erstens allgemein kaum etwas von Musik verstehen und zweitens von der russischen Musik im besonderen die abenteuerlichsten Vorstellungen haben, ganz abgesehen davon, daß es immer schwierig und unangenehm ist, über sich selbst zu reden, und zwar besonders im Ausland, wo man über Rußland und die Russen die unwahrscheinlichsten Ansichten hegt.

Die amerikanischen Reporter, die mich in großer Zahl bereits bei meiner Ankunft im New Yorker Passagierhafen erwarteten«, fuhr Peter Iljitsch schmunzelnd fort, »hatten mich sogar schon [wieder] verheiratet: Da ich in einer Kutsche Platz genommen hatte, in der auch die Tochter eines meiner Bekannten saß, konnte ich am nächsten Tag in der Zeitung lesen, ich wäre mit meiner jungen und überaus schönen Gattin angereist.«

---

473 Erstveröffentlichung in der Zeitung *Novosti Dnja* vom 13. April 1892 [Nachdruck in der Zeitschrift *Sovetskaja muzyka*, Heft 5/1965, S. 30-34]. Das Interview ist mit den Initialen »S.K.« versehen, mit denen gewöhnlich der Musiklehrer und Journalist Sergej Pawlowitsch Kasanski (1857-1901) seine Beiträge zu zeichnen pflegte, so daß er mit hoher Wahrscheinlichkeit auch als Gesprächspartner Tschaikowskys in diesem Interview anzunehmen ist.

474 Zu Ippolit Prjanischnikow und der von ihm geleiteten Operngenossenschaft vgl. den im vorliegenden Band abgedruckten Beitrag Ippolit Prjanischnikows.

Am nächsten Tag empfing mich Tschaikowsky in seinem Zimmer im Moskauer Grand-Hotel. Allen Freunden russischer Musik, die schon einmal im Foyer des Bolschoi-Theaters gewesen sind, ist das Porträt Tschaikowskys natürlich bestens bekannt, so daß es an dieser Stelle völlig unnötig ist, noch einmal das Äußere des Komponisten zu beschreiben. Als Europäer vom Scheitel bis zur Sohle gibt sich Tschaikowsky überaus nett und liebenswürdig und äußert sich gern über das, was ihm am meisten am Herzen liegt, nämlich über Musik. Als gegenwärtig interessanteste Frage erschien mir das Verhältnis Tschaikowskys zur Operngenossenschaft Prjanischnikows.

- »In Kiew hat man dem Unternehmen Prjanischnikows geradezu übel mitgespielt«, erläuterte mir mein gastfreundlicher Gesprächspartner. »Nach drei erfolgreichen Spielzeiten dieses Opernunternehmens hat die Stadt ihnen die Spielstätte einfach weggenommen. Die Mitglieder der Genossenschaft hatten mich um Rat gefragt, ob sie nach Moskau übersiedeln sollten. Ich machte ihnen nicht allzu viele Hoffnungen, habe aber dennoch versprochen, ihnen nach Maßgabe meiner Kräfte zu helfen. Mich erfüllt generell eine große Sympathie für die Genossenschaften. An Prjanischnikows Genossenschaft gefällt mir die ganze Art und Weise, in der sie ihre Tätigkeit organisiert. Intrigen gibt es hier überhaupt nicht, und es herrscht eine ausgesprochen angenehme Atmosphäre. Wenn die Genossenschaft so weitermacht, also anstelle die einzelnen Stars herauszustellen eher auf die Ensembleleistung und das Gesamtniveau achtet, wird sie sicherlich ihren Weg machen.«

- »Soll das bedeuten, es ficht Sie nicht an, daß das Gastspiel in Moskau ausgerechnet mit der Oper *Fürst Igor* begonnen hat, dem Werk eines Komponisten des *Mächtigen Häufleins*, d.h. eines Lagers, dem Sie nicht angehören?«

Der berühmte Tschaikowsky geriet in Erregung.

- »Ich bin immer wieder darüber empört, wenn von 'Lagern' in der Musik geredet wird. Welcher Partei soll ich dann wohl angehören? Für mich existieren solche Parteien gar nicht. Was sollte ich denn gegen die Musik des inzwischen verstorbenen Borodin haben, der mein bester Freund gewesen ist? Ich gehöre nicht zum *Mächtigen Häuflein*, weil ich eben nicht in Petersburg lebe, aber ich bin mit Balakirew, Rimsky-Korsakow, Cui[475] und anderen Vertretern dieser Gruppe befreundet. Jeder, der musikalisch begabt und ein sympathischer Mensch ist, ist mir ein Freund und Bruder. Wenn ich mich schon irgendeinem Lager zurechnen müßte, dann würde ich mich natürlich viel lieber der Gruppe dieser ehrlichen Leute als irgendeiner anderen anschließen.

Wenn ich auch faktisch nicht diesem Kreis angehöre«, fügte Peter Iljitsch hinzu, »so erklärt sich das auch zum Teil durch die Starrköpfigkeit seines Gründers Balakirew, mit dem ich trotz allem eng befreundet bin. Seit der Gründung des Kreises vor dreißig Jahren vertritt Balakirew unentwegt die damals festgeschriebenen Ansichten

[475] Über das in Wirklichkeit zeitweilig sehr gespannte Verhältnis zwischen Tschaikowsky und Cui vgl. u.a. Peter Tschaikowski, *Erinnerungen und Musikkritiken*, Leipzig 1974, S. 36, und den Beitrag von Abram Kaufmann im vorliegenden Band.

und Prinzipien, und alle seine Anhänger sind mit ihm solidarisch. Ich hingegen wollte mir immer eine gewisse Freiheit bewahren. Speziell zu Borodin muß ich sagen, daß er nicht der große Revolutionär gewesen ist, für den er immer gehalten wird. Auch in seiner Oper *Fürst Igor* folgt er alten Traditionen und bewegt sich eindeutig auf dem Boden der Tradition, indem er jeglichen musikalischen Anarchismus vermeidet. Neue Kompositionstechniken in seinem *Fürst Igor* finden sich nur in den Partien der Gudok-Spieler und noch an zwei, drei anderen Stellen.«

Es war unvermeidlich, daß wir von generellen Fragestellungen immer mehr zu Detailfragen übergingen. Darüber hinaus unterhielten wir uns auch darüber, woran er gegenwärtig arbeite und wie seine Pläne für die Zukunft aussehen.

- »Ich habe soeben eine Oper *Jolanthe* und ein Ballett *Der Nußknacker* beendet«, berichtete mir Peter Iljitsch, »und will jetzt eine neue Sinfonie[476] schreiben. Den ganzen April über werde ich mich in Moskau aufhalten, um die Opernaufführungen zu dirigieren, die ich Prjanischnikow versprochen habe. Danach fahre ich nach Vichy zu einer Bäderkur und werde mich, wieder in Rußland angekommen, auf ein Anwesen meiner Bekannten im Moskauer Gouvernement zurückziehen und dort die Sinfonie fertigstellen.«

- »Bei dieser Gelegenheit wollte ich Sie fragen«, unterbrach ich seine Worte, »inwieweit es der Wahrheit entspricht, daß Sie eine Oper über den Stoff von Lermontows Novelle *Bela*[477] planen und Ihnen das Libretto dafür Wassili Nemirowitsch-Dantschenko[478] schreiben wird?«

- »Ja, das stimmt insoweit, daß Wassili Iwanowitsch, den ich vor kurzem in Moskau kennengelernt habe, mich dafür zu gewinnen suchte, eine Oper über diesen Stoff zu schreiben. Angesichts seines Drängens habe ich ihm zunächst empfohlen, ein Libretto anzufertigen. Wenn ich nach meiner Auslandsreise wieder in Rußland bin, treffe ich mit ihm zusammen, und dann werden wir sehen...«

- »Und nach Amerika, wo Sie so sensationellen Erfolg hatten, wollen Sie nicht noch einmal fahren?«

- »Im Gegenteil, es ist sogar sehr wahrscheinlich, daß ich dort hinreise[479], denn gegenwärtig ist ein gewisser Wilson nach Europa unterwegs, der neben anderen europäischen Musikern auch mir eine Einladung zur Weltausstellung nach Chicago überbringen soll. Ich bin hierüber bereits durch unseren Gesandten informiert wor-

---

[476] Gemeint ist hier die von Tschaikowsky unvollendet hinterlassene Siebente Sinfonie. Tschaikowsky hatte die Arbeiten daran abgebrochen und das musikalische Material für andere Kompositionen verwendet. Die Sinfonie wurde erst 1955 von Semjon Bogatyrjow fertiggestellt und 1961 als Partitur veröffentlicht.

[477] Eine Novelle aus Lermontows berühmtem Roman *Ein Held unserer Zeit* (1840), der kunstvoll aus fünf Novellen komponiert ist und als eine der herausragenden Schöpfungen der klassischen russischen Romanliteratur gelten kann.

[478] Wassili Iwanowitsch Nemirowitsch-Dantschenko (1844-1936), seinerzeit sehr bekannter russischer Schriftsteller, Bruder des berühmten russischen Opernregisseurs und Stanislawski-Mitarbeiters Wladimir Iwanowitsch Nemirowitsch-Dantschenko (1858-1943).

[479] Diese für 1893 geplante Reise Tschaikowskys nach Amerika ist nicht zustande gekommen.

den, und wenn die mir angebotenen Konditionen günstig sind, werde ich fahren: es sind dort irgendwelche gewaltigen Konzerte geplant. Doch an sich muß ich Ihnen sagen«, meinte Peter Iljitsch nach einer gewissen Pause, »daß ich mit dem Komponieren und Herumreisen eigentlich aufhören möchte.«

Als er mein Erstaunen über diese völlig unerwartete Wendung spürte, ergänzte er nachdenklich:

- »Irgendwann muß man einfach innehalten. Ich will nicht zu denen gehören, die sich leergeschrieben haben. Natürlich wird sich niemand wagen, meine Gefühle zu verletzen und mir ins Gesicht zu sagen, es wäre bei mir schon soweit. Ich muß es halt selbst fühlen. Seien Sie versichert, daß ich sofort mit dem Komponieren aufhöre, wenn sich dieses Gefühl bei mir einstellt. Hinzu kommt noch folgendes: Solange wir jung sind, bleiben unsere Opern oft unbeachtet und werden nur ungern zur Aufführung angenommen. Sind wir dann bekannter geworden, versperren wir unsererseits wieder der Jugend den Weg. Ich kann heute davon ausgehen, daß die Theaterdirektion jede meiner Opern zur Aufführung annehmen wird. Doch wenn dem nicht so wäre, würden sich die Chancen für ein junges Talent erheblich verbessern.«

Noch während ich bei Peter Iljitsch war, trat ein Mitarbeiter der Operngenossenschaft an ihn heran, um seine Anweisungen über die Art und Weise entgegenzunehmen, wie mit dem Dirigentenpodest für den Abend zu verfahren sei.

- »Ich kann nicht im Sitzen dirigieren. Ich habe dann ein Gefühl, als würde ich völlig zusammensacken«, wandte sich der Komponist mir wieder zu. »Deshalb habe ich gebeten, das Podest völlig zu entfernen, denn ich will beim Dirigieren stehen. Ich bin übrigens nicht der einzige, der das so handhabt: Colonne[480] dirigiert immer im Stehen.«

Peter Iljitsch sprach noch viel über Musik und [Opern-]Sujets, wobei er insbesondere darauf hinwies, daß auch die Italienische Oper heutzutage realistische Stoffe bevorzugt, was sich speziell bei der *Cavalleria rusticana*[481] gezeigt und zu ihrem großen Erfolg beigetragen habe. Er bedauerte, daß diese Oper noch nicht von den Kaiserlichen Theatern herausgebracht worden ist, wenngleich er auch wieder einschränkte, daß ihr Erfolg und ihre Bedeutung sicherlich nicht von Dauer sein werden.

- »In Rußland ist die Italienische Oper von Zeit zu Zeit notwendig: Sie bringt den Sängern großen Nutzen und befriedigt die Bedürfnisse des Publikums«, ließ Peter Iljitsch als Randbemerkung einfließen. »Natürlich war es seinerzeit einfach nicht normal, daß die Italiener alles andere von der russischen Opernbühne verdrängten. Ich erinnere mich noch gut an die Zeit, als *Ein Leben für den Zaren* und *Ruslan und Ljudmila* die einzigen russischen Opern waren, die auch aufgeführt

480 Edouard Colonne (1838-1910), berühmter französischer Dirigent.

481 Einaktige Oper von Pietro Mascagni, die 1890 uraufgeführt und sofort ein Welterfolg wurde.

wurden. Welche beklagenswerte Situation! Nun aber ist für die russische Musik ein goldenes Zeitalter angebrochen!..«

Zum Abschied erzählte mir Peter Iljitsch noch eine unglaubliche Begebenheit: Vor dem Restaurant *Moskva* wartete erst kürzlich eine Droschke mit einem etwa zwanzigjährigen Kutscher aus dem Kreis Kolomenskoje. Er war bei den Hotelportiers durch eine wundervolle Baritonstimme aufgefallen, so daß diese ihn direkt zu Peter Iljitsch gebracht hatten. Der Bursche, der nie zuvor in der Oper gewesen war, hatte von den Fahrgästen einige Opernarien aufgeschnappt und konnte sie wunderbar vortragen. Peter Iljitsch gab ihm einen Empfehlungsbrief an den Konservatoriumsdirektor Wassili Safonow[482] und erklärte sich bereit, für den begabten jungen Mann ein Stipendium zu stiften.

- »Vielleicht ist er in fünf Jahren Opernsänger«, meinte zu mir Peter Iljitsch, der stets alle Sänger, Komponisten und Musikbegabungen im Rahmen seiner Möglichkeiten unterstützt hatte.

II

EIN INTERVIEW FÜR DIE ZEITSCHRIFT »PETERBURGSKAJA ŽIZN'« VOM NOVEMBER 1892[483]

In diesen Tagen befindet sich unser berühmter Komponist Peter Iljitsch Tschaikowsky in Petersburg[484], wo in wenigen Tagen zwei neue Werke von ihm am Marientheater Premiere haben: ein Operneinakter *Jolanthe* und ein Ballett in zwei Akten *Der Nußknacker*.[485] Wir hatten Gelegenheit zu einem Gespräch mit dem Komponisten, in dessen Verlauf er so viele gewichtige Äußerungen tat, die für glühende Verehrer der Kunst von hohem Interesse und Wert sind, daß wir es für dringend angezeigt halten, mit der liebenswürdigen Genehmigung des Komponisten den Inhalt des Gesprächs im folgenden schriftlich wiederzugeben.

Es sei vor allem noch auf eine Besonderheit hingewiesen: Peter Iljitsch zeichnet sich durch eine seltene Bescheidenheit aus, so daß er nur ungewöhnlich kurz und zurückhaltend über sich selbst spricht. Die für ihn typische Ruhe und sanfte Gelas-

---

[482] Wassili Iljitsch Safonow (1852-1918), russischer Pianist und Dirigent; 1889 bis 1905 Direktor des Moskauer Konservatoriums, 1906 bis 1909 Chefdirigent des New York Philharmonic Orchestra.

[483] Erstveröffentlichung in der Zeitschrift *Peterburgskaja Žizn'* am 12. November 1892 [Nachdruck in der Zeitschrift *Sovetskaja muzyka*, Jg. 1949, Heft 7]. Das Interview ist mit den Initialen »G.B.« versehen, mit denen gewöhnlich der Petersburger Dichter und Musikjournalist Grigori Anatoljewitsch Bloch (1867-1927) seine Beiträge zu zeichnen pflegte, so daß er mit hoher Wahrscheinlichkeit auch als Partner Tschaikowskys in diesem Interview anzunehmen ist.

[484] Tschaikowsky weilte vom 27. Oktober/8. November bis 12./24. Dezember 1892 in Petersburg.

[485] Diese doppelte Uraufführung fand am 6./18. Dezember 1892 statt. Die Oper wurde von Eduard Naprawnik, das Ballett von Riccardo Drigo dirigiert.

senheit verläßt ihn nur, sobald er über Musikalisches spricht und in seinen Worten der rückhaltlose Einsatz für die Musik und die grenzenlose Hingabe daran deutlich wird.

Die erste Frage, die wir Peter Iljitsch stellten, betraf natürlich ihn selbst:

- »Wo haben Sie normalerweise Ihren Wohnsitz?«

- »Ich wohne auf einem Anwesen in der Nähe der Stadt Klin, führe aber eher ein Nomadenleben, und zwar besonders in den letzten zehn Jahren.«

- »Wann haben Sie gewöhnlich Zeit für Ihre Arbeit?«

- »Für meine Arbeit nehme ich Zuflucht auf meinem Anwesen in Klin oder ich reise an irgendeinen stillen Ort ins Ausland und führe dort ein Einsiedlerleben. Dann arbeite ich von zehn Uhr vormittags bis ein Uhr mittags und von fünf bis acht Uhr abends. In den späten Abend- oder Nachtstunden arbeite ich nicht.«

- »Können Sie uns beschreiben, wie Sie zu Ihren musikalischen Eingebungen kommen?«

- »Mein Arbeitssystem ist ganz und gar das eines Handwerkers, d.h. ich arbeite völlig regelmäßig, immer zur selben Zeit und ohne mir selbst irgendwelche Abweichungen davon zu erlauben. Die musikalischen Ideen strömen mir zu, sobald ich mit meiner Arbeit anfange und mich von Überlegungen und Sorgen, die nicht damit unmittelbar verbunden sind, freigemacht habe. Die meisten Einfälle habe ich übrigens während meiner täglichen Spaziergänge, auf denen ich wegen eines ungewöhnlich schlechten Musikgedächtnisses stets einen Notizblock in der Tasche habe.«

- »Man sagt, daß ein Komponist heutzutage kaum noch etwas Neues schreiben könne, ohne in gewissem Maße das bereits früher von den Großen der Musik Erdachte zu wiederholen.«

- »Nein, das stimmt so nicht, das musikalische Material, d.h. Melodie, Harmonie und Rhythmus, sind zweifellos unerschöpflich. Millionen Jahre werden vergehen, und wenn es dann Musik in unserem Sinne überhaupt noch geben wird, werden auch dieselben sieben Stammtöne unserer Tonleiter in ihren melodischen und harmonischen Kombinationen, belebt durch den Rhythmus, immer noch als Ausgangspunkt für neue musikalische Ideen dienen.«

- »Welche Gattung der Musik liegt Ihnen näher - die Oper oder die Sinfonie?«

- »Tous les genres sont bons, hors le genre ennuyeux.[486] In beiden Musikgattungen sind große Meisterwerke geschaffen worden.«

- »Die hiesige Premiere Ihrer Jolanthe wird von allen mit Spannung erwartet. Warum haben Sie gerade diesen Stoff gewählt?«

- »Vor ungefähr acht Jahren bekam ich ein Heft der [Moskauer] Zeitschrift *Russkij Vestnik*[487] in die Hand, in welchem der Drameneinakter *König Renés Tochter* des dänischen Bühnenautors Henrik Hertz in der russischen Übersetzung von F.

---

[486] Frz., dt. etwa: Es gibt keine schlechten Genres, das Langweilige ausgenommen.

[487] Es handelt sich um das Februarheft des Jahres 1883.

B. Miller abgedruckt war. Dieser Stoff bezauberte mich durch Poesie und Originalität sowie durch die Fülle an lyrischen Momenten. Ich gelobte mir damals, den Stoff irgendwann einmal zu vertonen. In der Folgezeit kam dann vieles dazwischen, so daß ich erst im vergangenen Jahr mein Vorhaben in die Tat umsetzen konnte.«

- »In Opernkompositionen ist Musik für gewöhnlich Illustration, Ergänzung und Erläuterung des Textes. Wie aber kann man erreichen, daß die musikalische Idee mit dem Wort in eins zusammenfließt?«

- »Das ist schwer zu sagen. Der höhere oder geringere Grad innerer Verwandtschaft zwischen dem Wort und der das Wort illustrierenden Musik ist das Ergebnis eines geheimnisvollen, vom bewußten Vorsatz völlig unabhängigen Vorgangs im Schaffensprozeß, der sich nicht beschreiben läßt.«

- »Wie zufrieden sind Sie heutzutage im Vergleich zu früher mit den Aufführungen Ihrer Opern am Marientheater?«

- »Was die allgemeine sängerische und Ensemble-Leistung angeht, so ist sie heute ebenso gut wie in früheren Zeiten, wofür es eine ganz einfache Erklärung gibt: Nach wie vor steht auch heute noch der unvergleichliche Eduard Naprawnik am Dirigentenpult. Hinsichtlich der Bühnenausstattung verbietet es sich geradezu, die heutige glanz- und geschmackvolle Ausstattung mit der relativen Armseligkeit von damals zu vergleichen. Die Leistungen der Regie haben gegenwärtig bei uns ein derart hohes Niveau erreicht, daß sich sicher auf keiner anderen Bühne der Hauptstädte Europas eine vergleichbare Sorgfalt in der Erarbeitung der Details, eine solche Lebendigkeit des Spiels und ein bis ins kleinste durchdachtes darstellerisches Handeln der Chormassen finden läßt.«

- »Natürlich haben Sie auch Ihre Lieblingskomponisten, die Sie anderen vorziehen?«

- »Mit sechzehn Jahren hörte ich zum ersten Mal Mozarts *Don Giovanni.* Dieses Erlebnis war für mich geradezu eine Offenbarung, und ich vermag diesen Eindruck, der mich damals völlig überwältigt hatte, überhaupt nicht in Worten wiederzugeben. Wahrscheinlich hat dieses Erlebnis auch dazu geführt, daß ich unter allen Komponisten Mozart am meisten liebe. Ich glaube, daß die bestimmenden künstlerischen Eindrücke der Jugend im ganzen späteren Leben ihre Spur hinterlassen und sogar noch dann stark nachwirken, wenn wir als ältere Leute Kunstwerke vergleichend beurteilen. Durch ein ähnliches Erlebnis erkläre ich mir auch, daß die zweitwichtigsten Opern nach *Don Giovanni* für mich [Glinkas] *Ein Leben für den Zaren* - und zwar wirklich *Ein Leben für den Zaren* und nicht *Ruslan und Ljudmila* - und Serows *Judith* geworden sind. Serows *Judith* wurde an einem herrlichen Abend im frühlingshaften Mai des Jahres 1863 uraufgeführt.[488] Das Vergnügen, das ich beim Hören der Musik der *Judith* empfinde, assoziiert sich in mir immer

488 Die Uraufführung von Serows *Judith* fand am 16. Mai 1863 am Petersburger Marientheater statt.

mit irgendeinem unbestimmten Frühlingsgefühl von Wärme, Licht und wiedererwachender Natur!«

- »Was denken Sie über die gegenwärtige Situation der Musik im Westen und wie schätzen Sie deren Zukunft ein?«

- »Mir scheint, daß die Musik in Westeuropa sich heute in einer gewissen Übergangsphase befindet. Wagner war lange Zeit der einzige große Vertreter der deutschen Schule. Dieser geniale Mann, der fast alle europäischen Komponisten in der zweiten Hälfte unseres Jahrhunderts in bestimmender Weise beeinflußt hat, befand sich in einer Art majestätischer Einsamkeit. So wie zu seinen Lebzeiten existiert auch heute niemand, der an seine Stelle treten könnte. Es gibt zwar in Deutschland Johannes Brahms, der als Komponist sehr geachtet und geschätzt ist, aber der Brahmskult ist eher als eine Art Protest gegen Übertreibungen und Ausuferungen des Wagnerismus zu verstehen. Trotz all seiner Meisterschaft und ungeachtet der Reinheit und Ernsthaftigkeit seiner Bestrebungen hat Brahms wohl kaum etwas Dauerhaftes und Wertvolles für die deutsche Musik geleistet.[489] Es lassen sich natürlich noch zwei, drei weitere Namen herausragender deutscher Komponisten nennen, etwa Goldmark, Bruckner und der junge Richard Strauss, und man kann auch möglicherweise auf Moritz Moszkowski[490] verweisen, der trotz seines slawischen Namens in Deutschland wirkt. Im großen und ganzen zeigen sich heute jedoch in diesem klassischen Musikland ein gewisser Mangel an musikalischen Begabungen, fehlende Lebendigkeit und Stagnation feststellen. Leben gibt es nur noch in Bayreuth, diesem Mittelpunkt des Wagner-Kultes, und unabhängig davon, welche Einstellung wir zur Musik Wagners auch immer haben mögen, kann die von ihr ausgehende Kraft, ihre grundlegende Bedeutung und der Einfluß auf die gesamte Musik der Gegenwart nicht geleugnet werden.«

- »Und wie sieht es in anderen Ländern aus?«

- »Die Musik in Italien befand sich noch in der jüngsten Zeit auf einem ausgesprochenen Tiefstand. Offensichtlich sind wir jetzt Zeugen ihres beginnenden Wiedererwachens. Eine ganze Schar junger Talente macht inzwischen von sich reden, von denen Mascagni gerechterweise die größte Aufmerksamkeit erheischt. Völlig verfehlt sind Ansichten, die den gewaltigen, geradezu märchenhaften Erfolg dieses jungen Komponisten auf eine geschickte Reklame zurückführen. Für ein talentloses und nur für den Augenblick bedeutsames Werk kann man werben, wie man will, ohne auch nur das geringste zu erreichen. Auf gar keinen Fall würde man das gesamte europäische Publikum dazu bringen, in frenetische Beifallsstürme auszubrechen. Mascagni ist offensichtlich nicht nur überaus begabt, sondern auch ein ausgesprochen kluger Mann. Er hat verstanden, daß gegenwärtig für die Kunst überall die Zeichen auf Realismus und Annäherung an die Lebenswahrheit stehen, daß die

489 Über Tschaikowskys Einstellung zu Brahms vgl. ausführlicher: Nikolai Kaschkin, *Meine Erinnerungen an Peter Tschaikowski*, Berlin 1992, S. 128.

490 Moritz Moszkowski (1854-1925), polnischer Pianist und Komponist, wirkte bis 1897 in Berlin und ließ sich danach in Paris nieder.

Wotane, Brunhilden und Fafners in der Seele des Hörers eigentlich keine lebendige Resonanz mehr finden und daß der Mensch mit seinen Leidenschaften und Kümmernissen uns verständlicher ist und näher steht als alle Götter und Halbgötter Walhallas. In seiner Stoffwahl geht Mascagni nicht nach einem Instinkt vor, sondern läßt ein tieferes Verständnis für die Bedürfnisse heutiger Hörer erkennen. Er vermeidet es auch, so vorzugehen wie einige italienische Komponisten, die möglichst wie Deutsche aussehen wollen und sich gleichsam schämen, Kinder ihres Vaterlandes zu sein. Mascagni illustriert mit typisch italienischem Sinn für das Plastische und Schöne die von ihm gewählten Lebensdramen, so daß im Ergebnis etwas so Sympathisches und Attraktives herauskommt, daß sich das Publikum dem nicht mehr entziehen kann.

Überaus viel tut sich jetzt auch in Frankreich, das zu recht auf solche Komponisten wie Bizet, Saint-Saëns, Delibes und Massenet stolz sein kann... Viel Wertvolles erreichte uns aus Skandinavien, wo ein so origineller und von unverbrauchten Einfällen nur so sprühender Komponist wie Grieg und ein derart geistvoller Meister wie Svendsen[491] beheimatet sind. Unter den slawischen Völkern ragt besonders Böhmen mit vielversprechenden Begabungen hervor: Dvořák steht in der vollen Blüte seines Schaffens, aber in seinem Umfeld machen auch schon Vertreter der Jugend wie Fibich[492], Bendl[493], Kovařovic[494] und Foerster[495] auf sich aufmerksam.«

- »Nun gut. Aber was denken Sie über den gegenwärtigen Zustand der Musik bei uns in Rußland? Viele behaupten, daß er überaus beklagenswert sei.«

- »Wenn man, wie mir scheint, schon generell kaum den unbestritten pessimistischen Ansichten über Gegenwart und Zukunft unserer Musik zustimmen kann, die Anton Rubinstein in seinem inzwischen berühmten Buch[496], das im vergangenen Jahr die große Sensation gewesen ist, geäußert hat, so besteht wohl noch weniger Anlaß, am Fortschritt des Musiklebens in Rußland die geringsten Zweifel zu hegen. Wenn ich mich an das Erscheinungsbild der russischen Musik in meiner Jugendzeit erinnere und die damalige Lage mit der heutigen vergleiche, habe ich allen Grund zu Freude und Hoffnungen auf die Zukunft. Damals existierte niemand außer Glinka, diesem Eckstein der russischen Musik, dessen Werk jedoch die Anerkennung versagt blieb und durch die damals herrschende Italomanie völlig verdrängt und erstickt wurde. Bei aller Bescheidenheit und Strenge gegenüber der Kunst in unse-

491 Johan Severin Svendsen (1840-1911), bekannter norwegischer Komponist und Violinist.

492 Zdeněk Fibich (1850-1900), bekannter tschechischer Komponist.

493 Karel Bendl (1838-1897), tschechischer Komponist und Dirigent der Chorgesellschaft *Hlahol* in Prag, den Tschaikowsky während seines Prager Aufenthaltes im Februar 1888 kennengelernt hatte.

494 Karel Kovařovic (1862-1920), tschechischer Komponist und Dirigent, ab 1900 Opernchef des Prager Nationaltheaters.

495 Joseph Bohuslav Foerster (1859-1951), tschechischer Komponist, Organist und Musikschriftsteller.

496 Gemeint ist Anton Rubinsteins zunächst auf Deutsch erschienenes Buch *Die Musik und ihre Meister*, das vom Autor selbst ins Russische übersetzt 1891 unter dem Titel *Muzyka i ego predstaviteli (razgovor o muzyke)* in Moskau erschienen ist.

rem Vaterland haben wir doch allen Grund, auf die bereits erreichten Erfolge stolz zu sein. Als Unterpfand für die besten Hoffnungen auf die Zukunft dienen uns sowohl die Vertreter der heute schon älteren Komponistengeneration als auch die glänzenden Talente unter den Jungen, die in den letzten zehn Jahren aufgetaucht sind. Sie sind viel glücklicher dran als unsere Generation, denn sie erhielten rechtzeitig eine ausgiebige und fundierte musikalische Bildung, konnten bereits in früher Jugend ihrer Berufung folgen und ohne innere Kämpfe und Zweifel sofort den entsprechenden Weg gehen.«

- »Welche Bedeutung geben Sie der russischen Musikkritik?«

- »Die Musik- und Theaterkritik hat bei uns im Ergebnis gewisser Umstände eine viel größere Bedeutung als in Westeuropa. Dort ist die Politik das Hauptinteresse in den Zeitungen, Theater- und Musikfeuilleton bleiben zweitrangig und werden nur am Rande beachtet. Für Kunst und Musik gibt es dort eigene Presseorgane.

Für eine Zeitung ist jedoch die *alltägliche Aktualität* wichtig, und so erklärt sich, daß der Schwerpunkt in unseren Zeitungen sich häufig auf das Theater- und Kunstleben verlagert und der Leser im Feuilleton die für ihn notwendige Portion an *Alltagsaktualität* findet. Aus diesem Grund gestalten sich das literarische, musikalische und Bühnenfeuilleton bei uns häufig zu einem wahren Ereignis. Umso gewissenhafter, vorsichtiger, gelassener und wahrheitsgetreuer müßte demzufolge auch die Einstellung der Herren Kritiker zu ihrer Aufgabe sein. Indes beobachten wir zumindest auf dem Gebiet der Musikkritik das genaue Gegenteil. Auf Schritt und Tritt begegnet man hier eklatanten Verstößen gegen elementarste Regeln von Richtigkeit und Wahrheit, die in ihrer Art so kurios sind, daß man nicht weiß, ob man sich darüber ärgern, traurig sein oder lachen soll. Eine der Ursachen für diese betrübliche Lage besteht darin, daß die Musikkritik bei uns von Leuten betrieben wird, die sich nicht - wie das größtenteils in Westeuropa üblich ist - auf dieses Gebiet beschränken, sondern auch als Komponisten in Erscheinung treten und ihrem kompositorischen Schaffen weit höhere Bedeutung beimessen als der Rezensententätigkeit!... Ihre einseitige und unwillkürlich voreingenommene Einstellung führt zu vielen beklagenswerten Resultaten. Ich kann mir getrost die Freiheit nehmen, auf diesen Umstand hinzuweisen, da ich selbst einmal Rezensent an einer Moskauer Tageszeitung gewesen bin. Wenn man berücksichtigt, wie viele Feinde ich mir damit in kurzer Zeit machte, liegt auch hier der Schluß nahe, daß offensichtlich auch ich häufiger den Fehler begangen hatte, in meiner Kolumne mir überlassenen Zeitungsspalte mit denen abzurechnen, die meine Gefühle als Komponist verletzt hatten.«

- »Was müßte getan werden, um diese traurige Erscheinung zu überwinden?«

- »Die Musikkritik müßte einem Mann übertragen werden, der sich speziell dieser Aufgabe widmet, ihr grenzenlos ergeben ist und alle in dieser Sphäre relevanten Erscheinungen nur als unvoreingenommener Beobachter verfolgt. Indem er so freiwillig auf eine Richterrolle verzichtet, würde der als Rezensent tätige Komponist manchem Schaden vorbeugen, den er sonst unwillkürlich für die Sache anrichten könnte, und er selbst erlangte wieder jene Gelassenheit und Seelenruhe, die völlig undenkbar ist, wenn man beide Tätigkeitsarten miteinander verknüpft.«

- »In der Öffentlichkeit und in unserer Presse will das Gerede über das sogenannte *Mächtige Häuflein* nicht verstummen. Stellen die von dieser Gruppe verfolgten Ziele irgendetwas Besonderes dar?«

- »Unter dem Wort *Mächtiges Häuflein* wurde Ende der sechziger und in den siebziger Jahren ein Komponistenkreis verstanden, dessen Mitglieder sich durch persönliche Freundschaft, einheitlichen Geschmack und übereinstimmende musikalische Ansichten verbunden fühlten. Seele und Haupt dieses Zirkels war Mili Balakirew. Die Mitglieder des Kreises kommunizierten sehr eng miteinander und fanden darin Befriedigung und moralische Unterstützung. Man sollte erwarten können, daß ein solcher Zusammenschluß von Begabungen bei allen nur auf wärmste Sympathie hätte stoßen müssen. Dem war jedoch nicht so: Das *Häuflein* hatte sich eine Menge Feinde gemacht, deren Zahl allmählich immer mehr anstieg. Der Grund für dieses seltsame Phänomen ist vor allem darin zu suchen, daß das *Häuflein* eigene Vertreter in der Presse hatte, die in der - wenn Sie so wollen - gutgemeinten Absicht, die eigenen Freunde hochzuloben, allzu oft über die Strenge schlugen, maßlos übertrieben und alle Persönlichkeiten und Erscheinungen, die dem Zirkel fremd gegenüberstanden oder ihm nicht sympathisch waren, mit Hohn und Spott belegten.

Ist man versucht, in den Werken der Mitglieder des Mächtigen Häufleins die Verwirklichung irgendeines ihrer Grundprinzipien wiederfinden zu wollen, beginnen große Schwierigkeiten. Häufig wurden diese Komponisten auch als Radikale, Revolutionäre oder Novatoren bezeichnet, und wenn eine solche Charakteristik auch irgendwann einmal der Wahrheit zu entsprechen schien, war solch ein Fall doch eher die Ausnahme. Niemals und zu keiner Zeit hatte dieser Zirkel so wie Wagner und die Wagnerianer völlig mit der Vergangenheit gebrochen, niemals und zu keiner Zeit verschmähten seine herausragenden Mitglieder die alten und traditionellen Formen. Von manchen wurde die Ansicht vertreten, die Werke der Komponisten des Mächtigen Häufleins sein vor allem vom "russischen Geist" durchdrungen. Aber auch das stimmt nur zum Teil, denn einige von ihnen haben zeitlebens nicht eine einzige Zeile im "russischen Geist" komponiert. Es läßt sich kein besonderes verbindendes Prinzip für das Wirken des Zirkels finden. Indes hat die Feindseligkeit, die dieser Zirkel der übrigen russischen Musikwelt gegenüber nolens-volens an den Tag gelegt hat, die Vorstellung genährt, es gäbe einen Kampf zwischen irgendwelchen zwei Parteien, von denen die eine Partei das *Mächtige Häuflein* oder nach der Bezeichnung von - so glaube ich - Herrn Cui die *Neue Russische Schule* sei, während die andere Partei alle übrigen vereint, die sich außerhalb des *Mächtigen Häufleins* befinden. Diese letzte Partei ist aus irgendeinem Grund auch als *Konservatoriums-Partei* bezeichnet worden.

Diese Einteilung in Parteien ist nichts anderes als eine seltsame Begriffsverwirrung und ein gewaltiges Durcheinander, das längst der Vergangenheit angehören sollte. Als Beispiel für die Unangemessenheit einer solchen Parteieneinteilung möchte ich auf folgende, für mich eher bedauerliche Tatsache verweisen. Nach der unter den russischen Musikfreunden allgemein üblichen Vorstellung werde ich der Partei zugeschlagen, die gerade jenem noch am Leben befindlichen russischen Komponisten feindselig gegenüberstehen soll, den ich am meisten liebe und schätze: Nikolai Rimsky-Korsakow. Er sei die schönste Zierde der *Neuen Russischen Schule*, mich hingegen rechnet man zur alten und rückschrittlichen Richtung. Doch warum nur? Nikolai Rimsky-Korsakow hat sich mehr oder weniger am Zeitgemäßen orientiert, ich habe dasselbe getan. Er hat genau wie ich Programm-Sinfonien geschrieben. Das hat ihn jedoch nicht daran gehindert, auch Sinfonien der traditionellen Form zu komponieren, mit großem Vergnügen Fugen zu schreiben und generell eine polyphone Setzart zu wählen - nicht anders, als auch ich es getan habe. In seinen Opern ist er den Einflüssen Wagners bzw. einer anderen - in jedem Fall neuartigen - tonsetzerischen Einstellung bei der Komposition von Opern gefolgt, und ich habe - möglicherweise in geringerem Maße - das gleiche getan. Das alles hinderte ihn jedoch nicht daran, in seine Opern auch Kavatinen, Arien und Ensembles der alten Form aufzunehmen. Auch mich hat das - noch weniger als ihn - daran gehindert. Ich war lange Jahre Professor am - angeblich der *Neuen Russischen Schule* so feindselig gegenüberstehenden - Konservatorium, Nikolai Rimsky-Korsakow ebenfalls! Kurz: Bei allem Unterschied zwischen unseren beiden musikalischen Individualitäten hat es den Anschein, daß wir denselben Weg beschreiten, und ich meinerseits bin stolz darauf, einen solchen Weggefährten zu besitzen.

Indes bin ich sogar noch in letzter Zeit in dem auf Seriosität bedachten Buch des Herrn Gneditsch[497] über die russische Kunstgeschichte einer Partei zugeschlagen worden, die sich Herrn Korsakow gegenüber feindselig verhalten soll. Das ist ein merkwürdiges Mißverständnis, das nach wie vor traurige Folgen zeitigt. Es erschwert dem Publikum das richtige Verständnis dessen, was sich in der russischen Musik tut und erzeugt eine völlig überflüssige Feindschaft in einer Sphäre, in der, so sollte man meinen, nur ungetrübte Harmonie herrschen sollte. Sie führt zur Zuspitzung von extremen Positionen in der einen oder in der anderen Richtung und kompromitiert letztlich uns Komponisten in den Augen der künftigen Generationen. Ein zukünftiger Historiker der russischen Musik wird uns genauso auslachen wie wir heute über jene Bösewichter spotten, die einst Sumarokow[498] und Trediakowski[499] in ihrer Schaffensruhe gestört haben.«

---

[497] Gemeint ist der Literat, Bühnenautor, Theaterkritiker, Übersetzer und Kunstgeschichtler Pjotr Petrowitsch Gneditsch (1855-1925), dessen *Geschichte der Kunst seit ältester Zeit* (Petersburg 1885) parallel in verschiedenen russischen Zeitschriften in Fortsetzungen erschien. In überarbeiteter Fassung als *Geschichte der Künste* erschien dieses inzwischen mehrbändige Werk bis 1908 in mehreren Auflagen.

[498] Alexander Petrowitsch Sumarokow (1717-1777), russischer Dramatiker, Lyriker, Publizist und Literaturkritiker. Knüpfte mit seinen Tragödien an die französische Tradition eines Racine und Corneille an und begründete das russische nationale Theater.

[499] Wassili Kirilowitsch Trediakowski (1703-1769), russischer Philologe, Lyriker und Übersetzer, begründete mit verstheoretischen Traktaten die Entwicklung der modernen russischen Verskunst.

- »Ich muß gestehen, daß ich von Ihnen eine solche Antwort nicht erwartet habe!«

- »Da sehen Sie nur! Und warum? Ljadow und Glasunow werden beispielsweise ebenfalls zu meinen musikalischen Gegnern gerechnet, während ich ihre Begabung sehr liebe und schätze.«

- »Was ist Ihrer Meinung nach zu tun, damit sich das Musikleben in Rußland weiter entfalten kann?«

- »Vieles ist bereits geschehen, aber es muß noch mehr getan werden. Große Verdienste haben sich unsere beiden Konservatorien erworben. Sie eröffneten vielen Begabungen die Möglichkeit, zur rechten Zeit eine umfassende musikalische Bildung zu erwerben, und sie haben das Musikverständnis in Kreisen der Intelligenz auf ein vergleichsweise hohes Niveau gebracht. Man kommt jedoch nicht um die Einsicht herum, daß sie in gewissem Maße Treibhausgewächse sind, die auf einem noch wenig bearbeiteten Boden künstlich gedeihen. Sie ähneln Universitäten, die in einem Land ohne Grund- und Oberschulen existieren. Es wäre zu fragen, wie man diesen unnormalen Zustand überwinden kann. Ich glaube, daß das auf folgendem Wege möglich wäre: In den Hauptstädten, in allen Zentren der Gouvernements und in den größeren Kreisstädten wären Schulen einzurichten, die in etwa den Gymnasien entsprechen. Ihre Aufgabe wäre es, die jungen Leute für die Aufnahme am Konservatorium als eine Einrichtung mit Hochschulcharakter vorzubereiten. Damit das Niveau der Konservatoriumsstudenten nicht dem Zufall überlassen bleibt und wirklich nur Anwärter aufgenommen werden, die ihre Berufung in der Musik sehen, müßten bereits an den Oberschulen strengste Auswahlkriterien gelten, denn der Kunst kann nur derjenige dienen, der dafür besonders begabt ist. Darüber hinaus muß gewährleistet werden, daß in allen Grundschulen unseres Vaterlandes der Chorgesang weiter verbreitet und zum Pflichtfach erhoben wird.«

- »Glauben Sie, daß das alles ausschließlich durch Privatinitiative verwirklicht werden kann?«

- »Ihre Frage entspricht etwa der Frage: Wird es um die russische Musik gut bestellt sein, wenn jeder dieser Initiatoren sich vornimmt, die Probleme der musikalischen Bildung auf eigene Art zu lösen? Wohl kaum. Ich glaube, es wäre ein gewaltiger Segen, wenn die Regierung über alle Gattungen der Kunst die Schirmherrschaft übernehmen würde. Nur die Regierung hat die Mittel, die Kraft und die Macht, die für diese großartige Sache unumgänglich sind. Erst die Einrichtung eines Ministeriums der Schönen Künste könnte uns auf ein schnelles und glänzendes Wachstum aller Kunstgattungen hoffen lassen, und erst dann wäre ein einheitliches Vorgehen, ein normales Verhältnis und ein organisches Zusammenspiel aller mit der Kunst befaßten Einrichtungen gewährleistet.«

Mißhelligkeiten und Zwietracht zu seinen bedeutenden Zeitgenossen Lomonossow und Sumarokow wurden von Anhängern einer konservativen Adelskultur geschürt.

III

EIN INTERVIEW FÜR DIE ZEITUNG »PETERBURGSKAJA GAZETA« VOM DEZEMBER 1892[500]

Im Korridor des Grand-Hotels schmücken den Garderobenständer vor dem Zimmer 67 einige mit verschiedenfarbigen Bändern versehene Lorbeerkränze... Hier logiert Peter Tschaikowsky.

-

- »Darf ich eintreten?«

Im Zimmer ist es still und dunkel... Bei meinem Erscheinen erhebt sich Peter Iljitsch vom Sofa, auf dem er offensichtlich gerade geruht hatte, und erwidert liebenswürdig:

- »Bitte, bitte, ich werde gleich Licht machen.«

Er entzündete die Lampe, und wir nahmen beide am Schreibtisch Platz.

- »Ich habe Sie scheinbar in Ihrer Ruhe gestört?..«

- »Das wäre zuviel gesagt, aber ich will dennoch einräumen, daß Sie mich durchaus erschöpft antreffen... Diese tagtäglichen Proben sind unwahrscheinlich ermüdend... Übrigens sind sie ja nun glücklich vorbei, und ich werde in anderthalb Wochen Petersburg wieder verlassen.«

- »Wollen Sie wirklich wieder abreisen?«

- »Ich muß einfach... Zunächst fahre ich nach Hamburg, Schwerin und Brüssel, wo Inszenierungen meiner *Jolanthe* anstehen. Danach werde ich in Odessa zwei Konzerte dirigieren und dann etwa am 23. Januar über Moskau kommend wieder in Petersburg eintreffen...[501] Nach dieser Reise möchte ich mich dann endgültig in Petersburg ansiedeln, denn ich kann einfach nicht länger auf dem Lande bleiben...Gegenwärtig machen mir bereits meine Augen ein wenig zu schaffen, so daß ich nun völlig auf das Lesen als gewöhnlichen abendlichen Zeitvertreib in meiner dörflichen Abgeschiedenheit verzichten muß... Bislang habe ich am Tage gearbeitet und mich abends beim Bücherlesen entspannt. Wenn ich meinen ständigen Wohnsitz in Petersburg haben werde, will ich genau wie früher jeweils von zehn Uhr vormit-

---

500 Erstveröffentlichung in der Zeitung *Peterburgskaja Gazeta* am 6. Dezember 1892, dem Tag der *Jolanthe*- und *Nußknacker*-Uraufführung [Nachdruck: *Sovetskaja muzyka*, Heft 5/1965, S. 34/35]. Das Interview erschien unter dem Titel *U avtora Iolanty* (Bei dem Komponisten der *Jolanthe*) und war dem Journalisten W. Protopopow gewährt worden.

501 Tschaikowskys Reise nahm indes einen etwas anderen Verlauf. Statt nach Hamburg, wo die *Jolanthe*-Premiere am 22. Dezember 1892 ohne ihn stattfand, reiste Tschaikowsky nach Berlin, in die Schweiz und nach Frankreich (26. Dezember bis 2. Januar) und wurde im Januar als Dirigent eigener Werke in Odessa gefeiert (12. bis 15. Januar). In Odessa war er auch zur dortigen Premiere von *Pique Dame* (19. Januar 1893) anwesend [vgl. den Bericht von Abram Kaufmann im vorliegenden Band].

tags bis ein Uhr mittags und abends von fünf bis acht Uhr arbeiten, die Abendstunden danach jedoch im Bekanntenkreis verbringen...«

- »Das bedeutet, daß sie an jedem Tag sechs Stunden arbeiten!..«

- »Genau so ist es, Tag für Tag...«

- »Und wenn Sie einmal nicht zur Arbeit aufgelegt sind oder sich nicht in der Lage fühlen?..«

- »Dann zwinge ich mich einfach dazu, mich in der Lage zu fühlen.. Die Jugend von heute wartet erst auf Inspiration, um zu arbeiten, was ich für absolut falsch halte. Wäre denn Mozart, der so jung gestorben ist, in der Lage gewesen, so viele wunderbare Werke zu erschaffen, wenn er ständig auf Inspiration gewartet hätte?..«

Hierauf trat eine kleine Pause ein. Peter Iljitsch schaute nachdenklich in das Licht der Lampe, bis es plötzlich aus ihm herauskam:

- »Ich fürchte eigentlich nur, den Moment zu verpassen, an dem die Substanz meines Schaffens auszutrocknen beginnt... Denn gut fünf Jahre möchte ich schon noch weitermachen, bevor ich aufhöre... Ich bin jetzt 52 Jahre alt, und bis zu meinem 57. Lebensjahr möchte ich noch arbeiten...«

- »Mir scheint, daß für Sie überhaupt kein Grund besteht, eine solche Gefahr zu fürchten.«

- »Wer will das wissen?.. Direkt ins Gesicht sagt einem das sowieso niemand. Hat sich vielleicht irgend jemand gewagt, Anton Grigorjewitsch [Rubinstein] darauf hinzuweisen, daß es nun für ihn an der Zeit sei, mit dem Komponieren aufzuhören? Natürlich hat sich das niemand getraut, und so komponiert er auch heute noch... Nein, man muß schließlich der Jugend den Weg freimachen können!«

- »An wen denken Sie dabei?«

- »In Rußland haben wir heute sehr viele begabte junge Komponisten... Hier in Petersburg Glasunow, in Moskau Arensky, Dawydow (einen Neffen unseres berühmten Cellisten) und Rachmaninow, der Puschkins Poem *Die Zigeuner* zu einer wunderbaren Oper vertont hat[502]...«

- »Wann werden wir denn etwas von Ihrem neuen Werk zu hören bekommen?«

- »Wenn Sie damit die Oper meinen, dann frühestens etwa in zwei Jahren.. Während dieser Zeit will ich kein weiteres Bühnenwerk mehr schreiben, denn ich habe alles andere, an dem ich zuvor gearbeitet hatte, völlig brachliegen lassen: Sinfonien, Quartette, Romanzen... Beispielsweise ist eine Sinfonie noch unfertig...«

---

502 Gemeint ist Rachmaninows Oper *Aleko*, die 1892 als Examensarbeit des Neunzehnjährigen entstanden war (Uraufführung am 9. Mai 1893 am Moskauer Bolschoi-Theater). Rachmaninow hat übrigens auf die Erwähnung seines Namens in diesem Interview unmittelbar reagiert. So heißt es in einem Brief von ihm vom 14. Dezember 1892 an seinen Freund, den Sänger Michail Slonow:
»(...) Ein Petersburger Rezensent hatte Tschaikowsky nach der *Jolanthe*-Premiere um ein Interview gebeten. Bei dieser Gelegenheit hatte Tschaikowsky gesagt, daß er mit dem Komponieren aufhören und für die Jugend den Weg freimachen müsse. Auf die Frage des Rezensenten, ob es denn solche jungen Talente gäbe, antwortete er bejahend und nannte für Petersburg Glasunow und für Moskau mich und Arensky. Darüber habe ich mich wirklich gefreut. Dem Alten sei Dank, daß er mich nicht vergessen hat. (...)« Vgl. Sergej Rachmaninov, *Pis'ma* [Briefe], Moskva 1955, S. 81.

Man hört ein schwaches Klopfen an der Tür, und Herr Dalski[503], ein Schauspieler der Kaiserlichen Bühnen, tritt ins Zimmer. Ich verabschiede mich von Peter Iljitsch und höre, als ich mich schon wieder auf dem Korridor befinde, die Worte, die er offensichtlich an seinen neuen Besucher gerichtet hatte:

»Von einer Loge für morgen kann überhaupt keine Rede sein, ich habe nicht die geringste Aussicht, noch irgendwelche Plätze zu bekommen. Man hat mir insgesamt nur drei Logen im Zwischenrang gegeben, und etwa 40 Leute wollen von mir Karten haben…«

[503] Mamont Wiktorowitsch Dalski (eigentlich Nejelow; 1865-1918), bekannter russischer Schauspieler, von 1890 bis 1900 am Petersburger Alexandrinski-Theater.

JULIAN POPLAWSKI[504]

TSCHAIKOWSKYS LETZTER TAG IN KLIN[505]

Am 25. Oktober jährt sich zum ersten Mal der Todestag Peter Tschaikowskys. Es ist kaum zu glauben, daß seit seinem Ableben erst ein Jahr vergangen ist. Die Freunde der russischen Musik werden sich auch noch nach Jahren nicht mit diesem Verlust abfinden können. Sein Tod war gleichsam eine Laune des Schicksals und riß ihn in einem Moment aus dem Leben, als sein Schaffen in voller Blüte stand und er kurz zuvor seine Sechste Sinfonie komponiert hatte. Es hat heute den Anschein, daß er in keinem anderen Werk sein geniales Talent so stark entfalten konnte. Bei einer Gelegenheit hat er dieses Werk einmal sein Requiem genannt, und durchaus nicht von ungefähr: Irgendwie mußte er geahnt haben, daß er bald diese Welt verlassen würde. In den Papieren und Briefen Tschaikowskys aus dieser Schaffenszeit tauchen immer wieder Gedanken ans Sterben auf. So heißt es in einem seiner Briefe: »Ich glaube, daß ich nicht mehr in der Lage sein werde, nach dieser Sinfonie irgend etwas zu komponieren. Die Sinfonie ist mein letztes Werk.«[506]

Andererseits habe ich Peter Iljitsch niemals lebendiger und lebensfroher gesehen als bei seinem letzten Aufenthalt in Petersburg.[507] Welche Beklemmung empfinde ich heute, wenn ich an diese schöne, unwiederholbare Zeit zurückdenke: Wie deutlich erinnere ich mich an die Güte und Herzlichkeit, die diesen idealen Menschen umgab! Es scheint mir auch, mein letzter Besuch bei Peter Iljitsch in Klin wäre erst gestern gewesen.

Das Telegramm mit der Nachricht vom Ableben Tschaikowskys traf noch am 25. Oktober 1893 in Moskau ein. Nachdem ich anderntags mit dem Frühzug nach Petersburg gefahren war, um dem Verstorbenen die letzte Ehre zu erweisen, passierte ich auf der Rückreise am Abend des 26. wieder die Bahnstation Klin, wo lediglich 19 Tage zuvor Brandukow[508] und ich von einem kraushaarigen, forschen Kutscher abgeholt worden waren. Er brachte uns damals zu dem zweistöckigen

---

504 Julian Ignatjewitsch Poplawski (1871-1958), russischer Violoncellist, der bald nach dem Tode Tschaikowskys seine Musikerkarriere abbrach und eine erfolgreiche Karriere an der Moskauer Börse machte. Poplawski lebte ab 1919 in Paris. Sein Sohn Boris Poplawski (1903-1939) war einer der berühmtesten russischen Lyriker in der Emigration.

505 Erstveröffentlichung in der russischen Zeitschrift *Artist*, Heft 10/1894 (Jahrgang 42).

506 Von einem solchen Brief Tschaikowskys ist einstweilen nichts bekannt.

507 Tschaikowsky kam am 10. Oktober 1893 nach Petersburg und weilte dort bis zu seinem Tode am 25. Oktober.

508 Anatoli Andrejewitsch Brandukow (1856-1930), russischer Cellist, Dirigent und Komponist, Schüler und Freund Tschaikowskys, später Professor des Moskauer Konservatoriums. Er war der erste Solist von Tschaikowskys *Pezzo capriccioso* op. 62 für Violoncello und Orchester (1887), das ihm auch gewidmet ist.

Holzhaus mit dem verglasten Balkon, das als letztes an der Moskauer Chaussee steht.

Die Räume von Peter Iljitsch waren in der oberen Etage. Ein großer Raum mit Notenschränken an den Wänden und einem Flügel in der Mitte, weiterhin ein Eß- und ein Schlafraum, das war auch schon alles, was der alleinlebende Komponist für sich selbst benötigte. Die übrigen Räume des großen Hauses standen, abgesehen von zwei-drei Gästezimmern, Tschaikowskys ständigem Diener Alexej zur Verfügung. Außer dem erwähnten großen Raum gab es in den übrigen Zimmern nichts, was darauf schließen ließ, daß hier einer der populärsten russischen Komponisten und der Schöpfer der Oper *Eugen Onegin* lebte. Im Eßzimmer lagen für alle unübersehbar Gratisbeilagen der Zeitschrift *Niwa*, die dem Diener gehörten. Im Schlafzimmer befanden sich außer dem Bett und einem Wasch- und Toilettentisch noch ein ungestrichener Kieferntisch und ein einfacher Sessel, der am Fenster stand. Auf dem Tisch sah man ein schlichtes Tintenfaß aus Kristall, eine wunderbar gearbeitete Pierrot-Figur aus Porzellan und einige kleine unprätentiose kunsthandwerkliche Arbeiten. Natürlich lagen hier auch Notenpapier und Schreibfedern, darüber hinaus das Manuskript des letzten Klavierkonzertes, das Tschaikowsky während unseres Aufenthaltes bei ihm noch durchsehen wollte und das Diémer[509] gewidmet war. Diémer war auch der Solist eines Konzertes unter der Leitung Tschaikowskys in Cambridge, das anläßlich der Verleihung der Ehrendoktorwürde an den Komponisten stattgefunden hatte.[510]

Der Schlafraum war auch das eigentliche Arbeitszimmer Tschaikowskys. Die Fenster gingen in einen kleinen umzäunten Garten mit Blumen hinaus, die Tschaikowsky selbst gepflanzt hatte. Wenn er in seinem Sessel saß und vor sich hinblickte, gab es neben den Wolken, den bis an den Horizont reichenden Feldern und dem rätselhaften Lächeln des Pierrot nichts, was ihn ablenken konnte. Peter Iljitsch stand jeden Morgen um sieben Uhr auf und setzte sich dann zur Arbeit an diesen Kieferntisch. Weder in den Schweizer Bergen noch an der Adria oder in Amerika hat Peter Iljitsch mit solcher Arbeitslust komponiert wie bei sich zu Hause in Klin. Im großen Raum gab es unmittelbar am Kamin einen großen massiven Schreibtisch mit einer schönen und teuren Schreibgarnitur sowie einer Vielzahl nicht weniger wertvoller, eleganter kleiner Gegenstände. Dieser Tisch war ausschließlich für die Korrespondenz vorgesehen.

Mein letzter Besuch bei Peter Iljitsch war für mich gleichzeitig das erste Zusammentreffen mit ihm in Klin, so daß ich mit Freuden die Erlaubnis des Gastgebers in Anspruch nahm und in aller Ruhe in seinen Schränken und Alben stöberte.

---

509 Louis Joseph Diémer (1843-1919), französischer Pianist und Komponist.
Gemeint ist Tschaikowskys *Drittes Klavierkonzert* Es-Dur op. 75.

510 Tschaikowsky hatte während seines England-Aufenthaltes aus Anlaß der Entgegennahme der Ehrendoktorwürde der Universität Cambridge zwar einen Klavierabend von Diémer besucht, war aber nicht mit ihm gemeinsam in einem Konzert aufgetreten.

Der Notenbestand in Tschaikowskys Bibliothek war ungewöhnlich vielseitig. Den Grundstock bildete der Schrank mit den prachtvollen Bänden der Leipziger Mozart-Gesamtausgabe. Die Ausgaben von Werken zeitgenössischer Komponisten waren fast alle mit herzlichen Widmungen versehen. Einen Ehrenplatz nahmen die Partituren Glinkas ein. Zwischen den Notenzeilen in einigen Werken junger Komponisten fanden sich unzählige Korrekturen und Anmerkungen von der Hand Tschaikowskys, mitunter sogar ausformulierte Ratschläge, die Peter Iljitsch an den Rand geschrieben hatte. Er interessierte sich für jede Novität und nahm sich auch die Zeit, sie aufmerksam durchzusehen.

Einer der Schränke seiner Bibliothek war den Dichtern und Denkern vorbehalten. Hier fanden sich neben Puschkin, Heine, Alexej K. Tolstoi und Victor Hugo gewichtige, sorgfältig gebundene Bände von Wundt, Schopenhauer, Mill und Spencer mit Buchrückenprägungen sowie überhaupt viele Werke von Philosophen, die von Künstlern in der Regel mehr geachtet als gelesen werden. Gleich daneben stand ein kleinerer Schrank mit Ausgaben von Dichtern der Weltliteratur wie Dante, Shakespeare, Byron und Milton, die eine eindeutige Bevorzugung der englischen Literatur erkennen ließen. In der Ecke befanden sich wertvolle Geschenke, von denen eine goldene Schreibfeder, Pokale, große Trinkbecher und eine silberne, aus Amerika mitgebrachte Freiheitsstatue ins Auge fielen.

Ich begann mich den Fotografien zuzuwenden. Tschaikowskys Sammlung geht weit über das hinaus, was sich ein Sammler vorstellen kann. Wandportraits von Bach, Händel, Mozart, Beethoven, Glinka, Anton Rubinstein und anderen Komponisten, viele von ihnen mit handschriftlichen Widmungen (»à mon ami«, »dem großen Künstler«, »dem großen Kollegen«) wechseln mit silbernen Kränzen und Portraits der Verwandten. In einer gemütlichen Ecke mit Polstermöbeln lagen auf einem ovalen Tischchen kunstvoll gestaltete Mappen, die Adressen in- und ausländischer Institutionen, Wissenschaftler und Musikgesellschaften enthielten. Hier standen auch schöne, Saffian-Papier-bezogene Kästen mit Fotografien, die nach der Größe in einzelne Sektionen eingeordnet waren. Neben Künstlern, Sängern, Dichtern, Komponisten und Virtuosen aus der ganzen Welt fand ich hier, nicht ohne - das gestehe ich gern ein - davon angenehm überrascht gewesen zu sein, unter einer gewissen schnurrbartlosen Physiognomie meine eigene Unterschrift.

Als Peter Iljitsch mit der Durchsicht des Manuskripts seines Klavierkonzerts fertig war, begaben wir uns alle ins Eßzimmer. An jenem Abend erzählte er uns viel über Virtuosen und die Publikumserwartungen an sie. Wie stets sprühte Peter Iljitsch nur so von beredten Beispielen aus dem Leben von Künstlern, die inzwischen hinreichend bekannt sind und deren erste schüchterne Schritte auf dem Wege zum Ruhm von Peter Iljitsch nicht nur beobachtet, sondern oft auch gesteuert wurden.

Das Gespräch drehte sich unter anderem auch um Gounod, der damals gerade verstorben war, und Peter Iljitsch bestätigte uns die bekannte Anekdote mit dem

Marsch aus Gounods Oper »Ivan le Terrible«[511]. Einerseits hatte Gounod diese Oper nicht vollendet, andererseits benötigte er aber für die bunt zusammengewürfelten Landsknechte im vierten Akt seines *Faust* einen kriegerischen Gesang. So kam es schließlich zu dem Ergebnis, daß dem russischen Publikum, welches stets die Wiederholung dieses bühnenwirksamen Ensembles aus dem vierten Akt seines *Faust* verlangt, überhaupt nicht bewußt ist, welchen Schlag es jedes Mal den eigenen patriotischen Gefühlen versetzt, wenn es sich am Sieg der deutschen Söldner über die Kosaken begeistert.

Im Rückblick auf den Beginn seiner musikalischen Laufbahn erzählte uns Peter Iljitsch, wie er einst sein erstes Honorar als Musiker erhalten hat: »Als Schüler des Konservatoriums galt ich als ein fähiger Klavierbegleiter. Damals kam ein junger Geiger[512] nach Petersburg, der heutzutage in Moskau ziemlich bekannt ist und auf einem Abend bei der Großfürstin Jelena Pawlowna[513] spielen sollte. Auf diesem Abend war ich sein Begleiter und erhielt als Geschenk ein von ihm komponiertes Nocturne. Doch stellen Sie sich am nächsten Tag meine Begeisterung vor, als mir ein Kuvert aus der Kanzlei Ihrer Durchlaucht überbracht wurde, in dem sich zwanzig Rubel befanden.«

Es war schon gegen zehn Uhr abends, und die kleine Stadt Klin war bereits in Schlaf gesunken. Auch die Familie des Dieners Alexej hatte sich offensichtlich zur Ruhe begeben. Plötzlich platzten in diese fast absolute Stille einige Akkorde, so rein wie die Klänge von Stimmgabeln, die das ganze Haus wie Töne von Silberglöckchen erfüllten. Die Terzen und Sexten der kleinsten von ihnen erweiterten sich fröhlich zur Oktave, wobei sie manchmal auf den Übergangstönen innehielten, während sich zwei höher und tiefer gestimmte Glöckchen ärgerlich im Quartabstand zu unterhalten schienen und Töne erzeugten, die wie eine tiefgestimmte Uhrfeder lange und dröhnend nachhallten. Letztere kamen von der Kaminuhr, die Peter Iljitsch in Prag erworben hatte. Der Uhrmacher, der in seinem Kunden den Dirigenten des Konzertes vom Vorabend erkannt hatte, war nur mit Mühe zu bewegen, für seine Uhr Geld anzunehmen, um hiermit wenigstens die Kosten für Material und Arbeit auszugleichen.[514]

Nach dem Abendessen geriet das Gespräch auf fröhlichere Themen, wozu Tschaikowsky selbst mit ein oder zwei Späßen beitrug, die sich auf seine Gäste be-

511 Charles Gounod (1818-1893) hatte seine frühe Oper *Ivan le Terrible* nicht fertigkomponiert und 1857 vernichtet. Den Kosakenchor aus dieser Oper verwendete er für den Soldatenchor im vierten Akt seiner Oper *Faust*.

512 Gemeint ist der russische Violinist, Dirigent und Komponist Wassili Wassiljewitsch Besekirski (1835-1919), der 1861 bis 1896 Sologeiger im Orchester des Moskauer Bolschoi-Theaters war und von 1882 bis 1902 eine Professur an der Fachschule für Musikdramatik der Moskauer Philharmonischen Gesellschaft innehatte.

513 Die Großfürstin Jelena Pawlowna [Romanowa] (1806-1873) war die Schirmherrin der Russischen Musikgesellschaft.

514 Tschaikowsky hat hierüber auch in seinem Tagebuch geschrieben (vgl. die Eintragung vom 18./6. Februar 1888 in: Peter Tschaikowsky, *Die Tagebücher*, Berlin 1992, S. 249.

zogen und die er wie ein Bühnenschauspieler vortrug, indem er sich aus dem direkten Gespräch ausklinkte.

Danach schlug Peter Iljitsch vor, mit ihm das Cello-Konzert von Saint-Saëns, welches er noch nicht kannte und das Anatoli Brandukow unter Tschaikowskys Leitung in Petersburg spielen wollte, gemeinsam durchzugehen, so daß wir uns alle vom Tisch erhoben. Ich selbst war ziemlich aufgeregt, als ich mich an den Flügel setzte und die Orchesterpartitur aufschlug, wenngleich sie mir bereits bekannt war. Als ich den ersten Akkord anschlug, zuckte die Hand unwillkürlich von den Tasten zurück: ein derart verstimmter Flügel war mir zuvor noch nicht untergekommen. Ich mußte an die Versicherungen einiger »scharfsinniger« Leute denken, Peter Iljitsch würde nur am Flügel komponieren. Diese albernen Mutmaßungen hatten nun eine Widerlegung gefunden, die plausibler nicht sein konnte. Nachdem wir uns gemeinsam zunächst um diejenigen Tasten gekümmert hatten, die zur musikalischen Tonerzeugung am ungeeignetesten schienen, begannen wir, das Konzert gemeinsam durchzugehen: Peter Iljitsch koordinierte den musikalischen Ablauf und imitierte auf dem Flügel mit seiner linken Hand die Bläserstimmen, während Anatoli Brandukow das Cello-Solo singend vortrug. Dieses improvisierte Trio unter Peter Iljitschs Beteiligung werde ich nie vergessen.

Die Zeit bis um elf Uhr, also der Zeit, zu der sich Peter Iljitsch für gewöhnlich schlafen zu legen pflegte, verging wie im Fluge. Unser fürsorglicher Gastgeber ließ es sich nicht nehmen, selbst die für uns vorbereiteten Zimmer in Augenschein zu nehmen, um sich zu überzeugen, daß sein Diener Alexej alles Notwendige getan hatte. In der Sorge, es könnte nachts kalt werden, trug er noch Decken herbei. Erst danach wünschte er uns eine gute Nacht.

Am nächsten Morgen gegen halb neun fand ich Peter Iljitsch bereits beim Tee. Er las die Zeitungen und saß an dem kleinen runden Tisch, der sich im großen Raum am Fenster befand. So pflegte er es jeden Morgen zu halten: Trank zwei Gläser heißen Tee, las die Zeitung und überflog Dutzende von Briefen, die von der Eisenbahnstation aus einmal am Tag zugestellt wurden. Danach pflegte er sich zum Schreibtisch zu begeben und fast jeden Brief zu beantworten. Die ganze Korrespondenz befand sich in den unteren Fächern des Schreibtisches. Nach Ablauf eines Jahres wurden die Schubfächer geleert, die Briefe in Mappen gelegt, zugeschnürt und mit der Jahresangabe versehen dem Diener Alexej zur Aufbewahrung übergeben. Das gewaltige Archiv, das sich inzwischen in etwa zwanzig Jahren angesammelt hatte, wollte Peter Iljitsch irgendwann einmal ordnen und die interessantesten Briefe gesondert aufbewahren.

An diesem Morgen zeigte Peter Iljitsch mir und dem inzwischen ebenfalls aufgestandenen Brandukow einige kuriose Briefe, die er uns ins Russische übersetzte (er korrespondierte immerhin in fünf Sprachen). Darunter fand sich beispielsweise eine Einladung nach Süddeutschland zu einem Konzertauftritt, verbunden mit der Bitte, er möge »Anton Rubinstein und Michail Glinka (?!) gleich mitbringen«. Ganz nebenbei stellte sich heraus, daß fast alle berühmten Musiker, die in den letzten

Jahren in unseren beiden Hauptstädten aufgetreten sind, auf Anraten von Peter Iljitsch oder durch seine Vermittlung engagiert worden waren.

Das dritte Glas des inzwischen kalt gewordenen Tees trug Peter Iljitsch wie gewöhnlich zum Arbeitstisch in sein Schlafzimmer.

Befragt über seine Meinung zu Empfindung und Ausdruck in der Musik, äußerte Peter Iljitsch an jenem Morgen ungefähr folgendes:

»Das Hauptziel bei der Wiedergabe eines Musikwerkes besteht in der Aufgabe, je nach Talent und Wissen des Interpreten in die eigentliche Absicht des Komponisten, d.h. in Gehalt und Sinn der Musik, einzudringen und diese mit seiner Interpretation zu verdeutlichen. Indes gibt es wohl keine Aufgabe, die uneindeutiger und schwieriger wäre, als den Sinn in der Musik zu vermitteln. Welche vielseitige und reiche Begabung muß ein Musiker aufweisen, um wenigstens die wichtigsten nationalen Züge eines Musikwerkes deutlich zu machen: die Lebhaftigkeit und Eleganz der Franzosen, die Leidenschaft der Italiener und den ausgelassenen Frohsinn der Spanier. Die Großen in der Musik haben zwar für die Hörer in aller Welt komponiert, doch in jedem einzelnen ihrer Werke finden sich das Nationale und die Epoche getreulich widergespiegelt. Es sind gerade diese beiden Qualitäten, die ein Musikwerk vom anderen deutlich unterscheiden und seinen Stil ausmachen. So wie sich die Wolken im Wasser spiegeln, reflektiert die Seele des Künstlers alles, was er sieht und hört. Sein Talent besteht nun gerade in der Fähigkeit, diese seine Empfindungen auch anderen zu vermitteln. Seine Größe mißt sich daran, wie stark sich in ihm die Welt wiederspiegelt und wie klar und verständlich er seine Empfindungen anderen deutlich zu machen versteht. Der Komponist steht vor Erschaffen eines Musikwerkes wie ein Erblindeter vor den Schätzen, die er einst gesehen und inzwischen vergessen hat. Er kann den Edelstein nur dann finden, wenn seine Hände in der Lage sind, Form, Schliff und Gewicht dieses Steines zu erfühlen. Je feinfühliger er ist, desto schneller erreicht er sein Ziel. Das erklärt, daß auch - wie einst Robert Schumann gesagt hat - nur ein Genie in der Lage ist, ein anderes Genie voll zu verstehen. Der eine besitzt die Schatulle mit den Edelsteinen und der andere schöpft aus dieser Schatulle mit vollen Händen. Interpreten, die von einem Musikwerk nur den formalen Notentext zu Gehör bringen, sind blind von Geburt an.«

Gegen elf Uhr vormittags begaben wir uns in den Wald, der hier ganz in der Nähe ist: weniger als eine Werst[515] von Tschaikowskys Haus entfernt. Wenn schon Tschaikowskys Hauskleidung überaus schlicht war, so konnte der Mantel, in dem er sich in den Straßen von Klin zeigte, ohne weiteres in einer Ausstellung altmodischer Kleidungsstücke gezeigt werden. Dieser Mantel stammte noch von einer lange zurückliegenden Reise nach Wien. Peter Iljitsch hatte es sich zur Gewohnheit gemacht, bei jedem Wetter, sei es nun Winter oder Sommer, zwei Stunden im Freien spazierenzugehen. Es stellte sich heraus, daß er in seiner Gegend jeden Baum kannte. Wir erreichten einen Graben - die Überreste von Arbeiten für die Errich-

515 Werst: altes russisches Längenmaß = 1,06 km.

tung eines Kanals, der zu Zeiten Nikolais I. projektiert worden war und die Wolga mit der Sestra verbinden sollte. Peter Iljitsch schilderte uns die traurige Lage jener Leibeigenen, die einst an diesen Arbeiten beteiligt waren. Übrigens bedauerte er sehr, daß es ihm im Sommer nicht vergönnt gewesen war, ein gemeinsam mit Kaschkin[516] geplantes Vorhaben zu verwirklichen: die ganze Kanalstrecke bis zur Wolga zu Fuß zu erwandern. Er hoffte, das im nächsten Frühjahr nachzuholen. Als Peter Iljitsch uns davon erzählte, hatte auch ich gehofft, an dieser Wanderung teilnehmen zu können.

Inzwischen hatten wir eine herrliche Stelle erreicht: Eine kleine Wiese stieg steil zum Waldrand hin an, auf der rechten Seite floß die Sestra und auf der linken erstreckten sich Felder so weit das Auge reichte. Wenn man jetzt dem Wald den Rükken zudrehte, sah man rechts und links Gleise und Bahndamm der Nikolajew-Bahn[517]. In der Ferne war Frolowskoje zu erkennen. Unter Hinweis auf die Schönheit dieser Stelle erklärte Peter Iljitsch, hier wolle er einmal beerdigt werden. Er würde das in seinem letzen Willen festhalten. »Wenn dann die Freunde mit dem Zug vorbeifahren«, so äußerte er, »werden sie auf mein Grab zeigen.«

Ich war von seinen Worten ein wenig überrascht. Vor fünf Jahren, als die Ärzte meinem inzwischen verstorbenen Professor Fitzenhagen[518] nur noch wenig Lebenszeit gaben, und im Frühjahr 1893, als ebenfalls von heute auf morgen mit dem Tod eines der Freunde Tschaikowskys[519] zu rechnen war, hatte er sich stets dagegen gesträubt, über die Krankheiten dieser ihm nahestehenden Menschen zu reden. Ich hatte hieraus geschlossen, daß Peter Iljitsch jeglichen Gedanken an den Tod zu vermeiden trachtete.

Es wehte ein starker Wind, und wir waren tüchtig durchfroren. Um uns wieder aufzuwärmen, wählten wir in einer Entfernung von etwa zwanzig Sashen[520] irgendeinen Baumstamm oder -stumpf und liefen bis dahin um die Wette. Der Preis für den Sieger bestand in dem einzigen von Tschaikowsky bei diesem Spaziergang gefundenen Speisepilz, einem echten Reizker.

Schließlich entschlossen wir uns zur Rückkehr. Alexej empfing uns mit unzufriedener Miene und meldete, das Mittagessen sei noch nicht fertig. Um die Zeit auszufüllen, schlug Peter Iljitsch vor, gemeinsam Laroches *Carmosine-Ouvertüre*[521] durchzugehen.

Während des Mittagessens sprach Peter Iljitsch von seiner letzten Sinfonie. Als Brandukow und ich ihn in dieser besonders guten Stimmung sahen, brachten wir

---

516 Vgl. Anm. 42.

517 Nikolajew-Bahn: 1851 eröffnete Eisenbahnstrecke zwischen Moskau und Petersburg.

518 Wilhelm Fitzenhagen (1848-1890), bekannter deutscher Cellist und Komponist, ab 1870 in Rußland (Professor am Moskauer Konservatorium).

519 Gemeint ist Konstantin (Karl Karlowitsch) Albrecht. Vgl. Anm. 45.

520 Sashen: altes russisches Längenmaß = 2,133 m.

521 Gemeint ist Hermann Laroches Fantasie-Ouvertüre zu dessen nicht ausgeführter Oper *Carmosine*, die von Tschaikowsky 1888 für Klavier und Orchester bearbeitet worden ist.

wieder unsere alte Bitte vor, er möge uns ein Cello-Konzert komponieren. »Warum spielt ihr denn nicht meine Variationen[522]?«, war wieder die Antwort, die wir von ihm eigentlich schon kannten, weil er immer auf diese Bitte so reagiert hatte. Ich wiederholte wieder unsere alten Argumente, daß einige dieser Variationen für den Spieler sehr unbequem lägen und es nur wenig kantable Stellen gäbe. »Nicht spielen können, aber dem Komponisten in den Ohren liegen«, scherzte Peter Iljitsch. »Ich habe stets gesagt, daß die schönste Melodie Tschaikowskys von der Krutikowa[523] in *Pique Dame* gesungen wird[524]«, konterte einer von uns beiden, und alle brachen in Lachen aus.

Peter Iljitsch erwartete damals ein Libretto, um eine neue Oper zu komponieren. Er sagte jedoch nicht über welchen Stoff. Im Oktober wollte er für den bekannten französischen Virtuosen Taffanel[525] zunächst ein Flötenkonzert schreiben, danach einige kleinere Violinstücke, und erst dann - so versprach er uns - wolle er sich einem Cellokonzert zuwenden.

Nach dem Mittagessen gingen wir in eines der besten Kolonialwarengeschäfte von Klin, wo uns der Inhaber, ein hochgewachsener, kräftig gebauter Mann mit speckiger Schirmmütze, bereits in der Tür empfing. Peter Iljitsch und er begrüßten sich mit Handschlag. Als jemand, der weder von Musik noch von den Werken des vor ihm stehenden Komponisten eine Ahnung hatte, versuchte der im Ort hoch angesehene Kaufmann seiner Achtung für Peter Iljitsch dadurch Ausdruck zu geben, daß er ihn ständig mit »Euer Exzellenz« anredete. Unter den in seinem Geschäft feilgehaltenen Waren fiel die Wahl Tschaikowskys schließlich auf Bonbons mit Apfelgeschmack. Solange es dann noch hell war, zeigte uns Peter Iljitsch seine unkomplizierte Vorratswirtschaft: Brennholz für den Winter und für den Backofen, der auch als Heizung diente, sowie eingelagerten Kohl, der noch geschnitten werden mußte, woran sich Peter Iljtsch übrigens auch häufig selbst beteiligte.

Gegen fünf Uhr abends bereiteten wir uns für den Aufbruch nach Moskau vor. Der Inhalt der beiden Koffer, die Peter Iljitsch auf Reisen ständig begleiteten und die ich nur zu gut kannte, wurde von Alexej noch einmal durchgesehen und ergänzt. Bei dieser Gelegenheit zeigte sich dann auch Jegorka, Alexejs zweijähriges Söhnchen und Patensohn des Hausherrn. Beim Abschied wurden sie beide von Peter Iljitsch geküßt. Alexej übergab seinem Herrn noch sechzig Rubel und bat ihn, in Moskau Mantelstoff und weitere Kleidungsstücke zu kaufen. Wir setzten uns in die

522 Gemeint sind Tschaikowskys *Variationen über ein Rokoko-Thema* für Violoncello und Orchester op. 33 aus den Jahren 1876/77.

523 Alexandra Pawlowna Krutikowa (1851-1919), russische Sängerin (Mezzosopran), von 1872 bis 1876 am Petersburger Marientheater und von 1880 bis 1901 am Moskauer Bolschoi-Theater.

524 Gemeint ist das Lied der Gräfin in *Pique Dame*, dessen Melodie überhaupt nicht von Tschaikowsky stammte, weil er sie aus der Oper *Richard Coeur-de-lion* des französischen Komponisten André Grétry (1741-1813) entlehnt hatte.

525 Claude Paul Taffanel (1844-1908), französischer Flötist und Dirigent.

Kutschen und bestiegen bereits zwanzig Minuten später fröhlich das Abteil des Abendzuges.

Am Morgen des 8. Oktober war Peter Iljitsch noch bei der Trauerfeier für Swerjew[526] in der Nikolai-Kirche von Gnesdniki anwesend... Am 25. Oktober wurde dann für ihn selbst die Totenmesse gelesen. Am 26. Oktober wurde sein Leichnam in den Zinksarg gelegt und dieser fest zugelötet.

Tausende waren gekommen, um ihm die letzte Ehre zu erweisen, ihm, dem gütigen, edlen und majestätischen Sänger der Schönheit in ihrer unberührten, ewig jungen Lyrik. Mögest Du sanft ruhen! Das Beste, was die Natur dem Menschen verliehen hat, Deine Seele, bleibt in Deinen Werken lebendig. Sowohl glänzende Aufführungen in den Hauptstädten als auch die bescheidenen Streichquartett-Abende von Dilettanten in einem abgelegenen Provinznest werden noch viele Hunderte für Deine Musik begeistern und sie mit jenen herrlichen Klängen konfrontieren, die Du uns hinterlassen hast und die für immer unser Besitz bleiben werden.

Im Sommer dieses Jahres [1894] war ich wieder in Klin. Ich kann gar nicht sagen, wie sehr es mich gefreut hat, daß in den Wohnräumen von Peter Iljitsch kein einziger Gegenstand von seinem angestammten Platz entfernt worden ist. Die Erben geben sich große Mühe, alles so zu erhalten, wie es zu Tschaikowskys Lebzeiten ausgesehen hat. In seinen Papieren fand ich auch die Klaviersonate cis-Moll op. 1[527], die unglücklicherweise durch Abschreibefehler des Kopisten so sehr entstellt worden ist, daß ihre ursprüngliche Version kaum rekonstruiert werden kann. Darüber hinaus sah ich die Skizzen für seine große siebente Sinfonie, deren erster Satz bereits völlig abgeschlossen und instrumentiert ist. Das Andante ist ebenfalls abgeschlossen, aber noch nicht instrumentiert, während vom Finale lediglich Teile vorhanden sind. Man sagte mir, daß diese Sinfonie gedruckt werden wird und in der nächsten Spielzeit zur Aufführung kommt.[528] Darüber hinaus fand ich noch folgende Kompositionen: ein *Duett von Romeo und Julia*, ein erstes Streichquartett, dessen Hauptthemen später für das Erste Streichquartett D-Dur op. 11 verwendet wurden, das Lied des Lel aus der Schauspielmusik zu *Snegurotschka* op. 12 in der Orchesterversion sowie ein einsätziges Klavierkonzert, welches Louis Diémer[529]

---

526 Nikolai Sergejewitsch Swerjew (1832-1893), russischer Pianist, unterrichtete von 1870 bis 1893 am Moskauer Konservatorium (ab 1883 Professor), eng mit Tschaikowsky befreundet.

527 Gemeint ist offensichtlich Tschaikowskys Klaviersonate cis-Moll aus dem Jahre 1865, die im Jahre 1900 zum ersten Mal durch den Verlag Jürgenson veröffentlicht wurde und hierbei die Opuszahl 80 erhielt.

528 Die unvollendet hinterlassene *Siebente Sinfonie* Tschaikowskys, an der der Komponist in den Jahren 1891/92 gearbeitet hatte, wurde erst 1955 von Semjon Bogatyrjow vollendet, instrumentiert und herausgegeben. Tschaikowsky hatte die Arbeiten an dieser Sinfonie abgebrochen und die Sätze I, II und IV für sein *Drittes Klavierkonzert* op. 75 und für das *Andante und Finale* für Klavier und Orchester op. 79 verwendet. Der dritte Satz erschien als Klavierstück *Scherzo-Fantaisie* (op. 72 Nr. 10).

529 Vgl. Anm. 509.

gewidmet ist und in seiner musikalischen Substanz dem ersten Satz der Siebenten Sinfonie überaus ähnlich ist.[530] Das alles lag handschriftlich vor. Mich überraschten noch Fragmente von Melodien, die der Komponist auf Briefumschlägen, Titelblättern von gedruckten Notenausgaben und in Notizbüchern aufgezeichnet hatte. Das alles wurde mir klarer, als ich das Libretto der *Pique Dame* zu Gesicht bekam, in dem viele musikalische Themen bereits auf den Rand gekritzelt waren. Offensichtlich hatte Peter Iljitsch beim Lesen des Librettos bereits bestimmte Vorstellungen und Themeneinfälle, die er sofort niederschrieb. Ich habe mehrmals von ihm gehört, daß ihm alle Klänge in der Natur gleichsam in Gestalt von Klaviertasten erscheinen und er Melodien bereits fertig instrumentiert hören würde. Wo immer er sie auch festhalte, könnten sie dann Jahre überdauern. Irgendwann einmal hervorgeholt, würden sie von ihm ohne weiteres in der ursprünglichen Klarheit wieder zum Leben erweckt. Dennoch klagte Peter Iljitsch ständig über sein musikalisches Gedächtnis und fragte beispielsweise häufig: »Von wem ist eigentlich diese nette kleine Romanze?« Wie groß war dann seine Verwirrung, wenn er hören mußte: »Na von Tschaikowsky.«

Im großen Musikzimmer war alles wie in alten Zeiten. Die bekannten Porträts schauten von den Wänden auf mich herunter und genauso dröhnend wie früher schlug die Uhr. Ich hatte den Eindruck, nie von hier weggefahren zu sein, und war mir sicher, Peter Iljitsch an seinem Schreibtisch zu erblicken, wenn ich mich umdrehen würde. Doch plötzlich überraschte mich ein neuer Gegenstand auf dem Tischchen am Fenster: ein ziemlich großer schwarzer Kasten. Ich öffnete ihn hastig und sah... die mir unvergeßlichen Züge, zur Gipsmaske erstarrt.

530 Tschaikowskys *Drittes Klavierkonzert* op. 75 war die Umarbeitung des ersten Satzes der *Siebenten Sinfonie* durch den Komponisten.

JURI DAWYDOW

DIE LETZTEN TAGE IM LEBEN TSCHAIKOWSKYS NACH SEINER ANKUNFT IN PETERSBURG[531]

Peter Iljitsch kam am 10. Oktober 1893 nach Petersburg (...) und quartierte sich bei seinem Bruder Modest ein, der damals mit meinem Bruder Wladimir Lwowitsch [Dawydow] (»Bob«) eine gemeinsame Wohnung im Eckhaus Malaja Morskaja/Gorochowaja uliza[532] bewohnte.

Noch am selben Tag besuchte mich Peter Iljitsch in der Schule, allerdings nur für einen Moment. Natürlich kam er nicht mit leeren Händen, sondern brachte einen Korb mit etwa zwei Dutzend herrlich duftender Piroggen und eine Schachtel Konfekt mit. Er war in ausgezeichneter Stimmung und erzählte mir von seiner Reise nach Hamburg, von dem herzlichen Empfang, den man ihm dort bereitet hatte, sowie von dem Eindruck, den er bei der Moskauer Aufführung einer Komödie von Onkel Modest[533] gewonnen hatte. Er lobte die Aufführung und bedauerte lediglich, daß der letzte Akt nicht so gelungen und wesentlich schwächer sei als die übrigen Teile des Stückes. Da ich am nächsten Abend frei hatte und ihn besuchen konnte, meinte Peter Iljitsch, er würde sich für mich morgen nach dem Essen, also gegen sechs Uhr abends, Zeit nehmen und kündigte an, daß wir danach alle zusammen noch irgendwo hingehen würden. Voller Ungeduld wartete ich auf diesen Abend. Beim Essen waren wir alle unter uns, d.h. außer den beiden Onkel, meinem Bruder Wladimir und den Brüdern Litke, unseren beiden Großcousins, war niemand weiter anwesend.

Peter Iljitsch erzählte von seinem Aufenthalt in Moskau und Klin und berichtete, daß er am 3. Oktober die Instrumentierung seines *Dritten Klavierkonzertes*[534] abgeschlossen habe. Als Besucher in Klin weilten bei ihm die Cellisten Brandukow[535] und Poplawski[536], mit denen er gemeinsam auch von dort abgefahren war. Peter Iljitsch würzte seinen Bericht mit humoristischen Detailschilderungen, die uns alle zum Lachen brachten. Er war einfach blendend aufgelegt, was sich - wie er selbst

---

531 Erstveröffentlichung in: V. V. Protopopov, *Vospominanija o P. I. Čajkovskom*, Moskva ²1973, S. 382-395. [Die Auslassungen im Text entsprechen den Textauslassungen der Erstveröffentlichung. Die vollständige Fassung, die sich im Tschaikowsky-Museum Klin befindet, ist immer noch nicht veröffentlicht worden.] Über Juri Dawydow siehe Anm. 1.

532 Die Gorochowaja uliza in Petersburg hieß von 1927 bis 1991 Dsershinskaja uliza und hat inzwischen wieder ihren ursprünglichen Namen.

533 Es handelte sich um Modest Tschaikowskys Komödie *»Die Vorurteile«* (Predrassudki), die am 17. September 1893 am Moskauer Maly-Theater uraufgeführt worden war.

534 Gemeint ist Tschaikowskys einsätziges *Drittes Klavierkonzert* Es-Dur, das als nachgelassenes Werk (op. 75) im Januar 1895 mit Sergej Tanejew als Solisten in Petersburg uraufgeführt wurde.

535 Vgl. Anm. 508.

536 Vgl. Anm. 504.

äußerte - hauptsächlich dadurch erklärte, daß alle Beteiligten an dem bevorstehenden Konzert[537] ihm gegenüber sehr zuvorkommend waren. Dieses Mal wurden ihm in dieser Hinsicht keinerlei Hindernisse in den Weg gelegt: Alle gaben sich liebenswürdig und bemühten sich, ihn zu unterstützen.

Nach dem Essen gingen wir ins Französische Theater (d.h. ins Michailow-Theater). Ich weiß nicht mehr, wie das - übrigens ziemlich schlüpfrige Stück - hieß, erinnere mich aber sehr gut an den nicht enden wollenden Spaß, den uns die Schauspieler Andrieux und Lourteur bereiteten.[538] Nach der Theateraufführung hielten wir es wie immer und gingen zum Essen in das Restaurant eines der nahegelegenen Hotels (entweder Grand Hotel oder Hotel de France), weil wir Schüler doch recht zahlreich waren und möglicherweise in ein gewöhnliches Restaurant nicht eingelassen worden wären. Nach einem wie stets einfachen, aber fröhlichen Abendessen gingen wir dann auseinander.

Ich weiß nicht, wie es mir gelungen war, Zutritt zur Probe des Konzertes im Saal des Gebäudes der Adelsversammlung zu erlangen. Es handelte sich um die erste Korrekturprobe. Wie Peter Iljitsch und die Musiker bezeugten, waren die Orchesterstimmen so sorgfältig kopiert worden, daß man beim Durchspielen fast nicht unterbrechen mußte. Der Eindruck von der neuen Sinfonie war überaus stark, denn natürlich klang sie jetzt in der Orchesterwiedergabe viel überzeugender und gewaltiger als in der Klavierfassung, die uns der Komponist selbst vorgespielt hatte.

Ich befürchte jetzt nach so vielen Jahren, nicht mehr genau sagen zu können, was wir an welchem Tag machten und wie wir unsere Zeit verbrachten, erinnere mich aber sehr gut an die Konzertproben einschließlich der Generalprobe, bei denen ich anwesend sein durfte. Mit jeder Probe bekam ich von der Sinfonie einen noch stärkeren Eindruck. Mein Leben lang bin ich immer ein - wie man so sagt - sehr empfindsamer Mensch gewesen, und jeder starke Eindruck konnte mich zu Tränen rühren. Auch in diesem Falle war es nicht anders. Ich schämte mich jedoch, meine Tränen zu zeigen, und bemühte mich deshalb bei den Proben um einen Platz in der Nähe einer Säule, hinter der man sich leicht verstecken und die Erregung verbergen konnte. Auf der Generalprobe mußte ich besonders viel weinen. Nach der Probe ging ich ins Künstlerzimmer und fand dort Peter Iljitsch umringt von den Prominenten unserer Musikwelt: Eduard Naprawnik, Alexander Glasunow, Anatoli Ljadow, Hermann Laroche u.a.

Als mich Peter Iljitsch bemerkte, fielen ihm sofort meine geröteten Augen auf, so daß er mich fragte: »Du hast doch nicht etwa geheult?« Mit dieser Frage provozierte er jedoch nur einen neuen Tränenausbruch, ich warf mich ihm an den Hals und heulte nun erst richtig los. Er mußte offensichtlich den Grund meiner Tränen verstanden haben, gab seinem eigenen Gefühl nach und begann ebenfalls zu wei-

537 Gemeint ist das Konzert mit der Uraufführung von Tschaikowskys *Sechster Sinfonie*, das am 16./28. Oktober unter der Leitung des Komponisten in Petersburg stattfand.

538 An jenem Abend wurden zwei französische Lustspiele gegeben *L'honneur et l'argent* von François Ponsard und *Mon mari est à Versailles* von Bousnaques und Gastino.

nen. Es ergab sich ein recht komisches Bild. Ein dem Aussehen nach älterer Onkel und ein siebzehnjähriger Jüngling halten sich fest umschlungen und weinen. Onkel Modest und mein Bruder Wladimir unternahmen alle Anstalten, um uns wieder voneinander zu trennen, aber Peter Iljitsch meinte: »Laßt uns gewähren!« Diese Tränen - Tränen der Freude und des Glücks - konnten nicht lange andauern und verwandelten sich schnell in ein Lächeln, das alsbald in ein befreiendes Lachen umschlug.

Die Musiker waren von dem neuen Werk geradezu ungewöhnlich begeistert und beglückwünschten Peter Iljitsch zu seiner neuen Schöpfung. Einen besonders beeindruckenden Ausdruck der Begeisterung zeigte der Dichter Konstantin Romanow[539]. Mit Tränen in den Augen, beide Arme vorgestreckt, wandte er sich an Peter Iljitsch mit dem Ausruf: »Peter Iljitsch, was haben Sie nur getan, was haben Sie nur getan?!« Peter Iljitsch begann sich verwirrt umzusehen, denn er mußte annehmen, daß er wirklich irgendetwas Unschickliches getan hatte. Doch Konstantin Romanow fuhr mit seinen Ausrufen fort: »Was haben Sie nur getan?! Das ist doch ein Requiem, ein richtiges Requiem!«, wobei er mit beiden Händen die ihm entgegengestreckte Hand von Peter Iljitsch ergriff.[540]

Lag es nun daran, daß ich die Sinfonie aus den Proben schon etwas besser kannte, oder daran, daß das ungewöhnliche Finale mich besonders tief erschüttert hatte, in jedem Falle gefiel mir das Ungewöhnliche im formalen Aufbau der Sinfonie ganz besonders. Es gibt kein anderes Werk Tschaikowskys, wenn man einmal von der Szene im Schlafzimmer der Gräfin seiner Oper *Pique Dame* absieht, das mich nach wie vor derart erschüttert wie das Finale der *Symphonie Pathétique*. Dieser subjektive Eindruck von mir wurde jedoch in der ersten Zeit von der Mehrheit der Hörer durchaus nicht geteilt. Das Publikum war eher etwas verwirrt und wußte nicht, was es von dieser neuen Perle im Schaffen Tschaikowskys halten sollte. Die meisten wollten erst abwarten, »was die Fürstin Maria Alexejewna dazu sagen wird«. Die Musiker dachten jedoch anders und standen förmlich Schlange, um Peter Ijitsch zu beglückwünschen. Ich sehe es heute noch vor mir, wie der sonst stets phlegmatische und äußerlich apathische Alexander Glasunow durch das Erlebnis völlig aus der

539 Großfürst Konstantin Konstantinowitsch Romanow (1858-1916), Enkel des russischen Zaren Nikolai I., russischer Lyriker, dessen Texte u.a. von Tschaikowsky (op. 63) vertont wurden. Zu den berühmten Lehrern Romanows gehörte u.a. der Musikkritiker Laroche. Unter den vielen Ämtern, die Romanow zu verschiedenen Zeiten seines Lebens bekleidete, gehört auch seine Präsidentschaft der Akademie der Wissenschaften ab 1889. Eine dreibändige Ausgabe seiner Dichtungen erschien 1915 in Petrograd, ein Auswahlband 1991 in Moskau.

540 Tschaikowskys Freund und Mitstudent an der Petersburger Rechtsschule, der Lyriker Alexej Apuchtin, war kurz zuvor im August 1893 verstorben. Konstantin Romanow hatte sich danach an Tschaikowsky gewandt und ihm vorgeschlagen, zum Gedenken an den Freund dessen Verszyklus *Requiem* (entstanden Ende der 60er Jahre, Erstveröffentlichung 1886) in Musik zu setzen. Tschaikowsky hatte sich in seinem Brief vom 21. September 1893 an Romanow hierzu Bedenkzeit erbeten und darauf verwiesen, daß seine neue Sinfonie in einer sehr verwandten Stimmung gehalten sei, so daß er befürchte, sich mit einer solchen Vertonung einfach zu wiederholen.

Fassung war und in einem unaufhörlichen Redestrom eifrig und schnell auf jemanden einredete; oder wie der sonst eher kühle Eduard Naprawnik vor Erregung sein Pincenez auf- und absetzte; wie die Augen Ljadows vor Erregung glänzten und der inzwischen beleibte Hermann Laroche, im Sessel sitzend vernehmbar schnaufend, das Haupt senkte und, den Bart auf die Brust stützend, unverwandt auf einen Punkt schaute...

Die Generalprobe war ziemlich problemlos verlaufen. Von den übrigen Stücken des Programms konnte keines so stark beeindrucken wie die neue Sinfonie. Selbst Tschaikowskys b-Moll-Konzert in der ausgezeichneten, wenn auch etwas trockenen Wiedergabe mit Adele aus der Ohe[541] als Solistin konnte hier nicht mithalten. Die anderen Stücke des Programmes waren: Laroches Ouvertüre zu seiner nicht ausgeführten Oper *Carmosine*, Tschaikowskys Erstes Klaiverkonzert, die Tänze aus Mozarts Oper *Idomeneo* und Liszts *Rhapsodie espagnole*, ebenfalls gespielt von Adele aus der Ohe. Die letzten drei Stücke hatten Erfolg, während Laroches Ouvertüre zum Bedauern Tschaikowskys gänzlich durchfiel.[542]

Peter Iljitsch schwärmte damals für eine Komposition von Georgi Conus[543], die Orchestersuite mit Chor *Aus dem Kinderleben*. Deshalb nutzte er die Gelegenheit dieser Orchesterproben und bat die Musiker, seinem Wunsch zu entsprechen und die Suite von Conus mit ihm durchzuspielen. Die Musiker zeigten sich gern einverstanden, so daß die lebensfrohe und farbenreiche Suite zunächst unter der Leitung Tschaikowskys auf der Probe erklang und dann von ihm ins Programm des nächsten Konzertes aufgenommen wurde, welches zu dirigieren ihm dann leider nicht mehr vergönnt war. Die Suite fand überall Anklang, und zwar besonders bei den Musikern des Orchesters, die dem anwesenden Komponisten lange Beifall zollten. Peter Iljitsch war geradezu begeistert und bedankte sich lange bei den Orchestermitgliedern, daß sie dem Durchspielen zugestimmt und somit über die für die Probe festgelegte Zeit zur Verfügung gestanden hatten.

---

541 Adele aus der Ohe (1864-1937), deutsche Pianistin, Liszt-Schülerin, lebte in New York. Ihre Teilnahme an dem Konzert am 16. Oktober 1893 entsprach dem Wunsch Tschaikowskys, der 1891 bei seinem Amerika-Aufenthalt sein Erstes Klavierkonzert mehrmals mit Frau aus der Ohe als Solistin dirigiert hatte. Vgl.: Peter Tschaikowski, *Die Tagebücher*, Berlin 1992, S. 347ff.

542 Von der Sympathie Tschaikowskys für diese Komposition Laroches zeugt auch die Tatsache, daß er dessen Ouvertüre 1888 für Klavier und Orchester bearbeitete (veröffentlicht in der russischen Tschaikowsky-Gesamtausgabe, Band 59).

543 Georgi Eduardowitsch Conus (1862-1933), russischer Komponist und herausragender Musiktheoretiker, entwickelte die *Theorie der Metrotektonik.* 1902 Professor an der Schule für Musikdramatik bei der Moskauer Philharmonischen Gesellschaft (1904 bis 1905 Direktor dieser Schule), 1912 bis 1919 Kompositionsprofessor des Konservatoriums Saratow (1917-1919 dessen Rektor), ab 1920 Professor am Moskauer Konservatorium. Conus' Suite *Aus dem Kinderleben* war am 25. Februar 1893 unter Safonow in Moskau uraufgeführt worden. Tschaikowsky war extra zur Uraufführung nach Moskau gereist und nannte das Werk drei Tage später in seinem Brief an den Bruder Modest ein »in seiner Originalität einfach geniales Werk«. Im ganzen erschien ihm das Stück allerdings zu lang, und er wandte sich an den Komponisten mit Änderungswünschen.

Sowohl an diesem Tag, dem Tag der Generalprobe, als auch unmittelbar vor dem Konzert am 16. Oktober war Peter Iljitsch in einer relativ ausgeglichenen Stimmung. Es fehlten die gewöhnlichen Zeichen krankhafter Nervosität, die sich bei ihm in ständigem Rauchen, in einem Herumkauen auf dem Zigarettenmundstück, in einer ausgesprochenen Schweigsamkeit und einem Hin- und Hergehen von Zimmerecke zu Zimmerecke zeigten. Ich hatte ihn noch nie vor der Aufführung einer seiner neuen Schöpfungen so gelassen gesehen. Ob die Gründe dafür in seiner Gewöhnung an derartige Auftritte oder darin lagen, daß er sich des Erfolges seines neuen Werkes wirklich sicher war, wage ich nicht zu sagen, neige aber zu letzterem...

Seit Mitte der achtziger Jahre trat Tschaikowskys pathologische Schüchternheit, die bis zu nervösen Anfällen gehen konnte und ihn unendlich leiden ließ, allmählich in den Hintergrund und war nach den Aufführungen seines Balletts *Dornröschen* und der Oper *Pique Dame* gänzlich verschwunden. Das war natürlich ein Ergebnis seiner gewachsenen Selbstsicherheit und des gestärkten Glaubens an die eigene Kraft.

Nach der Generalprobe kehrte ich in die Schule zurück, so daß ich meinen Onkel vor dem Konzert nicht mehr sah. Am Konzertabend war der Saal im Gebäude der Adelsversammlung völlig überfüllt. Als Peter Iljitsch erschien, begannen Begeisterungsstürme im Orchester, und man begann, Lorbeerkränze zu überreichen. Tief in meinem Inneren war ich stolz auf meinen Onkel, wenngleich mich die Befürchtung beunruhigte, daß ein solcher Empfang ihn aufregen könnte, was glücklicherweise nicht eintrat.

Nachdem er ans Pult getreten und den Taktstock wie immer fest in die Faust genommen hatte, begann er mit dem Konzert. Über dieses Konzert ist soviel geschrieben worden, und zwar von Fachleuten[544], daß mein eigener Eindruck von dem Gehörten hier kaum von Interesse sein kann. Als Augenzeuge bin ich jedoch in der Lage, mit geradezu fotografischer Genauigkeit die Wirkung der *Symphonie Pathétique* auf das Gros des Konzertpublikums wiederzugeben. Der erste Satz wurde wohlwollend aufgenommen, rief aber keine Begeisterungsstürme hervor. Für den zweiten Satz gab es stürmischen Beifall, der aber nur kurz anhielt. Der dritte Satz wurde wieder etwas kühler aufgenommen. Natürlich ist das alles relativ, denn für einen Publikumsliebling wie Tschaikowsky war ein mittlerer Erfolg bereits das, was für einen anderen einen Triumph bedeutete hätte.

Und nun verklang das Finale... Normalerweise äußerte das Publikum unmittelbar nach dem Schlußakkord seine Begeisterung oder sein Mißfallen, während die Gleichgültigeren sofort zum Ausgang strebten, um nicht lange an der Garderobe warten zu müssen. An diesem Abend geschah jedoch etwas Einzigartiges. Nachdem der letzte Ton der Kontrabässe verklungen und Peter Iljitsch langsam die Arme sin-

544 Vgl. hierzu die Erinnerungen Alexander Glasunows, Anatoli Ljadows und Nikolai Rimsky-Korsakows im vorliegenden Band.

ken ließ, breitete sich im Saal eine Totenstille aus. Dieser Zustand hielt sich ziemlich lange. Peter Iljitsch stand nach wie vor mit gesenktem Haupt, und das Publikum im Saal war wie versteinert. Erst als Peter Iljitsch, wieder zu sich gekommen, sich beim Orchester mit Verbeugungen bedankte, begannen unentschlossene Beifallsbezeugungen im Publikum, die sich allmählich zu einem Begeisterungssturm steigerten. Diese Aufnahme der neuen Sinfonie durch das Publikum hat Modest Iljitsch in seiner großen Tschaikowsky-Biographie als kühl und zurückhaltend beschrieben. Ich bin jedoch überzeugt, daß diese Deutung unrichtig ist. Ich glaube, daß das Publikum derart vom Gehörten ergriffen war, daß sein Erstarren eine verständliche Reaktion war. Ich kann es nicht besser ausdrücken, bin aber sicher, daß der anschließende Beifallssturm sich nicht nur auf die Person Tschaikowsky, sondern sich auch auf seine neue Schöpfung, die *Symphonie Pathétique* bezog. Endgültig überzeugt davon haben mich dann die folgenden Konzerte, bei denen die *Sechste Sinfonie* auf dem Programm stand. Die Sinfonie stieß unverändert auf lebendiges Interesse und Begeisterung bei den Kennern und wirklichen Musikfreunden.

Nach dem Konzert begleitete Peter Iljitsch zunächst seine Cousine Anna Petrowna Merkling[545] nach Hause. Unterwegs unterhielten sie sich über ihre Eindrücke. Peter Iljitsch äußerte seine volle Zufriedenheit über die Musiker und auch über sich selbst und meinte, er hätte den Eindruck, noch nie etwas Besseres geschaffen zu haben. Danach wandte er sich jäh seiner Cousine zu und fragte sie direkt: »Hast du verstanden, was ich mit dieser Sinfonie zum Ausdruck bringen wollte?« Anna Petrowna antwortete, daß sie glaube, den Grundgedanken erfaßt zu haben: Im ersten Satz wolle er Geburt und Kindheit mit ihren Hoffnungen und Bestrebungen, allerdings auch die traurigen Gedanken über eine unbekannte Zukunft, die diese freudigen Hoffnungen verdunkeln, darstellen. Sie erscheinen jedoch nicht für lange und werfen somit nur kurze Zeit ihren Schatten auf die sorglose Kindheit, bis sie dann schnell wieder vergessen werden. Der zweite Satz verkörpere die Jugend voller Frohsinn und unbeschwerten Hoffnungen. Der dritte Satz sei die Geschichte seines Lebens und Schaffens, aber auch seiner Sorgen, Bedrückungen und ernsten Gedanken. Der vierte Satz wäre der Kampf um das Leben und der Tod.

Peter Iljitsch antwortete ihr, daß sie es fast getroffen habe. Ja, es sei die Geschichte seines Lebens. Der erste Satz verkörpere die Kindheit und ein unklares Hingezogensein zur Musik. Der zweite Satz - die Jugend, eine schöne Zeit und ein fröhliches Leben. Der dritte - den Lebenskampf und den Beginn des Ruhms. »Der letzte jedoch«, meinte er heiter, »ist das, womit alles aufhört, aber«, so fügte er hinzu, »bis dahin ist es für mich noch weit.«

Inzwischen wurde er bereits voller Ungeduld von seinen Freunden und nahen Bekannten in einem Salon des Grandhotels erwartet. Die Gesellschaft bestand fast

545 Anna Petrowna Merkling (1830-1911), Tochter des Generals Pjotr Petrowitsch Tschaikowsky (1788-1871), des älteren Bruders des Vaters des Komponisten. Tschaikowsky widmete ihr das *Menuetto-Scherzoso* aus den *Sechs Klavierstücken* op. 51 (1882).

ausschließlich aus jungen Leuten, hauptsächlich aus seinen Neffen und einer begrenzten Anzahl sehr enger Freunde. Es begann das übliche »Zechgelage«, wie es Peter Iljitsch zu nennen pflegte. (...) Peter Iljitsch trank gern ein paar Gläser guten Weins, vor allem Weißwein oder Champagner, und nach dem Essen regelmäßig ein Gläschen Cognac. Das nannte er »zechen« oder »sich dem Trunke ergeben«. (...)

In unserer Runde waren an diesem Abend etwa zehn bis zwölf Leute versammelt, die insgesamt nicht mehr als drei bis vier Flaschen leichten Tischweines und eine Flasche Champagner leerten. Es wurde auf die Gesundheit dessen getrunken, der den Anlaß für diese Zusammenkunft gegeben hatte, und darüber hinaus auf alle Anwesenden, so daß es auf diesem Abend sehr lebhaft zuging. Peter Iljitsch war etwas aufgekratzt, überaus fröhlich und mit seinen Späßen, die wie aus einem Füllhorn aus ihm heraussprudelten, geradezu in Höchstform.

Ich hätte dieses Abendessen, das sich von vielen ähnlichen nicht sonderlich unterschied, möglicherweise gar nicht erwähnt, wäre es bei dieser Gelegenheit nicht zu jenem schicksalshaften Versprechen gekommen, das Peter Iljitsch seinem Bruder gab: Für den 25. Oktober hatte man im Alexandrinski-Theater die Petersburger Premiere von Modests Komödie *Die Vorurteile* angesetzt.[546] Als Peter Iljitsch uns mitteilte, er wolle am nächsten Tag wieder nach Klin zurückreisen, redete Modest unermüdlich auf ihn ein, er solle doch noch bis zum 25. bleiben, um bei der erwähnten Premiere anwesend zu sein. Nach einigem Hin und Her willigte Peter Iljitsch ein, um seinen Bruder nicht zu kränken. Diese Entscheidung sollte sich jedoch als fatal erweisen. Modest Iljitsch lud in seiner Freude über die Einwilligung des Bruders auch alle übrigen Anwesenden ein, die Aufführung mit ihrer Anwesenheit zu beehren. Hätte es diese Premiere und die Bitte seines Bruders nicht gegeben, wäre Peter Iljitsch nach Klin zurückgereist, und wir hätten noch viele geniale Werke aus seiner Feder erleben dürfen.

An den folgenden Tagen sah ich Onkel Peter nur kurz, denn ich hatte keinen Grund, mich von der Schule befreien zu lassen, und Peter Iljitsch war seinerseits beschäftigt, seinen beiden Lieblingen, dem Bruder Modest und seinem Neffen Bob, die erst vor kurzem zusammengezogen waren und sich noch nicht richtig eingerichtet hatten, bei der Wohnungseinrichtung zu helfen. Ich weiß also, daß Peter Iljitsch von Geschäft zu Geschäft unterwegs war, um Möbel, Geschirr, Wäsche, Hausrat und übrige Einrichtungsgegenstände zusammenzukaufen. Hierfür opferte er nicht nur seine Zeit, sondern gab dafür auch viel Geld aus.

Inzwischen war der 20. Oktober, der Schicksalstag Tschaikowskys, angebrochen. Ich hatte nach dem Unterricht in der Klasse frei und begab mich zu Onkel Modest, wo ich erfuhr, daß sich Peter Iljitsch bei Wera Butakowa[547], der jüngeren Schwester meines Vaters, zum Essen angesagt hatte. Da Grigori, der Sohn Wera

[546] Die Petersburger Premiere von Modest Tschaikowskys Komödie fand am 28. Oktober 1893 statt.
[547] Wera Wassiljewna Butakowa, geb. Dawydowa (1848-1923), Schwester des Schwagers Peter Tschaikowskys. Tschaikowsky widmete ihr die *Drei Klavierstücke* op. 2 und die Romanze *Usni!* [Schlaf ein!] op. 57 Nr. 4 (1884).

Wassiljewnas, von Kindheit an zu meinen engsten Freunden zählte, ging ich zunächst zu ihm. Kaum war ich bei ihm eingetroffen, fand sich auch Onkel Peter ein. Er war in bester Stimmung, fröhlich und aufgeräumt. In seiner Jugend hatte Peter Iljitsch für Wera Wassiljewna geschwärmt und ihr seine Klavierstücke *Souvenir de Hapsal* op. 2 gewidmet. Die beiden blieben sich zeitlebends freundschaftlich verbunden. Das Essen fand im engsten Kreise ohne weitere Gäste statt und verlief in einer herzlichen und vertrauten Atmosphäre, denn Peter Iljitsch fand immer wieder neue Gesprächsthemen, von denen eines interessanter als das andere war. So berichtete er ausführlich von seiner Reise nach Hamburg zur dortigen Erstaufführung seiner Oper *Jolanthe* und fand Worte größten Lobes für die Gewissenhaftigkeit und Sorgfalt, die die Inszenierung und ihre Ausstattung auszeichneten. Ich erinnere mich daran, daß er als auf ein negatives Element darauf hinwies, daß die gewisse Schwere deutscher Sängerstimmen sie für rein lyrische Opern eigentlich ungeeignet macht. Das hieß bei ihm etwa folgendermaßen: »Diese Stimmen singen dort die Partien verschiedener Götter, d.h. die der Wotane, Hundinge, Siegfriede und Walküren, also von Wesen, von denen wir gewöhnliche Sterbliche nicht die geringste Vorstellung haben. Für uns Normalsterbliche und für alle diejenigen, die wir gut kennen und die wie wir lebendige Menschen sind, sind diese Stimmen nicht geeignet.« (...)

Plötzlich schaute er auf die Uhr, stand auf und sagte, zu mir gewandt etwa folgendes: »Nun mach Dich fertig, wir müssen los, wenn wir nicht zu spät kommen wollen!« Auf die Frage Wera Wassiljewnas, wohin er es denn so eilig habe, erklärte er, er habe im Alexandrinski-Theater heute eine Loge genommen, um mit uns Neffen ins Theater zu gehen. Auf meine Frage, was heute Abend gespielt würde, antwortete Peter Iljitsch: »*Ein heißes Herz* von Ostrowski.«[548] Wera Wassiljewna verzog unwillig das Gesicht und meinte: »Ich mag diese Stücke aus der Welt der russischen Kaufleute und Bauerntölpel überhaupt nicht, und wenngleich ich die Begabung und Meisterschaft Ostrowskis auch anerkennen muß, komme ich doch nicht umhin zu bemerken, daß er sich für seine Stücke auch interessantere Themen hätte wählen können.« In diesem Satz kam bereits ihr ganzer ungesunder Snobismus zum Vorschein, so daß mir klar wurde, weshalb Onkel Peter bereits in jungen Jahren zu Wera Wassiljewna wieder auf Distanz gegangen war. Als ich ihn anschaute, sah ich eine Traurigkeit in seinen Augen, als wollte er sagen: »Wie tust Du mir nur leid...«, aber er begann nicht mit ihr darüber zu streiten.

Im Theater kamen wir genau in dem Moment an, als der Vorhang sich öffnete. In der Loge befanden sich bereits Onkel Modest, mein Bruder Wladimir [Bob], die beiden Brüder Litke, Bobs Freund Baron Rudolph Ottonowitsch Buchshoevden und mein Cousin Grigori Alexejewitsch Dawydow[549]. Aus dieser Aufzählung ergibt

[548] Groteskes, anklagendes Schauspiel Alexander Ostrowskis aus dem Jahre 1869 über die frühkapitalistischen Verhältnisse in Rußland.

[549] Grigori Alexejewitsch Dawydow (1870-1919), russischer Artillerie-Offizier, entfernter Verwandter Tschaikowskys.

sich, daß die Loge ziemlich voll besetzt war, woran sich aber niemand von uns störte. In den Pausen kauften wir Süßigkeiten und Limonade, während unsere beiden Onkel hinter die Kulissen gingen und dort die ihnen bekannten Schauspieler begrüßten. Damals schwärmten wir alle ganz besonders für den Schauspieler Konstantin Warlamow[550]. Wieder zurückgekehrt, konnten sich unsere beiden Onkel lange nicht von ihrem Lachen beruhigen und erzählten von ihrem Gespräch mit »Onkel Kostja«.

Solange unsere Onkel hinter den Kulissen waren, traten viele Freunde und Bekannte an unsere Loge heran und zeigten sich sehr enttäuscht, daß sie Peter Iljitsch nicht antrafen. Unter ihnen war auch Alexander Glasunow, der dann den letzten Akt von unserer Loge aus verfolgte, um noch Gelegenheit für ein paar Worte mit Peter Iljitsch zu haben.

Nach Schluß der Vorstellung, übrigens einer brillanten Schauspielerleistung, verließen wir das Theater alle gemeinsam, abgesehen von Onkel Modest, der noch zurückblieb, um mit Maria Sawina[551] zu reden. Er versprach, uns einzuholen, falls wir uns zu Fuß auf den Weg machten. Am Ausgang begegneten wir noch dem Schauspieler und talentvollen Schriftsteller Gorbunow[552] und schlenderten dann alle zusammen auf dem Newski-Prospekt in Richtung Admiralität. Unterwegs schlug Peter Iljitsch vor, in Leiner's Restaurant zu gehen, wo wir schon oft mit ihm gewesen waren, denn dieses Restaurant gehörte zu den wenigen, in das auch wir Schüler eingelassen wurden, allerdings nur durch den Hintereingang und erst nach Zahlung eines entsprechenden Obolus. An jenem Abend waren unter uns viele, die eigentlich noch nicht hineindurften. Mein Bruder, Buchshoevden und Alexander Litke waren Einjährig-Freiwillige in Uniform, während Konstantin Litke und ich Schüler der Kadettenanstalt waren, so daß für keinen von uns der Zutritt legal war. Deshalb warteten wir zunächst im Hof, bis Peter Iljitsch diese Frage mit dem Wirt abklären und uns hineinrufen würde. Wir mußten nicht lange warten und wurden in einen kleinen Salon geführt, wo wir uns dann alle wiederfanden.[553] Hinzugekommen war

---

550 Konstantin Warlamow hat auch Erinnerungen an Tschaikowsky verfaßt, die im vorliegenden Band enthalten sind.

551 Vgl. Anm. 8.

552 Iwan Fjodorowitsch Gorbunow (1831-1896), russischer Schriftsteller und Schauspieler, 1854 am Moskauer Maly-Theater und ab 1855 am Petersburger Alexandrinski-Theater engagiert.

553 Der Hinweis des amerikanischen Tschaikowsky-Forschers Alexander Poznansky, daß nach Aussage Modest Tschaikowskys, der eine Stunde nach den anderen in Leiner's Restaurant eintraf, weder Juri Dawydow noch der im Text weiter unten genannte junge Schauspieler Juri Jurjew (im Gegensatz zu den Schilderungen in beider Erinnerungen) an jenem Abend in Leiner's Restaurant gewesen sei, ist zumindest in Bezug auf Juri Dawydow nicht nachzuvollziehen, wenn man die entsprechende Textstelle in Modest Iljitschs Biographie des Komponisten zu Rate zieht. Vgl.: Alexander Poznansky, *The Quest for the Inner Man*, New York 1991, S. 652, Anmerkung 40 sowie Modest Čajkovskij, *Žizn' Petra Il'iča Čajkovskogo*, tom III, Moskva/Leipzig 1903, S. 647.

noch Fjodor Mühlbach[554], ein enger Freund der Tschaikowsky-Brüder. Als wir in den Salon eintraten, war Peter Iljitsch gerade damit beschäftigt, für alle das Essen zu bestellen. (...)

Nach Aufgabe der Bestellung wandte sich Peter Iljitsch an einen Diener und bat, ihm ein Glas Wasser zu bringen. Der Diener kehrte wenige Minuten später zurück und erklärte, es sei kein abgekochtes Wasser da. Peter Iljitsch entgegnete daraufhin mit ärgerlicher Stimme: »Dann bringen Sie unabgekochtes, aber kühl muß es sein!« Alle versuchten ihn dazu abzubringen, unabgekochtes Wasser zu trinken, da gerade die Cholera in der Stadt umging, aber Peter Iljitsch meinte, das wären Vorurteile, an die er nicht glaube. Der Diener ging, um die Bestellung auszuführen. In dieser Minute ging die Tür auf, und Modest Iljitsch trat ein in Begleitung des Schauspielers Juri Jurjew[555], wobei er ausrief: »Habe ich also doch recht gehabt! Als ich vorbeikam, dachte ich: 'Geh doch 'mal hinein und erkundige dich, ob ihr möglicherweise hier eingekehrt seid!'« »Wo sollten wir denn sonst sein?« antwortete Peter Iljitsch. Unmittelbar nach Modest Iljitsch kam der Diener mit dem Glas Wasser auf dem Tablett. Als Modest Iljitsch erfuhr, worum es ging und worüber mit Peter Iljitsch die ganze Zeit über gestritten wurde, packte ihn der Zorn, und er rief: »Ich verbiete Dir kategorisch, unabgekochtes Wasser zu trinken!« Peter Iljitsch lachte nur, stand auf und ging auf den Diener zu, während Modest Iljitsch ihm nachstürzte. Peter Iljitsch war jedoch schneller, stieß den Bruder mit dem Ellbogen zurück und trank das schicksalsträchtige Glas in einem Zug leer.

Modest Iljitsch schimpfte ihn noch einmal aus, wonach dann der »heitere Teil seinen Anfang nahm«. Ich spreche nicht von ungefähr vom »Anfang des heiteren Teils«, denn dort, wo Peter Iljitsch war, herrschte immer Fröhlichkeit. Sie ging von ihm aus wie die Strahlen von der Sonne, allerdings nur in Gesellschaft seiner engen Freunde und Bekannten, bei denen er sich völlig unbefangen fühlen konnte. Die Anwesenheit eines einzigen Fremden reichte bereits aus, um seine ganze Heiterkeit verfliegen zu lassen.

So saßen wir in lebhafter Runde bei Wein und Bier bis nach ein Uhr nachts. Ich begleitete die Onkel und meinen Bruder in ihre Wohnung und ging dann wohlgelaunt nach Hause, wobei ich mir alles in den letzten Stunden Erlebte noch einmal vergegenwärtigte und mich kaum darum sorgte, wie ich unbemerkt am diensthabenden Erzieher vorbei in den Schlafsaal der Kadettenanstalt gelangen würde.

[Am nächsten Tag] hatten wir Mathematikunterricht. Der als Mathematiklehrer fungierende Kompanieführer Oberst Iwan Sergejewitsch Djemin, den unsere Klasse übrigens nicht sonderlich mochte, war gerade dabei, uns irgend etwas zu erklären, als der diensthabende Offizier eintrat und ihm etwas zuflüsterte, woraufhin ich aus

554 Fjodor Fjodorowitsch Mühlbach (?-1900), Besitzer einer 1856 gegründeten Klavierfabrik in Petersburg und enger Freund Tschaikowskys. Nach dem Ableben des Komponisten stiftete Mühlbach zu dessen Andenken dem Petersburger Konservatorium zwei Klaviere und drei Flügel, die wenig bemittelten Studenten zur Verfügung gestellt wurden.

555 Vgl. Anm. 19.

der Klasse gerufen wurde. Ich nahm an, daß mir als Feldwebel irgendein Auftrag erteilt werden sollte, aber es stellte sich heraus, daß draußen Wassja Chartschenko, der Koch meines Bruders, auf mich wartete. Mir krampfte sich das Herz zusammen, denn ich ahnte sofort, daß man ihn nicht aus irgendeinem banalen Grund zu dieser Stunde hierhergeschickt hatte. Er hatte keinen Brief bei sich und teilte mit, Peter Iljitsch sei krank geworden und ich solle kommen. Alles, was ich von Wassja in Erfahrung bringen konnte, war, daß Onkel Petja starke Magenschmerzen habe. Da er häufiger Magenprobleme hatte, war ich noch nicht einmal sonderlich beunruhigt, wenngleich bei der Erinnerung an den ärgerlichen Vorfall mit dem Glas Wasser mir der Gedanke an Cholera kam, den ich jedoch als etwas Unangenehmes schnell wieder verdrängte. Ich ging sofort ins Lehrerzimmer und fand dort den Direktor der Kadettenschule, den von uns allen hochverehrten und unvergeßlichen Jakow Alexandrowitsch Drushinin. Ich meldete ihm meine Angelegenheit und erhielt ohne Schwierigkeiten die Erlaubnis, die Kadettenschule zu verlassen und in die Stadt zu gehen. Während ich Uniform und Mantel anzog, steigerte sich meine Unruhe noch, so daß ich den Weg nicht im Gehen, sondern - wie mir schien - im Fliegen zurücklegte. In der vierten Etage angekommen, läutete ich und wartete aufgeregt, daß man mir öffnete. Es vergingen zwei, drei Minuten, die mir endlos vorkamen, bis dann mein Bruder die Tür öffnete. Als er mich sah, hob er abwehrend den Arm und sagte: »Du darfst hier nicht rein!« Er trat ins Treppenhaus hinaus und erzählte ausführlich von dem, was vorgefallen war, wobei er sich erschöpft auf die Treppenstufen setzte. Das, was er sagte, war ungefähr folgendes:

Nach dem Besuch in Leiner's Restaurant zu Hause angekommen, hatten sich alle auf ihr Zimmer begeben und sich schlafen gelegt. Die Nacht war völlig ruhig verlaufen. Gegen Morgen vernahm mein Bruder das Knarren der Tür zum Zimmer des Onkels, maß aber dem Geräusch keinerlei Bedeutung bei. Als dann Modest Iljitsch am Morgen aufgestanden war, klagte Peter Iljitsch über Magenschmerzen. Modest schickte seinen Diener Nasar Litrow[556] in die Apotheke, um Rhinzinusöl zu holen, denn das war das übliche Mittel, mit dem sich Peter Iljitsch bei Magenschmerzen Linderung verschaffte. Statt Rhizinusöl brachte Nasar jedoch Hunyadi-Salz als Abführmittel, das von Peter Iljitsch sofort eingenommen wurde. Danach wurde ihm besser und er begann über Modest Iljitsch zu spötteln, indem er sagte: »Das war es dann wohl mit Deiner Cholera!«

Er setzte sich dann zum Briefeschreiben und leistete den anderen beim Frühstück Gesellschaft, aß aber selbst nichts, sondern nutzte die Zeit für ein Gespräch über Geldangelegenheiten mit Fjodor Mühlbach. Danach entschied er sich, zu Eduard Naprawnik zu fahren, mußte jedoch umkehren, da die Schmerzen wieder stärker wurden. Er bekam Durchfall, ließ es jedoch nicht zu, daß ein Arzt gerufen wurde. Onkel Modest war in diesem Moment nicht zu Hause. Erst am Abend, als Modest Iljitsch aus dem Theater zurückkehrte und den Zustand des Kranken sah, ließ er -

556 Nasar Firsowitsch Litrow (?-1900), Diener bei Modest Tschaikowsky.

ohne auf die Proteste des Bruders zu achten - nach Doktor Wassili Bertenson schikken, der in unserem Kreis auch einfach »Basa« genannt wurde. Bertenson wollte sich mit seiner Diagnose nicht endgültig festlegen, nannte aber bereits das schreckliche Wort Cholera. Er hielt es für notwendig, seinen Bruder Lew Bertenson hinzuzuziehen, der in Petersburg als Arzt überaus gefragt und hochangesehen war. Lew Bertenson bestätigte die Annahme seines Bruders: Peter Iljitsch hatte die Cholera.

In die Wohnung ließ man mich aus Angst vor Ansteckung nicht hinein, und zwar umso weniger, als ich im Internat lebte. So fragte ich denn, womit ich helfen könnte. Man beauftragte mich, frische Wäsche für den Kranken zu besorgen, denn es wurden vor allem viele Laken gebraucht. Ich ging unverzüglich an diese Aufgabe und besuchte alle Verwandten und Freunde, bei denen ich auf eine entsprechende Resonanz hoffte. Somit konnte ich dem Auftrag gut gerecht werden und schaffte ganze Stapel von Laken heran. Als ich sie ablieferte, hörte ich von meinem Bruder, daß es dem Onkel besser ginge und die Therapie anscheinend anspricht. Schweren Herzens, aber voller Hoffnung, kehrte ich in die Kadettenanstalt zurück.

Am nächsten Tag bekam ich erneut Ausgangserlaubnis und begab mich sofort zur Wohnung von Onkel Modest. Ich bat Modest Iljitsch, auf die Treppe herauszukommen und fragte ihn nach dem Krankheitsverlauf und der Stimmung des Kranken. Modest Iljitsch schien zwar völlig übermüdet, aber ich konnte an ihm keine besondere Beunruhigung entdecken und glaubte, die Gefahr sei vorüber. Gegen Ende unseres Gespräches erklärte mir Modest Iljitsch, daß die Ärzte meinen, Peter Iljitsch sei zwar mit der Cholera über den Berg, die Funktionslosigkeit der Nieren, die bereits seit sieben bis acht Stunden nicht mehr arbeiten, wäre jedoch besorgniserregend. Ich war zwar zu jung, um die ganze Gefährlichkeit der Situation zu erfassen, blieb aber auch nicht unberührt von der allgemeinen Besorgnis, die Onkel Modest erkennen ließ.

Die Leitung der Kadettenanstalt hatte aus den Zeitungen etwas über die Art der Erkrankung Tschaikowskys erfahren und verweigerte mir von nun an die Ausgangserlaubnis. Ich habe es allein den Brüdern Litke zu verdanken, daß ich über den Zustand des Kranken auf dem laufenden gehalten wurde.

Am 24. Oktober kam Alexander Litke und ließ mich herausrufen. Er war sehr erregt und übermüdet, als er mir berichtete, daß die Nierentätigkeit völlig zum Erliegen gekommen sei und die Ärzte ein Bad verordnet hätten, weil sie hofften, damit die Nierentätigkeit wieder anzuregen und durch starkes Schwitzen die drohende Urämie abzuwehren. Litke meinte, die Ärzte seien über den Zustand des Kranken aufs äußerste besorgt. Ich nutzte den Umstand, daß er es mit der Rückkehr zum Kranken nicht eilig hatte, und begann ihn näher zu befragen: über das Befinden des Onkels, ob er bei Bewußtsein sei oder nicht usw. Von Litkes Antworten will ich nur die wichtigeren anführen: Peter Iljitsch habe häufiger das Bewußtsein verloren und im Wahn gesprochen, unter anderem über unseren gemeinsamen Spaziergang in Klin und seine Furcht, von einem Eilzug überfahren zu werden, darüber hinaus über die vielen Pläne und Vorhaben, die in seinem Bewußtsein teilweise schon feste Konturen angenommen hatten... Er habe sich an Vater, Mutter und Kindheit erinnert, von uns allen und vielen seiner Freunde gesprochen - darunter auch von seinem »besten Freund« Nadeshda Filaretowna von Meck - und hierbei nicht verhohlen, wie sehr sie ihn dadurch gekränkt habe, daß sie sich von ihm abgewandt hatte. Am häufigsten sprach er in seinen Wahnreden von dem »verfluchten Sensemann«, wie er den Tod nannte, und dem Versuch, ihn zu verscheuchen. Wenn Peter Iljitsch bei Bewußtsein war, zeigte er sich überaus bedrückt über die viele Mühe, die er seiner Umgebung bereite, bekundete sein Bedauern, entschuldigte und bedankte sich bei allen.

Gegen elf Uhr abends gelang es mir, die Kadettenanstalt unbemerkt zu verlassen. Als ich in der Wohnung ankam, erfuhr ich, daß auch Onkel Nikolai Iljitsch[557] inzwischen eingetroffen sei und hier Quartier genommen habe, um sich um seinen Bruder zu kümmern. Von ihm erfuhr ich, daß der Zustand des Kranken nach wie vor kritisch sei, das Bad nicht geholfen habe und nur sehr wenig Hoffnung bestehe. Mit diesen Auskünften und in bedrückter Stimmung stieg ich die Treppe wieder herab, trat aber nicht auf die Straße hinaus, sondern setzte mich auf ein Fenstersims und ließ meinen Tränen freien Lauf...

Die Morgenzeitungen brachten die Nachricht vom Tode Tschaikowskys. So sehr ich auch darauf vorbereitet war, traf mich die Meldung wie ein Donnerschlag. Die Sonne war untergegangen, und mit meinem Onkel war ein genialer Tonschöpfer verschieden, ein wunderbarer, einfühlsamer Mensch verstorben.

Die Meldung vom Ableben des Komponisten Peter Tschaikowsky wurde in allen Zeitungen kommentiert, und zwar nicht nur in Rußland, sondern in der ganzen Welt. In diesem Moment zeigte sich deutlicher als je zuvor die starke Popularität Tschaikowskys. Jeder zollte dem großen Komponisten Tribut.

In einigen Zeitungen, vor allem aber gerüchteweise, wurden Zweifel an der gemeldeten Todesursache geäußert. Es wurde von Vergiftung, Selbstmord und ähnlichem Unsinn gesprochen. Unter den Schülern des Mediziners Lew Bertenson fand eine Version Verbreitung, nach der die Todesursache Tschaikowskys weder in Cholera noch deren Komplikationen zu suchen sei, sondern eine Vergiftung war. Angeblich hätte Lew Bernardowitsch selbst davon gesprochen. Das ist natürlich alles Unsinn. Ich kann mit absoluter Gewißheit bezeugen, daß die Todeskrankheit Peter Tschaikowskys die klassische Cholera mit nachfolgenden Komplikationen in der Nierentätigkeit gewesen ist, die dann eine Urämie zur Folge hatten, der der geschwächte Organismus nicht mehr gewachsen war. Urämie aber ist eine *Vergiftung* des Blutes durch Harn. Möglicherweise hat dieser Umstand zur Entstehung der unwahren Gerüchte geführt?[558]

557 Vgl. Anm. 2.

558 Aufgrund dieser Gerüchte erschien bereits am 27. Oktober 1893 in der Zeitung *Novoe vremja* ein Interview mit Lew Bertenson, das auch im vorliegenden Band in deutscher Übersetzung zum Abdruck kommt.

Außer zwei-drei Personen aus dem Kreise der nächsten Angehörigen, den Geistlichen, die die Totenmesse lasen, und Vertretern des öffentlichen Komitees für die Organisation der Beisetzung wurde niemand in die Wohnung mit dem Leichnam Tschaikowskys gelassen (letztere übrigens erst nach einer gründlichen Desinfektion der Wohnung). Ich selbst war nicht in der Wohnung und habe Peter Iljitsch nicht auf seinem Totenbett gesehen. Der Leitung der Kadettenanstalt mußte ich mein Wort geben, daß ich die Wohnung nicht betreten werde, selbst dann nicht, wenn mir die Verwandten dies gestatten würden.

Am Tage der Beisetzung sammelten sich bereits am frühen Morgen am Hauseingang Delegierte, Deputierte, Vertreter verschiedener Einrichtungen, so daß die Straße bald in ihrer ganzen Breite von einer Menschenmenge übersät war und ich Mühe hatte, mich durch die Menge hindurchzukämpfen. Nachdem ich bis in die dritte Etage gelangt war, kam ich nicht mehr weiter, denn auch das Treppenhaus war voller Menschen.

Ich mußte dann ziemlich lange warten. Schließlich ertönte das Gebet »Heiliger Gott, erbarme Dich unser!«, und auf dem Treppenabsatz über mir erschien der Sarg, der von den Verwandten getragen wurde. Vorn als die ersten beiden Träger gingen mein Bruder Wladimir und Onkel Modest. Als sie mit dem Sarg auf der Höhe meines Treppenabsatzes angelangt waren, bat ich, an den Pfeiler gedrängt, Modest Iljitsch solle mir erlauben, ihn als Träger ablösen zu dürfen. Modest Iljitsch war etwas kleiner als mein Bruder Wladimir, weshalb es ihm größere Mühe machte, den schweren Metallsarg mit hochgestrecktem Arm zu tragen. Er überließ mir seinen Platz, und ich schob meine Schulter unter den Sarg.

Am unteren Treppenabsatz wandte sich ein älterer Mann mit tränenverweintem Gesicht an mich und bat mich, ihm meinen Platz als Träger zu überlassen. Er äußerte seine Bitte so inständig und flehentlich, daß ich nicht anders konnte, als ihm den Platz abzutreten. Später wurde mir berichtet, daß es sich um einen Orchestermusiker gehandelt habe.

Auf der Straße wurde der Sarg auf dem Katafalk abgesetzt, vor den sechs Pferde gespannt waren. Die Funktion der Fackelträger hatten Schüler der Rechtsschule übernommen. Sie führten auch die Pferde, hielten den Baldachin und bildeten das Geleit für den Katafalk.

Es dauerte ziemlich lange, bis sich die Deputationen vor dem Katafalk zum Trauerzug formierten. Man hörte den Gesang einiger Chöre.[559] Außerdem fanden

[559] Eine textlich etwas veränderte Version der Schilderungen Dawydows findet sich in: Jurij Davydov, *Zapiski o Čajkovskom*, Moskva 1962, S. 76 ff.
Die entsprechende Stelle lautet dort:
»Nachdem der Sarg auf dem von Rechtsschülern umgebenen Katafalk, vor den sechs Pferde gespannt waren, abgesetzt worden war, mußten wir noch lange stehen, bis sich die Deputationen endlich vor der Geistlichkeit zum Trauerzug formierten. Unmittelbar vor den Geistlichen marschierte ein Teil des Opernchores, der Chor der Konservatoriumsstudenten und noch zwei oder drei weitere Chöre.« (vgl. Davydov, op. cit., S. 82)

sich viele der Anwesenden, die gekommen waren, um Peter Iljitsch das letzte Geleit zu geben, selbst zu einem Chor zusammen. Der Trauerzug bewegte sich durch die Malaja Morskaja uliza zur Isaak-Kathedrale, wo die Totenmesse gehalten wurde, und zog anschließend durch die Bolschaja Morskaja uliza zum Marien-Theater. Die Straßen, durch die der Trauerzug kam, waren von Menschen förmlich überflutet. Nach einer Reihe von Ansprachen, von denen ich nicht mehr weiß, wer sie gehalten hat, und an deren Inhalt ich mich ebensowenig erinnere, zog der Trauerzug zur Kasaner Kathedrale. Dort fand dann nach der Liturgie der Trauergottesdienst statt, der vom Bischof selbst und dem damals wegen seiner schönen Baßstimme berühmten Protodiakon der Isaak-Kathedrale Malinin gehalten wurde. Der Mittelteil der Kathedrale war abgesperrt. Dort befanden sich die Verwandten und die Vertreter der Abordnungen. Die Kathedrale war überfüllt. Die ganze Zeremonie dauerte ziemlich lange und ging erst nach zwei Uhr nachmittags zu Ende. Der Sarg war von Blumen und Kränzen übersät, unter denen besonders einer durch seine Größe auffiel und noch dadurch herausstach, daß er ganz aus Vergißmeinnicht bestand und mit blauen Schleifen versehen war. Später erfuhr ich dann, daß diesen Kranz Antonina Iwanowna geschickt hatte, die Witwe des Komponisten, von der er sich vor 16 Jahren getrennt hatte.

Anschließend wurde der Sarg wieder aus der Kathedrale getragen und auf den Katafalk gesetzt. Vor dem Katafalk formierten sich die Abordnungen, dahinter die Geistlichkeit, hinter dem Katafalk die Verwandten und sechs Pferdewagen, die mit Kränzen über und über beladen waren. Den ganzen Weg entlang von der Kasaner Kathedrale bis zum Alexander-Newski-Kloster bildete die Bevölkerung ein dichtes Spalier auf den Gehwegen. Hunderttausende waren gekommen, um sich von dem zu verabschieden, der ihnen mit seiner Kunst so viel Freude bereitet hatte. Der Sarg war jedoch bereits verschlossen und zugelötet. Für den Trauerzug über den Newski-Prospekt war die Straße für den Verkehr gesperrt worden.

Als der Zug das Gebäude der Öffentlichen Bibliothek (an der Ecke Sadowaja uliza/Newski-Prospekt) erreichte, standen in der Nische eines Blindfensters zwei Arbeiter, die über und über mit Kalk und Farbe beschmiert waren. Sie hatten die Mützen abgenommen und an die Brust gepreßt. Während sie den Trauerzug verfolgten, rief plötzlich einer der beiden mit lauter Stimme: »Schau nur, Mütterchen Rußland, hier wird ein Unsterblicher zu Grabe getragen!«

Durch die Ansprachen am Grabe zog sich die Zeremonie bis in die Abendstunden hin. Müde und bedrückt vor Kummer gelangte ich heim. Mir lag etwas Schweres auf der Seele... Nicht nur ein genialer Komponist war von uns gegangen, sondern auch ein wunderbarer, einfühlsamer Mensch voll unendlicher Güte, der uns sehr teuer war und sehr nahegestanden hatte.

WASSILI BERTENSON[560]

AUS MEINEN ERINNERUNGEN (1912)[561]

(...) Mit Peter Iljitsch Tschaikowsky und mit einigen seiner Brüder verband mich eine jahrelange Freundschaft. Besonders nahe stand mir Modest Iljitsch als einer der freundlichsten und edelsten Menschen, die ich kennengelernt habe.

Modest Iljitsch Tschaikowsky, ein allseitig gebildeter, ungewöhnlicher Bühnenautor und hochbegabter Schriftsteller, vergötterte geradezu seinen Bruder - wie übrigens auch alle anderen, die Peter Iljitsch näher kannten. Modest Iljitsch und den Gesprächen mit ihm verdanke ich es auch, mir in gewissem Sinne darüber klar geworden zu sein, was Peter Iljitsch für ein Mensch war, welche Weltanschauung er hatte und worin der Charme bestand, den er auf alle anderen in seiner Umgebung ausstrahlte. Daß Peter Iljitsch einen erstaunlich komplizierten Charakter hatte, steht außer Zweifel.

Mir scheint, daß sich in seiner Person zwei Naturen miteinander verbanden. Die eine davon zeigte sich, wenn er ausgeglichen war, ihn seine grenzenlose Menschenliebe nicht ermüdet hatte, er schaffen konnte bzw. in völligem Alleinsein ausruhte. Die zweite wies ihn als ein manchmal fast jahrelang morbides und gehetztes Wesen aus, das durchaus für einen Neuropathologen in der Art von Krafft-Ebing[562] von Interesse sein konnte und ihn zeitweilig zum Misanthropen werden ließ, was natürlich seinem Schaffen nicht gerade förderlich war.

Das Vorherrschen der Moll-Tonart, besonders in seinen Romanzen und Klavierwerken, und vor allem der tragische Gehalt und die hoffnungslose Klage, in der sein Schwanengesang, die *Sechste Sinfonie*, ausklingt, brachten ihm den Ruf eines Pessimisten ein, der sich sogar noch zu festigen schien. Indes ist der Pessimismus in seinen Werken offensichtlich nur die Spiegelung einer genau entgegengesetzten mentalen Verfassung.

Einen reinen Optimisten kann man sich im Leben kaum vorstellen.

Die unbeschwerteste Lebensfreude, die Liebe zur Natur und zu jeder Kreatur, der Glaube an den Triumph des Guten und an die Menschen, die Fähigkeit, sich an der Schönheit auch noch des kleinsten Grashalmes zu erfreuen - alles das begleitete

---

560 Wassili Bernardowitsch Bertenson (1853-1933), praktischer Arzt, Freund und Hausarzt der Tschaikowsky-Familie, Bruder des berühmten Hofmediziners Lew Bernardowitsch Bertenson, der vor dem Ableben Tschaikowskys zur Behandlung hinzugezogen wurde.

561 Wassili Bertensons Erinnerungen über viele Prominente der russischen Kultur erschienen in Fortsetzungen in der Zeitschrift *Istoričeskij Vestnik*. Der Tschaikowsky betreffende Abschnitt steht im Juniheft des Jahrgangs 1912 dieser Zeitschrift auf den Seiten 806 bis 814.

562 Richard Freiherr von Krafft-Ebing, berühmter Psychiater und Professor für Psychatrie an der Universität Wien, ist besonders durch sein Buch »Psychopathia sexualis« (1886, [17]1924) weithin bekannt geworden.

ihn von den ersten Augenblicken seiner bewußten Existenz bis zum letzten Tag vor seiner tödlichen Krankheit.

Peter Iljitsch hat die Worte »Ich liebe« fast immer zu vermeiden gewußt, statt dessen »vergötterte« er: dünne Eierpfannkuchen mit Konfitüre, Hunde, Blumen, Mozart und Lew Tolstoi. Diese Begeisterungsfähigkeit für alles, was ihm auf seinem Wege begegnete, und zwar besonders für Menschen, machte ihn so bezaubernd in den Augen seiner Umgebung.

In der Gesellschaft von Peter Iljitsch fühlte sich jeder durch dessen überschwengliche Phantasie gleichsam wie auf ein Postament gestellt.

Ganz unter dem Eindruck des Augenblicks und stets mehr vom Gefühl als vom Verstand geleitet, war seine Unausgeglichenheit zwangsläufig vorprogrammiert, so daß der Verzauberung gnadenlos die Enttäuschung folgen mußte.

Von daher erklärt sich auch sein ständiges Betrauern dessen, »was bereits vergangen war«, und zwar nicht nur deshalb, weil es »vorbei« war, sondern auch, weil es »nicht mehr das« war, für das er es einst gehalten hatte.

Das mag auch die Moll-Stimmung in den Schöpfungen Peter Iljitschs und den Umstand erklären, daß er, als er ein sozusagen vorgerücktes Alter erreicht hatte, unter dem Einfluß von allem, was er geliebt und erhofft hatte, was er als unvergänglich schön empfand und was ihm jetzt wie seine grauen Haaren als vergänglich erscheinen mußte, ein derart geniales Stück und tief erfühltes Werk wie die *Sechste Sinfonie* schreiben konnte!

Man sagt ihm nach, er sei Misanthrop gewesen. War er das wirklich?

In der Tat vermied er die Gesellschaft anderer und fühlte sich am wohlsten, wenn er allein war. Das konnte ein solches Ausmaß annehmen, daß ihm sogar diejenigen, die ihm wie Bruder und Schwester am nächsten standen, lästig wurden. Es gab Zeiten, in denen er mitunter darüber glücklich war, wenn sich außer den Dienern niemand in seiner Nähe befand. In der Tat galt ihm jeder als »persönlicher Feind«, der seine festgefügte Lebensordnung störte und unaufgefordert zu ihm vordrang, und es ist nicht zu leugnen, daß es - wie Augenzeugen berichten - besonders nach künstlerischen Triumphen im Ausland und in unseren beiden russischen Hauptstädten sein sehnlichster Wunsch war, Verehrern zu entfliehen und sich vor Freunden zu verstecken.

Die Gründe dafür lagen jedoch keineswegs in einer Abneigung gegenüber anderen, sondern im Gegenteil: in seiner grenzenlosen Menschenliebe. Wer seine Biographie kennt, weiß, daß sein ganzes Leben im Zeichen der Liebe zu allen Formen der Schöpfung stand: vom kleinen Käfer bis zum Menschen, vom Alpenveilchen bis zum herausragenden Werk eines jungen Künstlers, allen und jedem war er zugetan. Er war immer erst dann richtig zufrieden, wenn es ihm wieder gelungen war, irgend jemanden glücklich zu machen, ihm zu helfen oder irgendeine edle Initiative zu unterstützen.

In der von Modest Tschaikowsky verfaßten Biographie »Das Leben Peter Iljitsch Tschaikowskys«, einem wunderbar geschriebenem Werk, das leider bei uns noch nicht breitere Leserschichten erreicht hat, inzwischen aber bereits in mehrere Sprachen übersetzt worden ist (in England beispielsweise ist dieses grundlegende Werk bereits in zweiter Auflage erschienen), wird darauf hingewiesen, daß ich der einzige Arzt auf der Welt war, den Peter Iljitsch nicht fürchtete und den er konsultierte.

Peter Iljitsch kränkelte seit seiner Kindheit. Sein wichtigstes Leiden - eine Hypernervosität - äußerte sich jedoch, wie seine Brüder bezeugen, erst im frühen Erwachsenenalter.

Als Kind wurde Peter Iljitsch nachts oft von hysterischen Anfällen aus dem Schlaf gerissen. In reiferen Jahren zeigte sich diese Nervosität als Schlaflosigkeit und in Erscheinungen, die er selbst »kleine Schläge« nannte und unter denen er ein plötzliches, stets mit Erschrecken verbundenes Zusammenfahren verstand. Diese »kleinen Schläge«, die ihn in manchen Zeiten jede Nacht plagten, führten schließlich dazu, daß sich bei ihm eine regelrechte Abneigung gegen die nächtliche Bettruhe herausbildete, die mitunter monatelang anhielt. In solchen Zeiten schlief er nie anders als im Morgenrock, und zwar bald sitzend im Sessel, bald angelehnt an die Sofalehne.

Ab seinem 30. Lebensjahr plagte ihn eine chronische Magenneurose, die sich in unablässigem Sodbrennen und manchmal in Form von Darmkatarrh äußerte. In den siebziger Jahren half er sich mit Sodasalz, wobei er das erste Mal, als ihm ein Bekannter dieses Mittel empfahl und als Dosierung einen Löffel Soda auf ein Glas Wasser angab, die Angabe verwechselte und ein halbes Glas voll Sodasalz auf einen Löffel Wasser schüttete...

Wenngleich dieser erste Medikamentationsversuch mißglückte, konnte man sich doch seitdem Peter Iljitsch nicht mehr ohne Sodadöschen und Vichy-Pastillen in der Tasche vorstellen.

Trotz dieser Umstände hatte Peter Iljitsch immer einen geradezu erstaunlichen Appetit und war bei den Speisen auch nicht sonderlich wählerisch. Er lobte stets alles, was auf den Tisch kam. In späteren Jahren, als er einen eigenen Haushalt führte, ließ er häufig den Koch oder die Köchin herbeirufen und überschüttete sie mit Lobesworten, eine Meinung, die durchaus nicht immer von seinen Gästen geteilt wurde. Diese mußten sich dann schnell mit Blicken verständigen, um dem Hausherrn nicht zu widersprechen und ihm hierdurch Kummer zu bereiten.

Peter Iljitsch trank viel, sowohl Wodka als auch Wein. An den Abenden, und zwar besonders dann, wenn ihn wieder die »kleinen Schläge« plagten, sprach er dem Cognac sogar übermäßig zu, so daß es Zeiten gab, in denen er - wie seine Brüder bezeugen - fast ein richtiger Alkoholiker war. Immer wenn er aus dem Dorf in die Stadt kam, und zwar besonders, wenn er in Moskau weilte, liebte er es, in fröhlicher Runde mit engen Freunden die Zeit in Gasthäusern zu verbringen. Dort bevorzugte er als Getränk vor allem Sekt, und zwar unbedingt eine süße, stark schäumende Sorte.

Seit seinem vierzehnten Lebensjahr war er Kettenraucher, und zwar besonders beim Arbeiten. Er rauchte nicht nur seine Papyrossy auf Lunge, sondern sogar die Zigarren.

Peter Iljitschs Zerstreutheit war geradezu sprichwörtlich. Verbunden mit seiner Freigebigkeit führte sie manchmal zu völlig überraschenden Wendungen. Ich erinnere mich in diesem Zusammenhang an folgenden Vorfall.

Als Peter Iljitsch einmal im Sommer in Petersburg war, ließ er mich (jedoch nicht in meiner Eigneschaft als Arzt) herbeirufen. Er kannte meine Musikliebe und wollte mir das Vergnügen bereiten, zusammen mit ihm und seinen jungen Neffen Wladimir Dawydow[563] und Graf Alexander Litke[564] ins »Aquarium« zu fahren.

Damals war das »Aquarium« noch kein Treffpunkt prominenter Operetten- und Bühnestars wie heute, sondern ein einfacher Sommergarten mit Orchesterkonzerten, die von Engels'[565] recht ordentlichem Sinfonieorchester bestritten wurden. An jenem Abend sollte dort übrigens Tschaikowskys Dritte Orchestersuite gespielt werden[566], die wenige Monate zuvor durch den bekannten Dirigenten Hans von Bülow im überfüllten Saal der Adelsversammlung uraufgeführt worden war.[567]

Bei dieser wunderbaren Aufführung war Peter Iljitsch zugegen gewesen und hatte hinter den Säulen gesessen. Das Publikum hatte sofort von der Anwesenheit seines Lieblings erfahren und rief ihn nach der Aufführung so stürmisch heraus, daß die Ovationen für den Komponisten und für Hans von Bülow ein geradezu homerisches Ausmaß annahmen und mir bis heute im Gedächtnis geblieben sind.

Leider machte dieselbe Suite bei jener Aufführung im »Aquarium« weder auf Peter Iljitsch noch auf uns als Dilettanten auch nur den geringsten Eindruck. Das Orchester des »Aquariums« spielte gänzlich ohne Nuancen, völlig matt und unbeteiligt. Enttäuscht erhoben wir uns von den Sitzen.

Peter Iljitsch wollte den, wie ihm schien, unangenehmen Eindruck von diesem Abend wieder wettmachen, indem er uns alle zum Abendessen einlud. Ein gutes Souper - so meinte er - könne jeden auch noch so schlecht Gelaunten wieder in gute Stimmung versetzen.

---

563 Wladimir Lwowitsch Dawydow (1871-1906), Lieblingsneffe Tschaikowskys, russischer Offizier, nahm 1898 seinen Abschied vom Militär und half Modest Tschaikowsky bei der Einrichtung des Tschaikowsky-Museums in Klin. Tschaikowsky widmete ihm den Klavierzyklus *Kinderalbum* und die *Sechste Sinfonie*. Vgl. auch Anm. 1.

564 Alexander (Sanja) Nikolajewitsch Litke (1879-1918), Großneffe Tschaikowskys.

565 Reinhold (Reinhold Fjodorowitsch) Engel, deutscher Violinist und Dirigent, dirigierte das Sommerorchester im Petersburger »Aquarium«.

566 Eine Verwechslung von Bertenson: An jenem Abend wurde nicht die Dritte Orchestersuite, sondern die Nußknackersuite aufgeführt.

567 Die Uraufführung der Dritten Orchestersuite von Tschaikowsky hatte unter Hans von Bülow in Anwesenheit des Komponisten am 12. Januar 1885 in Petersburg stattgefunden.

Wir fuhren also zu Leiners Restaurant. Die Auswahl auf der Speisekarte war sehr vielfältig. Peter Iljitsch bestellte unter anderem einen Sterlet[568] von einem Arschin[569] Länge und vieles andere. Kurz, es war ein geradezu grandioses Gastmahl.

Als es indes ans Bezahlen ging, stellte sich heraus, daß Peter Iljitsch seine Brieftasche vergessen hatte und nur die Börse mit dem Kleingeld bei sich trug. Peinlich berührt, wandte er sich an seine jungen Neffen, die jedoch auch ihrerseits nicht mit einer so großen Ausgabe gerechnet hatten und die entsprechende Geldsumme nicht bei sich führten.

Glücklicherweise war ich der Kapitalist jenes Abends. Am nächsten Tag erhielt ich von Peter Iljitsch folgende Nachricht: »Hiermit zahle ich Ihnen meine Schulden zurück und bedanke mich aus diesem Anlaß viele Male bei demjenigen, der sich nicht nur um meine Gesundheit sorgt, sondern mir auch aus der Patsche geholfen hat.«

Die ersten Male, als Peter Iljitsch aus Moskau zu uns kam, war er fast ständig wegen seines Magenkatarrhs bei mir in Behandlung. Schließlich hatte er sich so an diese chronische Krankheit gewöhnt, daß er sich auch ohne meine Hilfe sogar bei akuten Anfällen helfen konnte, indem er streng nach dem von mir einmal vorgegebenen Schema handelte. Als ich an jenem 21. Oktober 1893, einem Tag, den ich niemals vergessen werde, gegen 8 Uhr abends bei mir zu Hause eintraf, fand ich auf dem Tisch ein Billett von der Hand Modest Tschaikowskys von folgendem Wortlaut:

»Petja ist krank. Er hat ständig Erbrechen und Durchfall. Kommen Sie, um Gottes willen, und schauen Sie nach ihm!«

Ich begab mich sofort zu ihm.

Es sei hier eingeflochten, daß die Rücksichtnahme Peter Iljitschs gegenüber seiner Umgebung einfach grenzenlos war. Sie bildete auch den Hauptgrund dafür, daß Peter Iljitsch - wie sein Bruder bezeugt - solange nicht eingewilligt hatte, nach mir schicken zu lassen.

Als ich die kleine Wohnung von Modest Iljitsch betrat, die dieser mit Peter Iljitschs Lieblingsneffen »Bob« Dawydow bewohnte und in der er nun Quartier genommen hatte, fand ich den Kranken im Bett liegend vor. Es war gegen halb neun Uhr abends. Obwohl die Anfälle der schrecklichen Krankheit Peter Iljitsch bereits laufend zugesetzt hatten, begrüßte er mich mit Worten, die seine ganze Herzensgüte und sein ungewöhnliches Zartgefühl deutlich werden lassen:

»Mein armer Wassili Bernardowitsch«, sagte er mir, »Sie wollten als Musikfreund sicher gerade in die Oper, in der übrigens heute der *Tannhäuser*[570] gegeben wird. Statt dessen mußten Sie nun zu mir kommen, dem häßlichen und langweiligen

568 Zur Gattung der Störe gehörender Fisch, dessen Fleisch unter allen Stören am höchsten geschätzt wird.

569 Arschin (russisches Längenmaß) - 0,71 m.

570 Wagners *Tannhäuser* stand am 21. Oktober 1893 auf dem Spielplan des Petersburger Marientheaters.

Tschaikowsky, der sich obendrein noch diese ganz und gar uninteressante Krankheit zugezogen hat...«

Als ich mich über den Verlauf der Erkrankung informiert und Peter Iljitsch untersucht hatte, war ich mir zu meinem Schrecken sofort darüber klar, daß es sich hier nicht - wie von Peter Iljitschs Verwandten und von ihm selbst angenommen - um einen akuten Magen- und Darmkatarrh handelte, sondern um etwas viel, viel Schlimmeres...

In Petersburg hatte sich damals (Oktober 1893) bereits ein fester Herd der Cholera-Epidemie auszubilden begonnen, von der jedoch die Schichten der Intelligenz selten berührt wurden. Wie immer waren es auch diesmal vor allem die Armen, die daran starben. Ich muß eingestehen, daß ich selbst zuvor noch keine wirklichen Cholerakranken gesehen hatte. Als ich jedoch die Körperausscheidungen des Kranken in Augenschein nahm, blieb mir nicht der geringste Zweifel, daß Peter Iljitsch ein klassischer Cholera-Fall war. Ich trat ins Nebenzimmer, erläuterte dem Bruder des Kranken und seinen Neffen den Ernst der Erkrankung und erklärte ihnen, daß ich allein die Behandlung einer solchen Krankheit nicht übernehmen wolle und könne, sprach von meiner moralischen Verantwortung, doch meine lieben Freunde wollten meinen Worten zunächst keinen Glauben schenken...

Es blieb ihnen jedoch nichts weiter übrig....

Mit am schwersten (im Hinblick auf die Abneigung Peter Iljitschs den Medizinern gegenüber) war es, sein Einverständnis für die Hinzuziehung eines Konsiliums zu erwirken.

Schließlich gelang es uns, den Kranken von dieser unabdinglichen Notwendigkeit zu überzeugen. Peter Iljitsch bestand darauf, daß mein Bruder[571] als konsultierender Arzt hinzugezogen werden sollte.

Der schnelle Verlauf der Krankheit bei Peter Iljitsch findet eine weitere Erklärung darin, daß er aus eigenem Antrieb am Morgen anstatt Rhizinusöl einzunehmen, ein Glas Hunyadi-János-Bitterwasser[572] getrunken hatte. Indes ist allgemein bekannt, daß Bitterwasser mit seiner alkalischen Reaktion in solchen Fällen kontraindiziert ist. Die Cholerabakterien vermehren sich gerade im alkalischen Medium am leichtesten.

Um das Maß vollzumachen, hatte Peter Iljitsch gleich nach dem Bitterwasser noch ein Glas saures Wasser getrunken.

Obwohl die ganze kulturelle Öffentlichkeit Rußlands (und darüber hinaus auch ganz Europas) in ihrem Schmerz über einen solchen Verlust mit lebhaftestem Interesse alle Einzelheiten über die letzen Lebenstage Peter Iljitschs (in den Verlautba-

571 Gemeint ist Lew Bernardowitsch Bertenson (1850-1929), bekannter Petersburger Mediziner und Musikfreund. Lew Bertenson äußerte sich über die Krankheit Tschaikowskys in einem Interview für die Zeitung *Novoe vremja*, das auch im vorliegenden Band abgedruckt ist. Darüber hinaus ist Bertenson auch mit Materialien zur Biographie Mussorgskys an die Öffentlichkeit getreten.

572 Wasser einer berühmten Bitterquelle mit Magnesium- und Natriumsulfat, die im Stadtgebiet von Budapest entspringt.

rungen seines Bruders Modest Iljitschs und anhand der Zeitungsartikel in *Novoe vremja* und *Novosti*) verfolgt hatte und obwohl vier Ärzte am Bett des Kranken wachten, fanden sich damals und auch heute noch [1912] Menschen, die nach wie vor mit Nachdruck behaupten, Peter Iljitsch wäre nicht an Cholera, sondern an einem Gift gestorben, das er eingenommen hatte, um sich umzubringen!

Lohnt es sich überhaupt, die Tatsache einer solchen Verleumdung zu erwähnen, insbesondere angesichts der schmutzigen Anspielungen auf die mögliche Ursache, die zum Selbstmord Peter Iljitschs geführt haben solle!?

Am 25. Oktober 1893 war der große russische Komponist nicht mehr am Leben.

Eine Meer von Menschen strömte in die Straßen, durch die sich die Trauerprozession bewegte.[573]

Das war durchaus kein Wunder! Hier wurde der Ruhm Rußlands zu Grabe getragen!...

Ich kann übrigens nicht umhin, hier noch die schönen Worte des Vorsitzenden der Gesellschaft für Musikgeschichte Graf Alexander Scheremetjew[574] zu zitieren, die in seinem Aufruf zu finden sind, der anläßlich der auf Allerhöchste Genehmigung 1911 in ganz Rußland durchgeführten Geldsammlung zur Errichtung eines Tschaikowsky-Denkmals in Petersburg veröffentlicht wurde.

»In der Schar der großen Söhne Rußlands«, heißt es in diesem Aufruf, »gebührt Peter Iljitsch Tschaikowsky ein besonderer Platz. Er besaß die göttliche Gabe, in Tönen von Herz zu Herzen zu sprechen. Auf der ganzen Welt gibt es keinen Maßstab, mit dem jener reiche Schatz höchster Genüsse gemessen und gewürdigt werden könnte, die uns durch die Klänge seiner Muse zuteil wurden.

Das Volk, in dem das Genie Tschaikowsky reifen und erblühen konnte, ist zu Recht stolz auf ihn und gedenkt seiner als eines seiner besten Söhne mit Dankbarkeit, denn nur die Fähigkeit, die eigenen großen Söhne im Gedenken zu ehren, macht ein Volk würdig, sich ein großes Volk nennen zu dürfen.«

573 Tschaikowskys Beisetzung fand am 28. Oktober statt.

574 Graf Alexander Dmitrijewitsch Scheremetjew (1859-?), Komponist und Dirigent, Vorsitzender der Gesellschaft für Musikgeschichte in Petersburg.

LEW BERTENSON

EINE VERLAUTBARUNG FÜR DIE ZEITUNG »NOVOE VREMJA« ZUM VERLAUF DER KRANKHEIT VON PETER TSCHAIKOWSKY (1893)[575]

Widersprüchliche Mitteilungen in der Presse über den Krankheitsverlauf des inzwischen verstorbenen Komponisten Peter Tschaikowsky haben uns veranlaßt, uns an Dr. Lew Bertenson zu wenden, der die medizinische Behandlung des Verstorbenen geleitet hat.

Auf unsere dringende Bitte hin ließ Dr. Bertenson folgendes mitteilen:

»Ich wurde am Donnerstag, dem 21. Oktober, abends von meinem Bruder, Herrn Dr. Wassili Bertenson, der der Familie Tschaikowskys nahestand und auch der Hausarzt der Familie war, zu Peter Iljitsch gerufen. Als ich die Wohnung von Modest Tschaikowsky, in der sich auch Peter Iljitsch aufhielt, gegen zehn Uhr abends betrat, fand ich den inzwischen Verstorbenen im sogenannten Kältestadium (stadium algidum) der Cholera vor. Das Krankenbild war überaus charakteristisch, und es war mir sofort klar, daß wir es mit einer sehr schweren Form der Krankheit zu tun hatten. Wir leiteten unverzüglich die bei einem solchen Zustand von der medizinischen Wissenschaft empfohlenen Maßnahmen ein. Gegen zwei Uhr nachts hatten wir schließlich erreicht, daß die Krämpfe, die zum Moment meines Eintreffens so stark gewesen waren, daß der Kranke laut schreien mußte, fast aufzuhören begannen. Die Durchfall- und Brechanfälle wurden wesentlich seltener und schwächer. In der Nacht verließ ich den Kranken und ließ meinen Bruder bei ihm zurück. In den Morgenstunden zum Freitag, also während meiner Abwesenheit, kam es zu einer Verschlechterung des Zustandes von Peter Iljitsch: Die Krämpfe traten wieder auf, und die Herztätigkeit ging so stark zurück, daß mein Bruder gezwungen war, subkutan eine Muscus- und Kampfer-Injektion zu geben. Am frühen Freitagmorgen kam mein Assistent Dr. Mamontow, um meinen Bruder abzulösen, und ab 11 Uhr morgens war ich dann auch selbst beim Kranken anwesend. Der Zustand des Kranken ließ in mir die Überzeugung wachsen, daß die lebensbedrohlichen Anfälle der Nacht vorüber waren.

»Wie fühlen Sie sich?« fragte ich Peter Iljitsch.

»Wesentlich besser«, gab er zur Antwort. »Ich danke Ihnen, daß Sie mich den Klauen des Todes entrissen haben.«

575 Über Lew Bertenson vgl. Anm. 575. Das Interview erschien unter dem Titel *Bolezn' P. I. Čajkovskogo* in der Zeitung *Novoe vremja* am 27. Oktober/8. November 1893. Eine englische Version findet sich im Anhang von Alexandra Orlovas Essay *Tchaikovsky: The last Chapter*, in: Music and Letters, April 1981, S. 138/139. Kurze Zeit später (am 2./13. November 1893) erschien in derselben Zeitung ein Bericht über Tschaikowskys Krankheit aus der Feder seines Bruders Modest [abgedruckt im vorliegenden Band], der inhaltliche Differenzen zum Interview Bertensons aufweist.

Das mit Spasmen einhergehende Stadium der Cholera war offensichtlich vorüber, leider war aber die zweite, die sogenannte Reaktionsperiode, noch nicht eingetreten. Man muß vielleicht sagen, daß in derart schweren Fällen der Cholera wie hier bei Peter Iljitsch die Tätigkeit der Nieren aufgrund ihrer rapiden Degeneration für gewöhnlich völlig zum Erliegen kommt. Im Falle des Verstorbenen war eine totale Nierenfunktionsstörung schon seit Beginn der Krankheit offensichtlich. Diese Erscheinung ist sehr gefährlich, denn sie führt dazu, daß das Blut durch Harnbestandteile vergiftet wird. Am Freitag ließen sich allerdings noch keine stark ausgeprägten Erscheinungen einer solchen Vergiftung erkennen. Es wurde alles getan, um die Nierentätigkeit wieder in Gang zu bringen, aber diese Versuche blieben erfolglos. Bis zum Sonnabend hatte ich übrigens auf eine dieser Maßnahmen, und zwar auf das Wannenbad, verzichtet, und zwar aus folgendem Grund: Die Mutter des Verstorbenen starb an der Cholera und verschied gerade in dem Moment, als man sie in das Wannenbad setzte. Dieser Umstand war Peter Iljitsch bekannt, so daß er wie alle seine Verwandten von einer geradezu abergläubischen Furcht vor dem Wannenbad erfüllt war. Am Sonnabend wurden dann die Erscheinungen einer Harnvergiftung offensichtlich, darüber hinaus kam es wieder zu neuem und verstärkten Durchfall, der bereits an eine Darmparalyse denken ließ. Dieser Durchfall hatte auch eine katastrophale Wirkung auf die Moral des Kranken, so daß er an mich folgende Worte richtete: »Lassen Sie mich und quälen Sie sich nicht länger; es hat ja doch keinen Zweck mehr mit mir.«

Ich schlug Peter Iljitsch das Wannenbad vor, und er gab unverzüglich sein Einverständnis. Als man ihn in die Wanne setzte, fragte ich:

»Ist Ihnen das Bad irgendwie unangenehm?«

»Ganz im Gegenteil, es tut mir wohl!« gab er zur Antwort, bat aber doch wenige Zeit später darum, daß man ihn wieder aus der Wanne heben möge, da er sich sehr schwach fühle. Die unmittelbare Wirkung des Bades war jedoch wohltuend: Er begann heftig zu schwitzen, so daß Anlaß bestand, auf eine Schwächung der Harnvergiftungserscheinungen und auf eine Wiederbelebung der Nierentätigkeit zu hoffen. Doch zum Abend hin mußte diese Hoffnung aufgegeben werden. Neben der jetzt einsetzenden Lethargie zeigte sich eine so starke Schwächung der Herztätigkeit, daß mein bei Peter Iljitsch verbliebener Assistent sofort eine Muscus-Injektion verabreichte und nach mir schicken ließ. Ich fand Peter Iljitsch bereits im Koma, mit kaum merklicher Herztätigkeit - ein Zustand, aus dem man ihn nur für sehr kurze Momente zurückholen konnte. Als man ihm beispielsweise etwas zu trinken anbot, griff er danach im vollen Bewußtsein und sagte hierbei: »genug«, »noch mehr« usw. Um halb elf Uhr abends mußte man alle Hoffnungen darauf, daß der Krankheitsverlauf doch noch eine günstige Wendung nehmen würde, vollständig aufgeben. Die Lethargie wurde noch tiefer, der Puls war nicht mehr fühlbar, obwohl subkutan wiederholt und häufig Excitantia gespritzt wurden. Gegen zwei Uhr morgens begann die Agonie, und eine Stunde später war Peter Iljitsch verschieden.

MODEST TSCHAIKOWSKY

DIE ERKRANKUNG PETER TSCHAIKOWSKYS [576]

Als eine Ergänzung des kurzen, aber durch und durch genauen Bericht Lew Bertensons über die letzten Lebenstage meines Bruders, empfinde ich es als notwendig, so vollständig wie nur möglich von dem zu berichten, was ich selbst miterlebt habe, um allen diesbezüglichen Gerüchten entgegenzutreten.

Am Abend des Mittwoch [1. November] besuchte mein Bruder eine Aufführung des Stückes *Ein heißes Herz*. Vom Theater ging er zusammen mit unseren Neffen, den beiden Grafen Litke und Baron Buchshoevden direkt in Leiner's Restaurant. Ich konnte mich nicht sofort anschließen und traf etwa eine Stunde später dort ein, wo ich dann alle obengenannten Personen in der Gesellschaft von Iwan Gorbunow, Alexander Glasunow und Fjodor Mühlbach vorfand. Sie hatten bereits gespeist, und ich erfuhr, daß mein Bruder Makkaroni gegessen und Weißwein mit Mineralwasser getrunken hatte, so wie es seine Gewohnheit war. Das Abendessen war sehr kurz, und um zwei Uhr nachts begaben wir beide uns zu Fuß nach Hause. Mein Bruder war ganz ruhig und fühlte sich gut.

Als ich am Morgen des 2. November, einem Donnerstag, aus meinem Schlafzimmer kam, saß mein Bruder nicht wie gewöhnlich im Wohnzimmer beim Tee, sondern war noch in seinem eigenen Zimmer. Er erklärte mir dann, wegen einer Magenverstimmung eine unruhige Nacht gehabt zu haben. Das beunruhigte mich nicht besonders, klagte er doch des öfteren über derartige Beschwerden, die jedes Mal nur von kurzer Dauer, dafür aber heftig waren. Um 11 Uhr kleidete er sich an und machte sich auf den Weg zu den Naprawniks, aber eine halbe Stunde später war er schon wieder zurück, ohne bei ihnen gewesen zu sein. Er entschloß sich, neben der Flannelkompresse, die er vorher schon angelegt hatte, noch weitere Maßnahmen zu ergreifen. Ich schlug vor, nach Wassili Bertenson, dem von ihm bevorzugten Arzt, schicken zu lassen, aber er lehnte kategorisch ab. Ich redete dann nicht weiter auf ihn ein, da ich wußte, daß er es des öfteren mit derartigen Beschwerden zu tun hatte und sich bisher immer selbst helfen konnte. In solchen Fällen hatte ihm gewöhnlich Rhizinusöl gutgetan. Da ich überzeugt war, er würde auch dieses Mal dazu greifen und es könne ihm auf keinen Fall schaden, machte ich mir zunächst über sein Befinden weiter keine Sorgen und ging bis ein Uhr nachts meinen eigenen Angelegenheiten nach, ohne in dieser Zeit nach ihm zu sehen. Nach dem Mittagessen hatte er eine geschäftliche Verabredung mit Fjodor Mühlbach. Auf jeden Fall war Peter Iljitschs Befinden zwischen 11 und 1 Uhr mittags so gut, daß er zwei Briefe geschäftlichen Inhalts schreiben konnte, doch er war offensichtlich

[576] Erstveröffentlichung in der Zeitung *Novoe vremja* vom 13. November 1893.

nicht dazu aufgelegt, auch noch einen dritten zu beenden und beschränkte sich auf eine kurze Mitteilung.

Beim Dejeuner hatte er schon einen gewissen Appetit; er saß bei uns, aß aber nichts, scheinbar aber nur deshalb, weil er befürchtete, es könne ihm nicht gut tun. Beim Essen war es auch, daß er mir mitteilte, er habe statt Rhizinusöl Hunyadi-Wasser getrunken. Ich glaube, daß dieses Dejeuner von fataler Bedeutung war, denn während wir über das Einnehmen von Medizin redeten, goß er sich ein Glas Wasser ein und nahm daraus einen Schluck. Das Wasser war nicht abgekocht. Wir waren alle beunruhigt; er jedoch blieb als einziger gelassen und beruhigte uns. Von allen Krankheiten fürchtete er die Cholera am wenigsten.

Unmittelbar danach entschuldigte er sich, da er sich schlecht zu fühlen begann. Er kehrte nicht wieder ins Wohnzimmer zurück und blieb auf seinem Zimmer, wo er sich hinlegte, damit sich sein Magen wieder beruhigen konnte. Weder er noch wir um ihn herum waren zu diesem Zeitpunkt auch nur im geringsten besorgt. Derartige Indispositionen bei ihm hatte es in der Vergangenheit häufiger gegeben. Die Verschlechterung seines Zustandes führten wir auf die Wirkung des Mineralwassers zurück. Ich schlug ein weiteres Mal vor, nach Wassili Bernardowitsch schicken zu lassen, aber auch dieses Mal wies er meinen Vorschlag entschieden zurück; überdies fühlte er sich später ein wenig besser und bat darum, daß man ihn einschlafen lasse. Er blieb also allein in seinem Zimmer, und so nahm ich an, daß er auch eingeschlafen war.

Nachdem ich mich davon überzeugt hatte, daß in seinem Schlafzimmer alles ruhig war, ging ich in eigenen Angelegenheiten außer Haus und kam erst gegen 5 Uhr nachmittags zurück. Zu diesem Zeitpunkt hatte sich der Zustand des Kranken derart verschlechtert, daß ich trotz seiner Proteste nach Dr. Wassili Bertenson schicken ließ. Dennoch gab es noch keine beunruhigenden Anzeichen einer tödlichen Krankheit. Gegen 6 Uhr abends verließ ich meinen Bruder ein weiteres Mal, nachdem ich ihm heiße Umschläge auf den Leib gelegt hatte. Um 8 Uhr, als ich zurückkehrte, hatte sich mein Diener bereits um ihn bemüht und es fertiggebracht, ihn aus dem kleinen Schlafzimmer in das größere Gästezimmer zu bringen [in dem auch später der Sarg stand], da während meiner Abwesenheit, d.h. von 6 bis 8 Uhr, Erbrechen und Durchfall so stark geworden waren, daß mein Diener nicht das Eintreffen von Wassili Bernardowitsch abwarten wollte und nach dem erstbesten Arzt rufen ließ. Aber auch zu diesem Moment dachte noch niemand an Cholera.

Wassili Bertenson traf um viertel neun ein. Erbrechen und Durchfall waren die ganze Zeit über häufiger geworden, aber der Patient war noch kräftig genug, um aufstehen zu können, wenn er es mußte. Da keinerlei Ausscheidungen zur Untersuchung aufbewahrt worden waren, konnte der Arzt nicht sogleich feststellen, ob es sich hier um einen Cholera-Fall handelte, aber ihm war sofort bewußt, es hier mit einer äußerst ernsten und schwerwiegenden Erkrankung zu tun zu haben. Nachdem der Arzt alles verschrieben hatte, was unter solchen Umständen erforderlich war, hielt er es sofort für notwendig, seinen Bruder Lew Bertenson hinzuzuziehen. Die

Situation wurde immer besorgniserregender und der Stuhlgang häufte sich. Der Patient war nun so schwach, daß er sich schon nicht mehr bewegen konnte. Das Erbrechen wurde besonders unerträglich; während er brechen mußte und einige Momente danach verlor er völlig jede Beherrschung und brüllte aus vollem Halse. Nicht ein einziges Mal klagte er allerdings über Schmerzen im Unterleib, sondern nur über fürchterliche Qualen in der Brustgegend. Einmal wandte er sich dabei zu mir und sagte: »Ich glaube, ich werde sterben. Lebe wohl!« Er wiederholte diese Worte später mehrere Male. Nach jedem Stuhlgang sank er völlig erschöpft auf sein Bett zurück. Dennoch traten bis zu diesem Moment keine Anfälle oder Spasmen auf.

Lew Bertenson und sein Bruder kamen gegen 11 Uhr abends. Nach Untersuchung des Patienten und einer Stuhlanalyse erklärten sie, es sei die Cholera. Sie ließen unverzüglich noch einen Krankenpfleger kommen. Einschließlich der Ärzte hatten sich also inzwischen acht Leute in der Wohnung um den Patienten versammelt: die beiden Grafen Litke, unser Neffe Wladimir Dawydow, mein Diener Nasar Litrow, der Krankenpfleger und ich. Gegen Mitternacht begann Peter Iljitsch über schmerzhafte Krämpfe zu klagen und stieß laute Schreie aus. Wir taten sofort alles in unseren Kräften, um durch Massagen die Schmerzen zu lindern. Der Kranke war bei vollem Bewußtsein. Die Krämpfe erfaßten verschiedene Körperteile gleichzeitig, so daß mein Bruder um Massage bald der einen, bald der anderen Körperstelle bat. Kopf und Glieder wurden tiefblau und leichenkalt. Bald nach den ersten Krämpfen fragte mich Peter Iljitsch: »Es ist doch keine Cholera, oder?« Ich bemühte mich, die Wahrheit vor ihm zu verbergen. Als er jedoch hörte, daß einer der Ärzte Anweisungen zu infektionsvorbeugenden Maßnahmen gab, schrie er laut: »Es ist Cholera!«

Wichtigere Einzelheiten lassen sich aus diesem Erkrankungsstadium nicht berichten. Genau bis fünf Uhr früh währte der ununterbrochene Kampf gegen die Krämpfe, die, je länger sie andauerten, umso weniger durch unsere energischen Versuche, den Körper warmzureiben, gemildert werden konnten. Es gab einige Momente, in denen der Tod sehr nahe schien, aber eine Muscusinjektion und ein Tannin-Klistier brachten den Kranken wieder ins Leben zurück.

Gegen fünf Uhr früh begannen die Symptome abzuklingen. Der Kranke wurde vergleichsweise ruhig und klagte nur über seine Niedergeschlagenheit. Bis zu jenem Zeitpunkt hatten die Augenblicke, in denen mein Bruder über Schmerzen in der Herzgegend klagte und meinte, keine Luft mehr zu bekommen, uns am meisten in Sorge versetzt. Das war jetzt vorbei. Inzwischen dauerte der Ruhezustand schon fast eine dreiviertel Stunde. Erbrechen und Durchfall schienen nicht mehr so sehr beunruhigend, kamen aber noch häufig. Die Krämpfe setzten immer dann ein, wenn er sich zu bewegen versuchte. Er war sehr durstig, meinte aber, die Vorstellung vom Trinken würde ihm viel mehr guttun als wirkliches Trinken: Als man ihm einen Teelöffel Flüssigkeit zum Trinken reichte, wandte er voller Ekel sein Gesicht ab. Aber bereits einige Minuten später verlangte er wieder danach. Das, was ihn am meisten quälte, war die Vorstellung, er könne mit seinen äußeren Krankheitsmerkmalen die Leute um ihn herum anstecken.

Während ihn die heftigsten Anfälle plagten, entschuldigte er sich sozusagen für die Mühe, die er anderen bereitete. Er befürchtete, daß einiges ekelerregend sein könnte. Immerhin war er soweit bei Bewußtsein, daß er sogar hin und wieder scherzen konnte. So wandte er sich seinem Lieblingsneffen mit den Worten zu: »Ich fürchte, daß Du nach all diesen Unannehmlichkeiten vor mir noch jeglichen Respekt verlieren wirst.« Die ganze Zeit über redete er auf uns ein, wir sollten uns zu Bett legen, und er bedankte sich ununterbrochen selbst für die kleinste Handreichung. Als der Patient frühmorgens meiner ständigen Anwesenheit am Krankenbett nicht mehr bedurfte, schickte mich Dr. Wassili Bertenson zur Polizei, um der Meldepflicht bei dieser Infektionskrankheit genüge zu tun.

Am Freitag, den 3. November, wurde Dr. Wassili Bertenson, der den Kranken nicht für eine Minute aus dem Auge gelassen hatte, um neun Uhr früh durch Dr. [N. N.] Mamonow abgelöst. Die Stunde davor war relativ ruhig verlaufen. Wassili Bernardowitsch unterrichtete Dr. Mamonow vom Verlauf der Krankheit und verabschiedete sich, ohne das Aufwachen des Kranken abzuwarten. Die Erstarrung war zu jenem Zeitpunkt vergangen, aber auf seinem Gesicht zeigten sich schwarze Flekken, die allerdings bald wieder verschwanden. Die Situation begann sich zum ersten Mal etwas zu entspannen. Wir atmeten alle ein wenig auf, doch die nun inzwischen viel weniger häufig einsetzenden Anfälle waren immer noch von Krämpfen begleitet. Jedenfalls war sein Allgemeinbefinden bereits so weit verbessert, daß er sich selbst der Gefahr entronnen glaubte. Daher sagte er dann auch zu Lew Bernardowitsch, als dieser gegen elf Uhr vormittags eintraf: »Ich danke Ihnen, Sie haben mich den Klauen des Todes entrissen. Ich fühle mich wesentlich besser als in der ersten Nacht.« Er wiederholte diese Worte noch mehrmals an diesem und dem folgenden Tage. Die von Krämpfen begleiteten Anfälle hörten dann gegen Mittag endgültig auf. Gegen drei Uhr nachmittag wurde Dr. Mamonow von Dr. [A. L.] Sander abgelöst. Die hervorragende und sorgfältige Behandlung hatte offensichtlich angeschlagen und die Krankheit zurückgedrängt, doch die Ärzte befürchteten den Eintritt des zweiten Stadiums der Cholera - d.h. eine Nierenentzündung und das sogenannte Choleratyphoid (*status typhosus*) -, obwohl zu diesem Moment noch keine Anzeichen dafür erkennbar waren. Das einzige, worüber er klagte, war ein schier unstillbarer Durst. Dieser Zustand dauerte bis zum Abend, hatte sich aber bei Eintritt der Nacht soweit verbessert, daß Dr. Mamonow, der zur Ablösung von Dr. Sander gekommen war, darauf bestand, daß wir uns alle schlafen legten, da er keine bedrohlichen Symptome zu erkennen meinte.

Am nächsten Morgen (Sonnabend, den 4. November) hatte sich die Moral des Patienten allerdings nicht gehoben. Er schien noch mehr bedrückt als am Abend zuvor. Seinen Glauben, wieder gesund zu werden, hatte er aufgegeben. »Laßt mich!« sagte er zu den Ärzten. »Nichts von dem, was Sie tun können, kann irgendetwas ändern. Es hat ohnehin keinen Sinn mehr mit mir!« In seinem Verhalten der Umgebung gegenüber zeigte sich jetzt immer stärker eine Art Gereiztheit. Wenn er am Abend zuvor mit den Ärzten sogar noch gescherzt und einen Disput über das Trinken geführt hatte, so befolgte er nun deren Anweisungen nur noch teilnahmslos, aber auch ohne zu murren. Die Ärzte versuchten nun alles in ihrer Macht Stehende, um die Funktion der Nieren wieder in Gang zu bringen, hatten jedoch keinen Erfolg. Wir setzten nun unsere ganze Hoffnung auf ein heißes Bad, das Lew Bertenson ihm noch am gleichen Abend verabreichen wollte. Hierzu muß ich einflechten, daß unsere Mutter 1854 an Cholera gestorben war und daß der Tod sie gerade in dem Moment ereilt hatte, als man sie ins Bad setzte. Mein älterer Bruder und ich hatten vor dieser notwendigen Maßnahme eine geradezu abergläubische Furcht. Unsere Befürchtungen stiegen noch, als wir hören mußten. daß mein Bruder auf die Frage des Arztes, ob er ein Bad zu nehmen wünsche, entgegnete: »Ich wäre froh über ein Bad, werde dann aber wahrscheinlich so wie meine Mutter genau in dem Moment sterben, in dem Sie mich in die Wanne setzen.« Wir waren jedoch gezwungen, an jenem Abend auf das Bad zu verzichten, denn die Durchfälle wurden wieder stärker und damit unkontrollierbar, und Peter Iljitsch begann sich auch wieder schwächer zu fühlen. Dr. Lew Bertenson verließ den Patienten nach zwei Uhr morgens in tiefer Besorgnis über seinen Zustand. Dennoch verlief die Nacht relativ ruhig. Nach zwei Klistieren hatte der Durchfall merklich nachgelassen, aber die Nierenfunktion noch nicht wieder eingesetzt.

Am nächsten Morgen, Sonntag, den 24. November, war die Lage immer noch nicht hoffnungslos, wenn auch die Befürchtungen der Ärzte über den Zustand der Nieren zugenommen hatten. Der Allgemeinzustand des Kranken war sehr schlecht. Auf die Frage nach seinem Befinden entgegnete er einige Male: »Fürchterlich.« Zu Dr. Lew Bertenson sagte er: »Wieviel Güte und Geduld verschwenden Sie an mir! Mir kann niemand mehr helfen!« Nachdem er geschlafen hatte, schien sein Bewußtsein abgestumpfter als an den anderen Tagen. Seinen Diener Sofronow, der am Morgen aus Klin angereist war, erkannte er nicht sofort. Dennoch freute er sich über dessen Anwesenheit.

Bis ein Uhr mittags konnte niemand von denen, die ihn am Krankenbett umgaben, in seinem Zustand irgendeine Veränderung feststellen. Da er keinen Harn ausschied, konnte auch keine Urin-Untersuchung stattfinden. Dr. Lew Bertenson erschien etwa gegen ein Uhr mittags und hielt es sofort für nötig, zum äußersten Mittel (zumindest erschien es uns als solches) zu greifen, um die Nierentätigkeit anzuregen: ein Wannenbad. Das Bad war gegen zwei Uhr bereitet. In der ganzen Zeit, während das Bad in selben Raum bereitet wurde, dämmerte mein Bruder vor sich hin. Er mußte geweckt werden. Es schien, daß er nicht sofort begriff, was man mit ihm vorhatte, aber dann zu dem Bad sein Einverständnis gab. Als man ihn in die Wanne setzte, war er sich voll dessen bewußt, was mit ihm vorging. Auf die Frage des Arztes, ob ihm das heiße Wasser unangenehm sei, erwiderte er: »Im Gegenteil, es tut mir sehr wohl!«

Dennoch bat er bereits nach kurzer Zeit, ihn wieder herauszuheben, weil er sich sehr schwach fühle. Von dem Moment an, als er aus der Wanne gehoben wurde, nahmen sein Dämmerzustand und sein Schlaf einen irgendwie ungewöhnlichen Charakter an. Das Bad hatte nicht das erhoffte Ergebnis, obgleich es ein starkes Schwitzen verursachte und, wie die Ärzte meinten, für eine gewisse Zeit die Auswirkungen der einsetzenden Harnvergiftung milderte. Das Schwitzen war zwar in Gang gekommen, aber gleichzeitig war der bislang ziemlich regelmäßige und volle Pulsschlag wieder schwächer geworden. Man mußte erneut zu einer Muscus-Injektion Zuflucht nehmen, um die nachlassenden Kräfte wieder zu beleben. Das gelang auch: Trotz des Schwitzens stabilisierte sich der Puls und der Kranke beruhigte sich.

Bis acht Uhr abends hatten wir den Eindruck, daß sich sein Zustand verbessere, aber bereits eine Viertestunde später, kaum daß Dr. Mamonow von Dr. Sander abgelöst worden war, stellte letzterer wieder ein Schwächerwerden des Pulses fest und war darüber so stark besorgt, daß er es für nötig befand, sofort Dr. Lew Bertenson zu benachrichtigen. Das Kranke befand sich in dieser Zeit, wie die Ärzte sagen, bereits im Koma, so daß, als ich zu ihm ins Zimmer trat, der Arzt mir den Rat gab, den Kranken jetzt für keine Minute mehr allein zu lassen.Sein Kopf fühlte sich kalt an, er atmete schwer und stöhnend, wobei man ihn mit der Frage, ob er etwas trinken wolle, wieder für einen Moment zu Bewußtsein bringen konnte. Er erwiderte dann: »Ja« oder »Natürlich«, anschließend aber sagte er selbst: »Es ist genug!«, »Ich will nicht mehr!« oder »Ich brauche nicht!«

Kurz nach zehn Uhr abends diagnostizierte Dr. Sander den Beginn eines Lungenödems, woraufhin Lew Bernardowitsch alsbald eintraf. Auf Bitten der Anwesenden sandte man nach dem Geistlichen der Isaak-Kathedrale. Es gelang nur mit Injektionen zur Stimulierung der Herztätigkeit, den aktuellen Zustand des Sterbenden noch eine Weile aufrechtzuerhalten. Jede Hoffnung auf Besserung war dahin. Der eintreffende Geistliche hielt es nicht mehr für möglich, Peter Iljitsch die Heiligen Sakramente zu spenden, da dieser nicht bei Bewußtsein war, sondern las lediglich laut und deutlich einige von den bei einem Sterbenden zu sprechenden Gebeten, von denen offensichtlich kein einziges mehr meinem Bruder ins Bewußtsein drang.

Bald darauf begann der Sterbende seine Finger auf besonders merkwürdige Weise zu bewegen, etwa so, als hätte ihn ein Juckreiz an verschiedenen Körperstellen befallen. Die Ärzte setzten unermüdlich ihre Bemühungen fort, um die Herztätigkeit aufrechtzuerhalten, als hofften sie noch auf das Wunder einer Besserung. In dieser Zeit waren folgende Personen am Bett des Sterbenden versammelt: drei Ärzte, die beiden Brüder Litke, Buchshoevden, Nikolai Figner, Bsul[577], unser Neffe Wladimir Dawydow, meines Bruders Diener Sofronow, mein eigener Diener Litrow und dessen Frau, der Krankenpfleger, unser Bruder Nikolai und ich. Dr. Lew Bertenson war der Ansicht, daß es für diesen kleinen Raum einfach zu viele

[577] Ein junger Cellist, der bereits ein Jahr später verstarb.

Personen wären. Man öffnete das Fenster. Figner und Bsul verabschiedeten sich und fuhren nach Hause. Dr. Bertenson, der jetzt jede Hoffnung aufgegeben hatte, war völlig erschöpft und fuhr ebenfalls nach Hause, nachdem er die Wache am Bett des Sterbenden Dr. Mamonow übertragen hatte. Die Atemzüge wurden immer seltener, obgleich man immer noch den Sterbenden mit Fragen nach dem Trinken ins Bewußtsein zurückholen konnte. Doch jetzt reagierte er nicht mehr mit Worten, sondern nur noch mit bejahenden oder verneinenden Zeichen.

Plötzlich öffneten sich seine bislang halbgeschlossenen und glasig blickenden Augen weit und vermittelten den gleichsam unbeschreiblichen Ausdruck eines völlig klaren Bewußtseins. Er lenkte seinen Blick nacheinander auf die drei Personen, die ihm am nächsten standen und richtete ihn anschließend nach oben. Für einige Momente leuchtete irgend etwas in seinen Augen auf und verglomm dann mit seinem letzten Atemzug. Es war kurz nach drei Uhr morgens.

PJOTR JÜRGENSON

EIN INTERVIEW AUS ANLASS DES ABLEBENS VON PETER TSCHAIKOWSKY FÜR DEN KORRESPONDENTEN DER »PETERBURGSKAJA GAZETA«[578]

»Ich kannte Peter Iljitsch seit langem«, erklärte mir gestern der aus Moskau angereiste Freund des verstorbenen Komponisten und Verleger seiner musikalischen Werke Pjotr Jürgenson. »Ich muß bekennen, daß er auf mich stets den Eindruck eines urgesunden und starken Mannes gemacht hat, der einmal uralt werden würde... Er strotzte förmlich vor Kraft... und nun dieser unerwartete, schreckliche Tod... Tschaikowsky selbst glaubte daran, einmal sehr alt zu werden. Man hat mir inzwischen erzählt, er habe noch am vergangenen Dienstag beim Mittagessen im Kreise seiner engeren Bekannten mit einem Lächeln verkündet: 'Oh, ich werde noch sehr lange leben!'

Über den konkreten Anlaß dieser Worte ist mir nichts bekannt, doch immerhin geht klar daraus hervor, daß Peter Iljitsch in seinen letzten Tagen auch nicht die leiseste Ahnung von dem nahe bevorstehenden Ende gehabt haben konnte...«

- »Sie sagen, Sie hätten den Verstorbenen seit langem gekannt... Bei welcher Gelegenheit haben Sie sich kennengelernt?...«

- »Es war im Jahre 1866... Er war damals nach Moskau übergesiedelt, wohnte bei Nikolai Rubinstein und unterrichtete in den Musikalischen Klassen... Das Moskauer Konservatorium gab es damals noch nicht...[579] Ich erinnere mich noch gut an den großen Erfolg der *Caprice russe*, des ersten Klavierstücks von Peter Tschaikowsky, und ich erinnere mich auch an die ungewöhnliche Sensation, die seine nächsten, besser gesagt, seine nächsten drei Klavierstücke, die unter dem gemeinsamen Titel *Souvenir de Hapsal* herauskamen, in der Musikwelt hervorriefen.[580]«

- »Hat Peter Iljitsch ständig in Klin gewohnt?«

- »Die letzten neun oder zehn Jahre... Er mochte es, sich in die Einsamkeit und Stille, die er für seine Arbeit brauchte, zurückzuziehen. Deshalb konnte er auch häufigere und längere Besuche nicht ausstehen. Jeder, der ihn besuchte, konnte mit einem freundlichen Empfang rechnen, durfte aber, wenn er dem Gastgeber keine Umstände machen wollte, nicht länger als einen Tag bleiben... Das war übrigens allen bekannt...«

---

578 Zu Pjotr Jürgenson vgl. Anm. 296. Das Interview wurde am 27. Oktober 1893 in der *Peterburgskaja Gazeta* (Nr. 295/1893) veröffentlicht.

579 Tschaikowsky war in den ersten Januartagen des Jahres 1866 nach Moskau gekommen und hatte unverzüglich seine Arbeit als Lehrer im Fach Harmonielehre aufgenommen, das innerhalb der von der Russischen Musikgesellschaft unterhaltenen Musikalischen Klassen, dem Vorläufer des Konservatoriums, erteilt wurde. Das Moskauer Konservatorium wurde dann am 1. September 1866 feierlich eröffnet.

580 Gemeint ist offensichtlich das *Scherzo à la russe* op. 1 Nr. 1 und die drei Klavierstücke *Souvenir de Hapsal* op. 2, die alle 1868 im Verlag Jürgenson erschienen.

- »Hat er direkt in der Stadt gewohnt?..«

- »Nein... Zunächst siedelte er sich im Dorf Maidanowo an, das zwei Werst[581] von Klin entfernt liegt, doch die vielen Sommerfrischler, die später hierherkamen und durch ihr tagelanges Klavierspiel die Ruhe störten, zwangen ihn, ins Dorf Frolowskoje umzuziehen, das noch zehn Werst weiter entfernt liegt. Erst im letzten Jahr wohnte er in Klin, allerdings am Stadtrand in einem kleinen, jedoch sehr komfortablen Haus.«

- »Peter Iljitsch hat mir gegenüber im vergangenen Jahr bei einer persönlichen Begegnung erklärt, er würde seinen Wohnsitz in Klin aufgeben und für immer nach Petersburg umziehen...«

- »Das hat er auch mir gegenüber geäußert, und er hatte sogar schon eine Wohnung gefunden, irgendwo auf der Wassiljew-Insel oder der Petersburger Seite[582], entschied sich letztendlich aber doch dafür, wieder nach Klin zurückzukommen... Er wurde durch zu viele Besucher gestört.«

- »Durch junge Talente?«

- »Durch eben diese... Ganze Scharen dieser 'Talente' suchten ihn heim und baten ihn um Rat. Er bemühte sich, nach Möglichkeit für jeden einzelnen ein wenig von seiner Zeit zu opfern. Wirklich jeden Brief, der ihn erreichte, hat er auch beantwortet, allen hat er geschrieben.«

- »Somit war Klin für ihn eine willkommeme Zuflucht, um einfach in Ruhe gelassen zu werden?«

- »Er war generell ein großer Freund des Landlebens und träumte seit langem davon - übrigens noch bevor er sich in Maidanowo ansiedelte - ein eigenes Anwesen zu erwerben... Ich hatte damals für ihn etwas Passendes ausfindig gemacht, ein wirklich herrliches Grundstück hundert Werst von Moskau entfernt, das 30.000 Rubel kosten sollte... Der Besitzer bot Peter Iljitsch recht vorteilhafte Konditionen: eine Ratenzahlung über zehn Jahre, mit anderen Worten, jeweils 3.000 Rubel im Jahr. Peter Iljitsch verdiente damals noch längst nicht soviel wie in den letzten Jahren, so daß er davor zurückscheute, eine solche Verbindlichkeit einzugehen... Deshalb kam der Kauf seinerzeit auch nicht zustande... Später hat er oft an diese verpaßte Gelegenheit gedacht und sehr bedauert, damals nicht zugegriffen zu haben.«

- »Was meinen Sie damit, wenn Sie sagen, daß 'Peter Iljitsch in den letzten Jahren viel verdient habe'?«

- »Jeweils bis zu 20.000 Rubel im Jahr... Allein der *Eugen Onegin* hat ihm, glaube ich, 40.000 eingebracht.«

- »Haben Sie in Ihrem Verlag alle seine Werke herausgebracht?«

- »Fast alle... Der Verlag Bessel besitzt die Rechte an sechs Klavierstücken, zwölf Romanzen[583], an der *Zweiten Sinfonie* und der Oper *Opritschnik*.«

- »Tschaikowsky hielt, glaube ich, diese Oper für völlig mißlungen?«

---

[581] Vgl. Anm. 515.

[582] *Wassiljew-Insel* und *Petersburger Seite* sind Stadtbezirke in St. Petersburg.

[583] Gemeint sind die *Sechs Klavierstücke* op. 21 und die Romanzen op. 16 und op. 25.

- »Das stimmt, und er hatte sich ständig vorgenommen, sie zu überarbeiten, ist aber nicht mehr dazu gekommen.«

- »Können Sie sich vielleicht daran erinnern, welche Komponisten Peter Iljitsch ganz besonders mochte?«

- »Peter Iljitsch vergötterte Mozart... Außerdem war er ein großer Verehrer von Bizet und Delibes... Ich hatte einmal in Moskau Gelegenheit, mit ihm zusammen irgendein Ballett von Delibes zu sehen. Tschaikowsky geriet dabei derart in Begeisterung, daß er laut ausrief: 'Das ist wirklich Ballett!... Nicht zu vergleichen mit meinen Mißgeburten...'«

- »Wird man Peter Iljitsch in Petersburg beisetzen?«

- »Die Verwandten erhielten gestern ein Telegramm aus Moskau von Sergej Tanejew, in dem dieser mitteilte, daß der Verstorbene am 8. Oktober auf einer Trauerfeier in Moskau am neunten Tag nach dem Ableben eines seiner Freunde, des Konservatoriumsprofessors Swerjew[584], den Wunsch geäußert habe, selbst einmal entweder in Klin oder auf dem Friedhof des Moskauer Danilow-Klosters begraben zu werden, d.h. dort, wo auch Nikolai Rubinstein, Nikolai Gogol, Sergej Aksakow und Peter Iljitschs Freunde Nikolai Hubert, der ehemalige Direktor des Moskauer Konservatoriums, und nun auch Nikolai Swerjew ihre letzte Ruhestätte gefunden haben. Es sieht im Moment allerdings so aus, daß er wohl doch auf dem Friedhof des hiesigen Alexander-Newski-Klosters beerdigt wird... Von den Verwandten des Verstorbenen wird erklärt, sie hätten ihn mehrmals sagen hören: "Es ist mir ganz gleich, wo sich meine Grabstätte einst befindet." Seine Äußerung auf der Trauerfeier für Swerjew führen sie auf eine augenblickliche Stimmung zurück, die durch den Schmerz über den Verlust des Freundes hervorgerufen war.«

[584] Vgl. Anm. 526.

HERMANN LAROCHE

REDE AM GRABE TSCHAIKOWSKYS[585]

In den letzten vier Jahren erstrahlte die russische Bühne vor allem durch vier Werke Tschaikowskys[586], deren bald nacheinander, bald gleichzeitig stattfindenden Aufführungen sein Genie so deutlich hervortreten ließen, daß damit auch die letzten Jahre Tschaikowskys als seine glücklichsten und erfülltesten erscheinen müssen. Er gewann hierdurch wieder jenen Einfluß auf das Opernpublikum, den er früher nur ein einziges Mal mit seinem *Onegin* hatte.

Wie bei vielen anderen Komponisten auch wurden seine Schöpfungen mit dem Herannahen des Alters leichter verständlich und gewannen dadurch noch an Popularität. Gleichzeitig wuchs die ohnehin schon große Schar seiner Verehrer. Zwischen ihm und dem Publikum bildete sich eine enge Verbindung, deren Intensität erst bei seinem plötzlichen Ableben ganz offenbar wurde. So wie Verdi dem Italien der fünfziger Jahre musikalischen Ausdruck verlieh, ließe sich das bei dem Schöpfer von *Dornröschen* und *Pique Dame* für das Rußland der achtziger Jahre behaupten - ein Gedanke, den ich hier nicht weiterentwickeln, geschweige denn *beweisen* kann, denn es widerspricht bereits dem Wesen der Tonkunst, die in ihr zum Ausdruck gebrachten allgemeinen Ideen voll zu erfassen und in eine verbale Sprache zu übersetzen. Es ließe sich allenfalls noch ergänzen, daß in dergleichen Weise, wie das Rußland der achtziger Jahre in den Augen des Westens interessanter wurde als das ganze Rußland früherer Generationen einschließlich aller von ihnen hervorgebrachten Kulturschätze, auch Tschaikowsky Liebe und Hochachtung außerhalb Rußlands erwarb, wo man zuvor die Werke unserer Komponisten entweder als talentvoll gemachte Kuriositäten oder als gewissenhafte Schülerarbeiten anzusehen gewohnt war.

Ich habe bereits gesagt, daß mit dem Herannahen des Alters seine Musik leichter verständlich wurde. Für gewöhnlich wird der Gewinn auf der einen Seite durch einen entsprechenden Verlust auf der anderen aufgewogen: So mußte man in diesem

[585] Erstveröffentlichung in: *Ežegodnik imperatorskich teatrov*, sezon 1892/1893 g., St. Petersburg 1894, S. 496-500 unter dem Titel *Pamjati P. I. Čajkovskogo* (Zum Gedenken an P. I. Tschaikowsky). Der Titel *Rede am Grabe Tschaikowskys* erscheint erstmalig 1913 beim Nachdruck dieses Textes in der Tschaikowsky-Sondernummer der Zeitschrift *Sol'nce Rossii*.
Hermann Awgustowitsch Laroche (1845-1904), einflußreicher russischer Musikkritiker, Professor für Musiktheorie und Musikgeschichte am Petersburger und Moskauer Konservatorium, enger Freund Tschaikowskys und erbitterter Kontrahent des *Mächtigen Häufleins*. Laroches wichtigste Schriften über Tschaikowsky sind anläßlich des Tschaikowsky-Jahres 1993 in deutscher Sprache erschienen (Hermann Laroche, *Peter Tschaikowsky - Erinnerungen und Aufsätze*, Berlin 1993).

[586] Gemeint sind offensichtlich Tschaikowskys Ballett *Dornröschen* (Uraufführung 1890), die Oper *Pique Dame* (Uraufführung 1890), das Ballett *Der Nußknacker* (Uraufführung 1892) und die Oper *Jolanthe* (Uraufführung 1892).

Falle befürchten, daß Tschaikowsky in seinen neuen Werken mit einem populäreren und leichteren Kompositionsstil die frühere Tiefe und Aufrichtigkeit verlieren könnte. Doch der Komponist des *Nußknacker* und des zweiten Aktes der Oper *Pique Dame* stand dem Komponisten der *Symphonie Pathétique* nicht im Weg. Sein Reich erfaßte immer neue Gebiete, ohne die Macht über die früheren aufzugeben. Eine verschwenderische Natur hatte ihn mit der Fähigkeit ausgestattet, uns immer wieder zu überraschen und neue Rätsel aufzugeben. Sein gesamtes kompositorisches Schaffen nahm einen solchen Verlauf, daß man sich bis zu seinem letzten Atemzug nicht darüber klar werden konnte, welche Seite bei ihm nur Episode war und welche das wahre Wesen seiner Natur kundtat.

Eines läßt sich mit Gewißheit sagen: Er war im Jahre 1893 genauso jung wie im Jahre 1865, als in Pawlowsk unter Johann Strauß sein erstes Orchesterwerk[587] uraufgeführt wurde. Der einzige wesentliche Unterschied zu den früheren Jahren bestand in seiner Arbeitsweise, die nun langsamer, sorgfältiger und *vorsichtiger* geworden und an die Stelle jener Sturm-und-Drang-Improvisationen (wenn auch in *schriftlicher* Form) aus den Zeiten des *Wojewoden* und des *Opritschnik* getreten war. Doch dieser Wandel hatte sich vor zehn oder noch mehr Jahren längst abgezeichnet, so daß - soweit ich davon weiß - in den letzten Jahren keine weitere Verlangsamung des Schaffenstempos eingetreten ist. So wenig, wie sich seine äußeren Gewohnheiten veränderten und er nach wie vor Jahr für Jahr sein Arbeitsregime von jeweils fünf Stunden am Tag beibehielt, so wenig konnte man an den Früchten dieser Arbeit beobachten, daß sich der Strom seiner melodischen Eingebungen ausdünnen, das Klangkolorit vergröbern oder die Formensprache seiner Werke verflachen würde. Er selbst kannte an sich Momente von Zaghaftigkeit und Verzweiflung: Er zerriß die Partitur-Reinschrift einer Orchesterballade und war drauf und dran, das gleiche mit einer ganzen Sinfonie zu machen, doch waren diese zeitweilig aufziehenden Wolken bei vorherrschend klarem Himmel, gesunder und gleichmäßiger Inspiration, der ein fast ebenso gleichmäßiger und nur sehr selten ausbleibender äußerer Erfolg entsprach, wirklich ernstzunehmen?

Es gibt Künstler, mitunter sogar hochbegabte, deren ganzer Daseinssinn nur darin zu bestehen scheint, sich tief vor der Menge zu verbeugen und ihren Instinkten zu schmeicheln. In ihren Händen verwandelt sich die Kunst in die Produktion von Schmuckwaren. Ihr Streben nach Ruhm und Bequemlichkeit vernichtet sowohl jeden inneren Gehalt als auch jedwede natürliche Originalität, die beide hiergegen keinerlei Chance haben. Ihr Zeitalter mag manchmal glanzvoll erscheinen, kann aber im Grunde keinen längeren Bestand haben. Unter diesen Umständen entstandene Werke verlieren schnell ihr Bouquet und sogar ihre Eingängigkeit. Sie gelten dann lediglich noch dem Historiker als interessante Zeugnisse des Geschmacks (oder der Geschmacklosigkeit) der Epoche.

---

587 Gemeint sind Tschaikowskys *Charaktertänze* (1865), die unter Johann Strauß (Sohn) am 30. August 1865 in Pawlowsk bei St. Petersburg uraufgeführt wurden.

Es gibt aber auch andere Künstler, für die die Sympathien der Menge weder von Reiz noch von Interesse sind. In sich selbst versunken gehen sie dem Lärm der Menge aus dem Weg und widmen sich voll und ganz dem Dienst an dem von ihnen erwählten Ideal. Ihre strenge Muse, die bei der Menge nur auf Unverständnis stößt oder von ihr überhaupt nicht bemerkt wird, trifft mitunter auf einen engen Kreis eifriger und unbeirrbar treuer Anhänger. Solche Künstler sind weder auf materiellen Wohlstand noch auf Befriedigung des Ehrgeizes aus. Die Stärksten von ihnen erlangen dauerhaften moralischen Einfluß, werden zu nachzuahmenden Vorbildern und Begründern von Schulen.

Peter Tschaikowsky gehörte weder zu dem einen noch zu dem anderen Künstlertyp. Er war sich selbst treu und erfüllt jede selbstgewählte Aufgabe mit höchster künstlerischer Gewissenhaftigkeit. Doch diese Strenge sich selbst gegenüber und dieses Streben nach einem Ideal brachte ihn dem großen Publikum eher näher, als daß es ihn von ihm trennte. Weil seine Werke ihm selbst gefielen, gefielen sie auch anderen. Um breitesten Hörerschichten zu gefallen, brauchte er keine seiner eigenen Ideale aufzugeben. Mit seinen Werken befand er sich gleichsam auf einer Mittellinie zwischen Gounod und Schumann: Es eignet ihnen sowohl äußerer Glanz als auch innere Wärme. Sie gefallen dem Laien und dem Kenner, können Gegenstand der Mode sein, aber auch aus deren Launen unbeschadet hervorgehen.

Etwas ähnliches, so meine ich, läßt sich auch über seinen persönlichen Charakter sagen. Wie in der Kunst verstand er es auch im Leben, ohne kränkende und verlogene Kompromisse auszukommen, sich selbst treu zu bleiben und auf seine innere Stimme zu hören, die ihm fast unfehlbar eingab, was zu tun und was zu vermeiden war. Doch wenn sich der frühe Erfolg als Künstler bei ihm erst nach Kampf und zeitweiligen Mißerfolgen einstellte, so war es in seinem persönlichen Leben ganz anders: Hier blieb ihm der Erfolg von Kindheit an treu, und zwar unter allen Umständen, in jedem Personenkreis und in jedem Land. Gegen Ende seines Lebens war ihm sein Ruhm als Künstler natürlich eine kräftige Stütze, aber ich erinnere mich sehr lebhaft an Zeiten, in denen noch nicht an Ruhm zu denken war und Peter Iljitsch dennoch jeden bezauberte, der mit ihm zusammenkam. Man sollte auch nicht vergessen, daß die Künstlerlorbeeren ihn in den Augen vieler zwar attraktiv machten, andere aber auch gegen ihn aufbringen und traurige, aber fast zwangsläufige Neidgefühle auslösen konnten. Der Gerechtigkeit halber sei hier gesagt, daß er in seinem Umfeld auf geradezu ungewöhnliche Weise vor solchen dornigen Erfahrungen bewahrt worden ist. Man muß nicht einmal in den Biographien großer Künstler sehr belesen sein, um zu erkennen, daß die meisten von ihnen unter der Bosheit ihrer Rivalen weitaus mehr zu leiden hatten als Peter Iljitsch. Wir entfernen uns wohl kaum von der Wahrheit mit der Behauptung, daß der von ihm ausgehende Zauber in vielen Fällen der Grund dafür war, daß man ihm seine künstlerischen Erfolge nachsah.

Eine Erklärung des Zaubers, der von Tschaikowskys Persönlichkeit ausging, ist genau so schwer, als wollte man diesen zu vermitteln oder zu beschreiben versuchen. Die höhere Schönheit einer bestimmten menschlichen Natur ist der Analyse ebensowenig zugänglich wie die Schönheit eines genialen Musikwerkes. Wohl kann man eine Partitur auf ihre technischen Vorzüge hin analysieren und die sittlichen Eigenschaften und Begabungen einer bestimmten Persönlichkeit aufzählen. Aber es sind ja nicht die technischen Vorzüge oder zumindest nicht sie allein, welche die Schönheit der Musik ausmachen, und es sind auch nicht die Talente und Tugenden, welche eine Person anziehend erscheinen lassen. Nach aller Kritik und Analyse bleiben im Kunstwerk wie im Menschen immer etwas Unentschlüsseltes und ein gewisses Geheimnis. Und es ist gerade dieses Geheimnis, welches das wichtigste Element und das wahre Wesen des Gegenstandes ausmacht. Obwohl wir also darauf verzichten, das Phänomen Tschaikowsky zu erklären, können wir doch nicht umhin, es als solches zu benennen, und wir können auch nicht vergessen, wie Peter Iljitsch, ohne sich selbst darum zu bemühen oder sich mit der entsprechenden Absicht zu tragen, allein durch seine Anwesenheit überall Licht und Wärme verbreitete. Und wenn Europa heute beklagt, in ihm eine große künstlerische Kraft - wenn nicht den größten Komponisten der zweiten Hälfte des 19. Jahrhunderts überhaupt - verloren zu haben, so wissen doch nur wir, die wir das Glück hatten, ihm nahezustehen, was für ein M e n s c h von uns gegangen ist.

WLADIMIR POGOSHEW

TSCHAIKOWSKYS BEGRÄBNIS[588]

(...) Drei oder vier Tage nach meiner letzten Begegnung mit Peter Iljitsch erreichte mich die Nachricht von seiner Erkrankung. Ich schenkte ihr keine besondere Beachtung, denn über Magenprobleme hatte Tschaikowsky auch schon früher geklagt, war aber stets ohne zurückbleibende Folgen mit ihnen fertig geworden. Indes verschlimmerte sich sein Gesundheitszustand zusehends... Ein leiser Hoffnungsschimmer auf Genesung sollte sich nicht mehr erfüllen. Uns erreichte die erschütternde Nachricht von seinem Ableben.

Es war mir ein großer Trost und erleichterte mir ein wenig den schweren Verlust, daß ich beauftragt wurde, die Beisetzungsfeierlichkeiten zu arrangieren und somit meinen Beitrag leisten konnte, um dem teuren Toten die letzte Ehre zu erweisen. Zar Alexander III. wünschte, daß die Direktion der Kaiserlichen Theater die Durchführung der Beisetzung Tschaikowskys übernimmt, und stellte hierfür - wenn ich mich richtig erinnere - eine Summe von 5000 Rubeln zur Verfügung. Die Hauptverantwortung für die Durchführung der Beisetzung wurde unmittelbar mir übertragen.

In Vorbereitung der Beisetzung gab es eine Menge zu tun: Es mußten sowohl die kommerzielle Seite als auch die Fragen der Zeremonie bedacht werden. Die Verhandlungen mit der Verwaltung des Alexander-Newski-Klosters und mit den Vertretern der Kasaner Kathedrale über den Ort des Begräbnisses und das Totenamt, die Bestellung einer Gruppe von Geistlichen unter der Führung eines bischöflichen Generalvikars und die Absprachen mit den Kirchenchören waren äußerst mühevoll. Viel Zeit kosteten auch die geradezu ermüdenden Klärungen von Einzelfragen mit Vertretern des Bestattungsunternehmens. Nachdem sich schnell herumgesprochen hatte, daß für die Beerdigung Mittel aus der Schatulle des Zaren bereitstanden, überfielen mich die Bestattungsunternehmer in hellen Scharen und machten sich gegenseitig Konkurrenz. Es wurden unglaubliche Preise gefordert, und zwar für jede zusätzliche »Equipage«, für einen ordentlichen »Jahreswagen«, wie sie den Katafalk zu nennen pflegten, für das »Nadelholz«, d.h. für die auszulegenden Tannenzweige, auf denen sich die Trauerprozession bewegte, für einen zusätzlichen Wagen, der, mit Kränzen beladen, dem Sarg folgte usw. usf. Zum Streit führte auch die Frage, in welchen Zeitungen die Traueranzeigen erscheinen sollten. Das Bestattungsunternehmen bestand darauf, solche Anzeigen nicht nur in den wichtigsten russischen Zeitungen St. Petersburgs erscheinen zu lassen, sondern auch noch in der »Zeituna«, d.h. der deutschsprachigen »St.-Petersburger Zeitung«.

---

588 Schlußteil der 1922 niedergeschriebenen Erinnerungen Wladimir Pogoshews an Tschaikowsky. Über Pogoshew und seine Erinnerungen vgl. Anm. 295.

Viele Gespräche - allerdings in anderer Hinsicht - mußten darauf verwendet werden, um den zahlreichen Abordnungen verschiedener Einrichtungen, die an der Ehrung des Verstorbenen teilnehmen wollten, auch die entsprechenden Plätze bei der Zeremonie zu sichern. Entsprechende Wünsche kamen von allen Theatergruppen aus Petersburg und Moskau, von den Abteilungen der Russischen Musikgesellschaft beider Hauptstädte einschließlich der Konservatorien, von der Petersburger Rechtsschule, die Tschaikowsky einst besucht hatte, von der Universität und anderen Hochschulen sowie von verschiedenen Musikgesellschaften, Musikzirkeln und Musikschulen. Darüber hinaus hatten auch Abordnungen der Städte und gesellschaftlichen Kreise ein entsprechendes Interesse bekundet. Ich rief die Vertreter aller dieser Einrichtungen zu einer kleinen Konferenz zusammen, auf der eine Rahmenordnung für die Durchführung der Begräbnisfeierlichkeiten festgelegt wurde. Darüber hinaus berief ich August Antonowitsch Herke[589], der in einem engen Verhältnis zu Tschaikowsky gestanden hatte und sich für diese Aufgabe als außerordentlich fähig erwies, zu einem der Hauptorganisatoren für den Ablauf der Beisetzung. Der gesamte Trauerzug wurde in Untergruppen aufgeteilt, für die wiederum Ordner benannt wurden, die aus Theaterkreisen stammten. Schließlich wurde ein Zeremoniell beschlossen und mit Siegel bekräftigt, in dem die Aufeinanderfolge der Abordnungen im Trauerzug und die Namen der einzelnen Ordner genau festgehalten waren.

Das Totenamt für Tschaikowsky, bei dem der Chor der Russischen Oper sang[590], fand mit Allerhöchster Genehmigung in der Kasaner Kathedrale statt - ein beispielloser Vorgang. Hierzu waren auch Mitglieder der Zarenfamilie erschienen, die sich unter die Träger einreihten, als der Sarg Tschaikowskys aus der Kathedrale getragen wurde. Als der Gottesdienst zu Ende ging, hatte sich auf dem Newski-Prospekt eine riesige Menschenmenge eingefunden. Sie begleitete den Trauerzug, der durch die vielen Abordnungen sehr lang geworden war. Die Trauerprozession verlief ohne Zwischenfälle. Die gesamte Zeremonie ging erst nach zwei Uhr zu Ende, als die sterblichen Überreste des genialen Komponisten in die Erde gebettet waren, von der schließlich alle, ob nun begabt oder unbegabt, in gleicher Weise bedeckt werden.

Es kommt heute nicht selten vor, daß sich das Tragische mit dem Komischen und das Traurige mit dem Lächerlichen verbindet. In diesem Zusammenhang will ich hier eine kleine Episode erzählen.

Die Formalitäten mit der Bestellung und der Vergütung der Geistlichen hatte ich einem meiner Bekannten übertragen. Er war zufällig im Alexander-Newski-Kloster

---

589 August Herke (auch Gerke; 1841-1902), Pianist und Mitglied der Hauptdirektion der Russischen Musikgesellschaft, Senator, Sohn des bekannten russischen Pianisten deutscher Abstammung Anton Herke (1812-1870), über den er ein Buch geschrieben hat.

590 Juri Dawydow berichtet hingegen, daß neben dem Opernchor auch der Chor der Hofsängerkapelle am Totenamt für Tschaikowsky mitwirkte (vgl. Jurij Davydov, *Zapiski o Čajkovskom*, Moskva 1962, S. 82).

dem Angestellten eines Bestattungsunternehmens begegnet, der sich sehr für die finanzielle Seite des Tschaikowsky-Begräbnisses interessierte. Hierbei war es zu folgendem kurzen Gespräch gekommen.

»Sagen Sie bitte, haben Sie dem Generalvikar sehr viel Geld bezahlt?«

Mein Bekannter antwortete, daß für ihn 400 Rubel gezahlt worden seien.

»Den Stabträger inbegriffen?« fragte der Angestellte.

»Mit Stabträger und allen notwendigen Subdiakonen! Aber warum fragen Sie?«

»Nur so... Es ist eigentlich zu wenig... Natürlich entscheidet letztlich der Priester selbst. Aber bei einer solchen Leiche wären auch 1000 oder 1500 Rubel nicht zuviel gewesen!«

In gewissem Sinne drückt auch das die hohe Wertschätzung für den berühmten russischen Verstorbenen aus.

Am Grabe Tschaikowskys wurde mit Mitteln der Theaterdirektion ein gußeisernes Grabmal errichtet. Der Entwurf hierzu stammte voll und ganz von Iwan Wsewoloshski[591], während die Ausführung von der Theaterdirektion bei dem Bildhauer Pawel Kamenski[592] in Auftrag gegeben wurde.

Bald nach dem Ableben Tschaikowskys wurde unter dem Vorsitz von Nikolai Stojanowski[593] eine besondere »Kommission zur Verewigung des Andenkens an Peter Tschaikowsky« gebildet. Zu den Mitgliedern dieser Kommission gehörten - soweit ich mich erinnere - Anatoli Tschaikowsky, der Bruder des Komponisten, Iwan Wsewoloshski, Alexander Tanejew[594], August Herke, Wladimir Gerard[595], Eduard Naprawnik, W. Kriwenko, Anatoli Molschanow, Wassili Merzalow und ich. Die Kommission brachte auf unterschiedlichen Wegen mit der nötigen Energie und nicht ohne Erfolg Geld für einen Tschaikowsky-Fonds zusammen und trug sich darüber hinaus mit weitreichenden Plänen zur Unterstützung und Förderung des russischen Musikschaffens. Leider brachte das Ableben Nikolai Stojanowskis diese Bemühungen zum Erliegen: Der Vorsitz in der Kommission war an Alexander Tanejew übergegangen, der seinerzeit auch kompositorische Ambitionen verfolgte, so daß die Arbeiten der Kommission mit der Errichtung einer Tschaikowsky-Statue aus Marmor im Petersburger Konservatorium ihr Ende fanden.

---

591 Iwan Alexandrowitsch Wsewoloshski (1835-1909), Direktor der russischen Kaiserlichen Theater (1881-1899). War eng mit Tschaikowsky verbunden.

592 Pawel Pawlowitsch Kamenski (1858-?), russischer Bildhauer, von 1887 bis 1891 Chef der Requisite an den Kaiserlichen Theatern in Petersburg.

593 Nikolai Stojanowski (1820-1900), russischer Jurist, persönlicher Referent des Justizministers, Senator, Vizepräsident der Russischen Musikgesellschaft.

594 Alexander Sergejewitsch Tanejew (1850-1918), Leiter der Hofkanzlei (entfernter Verwandter des bekannten Komponisten Sergej Tanejew), dilettierender russischer Komponist, Vorsitzender der Volksliedkommission bei der Russischen Geographischen Gesellschaft.

595 Wladimir Nikolajewitsch Gerard (1839-1903), russischer Rechtsanwalt, hatte gemeinsam mit Tschaikowsky die Rechtsschule absolviert und mit ihm im Departement des Justizministeriums gearbeitet.

In diesem Zusammenhang sei noch angemerkt, daß der Umstand der Errichtung eines Denkmals für Tschaikowsky in relativ kurzer Zeit nach seinem Ableben (d.h. fünf Jahre danach) in Kreisen der Verehrer bzw. Verehrerinnen eines anderen, ebenfalls verstorbenen Komponisten, d.h. Anton Rubinsteins, zu einem neidvollen Geraune führte. August Herke, der selbst das Talent Anton Rubinsteins überaus schätzte, hielt es für notwendig, mir nach einem Gedenkkonzert für diesen Komponisten mit Beteiligung von Sängern der Russischen Oper in seinem Brief vom 23. Oktober 1898 folgendes mitzuteilen:

»Eine Dame aus dem Publikum meinte direkt zu mir: 'Es ist ein Skandal, daß man Tschaikowsky früher als Rubinstein ein Denkmal errichtet!' Ich habe ihr darauf geantwortet: 'Es ist ein Skandal, daß der Herrgott Tschaikowsky ein ganzes Jahr früher als Rubinstein zu sich gerufen hat und daß das Publikum noch nicht das Geld für ein Rubinstein-Denkmal zusammengebracht hat!'«

Für mich persönlich bedeutete das Ableben des verehrten Tschaikowsky großen Kummer und einen unersetzlichen Verlust. Von nun an hatte ich nie wieder Gelegenheit zu so engen Kontakten mit der Musik, einer Kunstgattung, die ich unter allen anderen am höchsten schätze und die mir viel Freude bereitet hat.

WASSILI BERTENSON

DAS TSCHAIKOWSKY-MUSEUM IN KLIN (1913)[596]

Die kleine Kreisstadt Klin im Gouvernement Moskau ist weniger durch sich selbst als vielmehr durch die gleichnamige Station an der Nikolajew-Eisenbahn[597] bekannt geworden. An der Sestra, einem Nebenfluß der Wolga gelegen, ist Klin trotz seiner mit 8000 Bürgern nur geringen Einwohnerzahl eine recht saubere Stadt und besitzt verschiedene Lehranstalten, ein Theater, ein ständiges Kino, Klubs, eine Fülle von Geschäften, weitläufige Handelsreihen, Gaslaternen auf den Straßen. Es gibt hier sogar bereits Telefone...

Vor dem Bau der Nikolajew-Bahn waren fast alle Bürger von Klin im Fuhrgeschäft tätig, denn die Stadt lag an der großen Chaussee von Petersburg nach Moskau. Heute hat die Stadt in dieser Hinsicht jede Bedeutung verloren, und die Fuhrbetriebe, die früher eine ganze Straße der Stadt für sich beanspruchten, sind längst geschlossen.

Dort, wo die Stadt aufhört, an ihrem äußersten Rand, steht ein kleines Haus mit einem schattenspendenden Garten. Es gehörte einmal unserem genialen Komponisten Peter Iljitsch Tschaikowsky und ist heute Eigentum seines Bruders Modest.

Nach dem Tode Tschaikowskys im Jahre 1893 ging sein ganzer Besitz, d.h. die Autorenrechte und das Haus in Klin[598], als Erbe an seinen Lieblingsneffen Wladimir Lwowitsch Dawydow, den Sohn der Schwester Tschaikowskys. Wladimir Lwowitsch oder Bob, wie er gewöhnlich im Kreise seiner Verwandten und Bekannten genannt wurde, ein sehr angenehmer, kluger und sympathischer junger Mann, verfügte nicht lange über das reiche Erbe, das ihm Peter Iljitsch hinterlassen hatte. Im Jahre 1906 setzte er hier in Klin in einem Anfall von Melancholie seinem Leben ein Ende.

---

596 Veröffentlicht in *Istoričeskij vestnik*, Jahrgang 1913, S. 604-615. Das Tschaikowsky-Museum wurde am 9./21. Dezember 1894 eröffnet und bestand also zum Zeitraum vorliegenden Berichtes schon nahezu 20 Jahre. Über Wassili Bertenson vgl. Anm. 560.

597 Nikolajew-Bahn: 1851 eröffnete Eisenbahnstrecke zwischen Moskau und Petersburg, die nach der Eisenbahnlinie Petersburg - Zarskoje Selo (eröffnet 1837) die zweitälteste in Rußland war.

598 Wassili Bertenson ist hier etwas ungenau: Der Besitz Tschaikowskys bestand aus den Autorenrechten, seiner Wohnungseinrichtung, den Gegenständen aus seinem persönlichen Gebrauch, der Bibliothek, Manuskripten und Dokumenten. Das Haus hatte er nur gemietet (vgl. Brief an Anatoli Tschaikowsky vom 9. Februar 1892, in: P. I. Čajkovskij, *Polnoe sobranie sočinenij, literaturnye proizvedenija i perepiska*, tom XVI-B, Moskva 1979, S. 37), trug sich aber mit dem Gedanken, es später zu kaufen. Tschaikowskys Diener Alexej Sofronow, der Tschaikowskys Wohnungseinrichtung, die Bibliothek, die Manuskripte und die persönlichen Gegenstände geerbt hatte, kaufte dann das Haus und verwahrte die Wohnzimmer Tschaikowskys so, wie sie zu seinen Lebzeiten waren. Erst im Jahre 1897 erwarben Modest Tschaikowsky und Wladimir (»Bob«) Dawydow, der Erbe von Tschaikowskys Autorenrechten, von Sofronow das Haus mit der ganzen Einrichtung.

Nach dem Selbstmord Bob Dawydows war Tschaikowskys Bruder Modest der Erbe des gesamten Tschaikowsky-Vermögens. Sowohl Modest Tschaikowsky als auch schon früher Bob Dawydow waren bestrebt, das Tschaikowsky-Haus in Klin so zu erhalten, wie es zu Lebzeiten des Komponisten ausgesehen hatte, und somit dem teuren Andenken an den Komponisten auch für die große Schar seiner Verehrer eine feste Stätte zu geben.

Peter Iljitsch war zwar bereits 1885 in die Umgebung von Klin gezogen (er hatte sich in Maidanowo niedergelassen), wohnte aber damals nicht in einem eigenen Haus. Erst anderthalb Jahre vor seinem Tode erwarb er dieses Haus am Stadtrand von Klin von dem Vater des Generaladjutanten Sacharow, unseres früheren Kriegsministers.

Ich hatte vor kurzem Gelegenheit, Modest Iljitsch in Klin zu besuchen. Mit ihm und mit seinem Bruder, dem Senator Anatoli Iljitsch, bin ich seit langem freundschaftlich verbunden. Ich hatte mich ihnen anerboten, über die Wohnräume Tschaikowskys und das Haus einen Artikel zu veröffentlichen. Eine solche Publikation würde vielleicht die Möglichkeit eröffnen, noch verschiedene Gegenstände, die mehr oder weniger mit Peter Iljitsch verbunden waren, nach Klin zu bekommen, so daß hierdurch der Grundstock für ein richtiges Tschaikowsky-Museum gelegt werden könnte.

Im Ergebnis unserer allgemeinen Kulturlosigkeit ist es früher oft vorgekommen, daß Erinnerungsgegenstände und wichtige Zeugnisse vergangener Zeiten vor unseren Augen verlorengingen. Man kann nur hoffen, daß künftig dergleichen nicht mehr vorkommt, zumindest nicht in Bezug auf Tschaikowsky.

Wenn einst das Tschaikowsky-Haus in Klin von Erinnerungsstücken an Tschaikowsky überquillt und alles, was mit unserem großen Komponisten zusammenhängt, systematisiert sein wird (nicht nur systematisiert, sondern vor allem vor dem Einfluß der Zeit und vor Vernichtung bewahrt sein wird), dann hoffen wir fest darauf, daß entweder der Staat oder, was noch besser wäre, die so hehren Zielen verpflichtete Musikhistorische Gesellschaft des Grafen Alexander Scheremetjew[599], die mit einem wunderbaren Aufruf zur Errichtung eines Denkmals für Tschaikowsky hervorgetreten ist, künftig den Schutz des Gebäudes und der Wohnräume übernimmt. Das wäre ein zusätzlicher Tribut an unseren genialen Komponisten und würde das Andenken an ihn für alle Zeiten bewahren.

---

599 Graf Alexander Dmitrijewitsch Scheremetjew (1859-1931), hoher Militär, Komponist, Dirigent und Musikmäzen, 1909 Generalmajor, gründete 1892 die Russische Feuerwehrgesellschaft und gab von 1892 bis 1896 die Zeitschrift *Der Feuerwehrmann* heraus. Organisierte darüber hinaus ein Sinfonieorchester und einen Chor und veranstaltete ab 1900 öffentliche Sinfoniekonzerte in Petersburg (1910-1917 bei freiem Eintritt), von 1902 bis 1917 war Graf Scheremetjew auch Leiter der Hofsängerkapelle. 1910 gründete er die Musikhistorische Gesellschaft (existierte bis 1916) und veranstaltete musikhistorische Vorträge und Konzerte. Graf Scheremetjew war 1913 der Dirigent der konzertanten russischen Erstaufführung von Wagners *Parsifal*. Als Komponist ist Graf Scheremetjew vor allem mit geistlichen Werken bekannt geworden (beispielsweise mit einem dem Andenken Rimski-Korsakows gewidmeten Requiem). Nach 1918 lebte Graf Scheremetjew außerhalb Rußlands.

Soweit mir bekannt ist, hatten die Tschaikowskys keine direkten männlichen Nachkommen. Solange Modest Iljitsch und sein Zwillingsbruder Anatoli, denen alles, was Peter Iljitsch betrifft, heilig ist, noch am Leben sind, besteht kein Grund für die Befürchtung, irgend etwas von den Erinnerungsgegenständen an Peter Tschaikowsky könnte verlorengehen.

Wer könnte sich aber in Zukunft dafür verbürgen, daß spätere Eigentümer, denen die Reliquien Tschaikowskys als Erbe zufallen, genauso ehrfürchtig mit diesen Erinnerungsstücken umgehen?

Deshalb scheint mir, daß jetzt zu Lebzeiten von Modest Iljitsch, dem Bewahrer all dieser Kostbarkeiten und Eigentümer des Hauses in Klin, Anstrengungen unternommen werden sollten, um ein größeres Tschaikowsky-Museum einzurichten. Man sollte entweder über Aufrufe in der Presse oder auf anderem Wege (selbstverständlich mit dem Einverständnis von Modest Iljitsch) möglichst viele Gegenstände, die früher Tschaikowsky gehört haben oder irgendwie mit ihm verbunden sind, für das Museum erwerben und alle Schenkungen an das Tschaikowsky-Museum in Klin (Gouvernement Moskau) unmittelbar an Modest Iljitsch Tschaikowsky persönlich richten.

In Zusammenhang mit meiner Feststellung, daß die Tschaikowskys keine direkten männlichen Nachfahren haben, erinnere ich mich an einen tragikomischen Zwischenfall mit einem der Tschaikowsky-Brüder unmittelbar nach dem Ableben von Peter Iljitsch.

Viele wissen sicherlich, daß Peter Iljitsch zwar verheiratet war, aber fast schon am zweiten Tag nach der Hochzeit seiner Gattin entflohen ist und sich seitdem nie mehr mit seiner Auserwählten getroffen hat.

Als nun bekannt wurde, daß Tschaikowskys Neffe Bob Dawydow sein Alleinerbe geworden war, konnte sich selbstverständlich keiner der Tschaikowsky-Brüder vorstellen, daß Peter Iljitsch einen Sohn haben sollte.

So war schließlich einer der Brüder - ich glaube Anatoli Iljitsch - nicht wenig erstaunt, von einem Gymnasiasten Tschaikowsky einen Beileidsbrief zu erhalten, in dem u.a. folgende Worte standen: »Sie haben den Bruder verloren, ich aber meinen Vater!«

Man kann sich das erstaunte Gesicht von Anatoli Iljitsch sehr gut vorstellen!

Er begab sich sofort nach Moskau, wo sich die Witwe Tschaikowskys aufhielt und brachte in Erfahrung, daß ihre leiblichen Kinder inzwischen alle verstorben waren. Sie habe, da sie nicht mehr mit Peter Iljitsch zusammenlebte, auch nicht im Traume daran gedacht, ihre Kinder als legitime Kinder Tschaikowskys registrieren zu lassen. Der sich als Sohn ausgebende Briefschreiber erwies sich wirklich als der Sohn eines Peter Iljitsch Tschaikowsky, der jedoch mit dem Komponisten nur den Namen und sonst nichts weiter gemein hatte.

An dieser Stelle will ich zu einer Beschreibung dessen übergehen, was ich im Tschaikowsky-Haus in Klin gesehen habe.

Die gesamte bescheidene Einrichtung des Komponisten befindet sich in drei Zimmern. Das eine davon, ein ziemlich großer Raum, diente ihm als Arbeits- und Gästezimmer, das zweite, etwas kleiner, war ebenfalls Arbeitskabinett und Schlafzimmer, während das dritte, noch etwas kleiner, von Peter Iljitsch als Vorzimmer genutzt wurde und sich nun bei Modest Iljitsch in einen Archivraum verwandelt hat.

Anhand der [inzwischen weithin bekannten] Fotografien[600] kann man nicht nur erkennen, wie die Möbel gestellt und die Wohnräume eingerichtet waren, sondern man sieht auch, daß die Einrichtung dieser Zimmer mehr als bescheiden war. Als im Jahre 1905 im Zuge der Befreiungsbewegung in Rußland spontane Enteignungen und Brandschatzungen stattzufinden begannen, die u.a. auch den Kreis und die Stadt Klin berührten und bei denen sogar Häuser in unmittelbarer Nähe des Tschaikowsky-Hauses in Mitleidenschaft gezogen wurden, beeilte sich Modest Iljitsch, besorgt durch die Gewaltausbrüche bei diesen Unruhen, die seiner Meinung nach wertvollsten Reliquien der Sammlung nach Moskau zu bringen, um sie in einem feuersicheren Raum des bekannten Moskauer Musikverlegers Jürgenson zu deponieren.

Die erste dieser Reliquien war Tschaikowskys Totenmaske. Da es bei ihrer Abnahme seinerzeit an der notwendigen Sorgfalt gefehlt und obendrein die Polizei zur Eile gedrängt hatte, machte die Maske einen bedrückenden Eindruck, besonders auch deshalb, weil ein Teil der Barthaare Tschaikowskys an ihren natürlichen Stellen mit der Maske verklebt waren.

Einige Zeit später übereignete Modest Iljitsch diese Maske dem Moskauer Konservatorium als der Einrichtung, an der Peter Iljitsch lange Zeit Professor gewesen ist.

Die zweite Reliquie, ein einfacher Taktstock, den Peter Iljitsch aufgrund einer testamentarischen Verfügung von dem begabten Komponisten Henselt[601] bekommen hatte und den Modest Iljitsch ebenfalls bei Jürgenson deponierte, ist mit einigen nicht uninteressanten Einzelheiten verbunden: Aus irgendeinem Grunde hatte der leicht zu beeindruckende Tschaikowsky das Gefühl, daß Henselt, ein seinerzeit sehr bekannter Pianist und Komponist, ihn ignorieren würde oder zumindest ihm als kompositorischem Anfänger nicht mit Wohlwollen entgegenkäme. Deshalb erwartete Tschaikowsky, als er angesichts seiner Güte einmal dazu gezwungen war, einen Empfehlungsbrief an Henselt zu schreiben, um eine äußerst bedürftige Musiklehrerin für eine freigewordene Stelle in einem Institut vorzuschlagen, daß dieser sein Anliegen abschlägig bescheiden würde. Zu seiner überaus großen Verwunderung mußte er nun erleben, daß Henselt seiner Bitte sofort entsprach. Noch größer war

600 Dem Aufsatz Bertensons waren vier Fotografien des Tschaikowsky-Hauses beigegeben, die inzwischen als allgemein bekannt gelten können. Verwiesen sei auf das regelmäßig erscheinende Prospektmaterial des Tschaikowsky-Museums in Klin.

601 Adolf Henselt (1814-1889), deutsch-russischer Pianist und Komponist. Lebte seit 1838 in Rußland, wurde 1887 Professor des Petersburger Konservatoriums.

sein Erstaunen, als er nach dem Ableben Henselts erfuhr, dieser habe ihm, Tschaikowsky, in seinem Testament einen einfachen Dirigierstab vermacht.

Tschaikowsky freute sich derart über diesen Taktstock, daß er sofort dem bekannten Juwelier Fabergé[602] den Auftrag erteilte, den Griff in Silber zu fassen. Er hat später mehrmals geäußert, daß dieses Geschenk das Kostbarste von allem sei, was er jemals erhalten habe. Der Grund seiner Freude wird noch verständlicher, wenn man weiß, daß Peter Iljitsch natürlich wie alle führenden Musiker seiner Zeit bestens darüber im Bilde war, daß dieser einfache Taktstock, der ihm durch die testamentarische Verfügung zugefallen war, unzweifelhaft einem der Großen der Musik wie Beethoven, Schumann oder Mendelssohn-Bartholdy gehört haben mußte, da Henselt mit ihnen befreundet gewesen war.

In der Ecke des Gästezimmers hängt eine noch in der alten Malweise gefertigte Ikone der Mutter Gottes von Kasan, an der Peter Iljitsch als an einer Kindheitserinnerung ganz besonders hing. Mit dieser Ikone hatte einst eine alte Bekannte der Familie den kleinen Petja gesegnet.

Der in der Mitte des Raumes stehende Becker-Flügel war bereits im Jahre 1885, als Tschaikowsky nach Maidanowo (unweit von Klin) umzog, von der Firma Becker dem Komponisten zum Geschenk gemacht worden. Tschaikowsky fand so großen Gefallen an dem geschenkten Instrument, daß er es viele Jahre lang nicht stimmen ließ. Obwohl Tschaikowsky über ein phänomenales Gehör verfügte, bestand er mit einer unerklärlichen Hartnäckigkeit darauf, daß dieser Flügel nicht gestimmt werden müsse. Nicht einmal eine musikalischen Berühmtheit, die ihn in Maidanowo besuchte und sich darüber wunderte, wie man auf einem derart verstimmten Instrument überhaupt spielen könne, konnte Tschaikowsky in seiner Meinung wanken machen. Fast bis zu seinem Tode ließ er keinen Klavierstimmer an das geliebte Instrument.

Auf einem Tisch gleich in der Nähe des Flügels reckt sich die Statue eines gallischen Hahns, eine Bronzearbeit von Auguste Cain[603] und ein Geschenk von Lucien Guitry[604], dem berühmten französischen Schauspieler, der lange Zeit in Petersburg auftrat.

Im Empfangszimmer von Peter Iljitsch hängt an einem Vorzugsplatz ein ziemlich großes Portrait von Anton Rubinstein, eine Arbeit in Bleistift und Gouache der

602 Gustav Fabergé, bekannter russischer Goldschmied und Juwelier, eröffnete 1842 eine Juwelierwerkstatt in St. Petersburg. Seine Firma eröffnete bald Filialen in anderen Städten, darunter in Moskau, und wurde von den Söhnen Peter und Karl weitergeführt, von denen der letztere als Silberschmied und kaiserlich-russischer Hoflieferant bedeutendes Ansehen erlangte.

603 Auguste-Nicolas Cain (1822-1894), bedeutender französischer Tierbildhauer, der besonders durch sein in Genf aufgestelltes 20 m hohes Reiterdenkmal des Herzogs Karl von Braunschweig (1879) weithin bekannt geworden ist.

604 Lucien Guitry, französischer Schauspieler am Michailow-Theater, der Spielstätte des Französischen Theaters in Petersburg, Freund und Verehrer Tschaikowskys.

Künstlerin, Musikerin und Tschaikowsky-Verehrerin Maria Bonnet[605] aus einer Zeit, in der sie noch Schülerin des Konservatoriums gewesen war.

Das Bildnis Anton Rubinsteins wird von Porträts der anderen Musiklieblinge Tschaikowskys umringt: Beethoven, Glinka, Wagner, Mozart, Bach, Mendelssohn und Haydn.

Auf dem Kamin befindet sich eine Fotografie der Zarin Maria Fjodorowna. Sie hatte einst persönlich die Bitte geäußert, Tschaikowsky möge ihr einige seiner neuen Romanzen widmen.[606]

Peter Iljitsch antwortete damals, er würde den Wunsch der Zarin mit Vergnügen erfüllen, möchte aber, da ihm bekannt sei, daß solche Widmungen für gewöhnlich mit einem Geschenk vom Zarenhofe honoriert werden, von vornherein klarstellen, daß er ein solches Geschenk nicht wünsche und auch nicht annehmen würde.

Daraufhin sandte ihm die Zarin Maria Fjodorowna ihr Porträt in einem schlichten Holzrahmen und meinte, ein solches Geschenk würde er sicher nicht zurückweisen.

In der Nähe der Familienporträts, die in demselben Zimmer an der Wand hängen, prankt auch das Gruppenporträt der Absolventen der Rechtsschule von 1859, unter denen man auch Tschaikowskys Mitschüler, den späterhin bekannten Lyriker Alexej Apuchtin[607] erkennt. Wer Apuchtin in den letzten zehn Jahren seines Lebens kannte, wird in dem kränklichen Jüngling auf diesem Gruppenbild keineswegs jenen unvorstellbar beleibten Poeten wiedererkennen, der schließlich an Verfettung gestorben ist.

Unter den übrigen Bildern, die ebenfalls in diesen Zimmern hängen und keinen besonderen Wert darstellen, fällt eine Landschaft des Malers Kusnezow[608] ins Auge, d.h. desselben Malers, der das von der Tretjakow-Galerie angekaufte Tschaikowsky-Porträt geschaffen hat.

Peter Iljitsch war ein eifriger Leser von Büchern zur Geschichte. Ein besonderes Interesse hatte bei ihm das Schicksal des minderjährigen Louis XVII.[609] (Sohn des hingerichteten Louis XVI.) erregt, so daß er fast die gesamte Literatur über dieses

605 Maria Bonnet, Mitstudentin Tschaikowskys am Petersburger Konservatorium, nahm später bei ihm Privatstunden.

606 Tschaikowsky widmete der Zarin Maria Fjodorowna (der Gemahlin des Zaren Alexander III.) die *Zwölf Romanzen* op. 60 (1886).

607 Vgl. Anm. 26.

608 Nikolai Dmitrijewitsch Kusnezow (1850-1929), russischer Maler, lebte hauptsächlich in Odessa. Tschaikowsky saß dem Maler vom 12. bis 15. Januar 1893 Modell. Kusnezow ist auch mit anderen Porträts (Schaljapin u.a.) bekannt geworden und lebte nach 1920 außerhalb Rußlands.

609 Louis XVII. (eigentlich Louis Charles; 1785-1795), wurde nach der Hinrichtung seines Vaters auf Befehl des Nationalkonvents einem Jakobiner zur Erziehung übergeben und von diesem körperlich und geistig zugrunde gerichtet. Nach seiner Beerdigung in einem Massengrab tauchten mehrere Abenteurer auf, die sich die Legende zunutze machten, der Prinz sei nicht gestorben, sondern heimlich aus dem Tempel geschafft worden, und sich für ihn ausgaben. Prozesse, mit denen sie ihre Ansprüche durchsetzen wollten, wurden bis in das Jahr 1926 geführt.

unglückliche Kind gelesen hatte. Bereits als Professor des Moskauer Konservatoriums freute er sich außerordentlich, als ein Moskauer, der die Sympathie Peter Iljitschs für Louis XVII. kannte, ihm einen recht seltenen Stich zum Geschenk machte, der dieses im Temple gefangene Kind königlichen Geblüts mit seinem bösen Schicksal darstellte. Auch dieser Stich fand seinen Platz im Empfangszimmer Tschaikowskys.

Tschaikowskys Musikbibliothek bestand vor allem aus Mozarts Gesammelten Werken (vollständige Ausgabe des Verlages Breitkopf & Härtel) sowie aus den Partituren der Opern Glinkas. Der Löwenanteil der Bücher in seiner Bibliothek waren Abhandlungen zur Geschichte.

Ebenfalls im Empfangszimmer Tschaikowskys befindet sich einen ganze Reihe von Fotografien der Sängerin Ružena Vykoukalová-Bradačevá, jener hervorragenden Solistin der Oper in Prag, die auf der denkwürdigen Prager *Pique Dame*-Aufführung entstanden waren.[610] Nach Aussage von Modest Iljitsch war Ružena nicht nur hervorragende Sängerin, sondern auch ausgezeichnete Darstellerin. Ihrer meisterlichen Verkörperung der Rolle der Gräfin, mit der sie das ganze Prager Publikum auf sich aufmerksam machte, ließ diese *Pique Dame*-Aufführung damals zu einem großen Erfolg werden.

Gleich in der Nähe der Porträts von Ružena Vykoukalová-Bradačevá prankt ein Bildnis der berühmten Sängerin und Gesangslehrerin Désirée Artôt, der einzigen Frau, in die Tschaikowsky wirklich verliebt gewesen ist.

Im Schlafzimmer, das ebenfalls erstaunlich schlicht eingerichtet ist, befinden sich zwei Tische. An einem von beiden, einem einfachen Tisch aus rohem Holz, der über und über mit Tschaikowskys Tintenflecken versehen ist, hat Peter Iljitsch, der es um keinen Preis zugelassen hätte, seine Tische mit Tischdecken oder Tischläufern zu bedecken, viele seiner Werke geschrieben. Hier an diesem Tisch ist auch die berühmte *Symphonie Pathétique* entstanden.

Peter Iljitsch war ein großer Freund von Parfüms. Auf seinem Toilettentisch, der von einem mit russischen Spitzen besetzten Tischläufer bedeckt ist - das Werk einer seiner Verehrerinnen -, befanden sich viele Duftfläschchen, aus denen Peter Iljitsch jenes Duftgemisch herstellte, dessen Rezeptur nur er allein kannte.

In dem dritten, noch kleineren Zimmer, in welchen sich heute das Archiv befindet, erstreckt sich über eine ganze Wandlänge die geschlossene Vitrine mit Kleidungsstücken und Gegenständen aus dem Besitz von Peter Iljitsch: Kleidung, Wäsche, Geschenke aller Art, Silber u.ä., wie vieles andere in diesem Museum mit Liebe und Sorgfalt geordnet von dem Grafen Alexander Litke[611], einem der Neffen Tschaikowskys. Dort liegen auch die russischen und ausländischen Diplome sowie eine vollständige Sammlung der Werke Tschaikowskys.

---

610 Die Prager Premiere der *Pique Dame*, bei der Tschaikowsky anwesend war, hatte am 30. September/12. Oktober 1892 stattgefunden.
611 Vgl. Anm. 564.

Einen Sonderplatz in dieser Vitrine nehmen die hauptsächlich von Modest Iljitsch zusammengetragenen Materialien für eine Biographie des Komponisten ein, unter denen dem bereits von dem unermüdlichen Modest Iljitsch verfaßten grundlegenden biographischen Werk *Das Leben Peter Iljitsch Tschaikowskys, verfaßt anhand von Dokumenten, die sich im Archiv des verstorbenen Komponisten in Klin befinden*, die Priorität zukommt. Dieses Standardwerk in drei dicken Bänden ist bereits ins Englische (zwei Auflagen), Französische und Deutsche übersetzt worden.

Hier befindet sich auch der von einer amerikanischen Verehrerin Tschaikowskys verfaßte, in freier Fantasie gestaltete Roman seines Lebens.

In diesem Roman, der den Titel *The Genius* trägt, wird Peter Iljitsch aus irgendeinem Grunde in den Prinzen Grigorjew verwandelt, während die übrigen Personen in seinem Umfeld ihren Namen beibehalten, so daß beispielsweise ganze Seiten von den Namen Anton und Nikolai Rubinstein, Hermann Laroche, Nikolai Kaschkin usw. übersät sind.

In demselben Zimmer befindet sich noch ein alter Flügel der Klavierbauerfirma Wirth, der von der Mutter Tschaikowskys schon im Jahre 1852 angeschafft worden war. An diesem Flügel entfaltete Tschaikowsky unter ihrer Anleitung seine musikalischen Fähigkeiten.

In einer anderen Vitrine, die sich ebenfalls dort befindet, werden einige Manuskripte Tschaikowskys und das einzige Gedicht von seiner Hand aufbewahrt.

Unter den hier gesammelten Handschriften befindet sich auch das Autograph der Romanze, die Tschaikowsky im Alter von 17 Jahren komponiert hatte. Als man viele Jahre später diese Romanze Sergej Tanejew zeigte - er war damals bereits Professor am Moskauer Konservatorium - erklärte dieser allen Ernstes, daß sich anhand dieser Romanze zweifelsfrei lediglich sagen läßt, daß deren Komponist total unbegabt sei...

In dem jetzt als Archiv genutzten Zimmer befinden sich vor allem Porträts von Nadeshda von Meck und Nikolai Rubinstein, ferner die Porträts von Alexander III., Hermann Laroche, Iwan Wsewoloshski (dem inzwischen verstorbenen Direktor der Kaiserlichen Theater), Eduard Naprawnik und Pjotr Jürgenson - also aller derjenigen, die mehr oder weniger für den Komponisten Tschaikowsky eine größere Rolle gespielt haben.

Darüber hinaus befinden sich in diesem Raum eine, wenn auch unvollständige, Sammlung von Porträts des Komponisten, Ansichten der wichtigsten Orte, an denen er geweilt hat und Fotografien von der Beisetzung Tschaikowskys.

Hier befindet sich auch eine Fotografie von dem Petersburger Haus im Leschtukow-Pereulok[612] (an der Ecke des Sagorodni-Prospektes), auf der man noch das Fenster jener Wohnung erkennt, in der Tschaikowsky einmal gelebt hat und wo sich seine Entwicklung zum Komponisten vollzogen hat. Merkwürdigerweise ist dieses

[612] 1952 umbenannt in Dshambula-Pereulok.

Haus trotz des gegenwärtigen [1913] Baubooms in St. Petersburg bis heute noch nicht umgebaut worden.

Noch merkwürdiger erscheint der Umstand, daß auch in Moskau alle Häuser, in denen Tschaikowsky nach seiner Trennung von Rubinstein einst eigene Wohnungen bezogen hatte, trotz der schnellen Stadtentwicklung noch in ihrem ursprünglichen Zustand erhalten geblieben sind. Dasselbe betrifft übrigens auch das Geburtshaus Tschaikowskys in Wotkinsk.

Zum Abschluß meiner kurzen Besichtigung der kleinen Tschaikowsky-Sammlung des Museums in Klin, die heute liebevoll vom Bruder des Komponisten Modest Iljitsch betreut wird, richtete ich an Modest Iljitsch die Frage, wie hoch bisher die Einkünfte seien, die als Tantiemen von den beiden wichtigsten Opern Tschaikowskys *Eugen Onegin* und *Pique Dame* den Anspruchsberechtigten zugeflossen sind.

Modest Iljitsch nannte mir interessante Zahlen. Seit der Premiere hat jede der beiden Opern etwa 300.000 Rubel an Tantiemen eingebracht.
Nikolai Figner[613], ein großer Freund Tschaikowskys, hatte von den beträchtlichen Tantiemen erfahren und den Komponisten gefragt, wo er denn sein Geld anlege, woraufhin Tschaikowsky mit dem für ihn typischen Humor antwortete: »Was soll ich Ihnen darauf antworten, das letzte Mal habe ich es im Restaurant *Bolschaja Moskovskaja* angelegt.«

613 Vgl. Anm. 50.

TSCHAIKOWSKYS BIOGRAPHIE IN STICHWORTEN

1840 (25.4/7.5.) In Wotkinsk (Gouvernement Wjatka in der Nähe des Ural-Gebirges) als Sohn des Bergwerkdirektors Ilja Petrowitsch Tschaikowsky geboren.

1845 Erster Klavierunterricht (November).

1850 Fährt mit der Mutter nach Petersburg (Juli), beginnt im September einen zweijährigen Vorbereitungskurs zum Studium an der dortigen Rechtsschule, die in den höheren Klassen Universitätsrang besitzt und auf den Staatsdienst vorbereitet.

1852 Übersiedlung der gesamten Familie nach Petersburg.

1854 Tod der Mutter (Juni). Gesangsunterricht und Mitwirkung im Kirchenchor.

1855 Musikunterricht bei R. W. Kündinger (Klavier) und A. W. Kündinger (Theorie).

1859 Abschluß der Rechtsschule mit dem Beamtenrang der neunten Klasse (Mai) und Eintritt ins Justizministerium (Juni).

1861 Auslandsreise nach Deutschland, Belgien, England und Frankreich als Dolmetscher für den Ingenieur W. W. Pissarew (Juli-September).

1862 Eintritt in das neugegründete Petersburger Konservatorium.

1863 Ausscheiden aus dem Justizministerium (Mai). Erste Kompositionsversuche.

1864 Komponiert die Ouvertüre *Das Gewitter*.

1865 Abschluß des Petersburger Konservatoriums mit der Großen Silbermedaille.

1866 Übersiedlung nach Moskau und Beginn der Lehrtätigkeit am dortigen Konservatorium. Beginnt mehrere Werke zu komponieren, darunter seine Erste Sinfonie.

1867 Arbeit an der Oper *Der Wojewode*. Bekanntschaft mit Berlioz und dem Musikkritiker Stassow.

1868 Uraufführung der Ersten Sinfonie. Debütiert (wenig erfolgreich) als Dirigent. Beginnt sich als Musikkritiker zu betätigen. Zuneigung zu der französischen Sängerin Désirée Artôt, die aber kurz darauf einen spanischen Bariton heiratet.

1869 Uraufführung der Oper *Der Wojewode*. Komponiert die Ouvertüre *Romeo und Julia* auf Anregung Balakirews.

1870/71 Reise nach Deutschland. Konzert (ausschließlich mit Werken Tschaikowskys) im Gebäude der Adelsversammlung in Moskau.

1872 Komposition der Oper *Opritschnik* und der Zweiten Sinfonie.

1873 Bühnenmusik zu Ostrowskis Märchen *Schneeflöckchen* (Premiere am 11. Februar). Im Sommer nach Deutschland, in die Schweiz und nach Italien.

1874 Premiere der Oper *Opritschnik* am Petersburger Marientheater.

1875 Uraufführung des Ersten Klavierkonzertes in Boston mit Hans von Bülow. Reise nach Paris mit seinem Bruder Modest.

1876 Tief beeindruckt von Bizets *Carmen*, die er in Paris hört (8. Februar). Im August Fahrt als Kritiker nach Bayreuth (Premiere des *Ringes der Nibelungen*). Bekanntschaft mit Richard Wagner (31.7.) und Franz Liszt (1.8.). Premiere der Oper *Wakula, der Schmied* am Petersburger Marientheater. Lernt in Moskau Lew Tolstoi kennen (Dezember). Beginn des Briefwechsels mit Nadeshda von Meck.

1877 Premiere des Balletts *Schwanensee*. Heiratet Antonina Miljukowa (6. Juli), dann Trennung, Selbstmordversuch und Reise ins Ausland. Jahresrente (6000 Rubel) von Nadeshda von Meck.

1878 Uraufführung der Vierten Sinfonie in Moskau. Arbeitet am Violinkonzert und an der Oper *Die Jungfrau von Orleans*. Im Oktober Ausscheiden aus dem Moskauer Konservatorium. Aufenthalt in Florenz.

1879 Aufenthalte in Frankreich, der Schweiz, Rußland (Petersburg und Kamenka) und Italien.

1880 Uraufführung von *Eugen Onegin* im Moskauer Maly-Theater durch Studenten des Konservatoriums. Im Dezember Uraufführung der *Liturgie*.

1881 Uraufführung des Violinkonzertes in Wien. In Rom Begegnung mit Franz Liszt.

1882 Komponiert das Klaviertrio *Dem Andenken eines großen Künstlers* (Nikolai Rubinstein). Premiere der *Jungfrau von Orleans* in Prag.

1883 Komponiert die Oper *Mazeppa*. Längerer Aufenthalt in Paris.

1884 Aufenthalte in Paris (Februar), Kamenka (April bis Juni) und auf dem Gut der Frau von Meck in Plestschejewo. Im November wieder in Paris. Glinka-Preis für die Fantasie-Ouvertüre *Romeo und Julia*.

1885 Grandioser Erfolg bei der Uraufführung der Dritten Orchestersuite in Petersburg. Verlegt seinen Wohnsitz in die Moskauer Umgebung (Maidanowo bei Klin).

1886 Uraufführung der *Manfred*-Sinfonie. Reise über Tiflis (wo ein Konzert mit seinen Werken stattfindet), Konstantinopol und Marseille nach Paris. Glinka-Preis für die sinfonische Fantasie *Francesca da Rimini*.

1887 Uraufführung der Oper *Die Pantöffelchen* in Moskau. Beginnt wieder zu dirigieren und leitet u.a. ein Sinfoniekonzert mit eigenen Werken in Moskau. Reise nach Tiflis (teilweise als Schiffsreise auf der Wolga), dann nach Aachen zu seinem kranken Freund Kondratjew und nach Paris. Ab Dezember 1887 ...

1888 ... sehr erfolgreiche Konzertreise als Dirigent durch verschiedene Städte Europas (Leipzig, Hamburg, Berlin, Prag, Paris, London) und Bekanntschaft mit Grieg, R. Strauss, Mahler, Dvorák und Gounod. Umzug von Maidanowo nach Frolowskoje bei Klin (April). Dirigiert die Uraufführung seiner Fünften Sinfonie.

1889 Im März zweite große Konzertreise durch Europa (Köln, Frankfurt, Dresden, Berlin, Genf, Hamburg, London). Bekanntschaft mit Brahms in Hamburg. Am 25. April Konzert mit eigenen Werken in Paris. Würdigt bei den Prüfungen am Moskauer Konservatorium die herausragenden Leistungen des jungen Rachmaninow. Begegnung mit Tschechow.

1890 Komponiert in einer Rekordzeit von weniger als 6 Wochen seine Oper *Pique Dame* in Florenz. Auseinandersetzungen mit seiner von ihm getrennt lebenden Frau. Nadeshda von Meck schreibt ihm, sie könne seine Rente nicht mehr bezahlen und bricht den Briefwechsel und die Beziehungen zu ihm ab.

1891 Komponiert den Einakter *Jolanthe*. April und Mai Konzertreise in die USA.

1892 Bezieht ein neues Haus in Klin (heute Museum). Uraufführung des Streichsextetts *Souvenir de Florence* und des Balletts *Der Nußknacker*.

1893 Dirigate in Brüssel, Odessa, Moskau und Charkow. Ehrendoktor der Universität Cambridge. Dirigiert die Uraufführung der Sechsten Sinfonie am 16./28. Oktober. Am 22. Oktober/3. November Erkrankung an Cholera in Petersburg, der er am 25. Oktober/6. November erliegt.

Abasa, Alexander, 10
Abasa, Julia, 10
Adlerberg, Alexander, 134
Aksakow, Sergej, 275
Albrecht, Jewgeni, 122
Albrecht, Konstantin, 14, 15, 87, 122, 238
Albrechtsberger, Johann Georg, 61
Alexander III., 134, 174, 280, 289, 291
Alexejewa, Jekaterina, 13
Altani, Ippolit, 154, 155
Andrejew, Pawel, 172
Angélique (Schauspielerin), 176
Apetjan, Zarui, 111
Apuchtin, Alexej, 9, 18-20, 44, 46, 244, 289
Araja, Francesco, 122
Arensky, Anton, 230
Artôt, Désirée, 290, 293
Assafjew, Boris, 101, 121, 125, 127-133
Auer, Leopold von, 97
Avé-Lallement, Theodor, 190
Avjerino, Konstantin, 26
Avjerino, Nikolai, 26
Bach, J. S., 61, 92, 233, 289
Bachirewa, Awdotja, 2
Baer, Ena von, 76, 84-88, 98
Bakst, Leon, 173-174
Balakirew, Mili, 7, 7, 51, 52, 65-71, 76, 78, 80, 101-104, 177, 217, 293
Bassini, Achille de, 42
Batjuschkow, Konstantin, 50,
Beethoven, L. van, 92, 98, 196, 233, 289
Behrens, H., 136
Beljajew, Mitrofan, 51, 135, 175
Beljawski, Fjodor, 44
Bendl, Karel, 224
Benois, Alexander, 163-172
Berberova, Nina, XIII
Beriot, Charles de, 209
Berlioz, Hector, 65, 176, 197, 214, 215, 293
Bernardi, Margareta, 42
Bertenson, Lew, 253-254, 257, 262-265, 268
Bertenson, Wassili, 253, 257-263, 267-272, 284-292
Besekirski, Wassili, 235
Bessel, Wassili, 94, 95, 113-120
Bizet, George, 87, 224, 275, 293
Bloch, Grigori, 220
Block, Wladimir, 99
Blumenfeld, Stanislaw, 6
Bobéth, Marek, XIV, 65, 72, 76, 80, 84, 105
Bogatyrjow, Semjon, 218
Boito, Arrigo, 178, 180, 182
Bonnet, Maria, 289
Borodin, Alexander, 72, 77, 104, 105, 138, 150, 175, 217, 218
Borodina, Jekaterina, 72
Botschetschkarow, Nikolai, 39
Brahms, Johannes, XIII, 135, 201, 223, 294
Brandes, Georg, 202
Brandukow, Anatoli, 232, 236, 238, 242
Brodski, Adolf, 97, 197
Brown, David, XIII
Bruch, Max, 180, 182
Bruckner, Anton, 223
Bsul (ein junger Cellist), 271, 272
Buchshoevden, Rudolph, 249, 271
Bugero, Adolphe William, 169
Bülow, Hans von, 40, 41, 72, 135, 189, 260, 293
Busoni, Frederico, 208
Butakow, Grigori, 248, 249
Butakowa, Wera, 248, 249
Byron, George, 65-71, 202, 234
Cabanel, Alexandre, 169
Cain, Auguste-Nicolas, 288
Cavos, Michail, 164, 165, 169
Chartschenko, Wassili, 252
Cherubini, Luigi, 61
Chodowiecki, Daniel, 165
Chopin, Frederic, 63, 92
Christianowitsch, Alexander, 45
Christianowitsch, Nikolai, 45
Christianowitsch, Sergej, 45
Christoforow, Nikolai, 122-133
Chwostowa, Anastasia, 40
Chwostowa, Jekaterina, 31, 32
Ciardi, Césare, 115, 116
Clarence, G., 65
Colonne, Édouard, 137, 219
Conus, Georgi, 107, 108, 245
Csampai, Attila, 9
Cui, César, 52, 73-75, 77, 93, 94, 104, 105, 179, 184, 185, 217, 226
Czajkowski, Michal, 77
Dalski, Mamont, 231
Danielson, Donat, 136
Dante Alighieri, 63, 182, 234
Dargomyshski, Alexander, 78, 117, 177, 179, 202
Dawydow, Grigori, 249

Dawydow, Juri Lwowitsch, 1-18, 242-256, 281
Dawydow, Karl, 93, 94
Dawydow, Wladimir (»Bob«) Lwowitsch, 7, 119, 131, 242, 248, 249, 260, 268-272, 284, 286
Dawydow, Wladimir Nikolajewitsch, 5
Dawydowa, Alexandra, 1, 12, 131
Dawydowa, Tatjana, 6
Decker-Schenk, Johann, 113
Decker-Schenk, Konstantin, 113
Dehn, Siegfried, 61
Delibes, Léo, 87, 98, 200, 224, 275
Dianin, Sergej, 72
Diémer, Louis Joseph, 233
Djaghilew, Sergej, 163, 164, 168
Djemin, Iwan, 251
Dobushinski, Mstislaw, 168
Dolina, Maria, 170
Door, Anton, 52
Drigo, Riccardo, 127, 220
Dulow, Georgi, 198
Dumtschew, Kostja, 28-30
Dütsch, Georgi, 73
Dvorák, Antonin, 206, 224, 294
Dworezkaja, Lilija, 21
Elisabeth, Zarin von Rußland, 167
Emanuel, Nathan, 188
Engel, Reinhold, 143, 260
Erdmannsdörfer, Max von, 65, 70, 135
Ertel, Michail, 46
Fabergé, Gustav, 288
Fabergé, Karl, 288
Fabergé, Peter, 288
Fahlbusch, Lothar, 80, 105
Fedotowa, Glikeria, 64
Feldau, Rudolf, 27
Fétis, François-Joseph, 61
Fibich, Zdenek, 224
Figner, Medeja, 82, 132, 165
Figner, Nikolai, 17, 17, 82, 132, 163, 165, 170, 271, 272, 292
Filosofow, Dima, 163
Findeisen, Nikolai, 166
Fitzenhagen, Wilhelm, 238
Foerster, Joseph Bohuslav, 224
Fokin, Michail, 162
Gardner, Edward, XIII
Genika, Rostislaw, 59-64
Genton, Emma, 18
Gerard, Wladimir, 42-43, 282
Gerber, Juli, 97
Gevaert, François Auguste, 61, 110
Glasunow, Alexander, 14, 16, 67, 81, 101-106, 135, 159-161, 175, 228, 230, 243, 246, 266
Glebow, Igor, s. Assafjew, Boris
Glière, Reinhold, 7
Glinka, Fjodor, 13
Glinka, Michail, 48, 61, 84, 86, 119, 175, 184, 189, 202, 219, 222, 236, 289
Gneditsch, Pjotr, 227
Gogol, Nikolai, 29, 213, 275
Goldmark, Karl, 223
Gorbunow, Iwan, 250. 266
Gounod, Charles, 150, 151, 233, 234, 278, 294
Grekow, Iwan, 27, 185, 188
Grétry, André-Ernest-Modeste, 171, 239
Gretschaninow, Alexander, 7
Grieg, Edvard, 182, 294
Gugentobler, Jaques, 4
Guitry, Lucien, 176, 288
Hager, Johannes, 210
Händel, Georg Friedrich, 193, 233
Hanslick, Eduard, 178, 196-213
Haskel, Arnold, 163
Heine, Heinrich, 234
Heinrich IV., 187
Henschel, Georg, 182
Henselt, Adolf von, 287
Herke, Anton, 115, 281, 283
Hertz, Henrik, 210, 221, 222
Hillert, Viktor, 95
Hippius, Sinaida, 163
Hoffmann, E. Th. A., 168
Hoffmann, Karl, 208
Holland, Dietmar, 9
Homilius, Louis, 115
Hubert, Alexandra, 14, 102, 275
Hubert, Nikolai, 14, 59, 60, 102, 119
Hugo, Victor, 233, 234
Hunke, Josef, 113
Ippolitow-Iwanow, Michail, 144
Iwanow, Konstantin, 169
Iwanow, Lew, 161
Iwanow, Michail Iwanowitsch, 178
Jakowlew, Leonid, 165
Jakowlew, S. P. (Druckerei), 2
Jastrebzew, Wassili, 175-179

Jasykow, Alexander, 46
Jelena Pawlowna, Großfürstin, 114, 234
Jermolowa, Maria, 5
Jewreinowa, Mascha, 12
Juon, Paul, 50
Jurenjew, Pjotr, 45
Jürgenson, Iossif, 127
Jürgenson, Pjotr, 17, 62, 118, 121-133, 149, 273-275, 291
Jurjew, Juri, 7, 250, 251
Kadmina, Jewlalija, 64
Kajanus, Robert, 143
Karzow, Georgi, 9, 94
Karzowa, Alexandra, 9
Kasanski, Sergej, 216
Kaschkin, Nikolai, XI, XII, 7, 14, 31, 51, 54, 223, 238, 291
Kastalski, Alexander, 64
Katharina II., 167
Katkow, Michail, 47
Kaufmann, Abram, XII, 184-188, 217
Klein, Hermann, 178, 180-183
Klenowski, Nikolai, 62
Klimenko, Iwan, 47-56
Klimtschenko, Andronnik, 107
Kohlhase, Thomas, XIV, 21, 190
Kondratjew, Gennadi, 173
Kondratjew, Nikolai, 294
Koni, Anatoli, 7, 8
Konradi, Hermann, 7
Korebut-Kubitowitsch, Pawel, 164
Korestschenko, Arseni, 160
Kornejew, Wladimir, XIV
Kotek, Jossif, 14, 15, 35
Kovarovič, Karel, 224
Krafft-Ebing, Richard, Freiherr von, 257
Kriwenko, W., 282
Kross, Gustav, 114
Kruglikow, Semjon, 74, 75
Krutikowa, Alexandra, 239
Kučera, Karel, 122
Kündinger, A. W., 293
Kündinger, Rudolf, 19, 293
Kupernik, Lew, 184-187
Kusnezow, Nikolai, 289
Lanceray, Jewgeni, 168
Laroche, Hermann, XI, 2, 14, 47, 54, 69, 93, 115, 187, 238, 243, 244, 276-279, 291
Lashetschnikow, Iwan, 213
Lehmann, Dieter, 76-79
Leibrock, J. (Musikverlag), 118
Leoncavallo, Ruggiero, 178
Lermontow, Michail, 84, 218
Lewizki, Dmitri, 168
Lipajew, Iwan, 137-145
Liszt, Franz, 67, 89, 92, 162, 196, 197, 214, 293, 294
Litke, Alexander Nikolajewitsch, Graf, 13, 249, 253, 260, 268-272, 290
Litke, Amalia Wassiljewna, Gräfin, 2, 11, 12
Litke, Fjodor Pawlowitsch, Graf, 11
Litrow, Nasar, 252, 268, 271
Ljadow, Anatoli, 81, 102, 103, 107-108, 175, 228, 243, 246
Ljapunow, Sergej, 65, 102
Lomakin, Gawriil, 43
Lomonossow, Michail, 228
Louis XVI., 289
Louis XVII., 289
Mahler, Gustav, 205, 294
Mamonow, N. N., Dr. med., 269, 271, 272
Maria Fjodorowna, Zarin von Rußland, 289
Marx, Adolf Bernhard, 113
Mascagni, Pietro, 219, 223, 224
Maslow, Fjodor, 44, 45, 100
Massenet, Jules, 135
Mavrocordato, M., 26
Meck, Nadeshda von, 6, 21-24, 76, 84-91, 254, 291, 293, 294
Meck, Wladimir Karlowitsch, 22
Meck-Dawydowa, Anna von, 21-24
Medtner, Nikolai, 7
Melnikow, Iwan, 171
Mendelssohn-Bartholdy, Felix, 48, 55, 206, 289
Menter, Sofie, 27
Mereshkowski, Dmitri, 163
Merkling, Alexandra Petrowna, s. Karzowa, A. P.
Merkling, Anna Petrowna, 8, 247
Merzalow, Wassili, 282
Meyerbeer, Giacomo, 205
Meyerhold, Wsewolod, 172
Miljukowa, Antonina, s. Tschaikowskaja, Antonina
Mill, John Stuart, 233
Milton, John, 234
Minkus, Ludwig, 97, 158
Mjaskowski, Nikolai, 7
Molschanow, Anatoli, 282

Moszkowski, Moritz, 223
Mozart, Wolfgang Amadeus, 60, 209, 222, 233, 258, 275, 289
Mühlbach, Fjodor, 251, 252, 266
Mussorgsky, Modest, XIV, 76-79, 103, 117, 179, 202
Napoleon I., 210
Naprawnik, Eduard, 14, 16, 83, 93, 119, 132, 134, 220, 243, 282, 291
Nawrozki, W., (Verleger), 185
Nechendzi, A., 159
Nemirowitsch-Dantschenko, Wassili, 218
Nemirowitsch-Dantschenko, Wladimir, 111, 218
Nikisch, Arthur, 136
Nikolai I., 238
Nikonowa, Sofia, 2
Nikulina-Kossizkaja, Ljubow, 64
Nouwel, Walter, 163, 164
Nowikow, N. W., 75
Ohe, Adele aus der, 245
Olchowskaja, Lydia, 10
Olchowski, Nikolai, 10, 11
Orlova, Alexandra, XIII, 65, 69
Orlow, Dmitri, 79
Ostrowski, Alexander, 63, 249, 293
Oudin, Eugène, 181, 183
Pachulski, Wladislaw, 23
Paderewski, Ignacy, 182
Paisiello, Giovanni, 122
Paleček, Josef, 146, 147
Panajewa-Karzowa, Alexandra, 9, 10, 94
Petipa, Marius, 157, 159-161, 166
Petrowa, Nastassja, 2
Petzoldt, Richard, 105
Pezold, Hans, 76, 84-88, 98
Piccioli, Luigi, 11
Pissarew, W. W., 293
Pissarew, W. W., 293
Pogoshew, Wladimir, 121-133, 280-283
Polenow, Wassili, 160
Polowzew, Anatoli, 164
Ponsard, François, 243
Poplawski, Julian, 232-241, 242
Potemkin, Grigori, 170
Poznansky, Alexander, XIII, 4, 31, 39, 250
Pribik, Josef, 138, 150
Prjanischnikow, Ippolit, 138, 148-152, 216
Protopopow, W. (Journalist), 229
Protopopow, Wladimir Wassiljewitsch, XI, XII, 19, 25, 28, 42, 94, 184, 187
Ptschelnikow, Pawel, 153-158
Pugni, Césare, 97, 98, 158, 160
Purgold, Nadeshda, 78
Puschkin, Alexander, 50, 163-172, 182, 183, 202, 204, 213, 230, 234
Pypin, Alexander, 164
Pypin, Dmtri, 164
Rachmaninow, Sergej, 7, 111, 112, 137, 230, 294
Rastrelli, Bartholomeo Carlo, 169
Rastrelli, Bartholomeo Francesco, 169
Ratschinski, Sergej, 49-50, 54
Reisinger, Julius, 157
Renard, Marie, 205
Reschimow, Michail, 64
Richter, Hans, 201
Riemann, Hugo, 89, 214, 215
Riesemann, Oskar von, 111
Rimskaja-Korsakowa, Nadeshda, 78
Rimsky-Korsakow, Nikolai, XIV, 61, 67, 75, 77, 78, 80-83, 103, 110, 118, 175, 209, 217, 227, 246
Rjabow, Stepan, 157
Rodenberg, Julius, 187
Romanow, Konstantin, Großfürst, 244
Rubinstein, Anton, 15, 82, 84, 86, 108, 115-117, 135, 150, 177, 186, 187, 196, 201, 207, 224, 233, 236, 283, 288, 291
Rubinstein, Nikolai, 14, 15, 54, 59, 93, 119, 187, 202, 207, 208, 273, 275, 291, 294
Rubinstein, Sofia, 186
Rybassow, Iwan, 114
Sacharow, Generaladjutant, 285
Safonow, Wassili, 220
Saint-Saëns, Camille, 67, 89, 180, 182, 236
Samarin, Iwan, 64
Sander, A. L., Dr. med., 269
Sapelnikow, Wassili, 27
Sarti, Giuseppe, 122
Sauret, Emile, 209
Sawina, Maria, 5
Schadurski, Lew, 145
Schaljapin, Fjodor, 289
Scheremetjew, Alexander, Graf, 263, 285
Schestakowa, Ljudmila, 78
Schlippe, Alexander von, 9
Schobert, Amalia Wassiljewna, s. Litke, A.
Schobert, Jelisaweta, 19

Schochman, Gennadi, XIII
Schopenhauer, Arthur, 234
Schostakowitsch, Dmitri, 172
Schubert, Franz, 89
Schumann, Robert, 48, 55, 89, 92, 206, 278
Selezki, Nikolai, 45
Serow, Alexander, 138, 177, 222
Serow, Walentin, 138
Serow, Walentina, 138
Shakespeare, William, 73, 74, 81, 196
Shdanow, Wladimir, 92
Shukowski, Wassili, 50
Siloti, Alexander, 14, 15
Sittard, Joseph, XIV, 190-195
Skrjabin, Alexander, 7, 137
Slawina, Maria Alexandrowna, 171
Slonow, Michail, 230
Sobestschanskaja, Anna, 95, 98, 157
Sofronow, Alexej, 6, 233, 236-239, 271, 272, 284
Sollertinski, Iwan, 172
Solowjow, Nikolai, 109, 110, 178, 187
Somow, Andrej, 164
Somow, Konstantin, 164
Specht, Richard, XIII
Spencer, Herbert, 233
Stassow, Dmitri, 101, 102
Stassow, Wladimir, 7, 65, 76-80, 84-91, 101, 102, 184, 293
Staube, s. Abasa, Julia
Stiehl, Heinrich, 113
Stojanowski, Nikolai, 45, 282
Strauss, Richard, 135, 208, 223
Strauß, Johann, 277
Strawinsky, Igor, 163
Strepetowa, Pelageja, 5
Suk, G., 26
Sullivan, Arthur, 180
Sumarokow, Alexander, 227, 228
Svendsen, Johan Severin, 224
Swerjew, Nikolai, 240, 275
Taffanel, Claude Paul, 240
Tamberlick, Enrico, 42
Tanejew, Alexander, 282
Tanejew, Sergej, 7, 14, 44, 53, 70, 71, 75, 92-100, 137, 242, 291
Tolstoi, Alexej Konstantinowitsch, 183, 233
Tolstoi, Lew, 258, 293
Tolstow, Wiktor, 115
Trediakowski, Wassili, 277
Tschaikowskaja, Alexandra Andrejewna, 2, 11
Tschaikowskaja, Alexandra, s. Dawydowa, Alexandra
Tschaikowskaja, Antonina, geb. Miljukowa, XII, 31-41, 256, 286, 293, 294
Tschaikowskaja, Lydia Wladimirowna, s. Olchowskaja, L.
Tschaikowskaja, Natalja Ippolitowna, 2
Tschaikowskaja, Praskowja Wladimirowna, 8
Tschaikowsky, Anatoli, 1, 2, 7, 8, 36, 90, 94, 115, 282
Tschaikowsky, Ilja Petrowitsch, 115, 293
Tschaikowsky, Ippolit, 1, 2, 25-30
Tschaikowsky, Modest, 1-6, 18, 19, 42, 50, 53-56, 120, 130, 247-252, 255, 257-261, 266-272, 284, 285, 292, 293
Tschaikowsky, Nikolai, 1, 6, 19, 25, 254, 271, 272
Tschaikowsky, Pjotr Petrowitsch, 3, 8, 19, 247
Tschaikowsky, Wladimir Petrowitsch, 10
Tschechow, Anton, 294
Tscherepnin, Nikolai, 175
Turgenjew, Iwan, 64, 103
Verdi, Giuseppe, 63, 182, 276
Vischer, Friedrich Theodor, 198
Vykoukalová-Bradačeva, Ružena, 290
Wagner, Richard, 99, 105, 147, 200, 201, 223, 226, 261, 285, 289, 293
Waidman, Polina, XIV, 21
Warlamow, Konstantin, 57, 58, 250
Wassiljew-Schilowski, Wladimir, Graf, 39
Wehrmeyer, Andreas, XIV, 92
Wershbilowitsch, Alexander, 82, 83
Westernhagen, Luisa von, 21
Wielgorski, Matwej, 13
Wielgorski, Michail, 13
Wieniawski, Henryk, 115
Wihan, Hanuš, 208
Wihtol, Joseph, 175
Wille, Irmgard, 21
Winogradow, Wladimir, 36
Wood, Henry, 181
Wsewoloshski, Iwan, 123, 126, 154, 159-161, 167, 169, 173, 282, 291
Wundt, Wilhelm, 204
Zabel, Eugen, 201
Zaremba, Nikolai, 109, 113

Achtzehn Klavierstücke op. 72, 27, 240

Andante und Finale op. 79, 240

Bearbeitung von Laroches ***Fantasie-Ouvertüre*** zu *»Carmosine«* für Klavier und Orchester, 238, 245

Charaktertänze [Charakternye tancy] für Orchester, 277

Dornröschen [Spjaščaja krasavica] (Ballett), 122, 127-133, 159-162, 173, 174, 213, 246, 276

Elegie zum Andenken an Samarin, 64,

Eugen Onegin [Evgenij Onegin] (»Lyrische Szenen«), 9, 34, 35, 85, 96, 100, 109, 119, 131, 134-138, 146, 147, 150, 155, 157, 181-183, 188, 201-206, 211, 212, 239, 274, 276, 292

Fatum (sinfonische Fantasie op. 77), 48-51, 54, 55, 65,

Flötenkonzert (unausgeführtes Vorhaben), 239

Francesca da Rimini (Fantasie für Orchester), 63, 65, 74, 88, 93-95, 99, 101, 175, 178, 182

Hamlet (Fantasie-Ouvertüre op. 67), 7, 65

Jolanthe [Iolanta] (Oper), 5, 16, 17, 82, 111, 112, 188, 210-213, 220-222, 229-231, 276

Kinderalbum für Klavier (op. 39), 260

Klavierkonzert Nr. 1 b-Moll, 40, 63, 93, 245

***Klavierkonzert Nr. 3* Es-Dur op. 75**, 233, 240-242

Klaviersonate cis-Moll op. 80, 240

Klaviertrio, 119, 192, 207, 208

Manfred (Sinfonie h-Moll op. 58), 65-71, 101, 102, 135, 178

Mazeppa (Oper), 188

Nußknacker, Der [Ščelkunčik] (Ballett), 143, 159-162, 213, 218, 220, 229-231, 260, 276

Opritschnik, Der [Opričnik] (Oper), 51, 76-78, 118-120, 156, 184, 188, 213, 274, 277

Orchestersuite Nr. 3, 72, 193, 194, 201, 209, 260

Orchestersuite Nr. 4 (»Mozartiana«), 214

Ouvertüre »1812«, 210

Ouvertüre c-Moll für Orchester, 117

Pantöffelchen, Die [Čerevički], 154

Pezzo capriccioso op. 62, 232

Pique Dame [Pikovaja Dama] (Oper), 5, 16, 17, 27, 81, 104, 109, 122-133, 146-149, 155, 163-172, 201, 239, 244, 246, 276, 290, 292

Romeo und Julia [Romeo i Džul'etta] (Fantasie-Ouvertüre), 52, 63, 65, 74, 80, 88, 101, 116-118, 178, 189, 196, 197, 200

Scherzo à la russe für Klavier, 48, 85, 273

Schmied Wakula, Der [Kuznec Vakula] (Oper), 89, 134, 213

Schneeflöckchen [Sneguročka] (Schauspielmusik op. 12), 63, 64

Schwanensee [Lebedinoe ozero] (Ballett), 95, 157-162, 213

Sechs Klavierstücke op. 51, 8, 18, 247

Sechs Romanzen op. 6, 40

Sechs Romanzen op. 16, 118, 274

Sechs Romanzen op. 25, 274

Sechs Romanzen op. 38, 183

Sechs Romanzen op. 47, 9

Sechs Romanzen op. 57, 248

Sechs Romanzen op. 73, 16, 17, 163

Serenade für Streicher op. 48, 192, 193, 199, 201

Sinfonie Nr. 1 g-Moll (»Winterträume«), 48, 117, 189

Sinfonie Nr. 2 c-Moll, 85, 89, 95, 118, 189

Sinfonie Nr. 4 f-Moll, 89, 92-100

Sinfonie Nr. 5 e-Moll, 108, 136

Sinfonie Nr. 6 h-Moll (»Pathétique«), 8, 90, 103, 107, 198, 117, 119, 136, 178, 199-201, 232, 243, 244, 257, 258, 277, 290

Sinfonie Nr. 7 Es-Dur, 240, 241

Sinfonisches Allegro (Examensarbeit), 116,

Six morceaux op. 21, 118, 274

Souvenir de Hapsal op. 2, 248, 249, 273

Streichquartett Nr. 1 (D-Dur), 49, 63, 189, 192, 198

Streichquartett Nr. 2 (F-Dur), 81

Sturm, Der [Burja] (Fantasie für Orchester), 21, 63, 73, 74, 80, 81, 88, 101, 137

Undine [Undina] (Oper), 116

Valse-Caprice op. 4, 48, 52

Valse-Scherzo op. 34, 15

Variationen über ein Rokoko-Thema op. 33, 239

Violinkonzert op. 35, 197, 198, 200, 201

Violoncello-Konzert (unausgeführtes Vorhaben), 239

Wojewode, Der [Voevoda] (Oper op. 3), 47, 116, 117, 277

Zauberin, Die [Čarodejka] (Oper), 104, 124, 132, 146, 155, 176

Zwölf Klavierstücke mittlerer Schwierigkeit op. 40, 158

Zwölf Romanzen op. 60, 289

• Peter Tschaikowsky · Die Tagebücher

Herausgegeben und mit einem Vorwort versehen von Ernst Kuhn
Übersetzung aus dem Russischen von Hans-Joachim Grimm
1. Auflage 1992, ***lieferbar****, 386 Seiten, gebunden, mehrfarbiger Schutzumschlag, Fadenheftung*
Preis 98,- DM, ISBN 3-928864-00-9

Die Tagebücher des Komponisten - wohl der einzige Schlüssel zum Menschen Tschaikowsky und in ihrer Aufrichtigkeit ein bemerkenswertes Dokument - erscheinen hiermit nach ihrer Veröffentlichung in Rußland und in den USA zum ersten Mal in deutscher Sprache. Der Versuch ihrer Herausgabe in der ehemaligen DDR war in den 70er Jahren am Einspruch der damaligen Verlagsgewaltigen gescheitert. Sie hatten - wohl zu Recht - befürchtet, daß die daraus zu entnehmenden Aufschlüsse über Person und Ansichten des russischen Komponisten »nicht im Mittelpunkt der marxistischen Interpretation des Phänomens Tschaikowsky stehen«.

»Das Sensationelle dieser Aufzeichnungen ist ihr unsensationeller Charakter... Erschütternd wie der bereits berühmte Komponist immer wieder um sein inneres Gleichgewicht und Selbstvertrauen ringen muß, da die ihn umgebende Welt seiner homoerotischen Veranlagung feindselig gegenüberstand. Hundert Jahre sind vergangen - eine gute Gelegenheit, auch über das Verhältnis der heutigen Welt zu dieser Problematik nachzudenken ... Die Texte sind hervorragend aufbereitet...«

Das Lindenblatt der Deutschen Staatsoper Berlin, April 1992

»...ein tiefer unverfälschter Einblick in die Gefühlswelt Tschaikowskys... Für Tschaikowsky-Fans ein absolutes Muß.«

Hildesheimer Stadttheater-Zeitung Nr. 6, Spielzeit 1991/1992

»Tabu-Bereiche, erschütternde Psychogramme...«

Neue Musikzeitung Regensburg/München, Juni/Juli 1992

• Nikolai Kaschkin · »Meine Erinnerungen an Peter Tschaikowsky«

Herausgegeben und mit einem Vorwort versehen von Ernst Kuhn. Übersetzt von Bärbel Bruder
1. Auflage 1992, ***lieferbar****, 213 Seiten, kartoniert,(= Band 1 der Reihe »musik konkret«),*
Preis 39,80 DM, ISBN 3-928864-01-7

Nikolai Kaschkin (1839-1920), der russische Musikkritiker und enge Freund Tschaikowskys, veröffentlichte seine »Erinnerungen« bereits ein Jahr nach dem Ableben des Komponisten. Sie sind in Rußland auch heute noch sehr populär, obwohl sie in sowjetischer Zeit nur ein einziges Mal (1954) und auch nur in zensierter Form gedruckt wurden. Sie erscheinen hiermit zum ersten Mal in deutscher Sprache.

»...viele unbekannte Fakten... Entwurf eines russischen und europäischen Musikpanoramas in der zweiten Hälfte des 19. Jahrhunderts...«

Lübecker Nachrichten, 9. Juli 1992

• Alexander Borodin · Sein Leben, seine Musik, seine Schriften

Mit Beiträgen von Boris Assafjew, Alexander Glasunow, Nikolai Rimsky-Korsakow u.a. sowie Originalbeiträgen von Ludolf Müller und Marek Bobéth
Herausgegeben, übersetzt und mit chronologischen Verzeichnissen der Werke und Schriften Borodins versehen von Ernst Kuhn.
*1. Auflage 1992, **lieferbar**, 477 Seiten, kartoniert,(= Band 2 der Reihe »musik konkret«),*
Preis 78,00 DM, ISBN 3-928864-03-3

Die erste umfassende Würdigung des Schaffens von Alexander Borodin außerhalb Rußlands:
»...Borodin wird in dieser Textsammlung als eine einmalige und wiederum typisch russische Persönlichkeit präsent, abseits aller Klischees von 'Künstlertum'. Und sie begegnet uns in lebendiger, unverstaubter Sprache...«

Musica (Kassel) 3/1993

• Sigrid Neef · »Die Russischen Fünf: Balakirew - Borodin - Cui - Mussorgsky - Rimsky-Korsakow«

Monographien - Dokumente - Briefe - Programme - Werke
*1. Auflage 1992, **lieferbar**, 300 Seiten, kartoniert, (= Band 3 der Reihe »musik konkret«),*
Preis 49,80 DM, ISBN 3-928864-04-1

Vorliegender Band von Sigrid Neef, einer als Spezialistin für russische Musik bekannten Autorin, ist die erste umfassende, neuere deutschsprachige Arbeit über das Mächtige Häuflein und...
»...ein wichtiger Meilenstein auf dem noch weithin unbegangenen Weg, die Musik- und Kulturgeschichte Rußlands neu und vorurteilslos zu schreiben.«

Musica (Kassel) 3/1993

• Wladimir Stassow · »Meine Freunde Borodin und Mussorgsky«
Die Biographien

Herausgegeben von Ernst Kuhn, Übersetzung aus dem Russischen.
*Mit einem Vorwort von Sigrid Neef: **»Stassow und das Mächtige Häuflein«***
*1. Auflage 1993, **lieferbar**, 320 Seiten, kartoniert, (= Band 4 der Reihe »musik konkret«),*
Preis 39,80 DM, ISBN 3-928864-06-8

Wladimir Stassow (1824-1906), Archäologe, Musik- und Kunstkritiker, gilt zu Recht als der entscheidende Anreger und Ideologe der Komponistengruppe des Balakirew-Kreises, für die er 1867 den Namen *Mächtiges Häuflein* prägte.
Seine Biographien von Borodin und Mussorgsky, häufig zitierte Quellentexte, werden im vorliegenden Band durch 30 Briefe aus der Korrespondenz zwischen Stassow und Mili Balakirew ergänzt, die das Verhältnis der beiden zu Borodin und Mussorgsky erhellen. Der Band enthält darüber hinaus einen Essay von Sigrid Neef und ausführliche chronologische Verzeichnisse der musikalischen Werke Borodins und Mussorgskys.

• Michail Ippolitow-Iwanow · »Meine Erinnerungen an 50 Jahre russischer Musik«

Herausgegeben und mit einem Vorwort versehen von Ernst Kuhn, Übersetzung aus dem Russischen
Mit einem Essay von Dorothea Redepenning
*1. Auflage 1993, **lieferbar**, 288 Seiten, kartoniert, (= Band 6 der Reihe »musik konkret«),*
Preis 49,80 DM, ISBN 3-928864-08-4

Michail Ippolitow-Iwanow (1859-1935), Schüler von Rimsky-Korsakow, Freund Tschaikowskys und ab 1905 Direktor des Moskauer Konservatoriums, ist als Komponist nur mit seinen *Kaukasischen Skizzen* auch heute noch im Konzertleben präsent. Umso wichtiger sind jedoch aufgrund seiner engeren Bekanntschaft mit Balakirew, Borodin, Mussorgsky, Glasunow und Skrjabin die von ihm verfaßten »Erinnerungen«, die für die Musikgeschichte Rußlands ein häufig zitiertes Quellenwerk sind und hiermit zum ersten Mal in deutscher Sprache vorgelegt werden.

• Modest Mussorgsky - Zugänge zu Leben und Werk
Selbstdarstellungen - Briefe - Erinnerungen - Würdigungen - Polemiken

*Mit Texten von Arseni Golenistschew-Kutusow, Hermann Laroche, Wjatscheslaw Karatygin, Pawel Lamm u.a. sowie einem Originalbeitrag von Sigrid Neef: **»Modest Mussorgsky: Genie und Vorurteil«**, herausgegeben von Ernst Kuhn, Übersetzung aus dem Russischen*
1. Auflage 1994, ca. 480 Seiten, kartoniert, Band 8 der Reihe »musik konkret«
*Preis ca. 78,00 DM, ISBN 3-928864-11-4 **(erscheint im Herbst 1994)***

Die weltweite Wirkung der Werke Modest Mussorgskys ist noch heute stetig im Ansteigen. Ihre Aneignung vollzog sich jedoch vor allem unter dem Einfluß der Realismusdoktrin Wladimir Stassows, der als Ideologe des *Mächtigen Häufleins* viele Aspekte im Schaffen Mussorgskys unberücksichtigt ließ und dessen spätere musikalische Entwicklung sogar negativ beurteilte. Der vorliegende Band eröffnet differenziertere Zugänge zu Person und Werk Mussorgskys und bringt eine Fülle von Materialien, die niemals zuvor in deutscher Sprache vorgelegt wurden.

• Boris Assafjew - Die Musik in Rußland
Von 1800 bis 1917: Entwicklungen - Wertungen - Übersichten

Mit einem zusätzlichen Kapitel zur Geschichte der russischen Kirchenmusik aus der Feder von Nikolai Kaschkin (geschrieben 1908) sowie einem Originalbeitrag von Detlef Gojowy
Herausgegeben von Ernst Kuhn. Übersetzung aus dem Russischen
1. Auflage 1994, ca. 480 Seiten, kartoniert, Band 9 der Reihe »musik konkret«
*Preis ca. 78,00 DM, ISBN 3-928864-12-2 **(erscheint Ende 1994)***

Dieser 1930 entstandene Abriß von Boris Assafjew (1884-1949), des in Rußland wohl einflußreichsten Musikgelehrten seiner Zeit, ist aufgrund seiner kompetenten Analysen und Wertungen von Werken bekannter und weniger bekannter Komponisten unverzichtbar für jeden Fachmann und Musikfreund, der sich eingehender über die russische Musikentwicklung im 19.Jahrhundert informieren will.

- **Peter Tschaikowsky · Musikalische Essays, Erinnerungen und Interviews**

Mit dem Vorwort der russischen Erstausgabe von 1898 aus der Feder von Hermann Laroche
Herausgegeben von Ernst Kuhn. Übersetzung aus dem Russischen
1. Auflage 1994, ca. 480 Seiten, kartoniert, Band 10 der Reihe »musik konkret«
Preis ca. 78,00 DM, ISBN 3-928864-13-0 ***(in Vorbereitung für 1995)***

Tschaikowskys »musikalische Feuilletons«, ursprünglich einzeln in russischen Zeitungen erschienen, wurden zum ersten Mal 1898 durch Hermann Laroche in einem Sammelband vorgelegt. Teile der »Feuilletons« wurden zwar relativ früh ins Deutsche übertragen, dennoch sind sie bis heute dem deutschsprachigen Leser nur ausschnittsweise zugänglich. Der vorliegende Band bringt erstmalig sämtliche musikalischen Essays Tschaikowskys in deutscher Übersetzung nach der ursprünglichen, unzensierten Fassung der Ausgabe von 1898 mit ausführlichen Kommentaren des Herausgebers.

- **Anton Arensky - Ein Komponist im Schatten Tschaikowskys**
  Dokumente - Briefe - Werkbesprechungen

Herausgegeben von Ernst Kuhn. Übersetzung aus dem Russischen. Mit einem Essay von Sigrid Neef:
»Was es heißt, Epigone zu sein: Ein Urteil und ein Plädoyer - Leben und Werk Anton Arenskys«
1. Auflage 1994, ca. 240 Seiten, kartoniert, Band 11 der Reihe »musik konkret«
Preis ca. 39,80 DM, ISBN 3-928864-14-9 ***(in Vorbereitung für 1995)***

Das Werk des russischen Komponisten Anton Arensky stößt in den letzten Jahren bei den Musikfreunden verstärkt auf Interesse, provoziert aber auch gewichtige Fragen, denen Sigrid Neef in ihrem Essay nachgeht. Briefe und Werkbesprechungen aus der Feder von Peter Tschaikowsky, Sergej Tanejew, Nikolai Kaschkin u.a. bieten dem Leser ein differenziertes Bild von der Aufnahme des Oeuvres Arenskys durch seine Zeitgenossen. Dieser Band ist die erste umfassende Würdigung dieses Komponisten außerhalb Rußlands.

- **Nikolai Rimsky-Korsakow · Zugänge zu Leben und Werk**
  Schriften - Erinnerungen - Würdigungen - Verzeichnisse

Mit Texten von Peter Tschaikowsky, Wladimir Stassow, Michail Gnessin, Iwan Lapschin u.a.
Herausgegeben von Ernst Kuhn. Übersetzung aus dem Russischen.
Erscheint 1995*, ca. 480 Seiten, kartoniert, Band 12 der Reihe »musik konkret«*
Preis ca. 78,00 DM, ISBN 3-928864-15-7

Nikolai Rimsky-Korsakow hat mit seiner brillant geschriebenen und auch in deutscher Sprache vorliegenden *Chronik meines musikalischen Lebens* eine eigene Interpretation seiner Biographie und der russischen Musikentwicklung im 19. Jahrhundert insgesamt gegeben. Sie ist jedoch nicht frei von Einseitigkeiten und polemischen Übertreibungen. Der vorliegende Band eröffnet differenziertere Zugänge zu Person und Werk Rimsky-Korsakows und bringt in deutscher Erstveröffentlichung neben Materialien zu Werk und Biographie auch Rimsky-Korsakows eigene musikkritischen und -ästhetischen Schriften.

• Sergej Taneev · »Die Lehre vom Kanon«

Herausgegeben, aus dem Russischen übersetzt und mit einem Vorwort sowie Kommentaren versehen von Andreas Wehrmeyer
*1. Auflage 1994, **erscheint im Mai 1994**, ca. 208 Seiten, kartoniert, (= Band 1 der Reihe »studia slavica musicologica«), Preis ca. 59,00 DM, ISBN 3-928864-16-5*

Der russische Komponist und Musikgelehrte Sergej Ivanovič Taneev (1856-1915) hat sich als Theoretiker insbesondere dem Kontrapunkt gewidmet. Seine Arbeiten auf diesem Gebiet übertreffen die traditionellen Lehrbücher (der Nachfolge Johann Joseph Fux') nicht nur in gedanklicher Schärfe, sondern sind ihnen auch in der genauen Kenntnis des Palestrina-Stils überlegen. Indem Taneev sich einer neuartigen Analysemethode bzw. Terminologie (»bewegbarer Kontrapunkt«) bedient, gelingt es ihm, neue Möglichkeiten und Gesetze von Stimmenkombinationen (innerhalb des sogenannten 'strengen' Palestrina-Stils) aufzuzeigen und zu definieren.
Die *»Lehre vom Kanon«* war ursprünglich als Teil des theoretischen Hauptwerks *»Der bewegbare Kontrapunkt des strengen Stils«* geplant. Die *»Lehre«* blieb unvollendet und wurde erst 1929 von Viktor Beljaev aus dem Nachlaß herausgegeben (die bisher einzige Edition). - Die vorliegende deutschsprachige Veröffentlichung, die im wesentlichen auf der Ausgabe Beljaevs beruht, stellt Taneevs *»Lehre vom Kanon«* zum ersten Mal in einer anderen als der russischen Sprache vor.

• Marc Mühlbach · »Russische Musikgeschichte im Überblick«
- Ein Handbuch -

*1. Auflage 1994, **erscheint im September 1994**, ca. 576 Seiten, kartoniert, Preis 49,80 DM, ISBN 3-928864-17-3*

Die Geschichte der russischen Musik bis zur Oktoberrevolution 1917 wird in vorliegendem Überblick anhand der Biographien ihrer Komponisten zusammenfassend dargestellt.
Der Autor Marc Mühlbach, Eingeweihten schon lange als gründlicher Kenner der Materie bekannt, gibt in diesem Kompendium über alle wesentlichen Personen, Geschehnisse und Werke in übersichtlicher und leichtverständlicher Form Auskunft. Hierbei berücksichtigt er den neuesten Stand der Forschung und geht auch auf Komponisten ein, die außerhalb Rußlands kaum bekannt sind. Dieses Wissen wird auf unterhaltsame Weise vermittelt, so daß auch dem Nichtfachmann ein gründlicher Einblick in die faszinierende Welt der russischen Musik möglich wird.
Darüber hinaus fügt sich die Fülle von aufbereiteten systematischen Informationen, ergänzt durch zahlreiche Abbildungen mit den Porträts der meisten Komponisten, zu einem idealen Nachschlagewerk für den Musikliebhaber und Plattensammler.